Die Stempelsteuerpflicht bei Grundstücksübertragungen.

Ein Hilfsbuch

zur

Berechnung und Einziehung des Immobiliarstempels,

zusammengestellt und bearbeitet

von

J. Brachvogel,

Amtsgerichtsrat in Bromberg.

Berlin 1912.

J. Guttentag, Verlagsbuchhandlung,

G. m. b. H.

Vorwort.

Wie jeder Praktiker aus eigener Erfahrung weiß, ist das Stempelrecht im allgemeinen, und das Immobiliarstempelrecht im besonderen eine der kompliziertesten und schwerst zu behandelnden Rechtsmaterien. Nicht nur, daß auch hier nebeneinander hergehen das **materielle** Stempelrecht und die **Verfahrensvorschriften** und daß beide von sehr beträchtlichem Umfange sind. Was die Behandlung besonders erschwert, ist das, daß in den Stempelgesetzen die Stempel zu Urkunden der allermannigfaltigsten Art zusammengetan und gemeinsam behandelt sind. So im Tarif zum preuß. Landesstempelgesetze vom 30. Juni 1909 nebeneinander die Stempel zu Automatenjahreskarten und Kindesannahmeverträgen, zu Gewerbelegitimationskarten und Leichenpässen, zu Jagdscheinen und Standeserhöhungen, zu Bergwerkskuxen und Lustbarkeitsgenehmigungen usw., alles in buntem Wechsel, und geordnet lediglich nach dem Alphabet und durch die Tarifnummer, sonst aber ohne jeden inneren Zusammenhang.

Trotz aller Gemeinsamkeit des im Stempelgesetz selbst gegebenen Unterbaus erfordert das Verfahren bei der Verstempelung aller dieser mannigfaltigen in 78 Tarifstellen geordneten Urkunden eine solche Menge von finanzministeriellen Ausführungsbestimmungen, daß diese in nicht weniger als 88 Positionen von zum Teil recht beträchtlicher Länge haben niedergelegt werden müssen.

Dazu kommt, daß zur Verwendung der Stempel teils Amtsstellen der Zollverwaltung, teils andere Behörden und Beamte, Notare und Schiedsmänner berufen sind und dies wiederum den Erlaß zahlreicher allgemeiner Anweisungen und allgemeiner Verfügungen des Finanzministers und des Justizministers nötig gemacht hat.

1*

Leidet so der Immobiliarstempel, schon soweit der Landesstempel allein in Betracht kommt, unter dieser Verquickung mit anderen Stempeln, so wird für ihn die Sache dadurch noch schlimmer, daß mit dem Reichsstempelgesetze vom 15. Juli 1909 auch eine Reichsabgabe von Grundstücksübertragungen eingeführt worden ist, und daß auch diese, insbesondere durch die Zuschläge komplizierte Reichsabgabe nicht in einem besonderen Gesetze behandelt ist, sondern in einem und demselben Reichsgesetze ohne inneren Zusammenhang zusammengestellt ist mit den Stempelabgaben von Aktien und Kuxen, Dividendenscheinen und Coupons, Urkunden über Kauf- und Anschaffungsgeschäfte, Lotterielosen und Frachturkunden, Personenfahrkarten, Automobilerlaubnisscheinen, Tantiemen und Schecks (RGes. v. 3. 6. 06 in der Fassung v. 22./15. 7. 09), und daß infolgedessen auch die zu diesem Gesetze vom Bundesrate erlassenen Ausführungsbestimmungen und die dazu wiederum vom Finanzminister erlassenen Ausführungsvorschriften alle jene mannigfachen Stempelabgaben gemeinsam betreffen.

Der Gedanke, aus dem umfassenden Gebiete des allgemeinen Stempelrechts den Immobiliarstempel herauszuheben und gesondert zu bearbeiten, bedarf bei dieser Sachlage und in Anbetracht der großen Bedeutung, welche die Grundstücksübertragungen an sich und für die finanziellen Einnahmen des Staats und des Reichs haben, keiner besonderen Begründung. An einer gesonderten Behandlung des Immobiliarstempelrechts fehlt es aber — soweit ersichtlich — bisher ganz, so sehr sie auch in der Praxis als ein immer dringender werdendes Bedürfnis (vgl. Simeon, DJZ. 1912, S. 483) empfunden wird: das vorliegende Hilfsbuch will deshalb mit dem Versuche einer solchen einen Anfang machen.

Das Hilfsbuch hatte sich zunächst nur zur Aufgabe gestellt, demjenigen, der mit dem Immobiliarstempel zu tun hat, die an den verschiedensten Stellen verstreuten Gesetze, Ausführungsbestimmungen und ministeriellen Verfügungen, auch höchstrichterlichen Entscheidungen, die den Immobiliarstempel angehen, ausgesondert, vollständig und geordnet zusammengestellt, in die Hand zu geben. Es hat sich indessen dabei gezeigt, daß eine solche bloße Aussonderung und Zusammenstellung dem Bedürfnisse der Praxis nicht genügen würde, daß es vielmehr notwendig ist, das Zusammengehörige noch näher aneinander zu rücken und deshalb an den häufigsten Grundstücksveräußerungsgeschäften zu erläutern, wie die Anwendung der geltenden Vorschriften auf sie sich gestaltet. Dies ist — unter möglichster Berücksichtigung der oberstrichterlichen Judikatur, im Anschlusse auch an die Literatur zum Reichs- und preußischen Landesstempelrecht, insbesondere an die großen Kommentare von Hummel und Specht, sowie von Heinitz — geschehen in Teil I, die Zusammenstellung der Gesetzes- usw. Materialien enthält der Teil II.

Im Teil II ist das Reichsstempelgesetz mit erläuternden Anmerkungen versehen, auch bei den übrigen Gesetzen, Ausführungsbestimmungen und allgemeinen Verfügungen sind hier und da Anmerkungen angefügt, die auf neuere Entscheidungen hinweisen oder den Zusammenhang der Vorschriften untereinander erläutern sollen.

Von landesrechtlichen Vorschriften sind nur die Preußens aufgenommen.

Die Anmerkungen zum Reichsstempelgesetze rühren von dem Herrn Amtsgerichtsrat Frydrychowicz her, der den Verfasser auch bei der Zusammenstellung des Teils II bereitwilligst unterstützt und ihm bei der Beantwortung zahlreicher in Teil III erörterter Fragen beratend zur Seite gestanden hat.

Bromberg, im Juni/August 1912.

Der Verfasser.

Inhaltsverzeichnis.

Teil I.

Einleitung.

Teil II.

Zusammenstellung der stempelrechtlichen Vorschriften.

I. Landesstempel.

Anhang zu I und II.

Erläuterungen.

Gesetze und Ministerialverfügungen, die ohne Angabe der Seite des RGBl., der GS. oder des JMBl. zitiert sind, sind in dem Handbuche selbst mit abgedruckt. Die Seite des betr. Publikationsblatts ist also nur bei solchen angegeben, die im Handbuche **nicht** enthalten sind.

Die kleineren Allgemeinen Verfügungen der Minister der Justiz und der Finanzen sind in Teil II (von einer Abweichung unter II 6k — S. 266, 267 — abgesehen) **zeitlich** geordnet, und zwar unter I 4 für den Landesstempel, unter II 6 für den Reichsstempel, im Anhang zu I und II für das Reichserbschaftssteuergesetz, und unter III. für die Reichszuwachssteuer. Von denjenigen Allgemeinen Verfügungen, die gleichzeitig den Landes- und den Reichsstempel betreffen, ist die eine beim Landesstempel unter 4h untergebracht, die beiden anderen beim Reichsstempel unter 6k.

[1]) Diese enthält in Anlage b einen Auszug aus den vom Bundesrat am 27. 3. 11 erlassenen Ausführungsbestimmungen zum ZuwStG., welche veröffentlicht sind im Zentralblatt für das Deutsche Reich S. 79.

Abkürzungen.

AB.	=	Ausführungsbestimmungen.
AB. d. BR.	=	Ausführungsbestimmungen des Bundesrats vom 26. 7. 09 (Zentralblatt für das Deutsche Reich 559, insbesondere 580 ff.).
AB. z. RStG.	=	Ausführungsbestimmungen des Bundesrats vom 25. 1. 12 zum RStG. vom 15. 7. 09 (Zentralblatt für das Deutsche Reich 35 ff.).
AB. z. LStG.	=	Ausführungsbestimmungen des Finanzministers vom 16. 8. 10 zum LStG. vom 30. 6. 09.
AB. z. ZuwStG.	=	Ausführungsbestimmungen zum Zuwachssteuergesetze vom 14. 2. 11 (Zentralblatt 79).
AG.	=	Ausführungsgesetz.
AV.	=	Allgemeine Verfügung.
DGKG.	=	Deutsches Gerichtskostengesetz vom 18. 6. 78/29. 6. 81. RGBl. 141/178.
DNotZtg.	=	Zeitschrift des Deutschen Notarvereins.
ErbschStG.	=	Reichserbschaftssteuergesetz vom 3. 6. 06 (RGBl. 672).
GBO.	=	Reichsgrundbuchordnung.
GKG.	=	Preuß. Gerichtskostengesetz vom 25. 7. 10 (GS. 184).
GVG.	=	Gerichtsverfassungsgesetz vom 27. 1. 77 (RGBl. 77).
Gruchot	=	Beiträge zur Erläuterung des deutschen Rechts. Begründet von Dr. J. A. Gruchot.
Grunds.	=	Grundsätze des Bundesrats zur Auslegung des Reichsstempelgesetzes, hier S. 268.
Heinitz	=	Kommentar zum Preuß. Stempelsteuergesetz vom 31. 7. 95 und zur Novelle vom 26./30. 6. 09. 3. Auflage. Berlin 1909.
Hummel u. Specht	=	Das Stempelgesetz vom 31. 7. 95. Berlin 1906.
Jaeckel	=	Zwangsversteigerungsgesetz vom 20. 5. 99. Berlin 1901.
JMBl.	=	Justizministerialblatt.
JW.	=	Juristische Wochenschrift.
KG.	=	Jahrbuch der Entscheidungen des Kammergerichts von Johow und Ring.
LStG.	=	Preußisches Stempelgesetz vom 30. 6. 09 (GS. 535 ff.).
LStV.	=	Allg. Verf. des Justizministeriums und des Finanzministeriums über gerichtliche Stempelsachen vom 28. 7. 10 (JMBl. 299).

Lobe.	= Zentralblatt für freiwillige Gerichtsbarkeit und Notariat usw., herausgegeben von Dr. Adolf Lobe. Leipzig.
Loeck	= Reichsstempelgesetz vom 15. 7. 09. Berlin 1910.
ObTrib.	= Entscheidungen des Königl. Obertribunals, herausgegeben im amtlichen Auftrage.
PosMonSchr.	= Juristische Monatsschrift für Posen, West- und Ostpreußen und Pommern.
PrAG. z. GVG.	= Preuß. Ausführungsgesetz zum deutschen Gerichtsverfassungsgesetz vom 24. 4. 78, GS. 230.
PrAV. z. RStG.	= Preuß. Ausführungsvorschriften des Finanzministers vom 14. 3. 12 zum RStG.
RG.	= Entscheidungen des Reichsgerichts in Zivilsachen.
RGes.	= Reichsgesetz.
RKO.	= Reichskonkursordnung.
RSchA.	= Reichsschatzamt.
RStG.	= Reichsstempelgesetz vom 15. 7. 09 (RGBl. 833ff.).
Staudinger	= Kommentar zum BGB. und dem Einführungsgesetz 3. und 4. Auflage. München 1907.
ZentrBl.	= Zentralblatt für das Deutsche Reich.
ZentrBlAV.	= Zentralblatt der Abgaben-Gesetzgebung und Verwaltung.
ZuwStG.	= Zuwachssteuergesetz vom 14. 2. 11 (RGBl. 33ff.).
ZwVerstG.	= Zwangsversteigerungsgesetz vom 20. 5. 99.

Teil I.

Einleitung.

1. Arten der Immobiliarstempel- und -steuerabgaben.

Bei der Veräußerung eines Grundstücks sind in der Regel vier Abgaben zu entrichten, und zwar zwei Stempel und zwei Steuern:

1. der Landesstempel, der seit jeher 1 % beträgt. Tarif Nr. 8 und Tarif Nr. 32 LStG.;
2. der durch das RStG. v. 15. 7. 09 hinzugekommene Reichsstempel von $^1/_3$ % nach dem Tarif Nr. 11 nebst (bis zum 30. 6. 14) $^1/_3$ % Zuschlag (s. § 90 RStG. in der Fassung des § 69 Ges. v. 14. 2. 11), zusammen also $^2/_3$ %;
3. die in zahlreichen — wohl den meisten — Gemeinden eingeführte sog. Umsatzsteuer, die nach Ortsstatut in der Regel ebenfalls 1 % beträgt;
4. die Zuwachssteuer aus dem RGes. v. 14. 2. 11.

Mit der Umsatzsteuer hat der Urkundsbeamte und das Grundbuchamt gar nichts zu tun. Die Gemeinde fordert sie sich von den Beteiligten ein, sobald die Eigentumseintragung erfolgt ist. Da, wo das Landesstempelgesetz vom Prozentstempel befreit, wird in der Regel auch eine Umsatzsteuer nicht erhoben[1]).

Auch mit der Zuwachssteuer haben Grundbuchamt und Urkundsbeamter an sich nichts zu tun. Den Gerichtsschreibern der Grundbuchabteilung oder derjenigen Abteilung, in der ein Rechtsvorgang beurkundet wird, der auf Grundstückseigentumsübertragung abzielt, sind aber die in der AllgVerf. v. 19. 5. 11 angegebenen Mit-

---

[1] Hat A an B, B weiter an C veräußert, und wird unmittelbar von A an C aufgelassen, so werden für die Berechnung der Umsatzsteuer nach manchen Umsatzsteuerordnungen die Erwerbspreise beider Rechtsgeschäfte zusammengerechnet und es ist die Steuer von dem Gesamtbetrage zu entrichten. Haften in solchem Falle nach der Steuerordnung der letzte Erwerber und der erste Veräußerer gesamtschuldnerisch, so kann jeder von ihnen verlangen, daß der andere die halbe Steuer zahle (§ 426 BGB. Marienwerder 6. 10. 10, Rspr. 23 S. 296).

teilungen an die Zuwachssteuerämter zur Pflicht gemacht, ebenso den Notaren in § 3 AB. z. ZuwStG., beiden auf Grund des § 38 ZuwStG. Frist für diese „Veräußerungsanzeige“: zehn Tage nach der Beurkundung. § 6 AB. z. ZuwStG., ZentrBl. 79, hier S. 304.

Die Zuwachssteuer wird erhoben von dem Wertzuwachse, der ohne Zutun des Eigentümers entstanden ist (§§ 1, 8ff.). Sie wird erhoben, sobald die Eigentumseintragung erfolgt ist (§ 4), spätestens ein Jahr nach Abschluß des Veräußerungsgeschäfts (§ 5), sie bleibt in gewissen Fällen (§ 7), die sich zum Teil mit denen decken, in welchen auch der 1 proz. Landesstempel nicht erhoben wird, unerhoben. Schuldner der Zuwachssteuer ist der Veräußerer (bisherige Eigentümer), subsidiär haftet bis zu 2 % des Veräußerungspreises der Erwerber (§ 29). Die Steuer berechnet sich nach der Tabelle in § 28 des Gesetzes[1]): sie beginnt mit 10 % vom Wertzuwachse, falls der Wert um nicht mehr als 10 % gestiegen ist, und sie berechnet sich auf höchstens 30 %, wenn der Wert um mehr als 290 % gestiegen ist. Veräußerer und Erwerber haben binnen einem Monate der zuständigen Steuerbehörde (Gemeindevorstand bzw. Kreisausschuß, § 1 AG. z. ZuwStG.) den steuerpflichtigen Rechtsvorgang (bei Strafe des Vierfachen [§ 50], oder Ordnungsstrafe bis 600 M. [§ 51]) anzumelden (die Anmeldung eines von ihnen genügt), Anmeldung ist nicht nötig, wenn binnen des Monats die Auflassung erfolgt (§ 37). Von der Zuwachssteuer erhält 50 % das Reich, 10 % der Bundesstaat, 40 % die Gemeinde oder der Kreis (§ 58 ZuwStG., § 4 AG. dazu, aber auch § 3 Abs. 2).

2. Das die Immobiliarstempelabgaben regelnde Recht.

Der Immobiliarstempel ist nicht in besonderen, ihn allein behandelnden Gesetzen geregelt, sondern die Gesetze, die für ihn in Frage kommen, behandeln, wie schon im Vorwort erwähnt ist, auch andere Landes- und Reichsstempel, und ebenso ist es mit den zu diesen Stempelgesetzen ergangenen Ausführungsbestimmungen. Es kommen in Betracht:

I. für den Landesstempel:

1. das Stempelsteuergesetz vom 30. 6. 09. GS. 535;

---

[1]) Für die Zuwachssteuer beim Erwerbe in der Zwangsversteigerung vgl. § 9 Ges.

2. die **Ausführungsbestimmungen** vom 16. 8. 10 zum Landesstempelgesetz, die der **Finanzminister** im Einverständnisse mit den Ministern der übrigen Ressorts erlassen hat, enthaltend 88 Nummern zum Landesstempelgesetz und zu dessen Tarif

   — abgedruckt in den Regierungsamtsblättern (außer Sigmaringen) und im Zentralblatt der Abgabengesetzgebung und Verwaltung v. 24. 9. 10 Nr. 20 —

   Eine vom FinMin. zur Verfügung gestellte Zusammenstellung des hauptsächlichsten Inhalts der das Notariat angehenden Bestimmungen (keine wortgetreue Wiedergabe) ist vom JustMin. im JMBl. 11 S. 183 ff. durch Verf. v. 1. 5. 11 zur Kenntnis der Notare gebracht;

3. die **Allgemeine Verfügung** des JustMin. und des FinMin. über **gerichtliche** Landesstempelsachen vom 28. 7. 10. JMBl. 10 S. 299;

4. daneben die kleineren, sonst noch zum Landesstempelgesetze ergangenen allgemeinen Verfügungen des JustMin., die oben S. 9 zusammengestellt sind;

II. für den **Reichsstempel**:

1. das **Reichsstempelgesetz** v. 15. 7. 09 — RGBl. 833 — in der durch die §§ 67 ff. RZuwStG. v. 14. 2. 11 — RGBl. 53 ff. — abgeänderten Fassung;

2. die am 25. 1. 12 vom **Bundesrat** dazu erlassenen **Ausführungsbestimmungen**[1])

   — bekannt gemacht im Zentralblatte für das Deutsche Reich S. 35; ein Auszug daraus, der nur „IX. Grundstücksübertragungen", „X. Allgemeine Bestimmungen" und „XII. Schlußbestimmungen" betrifft, ist abgedruckt im JMBl. 12 S. 103 ff. —

3. die **Preußischen Ausführungsvorschriften** des Finanzministers zum Reichsstempelgesetz und seinen Ausführungsbestimmungen vom 14. 3. 12

   — bekannt gemacht im Zentralblatte der Abgabengesetzgebung und Verwaltung in den Kgl. Preuß. Staaten

[1]) Bis 1. 4. 12 galten die (jetzt aufgehobenen, s. § 1 AB v. 14. 3. 12) Bl. 273 ff. im JMBl. 1909 abgedruckten Ausführungsbestimmungen des Bundesrats v. 26. 7. 09.

63 ff.; ein Auszug daraus, der ebenfalls nur die Grundstücksübertragungen, die allgemeinen und die Schluß-Bestimmungen betrifft, ist abgedruckt im JMBl. 12 S. 117 ff. —

4. die Allgemeine Verfügung des JustMin. und des FinMin. vom 14. 3. 12 über die Einziehung der Reichsstempelabgabe für Grundstücksübertragungen zu den Gerichtskosten. JMBl. 99.

Danach ist der Reichsstempel jetzt in demselben Umfange zu den Gerichtskosten einzuziehen wie der Landesstempel, und auch auf das Verfahren ist die LStV. entsprechend anzuwenden. Beide Stempel werden also, soweit sie zu den Gerichtskosten eingezogen werden. formell fortan gleich behandelt;

5. die Allg. Verf. v. 5. 8. 12 über die kassenmäßige Behandlung der zu den Gerichtskosten einzuziehenden Reichsstempelabgaben für Grundstücksübertraguugen. JMBl. 12 S. 270.

6. die kleineren sonst noch zum Reichsstempelgesetze ergangenen allgemeinen Verfügungen des JustMin., die oben S. 9 und 10 zusammengestellt sind;

III. für die Zuwachssteuer:

1. das Zuwachssteuergesetz v. 14. 2. 11. RGBl. 33 ff.;
2. das Preußische „Ausführungsgesetz zum Reichszuwachssteuergesetze vom 14ten Februar 1911". Vom 14. 7. 11 GS. 95;
3. die auf Grund des § 66 des ZuwStG. erlassenen Ausführungsbestimmungen des Bundesrats v. 27. 3. 11,

   — abgedruckt im Zentralblatt für das Deutsche Reich 79; ein Auszug daraus in 7 Paragraphen ist abgedruckt im JMBl. 11 S. 206 und 207 —

4. die dazu ergangene Ausführungsanweisung des Min. des Inneren und des FinMin. v. 19. 5. 11,

   — abgedruckt im JMBl. 1911 S. 208—212, —

5. die kleineren dazu ergangenen allgemeinen Verfügungen des JustMin., die oben S. 11 zusammengestellt sind.

Der Landes- und Reichs-Immobiliarstempel in der Praxis.

Abschnitt 1.

1. Allgemeines.

Der 1 proz. Landes- und der $^2/_3$ proz. Reichsstempel wird erhoben:

1. von allen lästigen — entgeltlichen — Veräußerungsgeschäften (Tarif Nr. 32 LStG., Tarif Nr. 11a RStG.);
2. von gewissen, dem Gesellschaftsrecht angehörenden Rechtsgeschäften (Tarif Nr. 25 LStG., Tarif Nr. 11b c RStG., siehe Abschnitt 2 unter VII);
3. von Auflassungen (Tarif Nr. 8 LStG., Tarif Nr. 11d RStG.).

Von Auflassungen wird der Stempel nicht erhoben, wenn der Vertrag (die das Veräußerungsgeschäft enthaltende, in an sich stempelpflichtiger Form ausgestellte Urkunde) vorgelegt wird (Tarif Nr. 8 Abs. 3 LStG., Tarif Nr. 11d Abs. 3 RStG.). Das gilt auch dann, wenn der Vertrag einem geringeren oder gar keinem Stempel unterliegt.

Beide Stempel, der Vertragsstempel wie der Auflassungsstempel, sind Urkundenstempel[1]). Verwendungsfrist: zwei Wochen; vgl. §§ 15, 16 LStG., §§ 83, 85 RStG. Ein Vertrag ist stempelpflichtig erst dann, wenn er rechtswirksam zustande gekommen ist (vgl. § 78 RStG.), also erst, wenn alle ihn genehmigt haben, deren Zusammenwirken nach seinem Inhalte zu seinem Zustandekommen notwendig ist (§ 16 Abs. 3 LStG., § 2 Nr. 2 AB. v. 28. 7. 10, Nr. 2 AB. v. 23. 5. 10), und, wenn auch die im Gesetze für den betreffenden Vertrag vorgeschriebene Form beobachtet ist. Heilung des Formmangels durch die Auflassung findet nur in dem Falle des § 313 Satz 2 BGB. statt, sonst nicht, vgl. Komm. d. RGRäte zum BGB. I 259 Anm. 4. Hat also z. B. ein Ehevertrag unter anderem auch eine Grundstücksübereignung zum Gegenstande, wird er aber nur in Privatschrift vorgelegt oder genügt er sonst nicht der in § 1434 BGB. vorgeschriebenen Form, so ist der Auf-

[1]) Beim Auflassungsstempel ist das Auflassungsprotokoll die stempelpflichtige Urkunde. Die Abgabe wird aber nur erhoben, wenn die Eintragung im Grundbuche erfolgt ist (Tarif Nr. 8 Abs. 2 LStG., § 78 RStG.).

lassungsstempel zu erheben (vgl. unten S. 72—74 unter II 2 und 3; anders, wenn ein gewöhnlicher Veräußerungsvertrag unter Ehegatten und ein Ehevertrag in einer Urkunde nur äußerlich verbunden sind, z. B. unten S. 70—71 unter I, 1, 2, 3).

Die Hinzufügung von Bedingungen zum Vertrage (z. B. Schankkonsenserlangung) hemmt die Stempelpflicht nicht (§ 3 Abs. 2 LStG., § 79 RStG.).

2. Form der Abgabenentrichtung.

Landes- und Reichsstempel werden in der Weise entrichtet, daß

A. entweder Stempelzeichen (Stempelmarken, Stempelbogen, und zwar besondere — Nr. 9 AB. z. LStG. — für den Landes-, und besondere — §§ 154, 155 AB. z. RStG. — für den Reichsstempel) verwendet, oder

B. beide Stempel zu den Gerichtskosten eingezogen werden.

A. Stempelzeichenverwendung.

1. Bei notariellen Grundstücksveräußerungsverträgen (im Falle des Art. 26 AG. z. BGB. wohl auch bei Auflassungen vor dem Notar, trotz § 78 RStG. wegen § 15 LStG. § 85 RStG.) ist der Notar verpflichtet, den Stempel zu verwenden, und zwar beide, Landes- wie Reichsstempel, in preußischen bzw. in deutschen Stempelzeichen[1]). Ebenso bei von ihm zwar nicht beurkundeten, aber vor ihm dem Inhalte nach anerkannten (bis dahin noch nicht rechtswirksamen) Privatverträgen (§ 9 Abs. 2, § 12 Abs. 1a, § 14 LStG., Nr. 12 Abs. 3, Nr. 6 Abs. 2 u. 3 AB. z. LStG.; § 85 RStG., § 152 Abs. 1a und Abs. 4 AB. z. RStG.).

   Der Notar (und ebenso nachfolgend unter 2 der sonstige Urkundsbeamte oder die Behörde) ist zur Verwendung der Stempelzeichen natürlich nur verpflichtet, wenn er sie oder den Barbetrag zu ihrer Anschaffung von einem Steuerpflichtigen oder für ihn erhalten hat. Ist in der gesetzlichen Frist (zwei Wochen nach Ausstellung) nicht gezahlt, so ist der Stempel im Verwaltungszwangsverfahren beizutreiben. Notare und Behörden oder Beamte, denen selbst die Beitreibung im Verwaltungszwangsverfahren (Verordnung v. 15. 11. 99/18. 3. 04

[1]) Die frühere Barabführung des Reichsstempels (§§ 127a u. e AB. d. BR. JMBl. 09 S. 278 ff.) hat seit 1. 4. 12 aufgehört.

GS. 545/36) nicht zusteht, haben (binnen einer Woche § 15 LStG.) das Hauptzoll- oder Zollamt ihres Wohnorts oder Amtssitzes darum zu ersuchen und

a) dem Antrage möglichst eine Abschrift der Urkunde beizufügen, oder

b) alle außer dem Hauptschuldner gesetzlich Stempelzahlungspflichtigen zu benennen.

(Nr. 22 AB. z. LStG., § 164 AB. z. RStG.; die Anträge wegen Landes- und Reichsstempels können verbunden werden, Nr. 23 PrAB. z. RStG.).

Die beigetriebenen Stempel übersendet die Zahlstelle in entwerteten Stempelzeichen dem Notar (der Behörde, dem Beamten), der sie neben der Verhandlung in den Akten einzuheften hat. Soweit er dagegen die Nachricht erhält, daß die Einziehung ohne Erfolg geblieben sei, hat er bei der Oberzolldirektion die Niederschlagung zu beantragen. Vgl. a. a. O.

Notare dürfen den Stempel auch dann noch verwenden, wenn schon die zwangsweise Einziehung beantragt ist, haben aber den Verspätungsgrund auf der Urkunde anzugeben und die Zahlstelle unverzüglich zu benachrichtigen (Nr. 22 AB. zu § 15 LStG., im wesentlichen ebenso nach Reichsstempelrecht, § 164 Abs. 1 u. 3 AB. z. RStG., Nr. 23 PrAB. z. RStG.).

Notare (Behörden, Beamte) können den Stempel auch verwenden, ehe sie den Abgabenbetrag vom Stempelschuldner erhalten haben. Sie sollen sich dessen aber „tunlichst enthalten", damit nicht Ausfälle für die (nach § 25 Nr. 1b LStG. erstattungspflichtige) Staatskasse entstehen (Nr. 28 Abs. 1 AB. zu § 25 LStG.).

2. Ist nach Art. 12 §§ 2 u. 3 AG. z. BGB. ein anderer Beamter (außer den Gerichten und Notaren) für die Beurkundung des Grundstücksveräußerungsvertrages zuständig, so haben sowohl der beurkundende Beamte wie — im Falle des § 2 a. a. O. — die als Partei beteiligte öffentliche Behörde, jeder für sich, die Verpflichtung, zu dem Vertrage den Landesstempel in Stempelzeichen zu verwenden (§ 12 Abs. 1a, § 13 Abs. 2, § 15 Abs. 1 LStG., Nr. 6 Abs. 2, Nr. 12 Abs. 2, Nr. 16 Abs. 2 u. 3 AB. z. LStG.). Die Verwendung des Reichsstempels ist lediglich Sache des Urkundsbeamten (§ 85

RStG., § 152 Abs. 1a AB. z. RStG.; vgl. auch die Bemerkungen unter 1).

3. Für Rentengutsverträge (bei den durch Vermittelung der Generalkommission begründeten und bei den vom Staate ausgegebenen Rentengütern) genügt ausnahmsweise die schriftliche Form (Art. 12 § 1 AG. z. BGB.). Ist bei solchem Vertrage eine Behörde Partei, so hat sie den erforderlichen Landesstempel zu verwenden (Nr. 12 Abs. 2 AB. z. LStG.), ist keine Behörde Vertragspartei, dann ist der Vertrag einem der mit dem Vertriebe der Stempelzeichen beauftragten Hauptzollämter, Zollämter oder Stempelverteiler zur Landesstempelverwendung vorzulegen (Nr. 12 Abs. 1 AB. z. LStG.), — soweit nicht Stempelfreiheit nach § 12 Abs. 4 Nr. 3 Ges. v. 7. 7. 91, GS. 279, KG. 31. 12. 10, 41 B 281, eintritt. Die Entwertung der Reichsstempelzeichen hat bei solchen privatschriftlichen Verträgen stets bei der zuständigen Steuerstelle (Hauptzollamt oder Zollamt, nicht Stempelverteiler) zu geschehen (§ 152b AB. z. RStG., Nr. 18 Abs. 2, Nr. 19 Abs. 2 PrAB. z. RStG.).

4. Von den Fällen in Art. 12 Nr. 1 AG. z. BGB. (Rentengutsverträgen und freihändigen Verträgen in Enteignungssachen) abgesehen, sind privatschriftliche Grundstücksveräußerungsverträge rechtsunwirksam und werden wirksam erst durch die Auflassung (§ 313 Satz 2 BGB.), ebenso bloß unterschriftlich vom Gericht oder Notar beglaubigte. Wünschen die Beteiligten trotzdem schon vor der Auflassung die Verstempelung solcher noch nicht stempelpflichtigen Privatverträge, so erfolgt die Stempelzeichenverwendung (Befugnis, wohl aber nicht Verpflichtung der Behörden, vgl. Nr. 11 Abs. 1 Satz 1 AB. z. LStG.) bei den Hauptzoll- oder Zollämtern[1]), bei von Notaren entworfenen und beglaubigten oder auch bloß beglaubigten Verträgen auch durch die Notare (Nr. 12 Abs. 3 AB. z. LStG., § 152 AB. z. RStG., § 85, 86 Schlußsatz RStG.).

Soweit Stempelzeichen in Natur zu verwenden sind, sind bis zu 500 M. Stempelmarken, darüber hinaus Stempelbogen, und Marken nur zur Ergänzung, über 1000 M. aber nur die vom Haupt-

---

[1]) Die Landes-, nicht auch die Reichsstempelmarken können auch die Stempelverteiler entwerten (Nr. 15 AB. z. LStG., Nr. 19 Abs. 2 PrAB z. RStG.).

zollamte oder Zollamte besonders ausgefertigten Stempelbogen zu verwenden. So bezüglich des Landesstempels: Nr. 13, 14 AB. z. LStG. Der Reichsstempel ist bis zu 1000 M. in deutschen Reichsstempelmarken zu entrichten, darüber hinaus sind besonders ausgefertigte Stempelbogen zu verwenden.

Über die Art der Entwertung der Marken und Bogen s. Nr. 13 bis 20 AB. z. LStG., §§ 153—158 AB. z. RStG., für Notare aber auch Verf. d. FinMin. v. 2. 3. 12, JMBl. 83, Nr. 21 PrAB. z. RStG.

B. Einziehung zu den Gerichtskosten.

Landes- und Reichsstempel sind nicht in Natur zu verwenden, sondern zu den Gerichtskosten[1]) einzuziehen:

a) bei allen vom Gericht aufgenommenen Urkunden einschließlich der Auflassungen,

b) bei den dem Gerichte
   zur Ausschließung des Auflassungsstempels,
   zur gerichtlichen Vollziehung oder Inhaltsanerkennung,
   zur gerichtlichen Genehmigung oder Bestätigung
   vorgelegten außergerichtlichen Urkunden,

c) bei den in Angelegenheiten der Justizverwaltung errichteten Grundstücksveräußerungsurkunden.
   (LStV. §§ 1ff., § 4 AB. v. 14. 3. 12).

3. Den Immobiliarstempelgesetzen nicht unterliegende Fälle.

Auflassungen sind stempelpflichtig nur in den Fällen der **freiwilligen Veräußerung.** Nicht stempelpflichtig ist also die Auflassung,

A. wenn überhaupt keine Veräußerung vorliegt[2]),

B. wenn die Veräußerung nicht freiwillig ist.

A. Eine Veräußerung liegt namentlich dann nicht vor, wenn die Beteiligten die Form der Auflassung wählen zum Zwecke der Grundbuchberichtigung (§ 894 BGB.), wo auch Bewilligung und Antrag (ohne gleichzeitige Anwesenheit) in beglaubigter Form genügen würde[3]). Hierher gehören die Fälle der sog. „Rückauflassung" wegen

---

[1]) Der Reichsstempel ist in dieser Hinsicht seit dem 1 April 1912 dem Landesstempel vollständig gleichgestellt (s. AB. v. 14. 3. 12).

[2]) Über einige Ausnahmefälle aus dem Handelsgesellschaftsrecht, wo der Immobiliarstempel zu erheben ist, obwohl der Eigentumsübergang Auflassung nicht voraussetzt, siehe unten S. 82, 85.

[3]) Vgl. AB. v. 6. 2. 02, JMBl. 33 (Antrag der Eheleute, ein für die Frau eingetragenes Grundstück als Gesamtgut der Fahrnisgemeinschaft einzutragen; kein Auflassungsstempel).

Nichtigkeit der früheren Auflassung oder wegen Anfechtbarkeit mit Nichtigkeitsfolge (§§ 105, 117 ff., 125, 142 BGB., Geschäftsunfähigkeit, Schein, Scherz, Irrtum, Täuschung, Drohung).

Wird der Formalakt der Auflassung gewählt zum Zwecke der Grundbuchberichtigung, so ist dennoch der Auflassungsstempel nach Tarif Nr. 8 LStG., Tarif Nr. 11d RStG. zu erheben, so lange nicht die Beteiligten die die Unrichtigkeit anerkennende Urkunde vorlegen oder im Auflassungsprotokolle erklären, daß die Auflassung jenem Berichtigungszwecke diene (KG. 5. 3. 09, Rspr. 19 S. 286). Ob daneben noch ein Nachweis der Grundbuchunrichtigkeit erforderlich ist, ist zweifelhaft. Nach RG. 16. 3. 10, Entsch. 73, 154 ff. und ihm folgend KG. 3. 7. 11, 41 A S. 207 soll in den Fällen des § 22 GBO. die Bewilligung ohne Unrichtigkeitsnachweis auch für die Eigentumseintragung genügen, und es soll der Berichtigungsbewilligung nur dann nicht stattgegeben werden, wenn sich ergibt, daß durch die bewilligte Eintragung das Grundbuch unrichtig werden würde. A. M. Stuttgart, 27. 6. 06, Rspr. 14 S. 76. Danach soll der Nachweis der Grundbuchberichtigung zu führen sein, aber in vielen Fällen in der übereinstimmenden Erklärung aller Beteiligten gefunden werden können (vgl. auch Colmar 15. 6. 04 in Rspr. 9 S. 332 und KG. 31. 10. 10, 40 A 133). Man wird den Nachweis zu fordern haben, aber nicht notwendig in der Form des § 29 GBO., weil es sich nur um die Darlegung der negativen Tatsache handelt, daß eine rechtsgeschäftliche Rechtsänderung nicht in Frage stehe.

B. Nicht freiwillig — nicht frei gewollt — ist die Veräußerung (d. h. die Auflassung samt dem etwaigen Kausalgeschäfte) bei den sog. **Erfüllungsgeschäften,** wenn schon eine Verpflichtung zur Übertragung des Eigentums bestand, sei es auf Grund des Gesetzes (z. B. im Falle der Wandlung), sei es auf Grund testamentarischer Anordnung (s. unten unter k), sei es auf Grund eines früheren Rechtsgeschäfts zwischen den Beteiligten. Daher liegt eine stempelpflichtige freiwillige Veräußerung nicht vor in folgenden Fällen:

a) bei der Rückauflassung des anfechtbar veräußerten Grundstücks (§ 37 KKO.) zur Konkursmasse. Hier nicht Nichtigkeit nach § 142 BGB., sondern nur Unwirksamkeit gegenüber den Konkursgläubigern (Art. 32 EG. z. BGB., § 29 KKO.), daher Auflassung, nicht Grundbuchberichtigung;

b) bei der Rückauflassung des Art. 25 AG. z. BGB. im rhein. Rechtsgebiete; und bei der Rückauflassung in Erfüllung der im früheren Vertrage übernommenen Verpflichtung zur Rückübertragung (Wiederkauf) (KG. 2. 8. 04, Rspr. 11 S. 202). Ist nicht mehr der erste Käufer Eigentümer, sondern ein weiterer Erwerber, und wird von diesem veräußert an den (nur dem Käufer gegenüber persönlich) wiederkaufsberechtigten ersten Verkäufer (§ 497 ff. BGB.), so liegt eine freiwillige Veräußerung vor; dagegen umgekehrt eine nicht freiwillige, wenn das Wiederkaufsrecht ein dingliches, den Veräußerer jedem Eigentümer gegenüber zum Wiederkaufe berechtigendes ist (Art. 29 AG. z. BGB.);

c) bei der Rückauflassung infolge Wandelung[1]) (§ 462 BGB.) — häufigster Fall wegen Schwammes im Hause — auf Grund der Gewährleistungspflicht;

d) bei der Rückauflassung eines geschenkten Grundstücks infolge Widerrufs (§§ 530, 531 BGB.);

e) in dem Falle des erzwungenen Erwerbs beim Überbau (§ 915 BGB.);

f) im Falle des Erwerbs bei der Grenzberichtigung (§ 920 BGB.);

g) bei der Auflassung durch den Käufer an den dinglich (nicht auch an den nur persönlich, s. oben unter b) vorkaufsberechtigten Dritten (§§ 1099, 1100, 510 BGB.). Geschieht die Auflassung durch denjenigen, der das Vorkaufsrecht eingeräumt hat, an den Vorkaufsberechtigten, so liegt immer eine nicht freiwillige Veräußerung vor, gleichviel ob das Vorkaufsrecht ein nur persönliches oder ein dingliches ist. Aber Voraussetzung ist immer (§ 504 BGB.), daß zwischen dem Vorkaufsverpflichteten und dem Dritten ein Kaufvertrag rechtswirksam und stempelpflichtig zustande gekommen war (vgl. KG. 23. 11. 05, 32 B 49);

---

[1]) Vorzulegen ist das Urteil oder der — nach Tarif Nr. 67 mit 3 M. zu verstempelnde — Vergleich oder der — nach Tarif Nr. 71 Ziff. 1 mit 3 M. zu versteuernde — Vertrag. (Wenn die Aufhebung des früheren Vertrages gegen Entgelt geschieht, ist der Vertrag gemäß Tarif Nr. 71 Ziff. 1 Abs. 2 nach Tarif Nr. 32 zu verstempeln.) Auch wird auf andere Weise die Rücknahmepflicht dargetan werden können, z. B. durch ein sachverständiges Gutachten über Schwamm u. dgl. Über die Möglichkeit der Erstattung des zu dem gewandelten Veräußerungsgeschäfte verwendeten Stempels aus Billigkeitsrücksichten s. unten S. 97.

h) bei der Auflassung infolge Auseinandersetzung nach beendigter Gütergemeinschaft an den einen Ehegatten hinsichtlich der von ihm eingebrachten usw., jetzt von ihm übernommenen Grundstücke (§ 1477 Abs. 2, § 1502 Abs. 1 BGB. RG. 2. 5. 07, 34 B 33 f. Grundf. Nr. 2), ebenso an anteilsberechtigte Abkömmlinge bei Aufhebung der fortgesetzten Gütergemeinschaft durch Urteil (§§ 1502 Abs. 2, § 1495 BGB.).

i) nach RG. 11. 11. 10 in der RheinNotZtg. 11 S. 4 auch bei der Auflassung eines Grundstücks zum ehelichen Gesamtgute, wenn die Verpflichtung dazu aus einem Ehevertrage entspringt, z. B. wenn Errungenschaftsgemeinschaft vereinbart wird, die nach § 1519 BGB. nur das „während der Gemeinschaft" Errungene umfassen würde, dabei aber auch das ganze gegenwärtige Vermögen eines oder beider Ehegatten zum Gesamtgute bestimmt wird[1]). Hier dürfte wohl aber ebenso freiwillige Veräußerung vorliegen, wie bei jedem anderen Vertrage, und nur in Frage kommen, ob der Ehevertragsstempel den Auflassungsstempel nach Tarif Nr. 8 Abs. 3 LStG., § 11a Abs. 3 RStG. ausschließt, s. unten S. 71, 74;

k) bei der Auflassung eines vermachten Grundstücks durch den Erben an den Vermächtnisnehmer (§ 2174 BGB. RG. 13.6.04, Rspr. 11 S. 212, Hamburg 28. 2. 10, Rspr. 21 S. 135), durch den Vermächtnisnehmer an den Nachvermächtnisnehmer (§ 2191), bei der Auflassung auf Grund des vermachten Anspruchs auf Übernahme eines Nachlaßgrundstücks gegen bestimmtes Entgelt; vgl. RG. 13. 1. 11, Rspr. 23 S. 289. Über Zession des Vermächtnisanspruchs s. S. 41 unter 7;

l) bei der Weiterauflassung eines in Vollmacht (Auftrag) erworbenen — dem Bevollmächtigten bereits aufgelassenen[2]) — Grundstücks durch den Bevollmächtigten (oder seine Erben) an seinen Auftraggeber. Häufigster Fall: wenn Vertrauenspersonen für Korporationen vor Erlangung der Korporationsrechte Grundstücke erwerben (vgl. AB. v. 13. 6. 00 unter I 6 u. 7)[3]);

---

[1]) Unterschied von der allgemeinen Gütergemeinschaft: sie umfaßt auch das ganze künftige Vermögen, nicht bloß den künftigen Erwerb.

[2]) Dies der Unterschied vom Tarif Nr. 32 Abs. 7.

[3]) Hier wird der Auflassungsstempel nicht erhoben, wenn die Beteiligten erklären, daß der Veräußerer für die juristische Person erworben habe, und daß er in Erfüllung seiner Verpflichtung aus dieser Geschäftsführung auflasse.

m) ähnlich, wenn der Ehemann anerkennt, das — ihm bereits aufgelassene — Grundstück für Rechnung des Eingebrachten der Frau mit deren Mitteln erworben zu haben und zur Auflassung an sie verpflichtet zu sein. Dies nur dem Stempel aus Tarif Nr. 71 unterliegende vertragsmäßige Anerkenntnis — wenn kein Bedenken an seiner Richtigkeit besteht — genügt, um den Auflassungsstempel auszuschließen (KG. 30. 5. 04, Rspr. 9 S. 195 = KG. 28 B 88);

n) bei Naturalteilung eines von vornherein mit der Abrede der Naturalteilung zu Bruchteilen erworbenen Grundstücks durch wechselseitige Parzellenmiteigentumsauflassung (RG. 7. 10 10, RheinNotZtg. 11 S. 37 = DNotZtg. 11 S. 464). Hier liegt ein sog. Abwickelungs- oder Erfüllungsgeschäft vor (KG. 15. 2. 06, 32 B 53, s. auch unten S. 57). Der Naturalteilungsvertrag bedarf nur des 3-M.-Stempels aus Tarifstelle 71 Nr. 2 (KG. 15. 2. 05, Rspr. 13 S. 294). Zur Ausschließung des Auflassungsstempels wird genügen, daß jene Vonvornhereinabrede glaubhaft dargetan wird;

o) beim Ausscheiden einer Stadtgemeinde aus einem Landkreise unter Zuteilung von Grundstücken KG. 13. 9. 05, 30 B 40 = Rspr. 14 S. 62;

p) bei Auflassung auf Grund einer bergrechtlichen Entscheidung des Bezirksausschusses darüber, ob und in welchem Umfange der Eigentümer eines Grundstücks zur Abtretung oder der Bergwerksbesitzer zum Erwerbe verpflichtet ist. §§ 64, 135, 138, 142 Berggeſ. v. 24. 6. 65, 24. 6. 92, 14. 7. 05, 28. 7. 09 und KG. 8. 2. 04, Rspr. 11 S. 199 = KG. 27, B 51.

Der Nachweis, daß überhaupt keine Veräußerung oder wenigstens keine freiwillige und deshalb nicht stempelpflichtige vorliege, kann auch nachträglich geführt werden, weil meist § 10 GKG. anwendbar sein wird.

Nicht hierher gehören die bei Enteignungen (Ges. v. 11. 6. 74) und Baufluchtlinienfestsetzungen (Ges. v. 2. 7. 75) vorkommenden freihändigen Verträge (§§ 16, 17 Ges. v. 11. 6. 74)[1]. Dies sind freiwillige Veräußerungen, von einem gewissen Zeitpunkte aber ab sind sie kraft besonderer gesetzlicher Vorschrift (§ 43 Ges. v. 11. 6. 74,

[1]) Über Privatschriftform solcher Verträge s. Art. 12 Nr. 1 Abs. 2 AG. z. BGB.

§ 4 Abs. 1e LStG.) landesstempelfrei. Nämlich, bei Enteignungen, sobald der vorläufige Plan durch den Regierungs- (in Berlin den Polizei-)Präsidenten festgestellt ist (§ 15 Ges. v. 11. 6. 74), bei Baufluchtlinienfestsetzungen[1]), sobald die Fluchtlinien vom Gemeindevorstande im Einverständnis mit der Gemeindevertretung festgesetzt sind und die Ortspolizeibehörde ihre Zustimmung erteilt hat (§ 1 Ges. v. 2. 7. 75). Gegen KG. 5. 7. 06, Rspr. 15 S. 212 und KG. 33 B 27 (wo auf Grund des § 11 Ges. v. 2. 7. 75 die Offenlegung des Planes als der entscheidende Zeitpunkt angesehen wird) s. KG. 8. 10. 08, 36 B 12 und 5. 2. 09, 38 B 11. Über abweichende Ansichten (maßgebend sei der Zeitpunkt der generellen oder [durch Kgl. Verordnung erfolgenden] speziellen Erteilung des Enteignungsrechts) s. die Kommentare zu § 4e LStG., auch Luther, das Gesetz über die Enteignung von Grundeigentum, Berlin 1902, S. 51. Wegen des Reichsstempels s. Tarif Nr. 11 RStG. Befr. Nr. 2.

4. Die beiden Hauptarten des Grundstücksübertragungsstempels (Vertragsstempel und Auflassungsstempel).

Bei der Auflassung im Falle freiwilliger Veräußerung sind zwei Fälle zu unterscheiden:

A. mit Vertragsvorlegung,

B. ohne solche.

Die Beteiligten haben die Wahl, ob sie einen schriftlichen Vertrag schließen und den Vertragsstempel zahlen, oder ob sie ohne solchen Vertrag auflassen und den Auflassungsstempel entrichten wollen.

A. Ist ein schriftlicher (entweder an sich rechtswirksamer oder zwar nur privatschriftlicher, aber durch die Auflassung und Eintragung nach § 313 Satz 2 BGB. rechtswirksam gewordener) Vertrag errichtet, so wird der Vertragsstempel erhoben — der je nachdem es sich um Kauf, Tausch, Gesellschaftsvertrag, Ehevertrag usw. handelt, nach den betr. Tarifstellen verschieden und zum Teil (s. unten S. 30, 31) niedriger als der Auflassungsstempel ist.

Ein Interesse, einen schriftlichen Vertrag zu errichten und vorzulegen, haben die Beteiligten also immer dann,

1. wenn der Vertrag ganz stempelfrei ist oder einem niedrigeren Stempel unterliegt, als die Auflassung (s. unten S. 30, 31),

---

[1]) Über Stempelfreiheit der Grunderwerbsgeschäfte hannoverscher Wegeverbände s. KG. 39 B 12.

2. wenn der vereinbarte Preis den Wert des Grundstückes nicht erreicht, ohne daß wegen des überschießenden Wertteils Schenkung vorliegt. Denn der Vertragsstempel aus Tarif Nr. 32 wird vom Preise, der Auflassungsstempel dagegen vom gemeinen Werte des Grundstücks und nur, wenn der Preis höher ist, von diesem berechnet (s. unten S. 36 ff.).

Wird ein Vertrag vorgelegt, so wird — wie gesagt — ein Auflassungsstempel nicht erhoben. Aber nur die Vorlegung eines solchen Vertrages, der zwischen den Auflassungsbeteiligten geschlossen ist, schließt den Auflassungsstempel aus. Hat der Eigentümer sich verpflichtet, das Grundstück an den Vertragsgenossen oder an einen von diesem zu bezeichnenden Dritten aufzulassen, so muß zur unmittelbaren Auflassung vom Eigentümer an diesen Dritten auch der zweite Vertrag (zwischen dem ersten Käufer und dem Dritten) vorgelegt werden, wenn der Auflassungsstempel unerhoben bleiben soll. (KG. 3. 2. 02, Rspr. 5 S. 173, KG. 29. 11. 06, Rspr. 17 S. 295, RG. 30. 9. 10, JMBl. S. 414, 415 = RheinNotZtg. 1911 S. 1). Ebenso natürlich, wenn A — ohne solche Verpflichtung zur Auflassung an einen Dritten — an B verkauft hat, B weiter verkauft hat an C, und nun unmittelbar von A an C aufgelassen wird. Hat der Eigentümer A dem M ein Verkaufsangebot (gerichtlich oder notariell) gemacht mit Vollmacht zur Auflassung an ihn oder Dritte, und hat dann M in eigenem Namen parzelliert, so ist zur Auflassung der Parzellen von A an die Käufer es nicht genügend zur Ausschließung des Auflassungsstempels, wenn vorgelegt werden das Verkaufsangebot und die Parzellenkaufverträge; sondern, es ist von den einzelnen Parzellenauflassungen der Auflassungsstempel zu erheben, sofern nicht die Urkunde über die Annahme des Verkaufsangebots mit vorgelegt wird (KG. 19. 3. 10, Rspr. 21 S. 142). Auch wenn nicht A, sondern auf Grund der Vollmacht M die Auflassung erklärte, wäre der Auflassungsstempel zu erheben, wegen Tarif Nr. 8 Abs. 4 Nr. 3 LStG. Tarif Nr. 11d Abs. 4 Ziff. 2 RStG. (vgl auch unten S. 43 ff.).

B. Ist ein schriftlicher Vertrag nicht gemacht, oder erklären die Beteiligten, daß sie einen Vertrag überhaupt nicht vorlegen wollen, dann wird der Auflassungsstempel erhoben: 1 % Landesstempel vom Werte des Grundstücks ohne Beilaß zur Zeit des Eigentumswechsels oder vom mündlich vereinbarten Preise, wenn dieser höher ist (Tarif Nr. 8 Sp. 4 LStG. § 6 Abs. 1 § 17 Abs. 3a, LStG. § 13 Nr. 2, § 16 Nr. 2 AB. v. 28. 7. 10), und $^{2}/_{3}\,^{0}/_{0}$ Reichsstempel vom Werte des Grundstücks ohne Zubehör (Tarif Nr. 11d Sp. 4 RStG., AB. v. 23. 5. 10 Nr. 4, Grundf. Nr. 1). Darüber, was das Auflassungsprotokoll in solchem Falle enthalten muß, s. § 16 AB. 28. 7. 10 und unten S. 50.

Würde der Vertragsstempel niedriger sein als der Auflassungsstempel, und wird dennoch ein schriftlicher Vertrag nicht vorgelegt, dann hat der Grundbuchrichter die Pflicht, die Beteiligten hierauf aufmerksam zu machen (§ 16 Abs. 1 AB. v. 28. 7. 10). Denn der Auflassungsstempel (Landes- und Reichs-) wird nicht erhoben oder, wenn er schon entrichtet ist, erstattet oder auf den etwa fehlenden Vertragsstempel angerechnet[1]), wenn der Vertrag nachträglich vorgelegt, und im Falle der Erstattung diese innerhalb zweier Jahre nach Entrichtung des Auflassungsstempels beantragt ist[2]) (Tarif Nr. 8 Abs. 3 u. Abs. 5 z. LStG., Tarif Nr. 11d Abs. 3 u. 5 z. RStG., § 172 Satz 2 AB. z. RStG.)[3]).

Die Prüfung der nachträglich eingereichten Urkunde liegt nicht, wie bei der Auflassung, dem Grundbuchrichter ob, sondern dem Gerichtsschreiber (§ 16 Nr. 6 AB. v. 28. 7. 10).

5. Verträge ohne (oder mit ermäßigtem) Wertstempel.

Niedriger als der Auflassungsstempel ist der Vertragsstempel — von oben S. 29 A 2 abgesehen — in folgenden Fällen:

1. bei sogenannten Überlassungsverträgen (d. h. allen obligatorischen Übereignungsverträgen von Aszendenten auf Deszenten); sie sind ganz stempelfrei (s. Abschnitt 2 unter II unten S. 52 ff.);

---

[1]) Anrechnung soll nach dem Wortlaut des Gesetzes (Tarif zum LStG. a. a. O. Abs. 5, RStG. a. a. O. Abs. 5) nur erfolgen, wenn nach der Zahlung des Auflassungsstempels der Vertrag errichtet wird (vgl. § 18 AB. v. 28. 7. 10). Bei privatschriftlichen Verträgen wird er aber wohl anzurechnen sein auch dann, wenn der Vertrag zwar vor der Zahlung (also zwischen Auflassung und Stempelzahlung oder gar noch vor der Auflassung) errichtet, aber erst nach der Zahlung des Auflassungsstempels dem GBA. vorgelegt ist (Abs. 3 des Tarifs Nr 32 LStG.). Denn sonst müßte zunächst zu dem Vertrage der Vertragsstempel eingezogen werden (§ 2 Nr. 1b AB. v. 28. 7. 10, § 4 Abs. 1b AB. v. 14. 3. 12) und dann auf Antrag der Auflassungsstempel erstattet werden (LStG. a. a. O. Abs. 3). Für den Reichsstempel ist diese Verrechnung ausdrücklich ausgesprochen in § 169c AB. z. RStG.

[2]) Die frühere Frist zur Vorlegung „binnen 2 Wochen nach Zustellung der Kostenrechnung" ist fortgefallen (vgl. KG. 19. 11. 09, 39 B 73).

[3]) Für die Zeit vor dem 1. 4. 12 vgl. hinsichtlich des Reichsstempels die nur einjährige Antragsfrist in § 6 AB. v. 27. 7. 09, JMBl. 291 § 127m Abs. 1c, Abs. 4, § 127n AB. d. BR., JMBl. S. 275.

2. bei Erbteilungsverträgen (Erbrezessen) und sogenannten Teilungskäufen unter Miterben (auch dem Gütergemeinschaftsgatten). Erbrezesse über erbschaftssteuerfreie Erbschaft: Fixstempel von 1,50 M. Erbrezesse über erbschaftssteuerpflichtige Erbschaft: $^1/_{25}$ % des Reinnachlasses. Teilungskauf (Tarif Nr. 32 Abs. 10 Ziff. 1 z. LStG.): 3 M. Fixstempel. Vom Reichsstempel sind alle diese Verträge unter Miterben frei (s. Abschnitt 2 unter IV u. Grunds. Nr. 4);
3. bei Tauschverträgen. Stempelberechnung nur von dem einen, höherwertigen Tauschgegenstande (s. Abschnitt 2 unter III S. 54);
4. bei Kaufverträgen mit Vereinbarung über Leistung an Erfüllungsstatt, also z. B. wenn in[1]) einem Kaufvertrage Hingabe von beweglichen Sachen statt Zahlung des Kaufpreises vereinbart wird. Ein solcher Vertrag ist insoweit als Tausch (s. oben unter 3) zu versteuern (Tarif Nr. 32 Abs. 2 Ziff. 3 LStG., Tarif Nr. 11a Sp. 4 Anm. a RStG.);
5. bei Schenkungen. Denn steuerfrei sind alle Schenkungen im Werte von unter 500 M. und ferner Schenkungen
   a) an Abkömmlinge,
   b) unter Ehegatten,
   c) nicht über 10000 M. werte an Aszendenten[2]), an Adoptivkinder und deren Abkömmlinge, und an vom Vater anerkannte außereheliche Kinder und deren Abkömmlinge.

   (S. §§ 10, 11 ErbschStG. und Abschn. 2 unter V S. 64ff.)

   Bei allen Schenkungen ohne Ausnahme soll der Grundbuchrichter die Vorlegung einer Schenkungsurkunde empfehlen, weil bei steuerfreien Schenkungen der Auflassungsstempel erspart wird, bei nicht steuerfreien aber die Reichsschenkungssteuer neben dem Auflassungsstempel erhoben wird, auch wenn keine Schenkungsurkunde errichtet ist, bei Vorlegung einer solchen aber der Auflassungsstempel nicht erhoben wird (§ 16 Abs. 1 AB. v. 28. 7. 10);
6. bei gewissen Verträgen aus dem Gesellschaftsrechte (s. Abschnitt 2 unter VII S. 74 ff.).

---

[1]) Anders, wenn es in einer besonderen nachträglichen Urkunde geschieht (KG. 8. 6. 03 27 B 67).

[2]) Ohne Beschränkung auf den Wert von 10000 M. beim Rückerwerb von Grundstücken, die sie ihren Abkömmlingen durch Schenkung oder Übergabevertrag zugewendet haben (§ 11 g ErbschStG.).

6. Stempelprüfungspflicht.

Der Grundbuchrichter ist verpflichtet, den Vertrag, der als Grundlage für die Auflassung überreicht wird, auf die vorschriftsmäßige Verstempelung (Landes- und Reichsstempel, nicht auch Reichszuwachssteuer) sorgfältig zu prüfen (§ 14 Nr. 3 AV. v. 28. 7. 10 bezüglich des Landesstempels, § 101 Abs. 1 RStG. u. § 4 Abs. 2 AV. v. 14. 3. 12 hinsichtlich des Reichsstempels) und Zuwiderhandlungen gegen die Stempelgesetze bei der zuständigen Behörde (dem Hauptzollamte) zur Anzeige zu bringen. Was bei dieser Prüfung im einzelnen zu beachten sei, ist bei den S. 34ff. behandelten Beispielen näher angegeben.

7. Sicherheitsleistung.

Der Grundbuchrichter kann[1]) die Entgegennahme der Auflassung (nicht bloß die Eintragung des Eigentümers[2]), wie in § 85 RStG. früherer Fassung) nach seinem Ermessen abhängig machen von Sicherstellung[3]) der Staatskasse wegen der Kosten der Eintragung und wegen des Landesstempels (1%) für die Auflassung oder für das zugrunde liegende Rechtsgeschäft (§ 58 Nr. 7 GKG. v. 25. 7. 10, GS. 203) und von einer Sicherheitsleistung für den Reichsstempel — bis zum 30. 6. 14 ⅔% des Wertes der Liegenschaft ohne Zubehör, Nr. 4 AV. v. 23. 5. 10 — (§ 85 Abs. 3 RStG. in der Fassung des § 67 ZuwStG. v. 14. 2. 11). Einzige Ausnahme — also keine Sicherheitsleistung für einen Stempel — bei der Auflassung unter Vorlegung einer Schenkungsurkunde (darüber s. unten S 64). In der Praxis wird von diesem Ermessen in der Weise Gebrauch gemacht, daß die Sicherheitsleistung immer gefordert wird, wenn nicht die Vermögensverhältnisse des Kosten- und Stempelschuldners dem Richter so genau bekannt sind, daß er mit Bestimmtheit auf den Eingang der Kosten und Stempel rechnen darf. Nur dann wird immer von dem Sicherheitsverlangen abzusehen sein, wenn für einen Beteiligten — was in den Akten zu vermerken, sich empfiehlt — aus der Ablehnung ein schwer zu ersetzender Nachteil zu besorgen ist (vgl. KG. 28. 1. 10. 39, B 64ff.).

[1]) „Kann", also nicht mehr „ist abhängig zu machen", wie § 85 RStG. früher lautete.

[2]) Diese namentlich dann, wenn die Auflassung nicht vor dem Grundbuchrichter erfolgt ist (Abs. 3 § 85 RStG. n. F.), also namentlich im Gebiet des bisherigen rhein. Rechts (vgl. Art. 143 EG. z. BGB., Art. 26 AG. z. BGB., Art. 10 AG. z. GBO.).

[3]) Nicht von der endgültigen Zahlung des Stempels (KG. 4. 3. 10. 39, B 66).

Als hinreichende Sicherstellung ist stets anzusehen[1]):

a) die vorläufige Einzahlung eines die Kosten und Stempel deckenden Barbetrages zur Gerichtskasse;

b) die Niederlegung von Wertpapieren nebst Zinsscheinen und Anweisungen, ... sofern der Kurswert den sicherzustellenden Betrag um 10% übersteigt;

c) die Niederlegung auf den Niederleger lautender Sparkassenbücher deutscher öff. obrigkeitlich bestätigter Sparkassen über mindestens den sicherzustellenden Betrag;

d) die Übernahme der Kosten und Stempel seitens einer dem Gericht als zahlungsfähig bekannten Person durch eine vor Gericht abgegebene oder ihm mitgeteilte Erklärung (§ 4 GKG.).

Im übrigen (z. B. darüber, ob eine Kautionshypothek als ausreichende Sicherheit zu erachten ist) entscheidet das Ermessen des Gerichts; es kann auch andere Wertpapiere und Sparkassenbücher, wie zu b und c zulassen. Die Anforderungen an die Güte der Sicherheit sind leichter als die in § 232ff. BGB.

In der Regel geschieht die Sicherheitsleistung so, daß die Auflassungs- bzw. Eintragungskosten (§§ 57, 58 GKG.), der 1proz. Landesstempel und der ⅔proz. Reichsstempel in Form einer Kostenvorschußberechnung vom Gerichtsschreiber berechnet werden (Nr. 3 AV. v. 15. 9. 95), die Beteiligten damit vor der Auflassung zur Gerichtskasse gehen und den Betrag dort — was die Regel bilden soll — bar einzahlen[2]) gegen Buchung im Einnahmebuche und gegen Quittung, die die Beteiligten dem Grundbuchrichter zum Nachweise der Einzahlung vorlegen. Es wird von manchen Gerichtskassen auch so verfahren, daß sie den Beteiligten gegen die Barzahlung Kostenmarken verabfolgen, die auf die Kostenvorschußrechnung geklebt werden[3]), welche dann dem Grundbuchrichter vorgelegt wird und bei den Akten bleibt. Dies Verfahren ist kaum korrekt. Die Kostenmarken sollen eine Erleichterung für das Publikum sein, nicht

[1]) Vgl. AV. v. 15. 9. 95, § 14 Nr. 3 AV. v. 28. 7. 10 wegen des Landesstempels, und § 163 Abs. 2, § 152 Abs. 3 AV. z. RStG., §§ 3, 4, 5 AV. v. 14. 3. 12 wegen des Reichsstempels.

[2]) § 3 AV. v 15. 9. 95. Auf die vorläufige Bareinzahlung soll tunlichst hingewirkt werden. Der eingezahlte Betrag wird wie ein gesetzlicher Kostenvorschuß behandelt (s. ebd., auch §§ 7—9 AV. v. 27. 7. 09, JMBl. S. 290 u. § 11 Abs. 2 AV. v. 14. 3. 12., jetzt AV. v. 5. 8. 12).

[3]) Zu entwerten durch übergreifende Namens- (Firmen-) und Datumschrift seitens der Partei (fakultativ) und beim Eingange bei Gericht durch übergreifenden Eingangs- (Tages-)Stempel oder Gerichtsstempel nebst Datum seitens des Gerichts (obligatorisch). (§ 3 Abs. 2 AV. v. 12. 3. 10/30. 10. 11, JMBl. S. 103/400).

für die Gerichtskasse. Die Kostenmarken sind auch wohl nicht für diesen Fall bestimmt (s. § 1 AV. v. 12. 3. 10/30. 10. 11 JMBl. 103/400), denn unter die „sonstigen vorschußpflichtigen Parteihandlungen" dieses Paragraphen läßt unser Fall sich schwerlich bringen. Immerhin ist das Verfahren an sich zu empfehlen, weil es für die Gerichtskassen eine erhebliche Erleichterung enthält.

Die Sicherheit ist auf Antrag zurückzugewähren: a) wenn der beabsichtigte Vertrag oder die beabsichtigte Auflassung nicht zustande gekommen ist, oder b) wenn die Abgabe selbst entrichtet ist, c) beim Reichsstempel auch dann, wenn nachträglich auf Antrag Befreiung von der Abgabe bewilligt worden ist.

Das Verfahren regelt sich für den Landesstempel nach Nr. 8 AV. v. 15. 9. 95; es entscheidet über die Rückgabe der Kassenkurator.

Hinsichtlich des Reichsstempels war der Erlaß von Vorschriften in § 11 Abs. 2 AV. v. 14. 3. 12 vorbehalten. Bis dahin war nach § 9 AV. v. 23. 5. 10 und § 10 AV. v. 27. 7. 09 (JMBl. 292) zu verfahren. Über Anträge auf Rückgabe der Reichsstempelsicherheit wegen Entrichtung der Abgabe oder wegen Genehmigung von Anträgen auf Befreiung von der Abgabe zu entscheiden, war also ebenfalls der Kassenkurator zuständig (Nr. 9 AV. v. 23. 5. 10). Jetzt ist die AV. v. 5. 8. 12 über die kassenmäßige Behandlung der Gerichtskosten-Reichsstempel-Immobiliarabgabe ergangen, deren Nr. 4 sich auch auf die Zurückzahlung einer Sicherheit beziehen dürfte. Dem Hauptzollamt steht die Entscheidung in keinem Fall mehr zu, weil Satz 1 des § 9 AV. v. 27. 7. 09 durch § 11 AV. v. 14. 3. 12 ganz aufgehoben ist, da jetzt (seit 1. 4. 12) auch bei den dem GBA. vorgelegten außergerichtlichen Urkunden der Stempel zu den Gerichtskosten einzuziehen ist (§ 4b AV. v. 14. 3. 12). Über Beschwerden gegen Sicherheitsanordnungen s. S. 91.

Abschnitt 2.

Die häufigsten Beispiele aus der Praxis.

I. Kaufvertrag.

1. Gerichtliche oder — noch häufiger — notarielle[1]) Form ist hier (wegen § 313 BGB. — Ausn. s. Art. 12 Abs. 3 AG. z. BGB.) die Regel. Die Vertragsurkunde wird bei der Auflassung meist in Ausfertigung vorgelegt. Auch begl. Abschr. genügt. Einfache Abschrift

genügt trotz Nr. 6 Abs. 2 AB. z. LStG. nicht (§ 14 Nr. 1 AB. v. 28. 7. 10). In besonders dringlichen Fällen legt wohl der Notar einstweilen gegen Rückgabe die *Urschrift* vor.

Wird Ausfertigung, beglaubigte Abschrift oder Urschrift des Vertrages vorgelegt, so hat der Grundbuchrichter zu prüfen, ob der Vertrag vorschriftsmäßig verstempelt ist (s. oben S. 32). Die Ausfertigung (oder beglaubigte Abschrift) muß den mit Datum und Unterschrift versehenen Vermerk des Notars[2]) oder des Gerichtsschreibers[3]) tragen, daß der Landesstempel (1 % vom Kaufpreis, aber, wenn der Wert des beweglichen Beilasses[4]) getrennt angegeben ist[5]) von dem auf ihn entfallenden Kaufpreisteile nur $^{1}/_{3}$ %, Tarif Nr. 32 und § 10 LStG.) — Abrundung auf volle 50 Pfennige § 11 LStG. — zur Urschrift verwendet (bei Notaren) bzw. berechnet[6]) (bei Gerichten) ist, und daß auch der $^{2}/_{3}$ proz. Reichsstempel (Tarif Nr. 11a RStG. u. § 69 Ges. v. 14. 2. 11, § 165 Abs. 3 AB. z. RStG., Nr. 24 PrAB. z. RStG.) — Abrundung der zwei Drittel, nicht jedes Drittels für sich, auf volle 10 Pfennige, bei über 5 M. auf volle 50 Pfennig (beträgt die Steuer unter 50 Pfennig, so wird sie nicht erhoben), § 180 AB. z. RStG. u. Nr. 3 AB. v. 23. 5. 10, Anm. zu Tarif Nr. 11 RStG. in der Fassung des § 71 Ges. v. 14. 2. 11, Nr. 3 AB. v. 18. 3. 11 — vom Notar verwendet[7]) bzw. von dem Gerichtsschreiber berechnet ist.

Ist die Urkunde *landesstempelfrei* (§§ 4 u. 5 LStG.), so muß dies auf der Ausfertigung oder beglaubigten Abschrift unter Beidrückung des Amtsstempels mit Namensunterschrift bescheinigt sein, bei notariellen Urkunden von dem Notar (Nr. 6 Abs. 2 AB. z. LStG.), bei gerichtlichen vom Gerichtsschreiber (§ 10 Nr. 4 AB. v. 28. 7. 10). Liegt Befreiung vom *Reichsstempel* vor (gesetzliche, z. B. § 84 RStG., oder auf Antrag Tarif Nr. 11 a. E.), so muß dies unter Hinweis auf

---

[1]) Nach OLG. Posen 22. 2. 12 in PosMonSchr. 31 soll für den Notar keine Amtspflicht bestehen, die Parteien zu belehren, wie sie stempelfrei oder mit geringerem Stempel den gewollten Erfolg erzielen könnten (?).

[2]) § 9 Abs. 2 LStG., § 156 Abs. 1 Satz 2 AB. z. RStG.

[3]) § 10 AB. v. 28. 7. 10 u. § 5 Abs. 2 AB. v. 14. 3. 12.

[4]) Beim Verkaufe eines Grundstücks mit dem darin betriebenen „*Geschäfte nebst Kundschaft*“ kommt es darauf an, ob das Geschäft anzusehen ist als eine den Wert des Grundstücks erhöhende Eigenschaft (so möglich bei Apotheke, Schankwirtschaft, KG. 7. 12. 03, Rsp. 9 S. 184; dann 1 % auch von dem Teil des Kaufpreises, der auf das Geschäft entfällt), oder nicht (so bei Bäckerei, Photographengeschäft u. ä., KG. 15. 2. 06, 31 B 41 — hier nur $^{1}/_{3}$ % davon); vgl. S. 41 (Konzession).

[5]) Rechtzeitige schriftliche Anzeige auch nur *eines* Urkundenausstellers an den Notar genügt, z. B. des Verkäufers allein, Nr. 7 Abs. 2 AB. z. LStG. u. KG. 18. 2. 10, 40 S. 371, vgl. auch KG. 27. 9. 06, 34 B 44 (zweifelhaft, ob auch noch *nach* Erteilung einer Ausfertigung).

[6]) Vgl. §§ 30, 31, § 15 GKG. (Rückbehalt). [7]) Bis 1. 4. 12: „an ihn gezahlt“.

die gesetzlichen Vorschriften auf der Urschrift, Ausfertigung, oder begl. Abschrift ersichtlich gemacht sein, bei notariellen Urkunden vom Notar (§ 162 Abs. 1 AB. z. RStG.), bei gerichtlichen, wenn es sich um Befr. auf Antrag handelt, vom Richter (§ 7 Abs. 3 AB. v. 14. 3. 12, er hat den Vermerk auf der Urschrift zu vollziehen), wenn es sich dagegen um einen gesetzlichen Befreiungsgrund handelt, vom Gerichtsschreiber (§ 7 Abs. 2 ebd.). Gegen die Ansicht, daß auch bei „Befreiung auf Antrag" der Gerichtsschreiber den Vermerk über die Befreiung von der Abgabe, der Richter aber nur einen Vermerk über den Nachweis der Befreiungsvoraussetzungen auf die Urkunde zu setzen habe, siehe die Anm. zu § 7 Abs. 3 AB. v. 14. 3. 12. Der Grundbuchrichter hat die Pflicht, trotz der Stempelfreiheitsvermerke die Stempelpflicht der ihm vorgelegten Urkunden nachzuprüfen, die tatsächlichen Angaben aber nur, wenn besondere Umstände vorliegen (§ 14 Nr. 3 AB. v. 28. 7. 10, § 7 Abs. 4 AB. v. 14. 3. 12). Stellt er fest, daß Stempelfreiheit zu Unrecht angenommen ist, oder ist die Frage der Stempelpflicht noch von Ermittelungen abhängig, so kann Sicherheitsleistung (s. oben S. 32ff.) wegen Landes- (§ 14 Nr. 3 AB. v. 28. 7. 10) und Reichs- (§ 7 Abs. 4 Satz 4 AB. v. 14. 3. 12) Stempel vor der Entgegennahme der Auflassung gefordert werden.

Berechnet wird der Kaufvertragsstempel nicht bloß vom in Gelde angegebenen Kaufpreise[1])[2]), sondern von diesem und vom Werte der daneben ausbedungenen Leistungen und vorbehaltenen Nutzungen (Tarif Nr. 32 LStG.).

Unter den ausbedungenen Leistungen sind aber nur zu verstehen Gegenleistungen für den Erwerb der Kaufsache, also nicht Leistung aus einem neben dem Kaufvertrage hergehenden (dann mit 3 M. bzw. 1,50 M. nach Tarifstelle 71 Nr. 2 LStG. besonders zu verstempelnden) in dem Kaufvertrage nur mit beurkundeten Abkommen[3]), also z. B.[4]):

[1]) Vom Kaufpreise, auch wenn er unverzinslich erst später fällig sein soll, ohne Abzug von Zwischenzinsen. AM. Celle, 21. 1. 07, Rspr. 15 S. 214, gegen Hummel u. Specht und gegen Heinitz.

[2]) Bei Rentengütern nur von dem nach Abzug des Werts der Rente verbleibenden Kaufpreisteile. Ist der Wert des bewegl. Zubehörs getrennt angegeben, so ist von dem Reste 1% bzw. $^1/_3$% zu berechnen nach Verh. des Gesamtentgelts zum Werte der beiden Arten von Sachen, AB. v. 22. 2. 11.

[3]) Tritt in dem Kaufvertrage der Käufer das für ihn vereinbarte Kaufgeld einem Dritten ab, so ist neben dem Kaufstempel der Abtretungsstempel (Tarif Nr. 2: $^1/_{20}$%) zu verwenden (§ 10 Abs. 2 LStG., vgl. RG. 13. 12. 04, 59, 364). Ist aber der Kaufpreis gleich zugunsten des Dritten stipuliert, verkauft also z. B. A an B, und verpflichtet sich dafür B, an den C 5000 M. zu zahlen, dann ist nur der Kaufstempel zu erheben, KG. 2. 4. 09, 38 B 53.

[4]) Vgl. Hummel u. Specht 760.

nicht 1 % von dem Entgelt für die Abtretung der Rechte aus einem Baugelddarlehnsvertrage, — nicht 1 % von der Übernahme einer Hypothek, die der Verkäufer schon für den Käufer, d. h. in dessen Interesse, aufgenommen hatte, — nicht 1 % von der Übernahme der Beköstigungsverpflichtung gegen die Verpflichtung zu (der Beköstigungsverpflichtung im Werte entsprechenden) Dienstleistungen;

ebenso gehören zu den ausbedungenen Leistungen nicht solche, zu denen der Käufer schon kraft Gesetzes — ohne die vertragliche Übernahme — verpflichtet wäre, also die Übernahme solcher Lasten, die der Verkäufer dem Käufer nur anzuzeigen braucht, um sie ohne Gewährleistung auf ihn übergehen zu lassen (§ 439 BGB.), daher:

nicht 1 % von der Übernahme bereits eingetragener (§ 6 Nr. 2 AB. v. 28. 7. 10) Erbbaurechte, Dienstbarkeiten, Vorkaufsrechte und Reallasten aller Art[1]), wie eines schon bestehenden Altenteils (KG. 2. 5. 04, Rspr. 11 S. 209 = KG. 28 B 26, ferner KG. 10. 11. 02, 25 C 17, 2. 5. 04, 28 B 27), eingetragener Rentenguts- (vgl. S. 36 Anm. 2) und Rentenbankrenten (KG. 1. 8 08, Rspr. 17 S. 258), Ansiedlungsrenten (KG. 22. 3. 12 in PosMonSchr. 28), Kanone (KG. 20. 6. 04, Rspr. 9 S. 196), Zinse u. dgl. [Anders bei einer Nießbrauchslast, s. Tarif Nr. 32 Abs. 2 Nr. 4 LStG.; § 6 Nr. 2 AB. v. 28. 7. 10, Anm. b zu Tarif Nr. 11 Sp. 4 RStG.: hier ist der Stempel zu berechnen vom Werte des Grundstücks, sofern er die Gegenleistung übersteigt, KG. 11. 8. 11, Rspr. 23 S. 290[2])],

nicht 1 % von der Übernahme öffentlicher Grundstückslasten[1]),

nicht 1 % von sog. Straßenanliegerbeiträgen, solange sie noch nicht im Sinne des Kommunalabgabengesetzes v. 14. 7. 93 besonders veranlagt und damit rückständig geworden sind. RG. 10.2.04, 56 S. 396. Mirre, DNotZtg. 11 S. 412; vgl. KG. 22. 4. 12. Rspr. 25 S. 8.

Dagegen sind zum Kaufpreise zuzurechnende Gegenleistungen z. B.: das Schlüsselgeld, die Übernahme der vom Verkäufer versprochenen Mäklergebühr („Aufgeld“, KG. 21. 3. 07, Rspr. 17 S. 292), die Verpflichtung, das Grundstück zu umzäunen,

---

[1]) Anders bei Rückständen von Reallasten (KG. 2. 5. 04, Rspr. 11 S. 210) und von öffentlichen Lasten; darüber s. unten S. 38.

[2]) Es sollte verhütet werden, daß der Erwerber sich zunächst einen Nießbrauch bestellen läßt und in einem zweiten Vertrage gegen eine geringe Gegenleistung das Grundstück erwirbt.

die Neubegründung eines Wegerechts[1]) oder einer sonstigen Dienstbarkeit, die Gewährung eines Altenteils, überhaupt die Neubegründung anderer Reallasten, die Übernahme von Kosten, die an sich der Verkäufer zu tragen hätte, z. B. von Vermessungs- und Übergabekosten (§ 448 Abs. 1 BGB.), die Übernahme von Rückständen aller Arten von Reallasten und öffentlichen Abgaben (§§ 446, 103, §§ 1107, 439 Abs. 1 BGB.; Eccius in Gruchot 41 S. 301. Wann Straßenanliegerbeiträge rückständig sind, siehe oben S. 37 (a. M. Heinitz 448 Anm. hh, wonach der maßgebende Zeitpunkt die Gebäudeerrichtung sein soll), die Übernahme der Wertzuwachssteuer (nicht auch der Umsatzsteuer, weil für sie der Käufer schon nach Ortsstatut neben dem Verkäufer zu haften pflegt)[2]).

Unter den vorbehaltenen Nutzungen sind zu verstehen diejenigen Nutzungen (= Früchte und Gebrauchsvorteile, § 100 BGB.), die sonst dem Käufer zugefallen wären (§ 446 Abs. 1 BGB.). Maßgebender Zeitpunkt: Übergabe oder frühere Eigentumseintragung, eventuell der spätere Zeitpunkt, von dem ab vereinbartermaßen Nutzungen und Lasten übergehen sollen.

Nicht vorbehaltene Nutzung ist also eine vom Verkauf ausgeschlossene andere (nicht zu den Früchten gehörige) Sache; ebenso nicht der Vorbehalt an Bodenbestandteilen, sie wären denn bestimmungsgemäße Ausbeute (§ 99 Abs. 1 BGB.); wohl aber Vorbehalt des Waldes zum Abholzen; die häufigsten Fälle vorbehaltener Nutzung sind: Wohnungsrecht, Nießbrauch, Erntevorbehalt, Wegerechte u. ä.

Einige in der Praxis häufigere Fälle seien hier besonders erwähnt:

1. Nicht selten wird das Grundstück zwischen Kaufabschluß und Auflassung bebaut, sei es vom Verkäufer, sei es mit dessen Einwilligung vom Käufer. Dann gilt Folgendes:

a) Der Verkauf eines leeren Grundstücks mit Übernahme der Verpflichtung durch den Verkäufer, es vor der Auflassung zu bebauen, ist lästiges Veräußerungsgeschäft über ein Grundstück samt Gebäude, also zu verstempeln nach Tarif Nr. 32 LStG., Tarif Nr. 11a

---

[1]) Darin kann auch unter Umständen eine „vorbehaltene Nutzung“ liegen.

[2]) Bei der Zuwachssteuer haftet der Erwerber nur subsidiär und nur bis zu 2% des Preises (§ 29 ZuwStG.).

RStG. vom Preise für beide, KG. 18. 1. 04, Rspr. 11 S. 204 = KG. 28 B 75, und Mirre in DNotZtg. 11 S. 415 gegen Heinitz 461 (der Bebauungsvertrag sei als Werkverdingungsvertrag nach Tarif Nr. 75 Abs. 2 LStG. zu verstempeln); vgl. auch JMB. v. 10. 11. 98 KG. 18 S. 209. — Ist in solchen Fällen die Bebauungsverpflichtung im Vertrage nicht ausgesprochen oder irrig gesagt, die Bebauung durch den Verkäufer solle erst nach der Eigentumsübertragung geschehen, und erfolgt die Auflassung erst, als das Gebäude schon stand, dann bildet jener Vertrag nicht das der Auflassung zugrunde liegende Veräußerungsgeschäft, es ist also — s. S. 43 —, obwohl der Vertrag vorgelegt wird, der Auflassungsstempel vom Werte des Grund und Bodens samt den Gebäuden zu erheben. Die Doppelbesteuerung des Grund und Bodens kann dadurch abgewendet werden, daß die Beteiligten einen die wahre Abrede beurkundenden Nachtragsvertrag errichten und vorlegen (KG. 30. 5. 04, Rspr. 11 S. 205).

b) Hat der Käufer ein leeres Grundstück gekauft, es aber vor der Auflassung mit Einwilligung des Verkäufers selbst bebaut, so ist neben dem (vom Preise für Grund und Boden) gehörig verstempelten Vertrage ein Auflassungsstempel nicht zu erheben und, falls nur mündlich gekauft ist, der Auflassungsstempel nur vom Werte des Grund und Bodens zu erheben. KG. 1. 5. 93, 13 S. 216 und 7. 1. 10, Rspr. 21 S. 141; Hummel u. Specht 500 (Käufer sei materiell schon vor der Auflassung Eigentümer); Heinitz 298 (es liege insoweit keine freiwillige Veräußerung vor); und Grunds. Nr. 9.

2. Holz auf dem Stamme (Wald) ist an sich Immobile (§ 94 BGB.), der Verkauf eines Waldgrundstücks unterliegt also dem Immobiliarstempel vom ganzen Preise (nicht vom Preise für das Holz nur $^1/_3$ %). Bäume aber, die (ohne das Grundstück) zum Abholzen verkauft werden, sind als bewegliche Sachen zu versteuern (KG. 3. 6. 89, 9 S. 219, RG. 15. 2. 92, 29 S. 8), ebenso: Haus zum Abbruch (RG. 8. 12. 05, 62 S. 135).

Wird Holz zum Abholzen verkauft und später das Gut selbst an denselben Käufer, und wird vor dem Abholzen aufgelassen, so sind beide Verträge vorzulegen, und es soll nach Mirre (DNotZtg. 11 S. 416) wegen § 956 BGB. der erste Vertrag nachzuverstempeln sein. Das scheint nur dann richtig, wenn der Vertrag über das Grundstück mit Holz zur Stempelersparung zerlegt ist in zwei Sonderverträge, die Absicht, das Holz allein zum zu verwerten, also überhaupt nicht bestand. Dann wäre auch, da die Verträge das wahre, nur auf Immobiliarerwerb gerichtete Geschäft nicht enthalten, der Aufl.stempel zu erheben. Tarif Nr. 8 Abs. 3, RG. 30. 4. 09 JMA. 12, 164. In der Entscheidung des KG. v. 31.7. 95, 37 C 25 war weder über das Holz noch über das Grundstück ein schriftlicher Vertrag gemacht, es handelte sich also um den Auflassungs- (nicht um den Vertrags-) Stempel, und der war allerdings zu berechnen vom Werte des Grundstücks samt dem ungeschlagenen Holze.

Auch wenn an A das Holz, und an B vor dem Abholzen das Grundstück (ohne das Holz) verkauft ist, wird bei der Auflassung an B die Vorlegung des mit B geschlossenen Vertrages zur Abwendung des Auflassungsstempels genügen müssen. Aber, da das Holz als Erzeugnis des Grundstücks zu den Früchten gehört (§ 99 BGB.), liegt in dem Ausschließen des (noch nicht geschlagenen) Holzes vom Verkaufe eine „vorbehaltene Nutzung", von welcher ebenfalls der Prozentstempel zu entrichten ist (s. oben S. 38).

3. Die vertragsmäßige Aufhebung eines noch nicht durch Auflassung erfüllten (wenn auch sonst schon durch Kaufpreisteilzahlung u. dgl. teilweise erfüllten) Grundstückskaufvertrages unterliegt nicht dem Kaufstempel (Tarif Nr. 32), sondern nur dem einfachen Vertragsstempel von 3 M. Tarif Nr. 71 Ziff. 1, KG. 6. 4. 05, 30 B. 47 = Rspr. 13 S. 295, Hummel u. Specht 1133; a. M. Königsberg 3. 5. 07, Rspr. 17 S. 297 (Tarif Nr. 71 Ziff. 1 greife nur dann Platz, wenn noch garnicht erfüllt sei); vgl. hierzu RG. 28. 4. 05, 60, 398.

4. Auch der Verkauf eines dem Verkäufer noch nicht gehörenden (ihm noch nicht aufgelassenen, also fremden) Grundstücks ist, nicht wie früher (vor 1900), Vertrag über Handlungen, sondern Kauf (§ 433 BGB.), also nach Tarif Nr. 32 zu verstempeln, nicht nach Tarif Nr. 71. KG. 29. 10. 08, 39 B 100.

5. Hat ein Ehegatte ein Grundstück gekauft, und läßt er bei der an ihn allein erfolgenden Auflassung den anderen Ehegatten auf Grund gesetzlicher oder vereinbarter allg. GG. als Miteigentümer eintragen, oder — wird auf Grund jenes mit einem Ehegatten geschlossenen Vertrages an beide als Miteigentümer in GG. aufgelassen, so genügt zur Ausschließung des Auflassungsstempels die Vorlegung jenes Vertrages (KG. 13. 6. 07, 37 B 66).

Leben dagegen die Eheleute nicht in GG. und soll in solchem Falle der andere Ehegatte als Miteigentümer zu einem Bruchteile eingetragen werden, dann ist neben dem Vertrage, durch den der eine Ehegatte gekauft hat, auch noch derjenige Vertrag vorzulegen, durch den er den Bruchteil an den anderen Ehegatten veräußert hat, sonst ist vom Werte dieses Bruchteils der Auflassungsstempel zu erheben. Vgl. hierzu auch die AV. v. 13. 6. 00 unter Nr. 6 am Schlusse, und wegen des Reichsstempels Grunds. Nr. 5.

6. Schließlich sei — obwohl dies seltene Fälle sind — darauf hingewiesen, daß, wenn ausländische Grundstücke, deren Veräußerung an sich nur dem Fixstempel von 3 M. unterliegt (Tarif Nr. 32b LStG.), zusammen mit inländischen veräußert werden, der Wertstempel vom Werte aller Grundstücke berechnet wird, wenn er nicht innerhalb der Stempelverwendungsfrist getrennt angegeben wird. AV. v. 22. 9. 06, JMBl. 291.

7. Die entgeltliche Abtretung des Anspruchs aus dem Vermächtnis eines Nachlaßgrundstücks unterliegt nur dem Abtretungs-, nicht dem Kaufstempel (Tarif 2, nicht 32 Abs. 5 z. LStG., das Testament ist kein „Veräußerungsgeschäft"). KG. 21. 12. 05, 32 B 58.

8. Beim Verkauf einer (blos konzess.) Apotheke oder sonst eines Geschäfts mit (nicht übertragb.) Konzession (z. B. Schank-) empfiehlt es sich, nicht einen Gesamtpreis festzusetzen, sondern die Kaufpreise für Grundst., Beilaß, Geschäft mit Kundsch. ($1\,^{2}/_{3}$, $^{1}/_{3}$ $^{1}/_{3}$ %) besonders, und besonders die Vergütung für den Verzicht auf die Konzession (Tarif 71^{3} z. LStG.) vgl. RG. 19. 11. 01 JW. 02, 45 und die dort zit. Judik., AV. v. 23. 11. 00, JMBl. 638, Heinitz 458, u. oben S. 35. Die Verteilung muß aber den wirklichen Werten entsprechen; sonst Aufl.stempel trotz Vertragsvorlegung (Tarif 8 Abs. 4 Nr. 1 z. LStG.), u. St.steuerstrafe. FME. v. 28. 1. 02 ZentrBl. AV. S. 47.

Der Grundbuchrichter hat den Kaufvertrag nach allen Richtungen hin auf seine gehörige Verstempelung zu prüfen (§ 14 Abs. 3 AV. v. 28. 7. 10, § 4 Abs. 2 AV. v. 14. 3. 12). Das Ergebnis kann von dreierlei Art sein:

A. Die Prüfung kann ergeben, daß der Kaufvertrag vorschriftsmäßig verstempelt ist. Ist das so, dann hat der Grundbuchrichter mit dem Stempel nichts weiter zu tun[1]). Inwiefern Veränderungen des Grundstücks zwischen Vertrag und Auflassung, insbesondere

[1]) Es wäre denn eine Steuerhinterziehung festgestellt oder zu vermuten; darüber s. unten S. 43.

durch Bebauen, eine Abweichung nötig machen, darüber s. oben S. 38ff.

B. Ist dagegen der Kaufvertrag nicht oder nicht ausreichend verstempelt, so hat der Grundbuchrichter zu bestimmen, ob und in welcher Höhe nach § 58 Nr. 7 GKG. und § 85 Abs. 3 RStG. n. F. Sicherheit wegen des fehlenden Vertragsstempels zu leisten ist (§ 14 Nr. 3 AV. v. 28. 7. 10 wegen des Landes- und § 163 Abs. 2 § 152 Abs. 3 AV. z. RStG., §§ 3, 4, 5 AV. v. 14. 3. 12 wegen des Reichsstempels). Wie die Sicherheit zu leisten ist, s. oben S. 32ff.

Ebenso wie bei nicht genügend versteuerten Urkunden war bis zum 1. 4. 12 zu verfahren, wenn der Vermerk der Befreiung von der Reichsstempelabgabe fehlte (§ 6 AV. v. 23. 5. 10). Dieser Paragraph ist zwar aufgehoben in § 11 AV. v. 14. 3. 12. Der Grundbuchrichter wird jetzt nach § 164 AV. z. RStG., § 7 Abs. 4 AV. v. 14. 3. 12 aber ebenso zu verfahren, selbständig also, selbst dann, wenn ihm die Voraussetzungen der Befreiung (Antrag usw.) nachgewiesen werden, über die Befreiung des vorgelegten (notariellen oder gerichtl.) Vertrages vom Reichsstempel nicht zu entscheiden haben.

Für das weitere Verfahren, das in der Hand des Gerichtsschreibers liegt, kommt es darauf an, ob der ungenügend verstempelte Vertrag eingereicht ist in oder erst nach Ablauf der zweiwöchigen Verstempelungsfrist. Ersterenfalls zieht den fehlenden Landes- und Reichsstempel der Gerichtsschreiber gemäß § 31 Nr. 1 GKG. nach den für Gerichtskosten geltenden Vorschriften ein[1, 2]), gibt dem Notar (bei einer gerichtlichen Urkunde der betreffenden Gerichtsbehörde) durch frankierte Postkarte davon Nachricht und der Notar (im anderen Falle der Gerichtsschreiber) setzt einen entsprechenden Vermerk auf die Urschrift (§ 2 Nr. 1b, Nr. 6 der AV. v. 28. 7. 10, § 5 AV. v. 14. 3. 12). Ist die Urkunde erst nach Ablauf der zweiwöchigen Verstempelungsfrist[3]) eingereicht, dann hat der Gerichtsschreiber wegen der Stempeleinziehung ebenso zu verfahren; dann aber hat er eine

[1]) Ist der Vertrag nicht „behufs Ausschließung des Auflassungsstempels" eingereicht, sondern steht noch nicht fest, ob die Auflassung vorgenommen werden wird, so ist der Stempel nicht als Gerichtsgebühr zu erheben (§ 31 Nr. 1 GKG.), sondern es ist der Vertrag der Steuerbehörde zu übersenden (KG. 9. 5. 04, Rspr. 10 S. 262).

[2]) Ist die zweiwöchige Stempelverwendungsfrist noch nicht um, und ist der Notar leicht erreichbar, so wird nichts entgegenstehen, die Stempelverwendung nachholen und sie von ihm auf der Urkunde und der Ausfertigung vermerken zu lassen.

[3]) „Binnen zwei Wochen nach dem Tage der Ausstellung der Urkunde" (§§ 15, 16 LStG.); „binnen zwei Wochen nach der rechtswirksamen Beurkundung des Rechtsgeschäfts" (§§ 78, 83 RStG.).

Abschrift der Urkunde (oder ihres für die Stempelpflichtigkeit in Betracht kommenden Teils oder eine den wesentlichen Inhalt der Urkunde enthaltende Mitteilung) unter Benachrichtigung von dem bei den Gerichtskosten in Rechnung gestellten oder vereinnahmten Stempelbetrage dem zuständigen Hauptzollamte zugehen zu lassen zum Zwecke eines etwa einzuleitenden Strafverfahrens (§ 14 Nr. 3, § 2 Nr. 4AV. v. 28. 7. 10, § 5 AV. v. 14. 3. 12).

C. Entspricht der verwendete Stempel dem Vertragsinhalte, wie er beurkundet ist, ist der Vertrag also äußerlich richtig verstempelt, so hat der Grundbuchrichter doch in folgenden Fällen — Ausnahme von oben S. 41 unter A — sich mit dem Stempel noch weiter zu befassen:

a) wenn er feststellt, daß der Kaufpreis (der Wert der Gegenleistung) anders und niedriger beurkundet als verabredet ist;

b) wenn der beurkundete Kaufpreis so sehr hinter dem gemeinen Werte zurückbleibt, daß der Verdacht der Steuerhinterziehung gerechtfertigt erscheint.

Im Falle zu b hat der Grundbuchrichter von den Beteiligten eine nähere Erklärung über die Gründe zu erfordern, die für die niedrige Festsetzung des Kaufpreises maßgebend gewesen sind, die Erklärung ist ins Protokoll aufzunehmen; in beiden Fällen (zu b bei nicht genügender Aufklärung) ist die Vertragsurkunde oder eine einfache Abschrift davon dem Hauptzollamte zur weiteren Veranlassung wegen der Steuerhinterziehung nach § 17 Abs. 2 und 3b LStG., § 5 AV. v. 14. 3. 12 zu übersenden und vor allem so zu verfahren, „als wenn eine Urkunde überhaupt nicht vorgelegt wäre" (Tarif Nr. 8 Abs. 4 Nr. 1 LStG.), also es ist der Auflassungsstempel zu erheben (§ 14 Nr. 4 AV. v. 28. 7. 10, und wegen des Reichsstempels Tarif Nr. 11d Abs. 4 Nr. 1 RStG.).

c) Der Auflassungsstempel ist trotz Vorlegung eines Kaufvertrages auch dann zu erheben, wenn ein Bevollmächtigter namens des eingetragenen Eigentümers veräußert hat, tatsächlich aber die Veräußerung erweislich für seine, des Bevollmächtigten, eigene Rechnung erfolgt ist (Tarif Nr. 8 Abs. 4 Nr. 3 LStG., Tarif Nr. 11d Abs. 4 Nr. 2 RStG., s. oben S. 29).

Dabei hat der Grundbuchrichter auch aus der Urkunde nicht hervorgehende Umstände zu berücksichtigen, er kann auch nach der Auflassung noch Ermittelungen z. B. durch die Hauptzollämter darüber anstellen (§ 14 Nr. 6 AB. v. 28. 7. 10, KG. 4. 2. 10 39, B 76). Es werden damit die sogenannten Parzellierungsvollmachtsverträge getroffen. Aber der Auflassungsstempel ist nur zu erheben, wenn der Vollmachtsvertrag nicht selbst schon dem Kaufstempel unterliegt (s. AB. v. 8. 1. 12 S. 266), also dann, wenn die Vollm.urk. nicht bloß a) die Vollm., sondere b) auch die Verpflichtung des Parzellanten, das Grundst. oder dessen Rest ev. selbst zu einem bestimmten Preise zu übernehmen, und c) die Verpflichtung des Eigentümers zu dieser Übereignung enthält (bedingter Kauf). Auf Veräußerung für eigene Rechnung des Bevollm. — aus der Vollm.urk. allein selten ersichtlich — läßt es schließen, wenn ihm der Überschuß über den Parzellierungsvertragspreis zufällt, wohl auch dann, wenn die Restkaufgelder für ihn eingetragen werden (KG. 39 B 76), sie wären denn Entgelt für Auslagen, Verkaufsprovision u. dgl. für Auftragsausführung. Hat der Eigentümer selbst, den Abmachungen des Parzellanten entsprechend, mit den Käufern die Kaufverträge abgeschlossen, so schließen diese den Aufl.stempel aus; vgl. Heinitz 957.

Wer die Aufl. erklärt (der Eigentümer oder der Bevollm.) macht für alle diese Fälle keinen Unterschied. Vgl. auch RG. 76, 220 (Kenntnis der Parz.käufer).

2. Vom privatschriftlichen Kaufvertrage.

Nicht selten werden trotz § 313 BGB. (um die Kosten eines gerichtlichen oder notariellen Kaufvertrages zu sparen) vorgelegt privatschriftliche Kaufverträge, namentlich häufig bei bloßen Auflassungen ohne weitere Eintragungen von Restkaufgeld oder dgl. Auch solche (aber nicht ein steuerfreier Briefwechsel) genügen zur Ausschließung des Auflassungsstempels (§ 14 Nr. 2 AB. v. 28. 7. 10, §§ 3—5 AB. v. 14. 3. 12). Binden sie auch nicht bis zur Auflassung, so werden sie doch durch die Auflassung wirksam und stempelpflichtig[1]) (§ 313 Abs. 2 BGB., § 1 LStG.).

[1]) Bei Weiterverkauf und unmittelbarer Auflassung vom ersten Verkäufer an den letzten Erwerber wird die mangelnde Form aller Verträge geteilt (RG. 30. 4. 08, Lobe 08 S. 155 ff.).

Sie werden meist unverstempelt sein. Hier kommt es auf den Ablauf zweier Wochen seit der Ausstellung der Urkunde nicht an, denn privatschriftliche Verträge sind, solange die Auflassung nicht hinzugekommen ist, nicht rechtswirksam, also auch nicht stempelpflichtig.

Wegen der Sicherheitsleistung gilt hier dasselbe wie oben S. 41 A B u. 32 ff. Im übrigen ist wegen ihrer und wegen der Einziehung des Stempels wie folgt zu verfahren:

a) In der Regel ist die Entgegennahme der Auflassung abhängig zu machen von der Bareinzahlung der Eig.eintr.-Kosten und, wenn der Vertrag ganz unverstempelt ist, $1^2/_3\,\%$ des Kaufpreises (ev. des fehlenden Stempelbetrages) als Sicherheit für den Landes- und Reichsvertragsstempel.

b) Der Landes- wie Reichsstempel wird als Gerichtsgebühr vereinnahmt (§ 2 Nr. 1b AV. v. 28. 7. 10, §§ 3—5 AV. v. 14. 3. 12, § 161 Satz 1, § 152 Abs. 3, § 159 Abs. 2 AV. z. RStG.).

c) Bis zum 1. April 1912 hatte die Steuerbehörde zu entscheiden, wenn behufs Ausschließung des Auflassungsstempels ein privatschriftlicher Vertrag dem GBA. bei der Auflassung vorgelegt und der Antrag aus Tarif Nr. 11 am Schlusse RStG. auf Befreiung von der Reichsstempelabgabe gestellt worden war (vgl. die jetzt aufgehobenen Vorschriften § 4 Satz 1 und § 1 Satz 2 AV. v. 27. 7. 09, JMBl. 290, 291, § 127h Satz 3 AV. d. BR., JMBl. 09 S. 274). Ob seit dem 1. April 1912 über den Befreiungsantrag das Gericht zu entscheiden hat, ist in § 7 AV. v. 14. 3. 12, der unter b die Privatschrift nicht erwähnt, nicht klar bestimmt. Da aber die Reichsabgabe auch in solchem Falle mit den Gerichtskosten einzuziehen ist (§ 4b AV. v. 14. 3. 12), wird der Grundbuchrichter nicht bloß den Antrag auf Befreiung und die für die Steuerfreiheit maßgebenden Tatumstände (s. Befr. Nr. 1 u. 2 am Schlusse des Tarifs Nr. 11 RStG.) in das Auflassungsprotokoll aufzunehmen (§ 162 Abs. 2 AV. z. RStG.), sondern auch über den Antrag zu entscheiden haben (s. jetzt in demselben Sinne Verf. des JustMin. v. 1. 5. 12). Die Befreiung ist auf dem privatschriftlichen Vertrage zu vermerken und mit dem Amtsstempel und der Unterschrift des Auflassungsrichters zu vollziehen (§ 162 Abs. 1 a. a. O., § 7 Nr. 3 AB. v. 14. 3. 12).

Ferner gilt auch hier Nr. 22 PrAB. z. RStG., wonach die Beteiligten in geeigneten Fällen vom Urkundsbeamten auf die Befreiungsvorschr. Nr. 1 am Schlusse der Tarif Nr. 11 hinzuweisen sind. Zum Nachweise, daß der Erwerber im letzten Jahre ein Einkommen von nicht mehr als 2000 M. gehabt habe, genügt die Vorlegung von Steuerquittungen und ähnlicher steuerbehördl. Urk.[1] (s. ebd. Satz 3). Werden mit dem Antrage nicht auch gleich die Voraussetzungen der Steuerfreiheit nachgewiesen, so ist den Beteiligten die Nachbringung aufzugeben. Hinweis und Nachbringungsaufforderung sind in oder auf der Urkunde (d. h. hier wohl im Auflassungsprotokolle) zu vermerken (s. ebd. Satz 5). Der Nachweis ist nachzubringen in der Regel innerhalb der zweiwöchigen Stempelverwendungsfrist (§ 83 RStG.), er kann aber — ebenso wie überhaupt der Antrag auf Befreiung — nachgeholt werden bis zur Entrichtung der Abgabe (§ 162 AB. z. RStG.).

Wird bei der Auflassung ein Befreiungsantrag gestellt, so bleibt es dem Ermessen des Grundbuchrichters überlassen, ob er wegen des Reichsstempels ebenfalls, wie wegen des Landesstempels, Sicherstellung für nötig hält, oder, ob er mit Rücksicht auf die größere Wahrscheinlichkeit des Nachweises der Befreiungsvoraussetzungen meint, von Sicherstellung wegen des Reichsstempels absehen zu können.

Ebenso wie ein privatschriftl. Vertrag ist der Fall zu behandeln, wenn zwar die Kaufs- oder Verkaufsofferte gerichtlich oder notariell beurkundet, die Annahme der Offerte aber nur privatschriftlich erfolgt ist oder umgekehrt (§§ 128, 152 BGB.). Einem privatschriftlichen Vertrage steht (stempelrechtlich) auch gleich ein nur den Unterschriften nach beglaubigter (nicht beurkundeter) Vertrag.

Für die Übergangszeit vor und nach dem 1. August 1909.

Das zum ersten Male $^2/_3\,^0/_0$ Reichsabgabe erfordernde Reichsstempelgesetz vom 15. 7. 09 ist am 1. August 1909 in Kraft getreten ohne rückwirkende Kraft. Verträge aus der Zeit vor dem 1. August

[1] Vgl. aber auch „Amtl. Mitt. über die Zuw.steuer“ 1911, 246 (Abzüge!) Am leichtesten erreichbar werden sein Gemeindevorsteherbescheinigungen, daß der Erwerber nicht über 2000 M. Jahreseinkommen habe, und daß er den Grundstückshandel nicht gewerbsmäßig treibe. Solche Bescheinigung ist stempelfrei (s. AB. v. 13. 5 10, § 4 Abs. 1 b LStG., Tarif Nr. 77 LStG.).

1909 bedürfen also des Reichsstempels von $^2/_3\,\%$ aus Tarifstelle 11a nicht. Erfolgt aber die Auflassung[1]) (Eigentumsübertragung) auf Grund solchen alten Vertrags erst nach dem 1. August 1909, so ist als Reichsabgabe nun (— zwar nicht der Vertrags-, wohl aber —) der Auflassungsstempel zu erheben, also $^2/_3\,\%$ gemäß Tarif Nr. 11d RStG. und § 69 RGes. v. 14. 2. 11, § 90 RStG. neue Fassung (vgl. KG. Beschl. v. 15. 11. 09 Bd. 38 B 3 = JMBl. 374ff., Urt. des RG. v. 24. 6. 10, JMBl. 281 = JW. 845).

Das gilt aber nicht von einem vor dem 1. August 1909 errichteten privatschriftlichen Vertrage. Dieser wird, ohne Rücksicht auf das Datum, das er trägt, erst mit der Auflassung rechtswirksam, unterliegt also nach dem 1. August 1909 sofort dem Reichsstempel. Hier ist also nicht der Auflassungsstempel zu erheben, sondern der Vertragsstempel, und so zu verfahren, wie es oben S. 44ff. für einen nach dem 1. August 1909 errichteten privatschriftlichen Vertrag angegeben ist.

Hat vor dem 1. August 1909 A an B, und weiter B an C verkauft, und läßt nun nach dem 1. August 1909 A unmittelbar an C auf unter Vorlegung beider Verträge, so ist der Reichsstempel, da er nach dem oben Gesagten in diesem Falle lediglich ein Auflassungsstempel[2]) ist und eben nur eine Auflassung stattfindet, nur einmal zu erheben. Ist in solchem Falle nach dem 1. August 1909 von C noch weiter an D verkauft, und läßt nun A unmittelbar an D auf, so fragt es sich, ob der zu dem Vertrage zwischen C und D gehörig verwendete einmalige Reichsstempel genügt, um den Auflassungsstempel auszuschließen. Man wird das anzunehmen haben. Die „das Veräußerungsgeschäft enthaltende Urkunde", deren Vorlegung den Auflassungsstempel ausschließt, kann auch aus mehreren Vertragsurkunden bestehen. Die drei Verträge (A—B, B—C, C—D) enthalten das der Auflassung von A an D zugrunde liegende Veräußerungsgeschäft, zu diesem ist der Reichsstempel verwendet, es hat nur eine der Reichsabgabe unterliegende Eigentumsübertragung statt-

[1]) Ist die Auflassung vorher erfolgt, und wird nur die Eigentumseintragung nach dem 1. August 1909 vorgenommen, so ist der Reichsstempel nicht zu erheben (Nr. 1 AB. v. 23. 5. 10).

[2]) Ist einer der mehreren vor dem 1. August 1909 geschlossenen Verträge ein privatschriftlicher, dann ist der Reichsstempel als Vertragsstempel zu dem (durch die Auflassung erst rechtswirksam und stempelpflichtig werdenden) Vertrage zu erheben, nicht als Auflassungsstempel; als solcher in diesem Falle nur dann, wenn der privatschriftliche Vertrag (z. B. als Überlassungsvertrag) stempelfrei und der zweite Vertrag ein in der Form des § 313 BGB. abgeschlossener Vertrag ist.

gefunden, das Reich hat also die Abgabe erhalten, die es erhalten soll.

Aber freilich, wenn D ein Deszendent von C ist, das letzte also ein Überlassungsvertrag ist, zu welchem ein Reichsstempel infolge der Befreiung solcher Verträge vom Stempel nicht verwendet ist, dann sind $^2/_3$ % als Auflassungsstempel zu erheben, weil nicht auch A Aszendent von D ist und weil sonst dem Reiche die Abgabe entginge. Doch ist man über die Entscheidung der letzten beiden Fälle in der Praxis durchaus nicht einig.

Ist unter 1 u. 2 auseinandergesetzt, wie zu verfahren ist, wenn ein schriftlicher (gerichtlicher, notarieller oder privatschriftlicher) Kaufvertrag errichtet ist und vorgelegt wird, so bleibt nun noch der Fall zu erörtern:

3. Die Auflassung ohne Vertragsvorlegung.

A. Legen die Beteiligten keinen Vertrag vor, erklären sie aber mit der Auflassung zugleich den Kaufvertrag zu Protokoll, so haben sie für den (Landes- und Reichs-) Vertragsstempel Sicherheit zu leisten, wie oben S. 32ff., falls sie ihn nicht sogleich definitiv einzahlen, da Landes- und Reichsstempel als Gerichtsgebühr zu erheben sind (§ 15, § 1 Nr. 2a AV. v. 28. 7. 10 und § 4a AV. v. 14. 3. 12).

Beantragt der Käufer Befreiung vom Reichsstempel nach Tarif Nr. 11 Schlußsatz Befr. Nr. 1 (Wert nicht über 20000 bzw. 5000 M. usw.), so ist der Antrag samt den für die Steuerfreiheit maßgebenden Tatumständen in die Verhandlung aufzunehmen, und es entscheidet der Grundbuchrichter als den Vertrag beurkundender Richter darüber. Sind ihm die Voraussetzungen der Befreiung nachgewiesen, so ist etwa folgender Vermerk auf das Protokoll (am besten oben links) zu setzen:

„Vom Reichsstempel auf Antrag befreit nach Tarifstelle 11 RStG. Schlußsatz Befreiungen Nr. 1."
Datum
(Amtssiegel) Unterschrift.

der vom Richter unterschriftlich zu vollziehen ist (§ 162 AB. z. RStG., Nr. 22 PrAB. z. RStG. und § 7 Abs. 3 Satz 5 AB. v. 14. 3. 12 und die Anm. dazu). Wegen des Hinweises auf die Befreiungsvorschrift und wegen des Nachweises der Befreiungsvoraussetzungen wie wegen der Möglichkeit der Nachbringung dieses Nachweises gilt das oben S. 46 Gesagte.

In allen anderen Fällen der Stempelfreiheit, namentlich in allen Fällen der Befreiung vom Landesstempel (§§ 4, 5 LStG.) und der — nicht antragsgemäßen, sondern — gesetzlichen Befreiung vom Reichsstempel (z. B. § 84 RStG. Landesfürst), hat bei gerichtlich aufgenommenen Urkunden der Gerichtsschreiber den Befreiungsvermerk zu machen und zu vollziehen (§§ 5 u. 10 AB. v. 28. 7. 10, § 7 Abs. 2 Satz 2 AB. v. 14. 3. 12).

B. Legen die Beteiligten keinen Kaufvertrag vor und erklären sie ihn auch nicht zu Protokoll (Auflassung ohne schriftlichen Vertrag), so ist, sofern eine freiwillige Veräußerung[1]) vorliegt, der Auflassungsstempel zu erheben (1 % Landes-, $^2/_3$ % Reichsstempel; seine Berechnung siehe oben S. 29, 30). In diesem Falle ist genau so zu verfahren wie unter A, nur mit der Abweichung daß der prozentual gleiche, aber in jenem Falle vom Preise, hier vom etwa höheren gemeinen Werte[2]) zu berechnende Stempel hier nicht Vertrags-, sondern eben Auflassungsstempel ist (Tarif Nr. 8 LStG., § 1 Nr. 2b AB. v. 28. 7. 10, Tarif Nr. 11d RStG. § 163 Abs. 2, § 152 Abs. 3, § 159 Abs. 2 AB. z. RStG., §§ 3, 4a, 5 AB. v. 14. 3. 12).

Auch hinsichtlich der Sicherheitsleistung für Landes- und Reichsstempel gilt das unter A Gesagte, ebenso analog hinsichtlich der Befreiung vom Reichsstempel. Der Antrag auf Befreiung und die für die Steuerfreiheit maßgebenden Tatumstände sind in das Protokoll aufzunehmen (§ 162 Abs. 2 AB. z. RStG.). Sind dem Grundbuchrichter die Befreiungsvoraussetzungen nachgewiesen, so ist dies in einem vom Richter zu vollziehenden Vermerke, wie S. 48, auf dem Auflassungsprotokolle ersichtlich zu machen (§ 162 AG. z. RStG. Nr. 22 PrAB. z. RStG., § 7 Abs. 3 Satz 5 AB. v. 14. 3. 12).

Es hat aber ferner in solchem Falle der Nichtvorlegung eines Vertrages der Grundbuchrichter

a) die Beteiligten zu vernehmen, ob sie eine Veräußerungsurkunde überhaupt nicht vorlegen wollen;

[1]) Wann eine solche nicht vorliegt, darüber s. oben S. 24 ff.

[2]) Der Wert von Bauten, die der Käufer zwischen mündlichem Kaufe und der Auflassung mit Zustimmung des Verkäufers aufgeführt hat, bleibt außer Betracht, darüber s. oben S. 39.

b) sie darauf hinzuweisen, daß dann der Auflassungsstempel erhoben werde, und daß der Entrichtung des Auflassungsstempels ungeachtet zu einer etwaigen Urkunde der gesetzlich erforderliche Stempel beizubringen sei;

c) zu prüfen, ob bei Beurkundung des Abkommens der Urkundenstempel niedriger sein würde als der Auflassungsstempel — wenn dies der Fall ist, darüber s. oben S. 30, 31, — und wenn es der Fall ist (namentlich also immer bei Schenkungen), sie auf Errichtung und Vorlegung eines (wenn auch nur privat-) schriftlichen Vertrages hinzuweisen,

und es müssen die Belehrung des Grundbuchrichters und die Erklärung der Beteiligten, ob sie einen Vertrag vorlegen wollen oder nicht, in das Protokoll aufgenommen werden (§ 16 Nr. 1 AV. v. 28. 7. 10, § 5 AV. v. 14. 3. 12).

Da bei der Auflassung ohne Vertragsvorlegung der $1^2/_3$ prozentige Stempel nach dem gemeinen Werte des Grundstücks ohne bewegliches Zubehör zur Zeit der Auflassung (§ 6 LStG., § 87 RStG.) und nur, wenn der mündlich vereinbarte Preis höher ist, von diesem berechnet wird, so muß das Protokoll, wenn ein Kauf- (Tausch- oder sonstiges entgeltliches Veräußerungs-) Geschäft zugrunde liegt, ferner eine Belehrung der Beteiligten darüber enthalten,

d) daß der anzugebende Wert nicht geringer sein dürfe, als der vereinbarte Kaufpreis unter Hinzurechnung des Werts der etwa vorbehaltenen Nutzungen (s. oben S. 38), und der neben dem Kaufpreise etwa sonst ausbedungenen (nicht in Geld bestehenden) Gegenleistungen (s. oben S. 36ff.), jedoch abzüglich des für den beweglichen Beilaß festgesetzten Preises,

und den Hinweis, daß Zuwiderhandlungen für jeden Beteiligten nach § 17 Abs. 3a LStG., § 88 Abs. 4 RStG. das Zehnfache des hinterzogenen Stempels als Geldstrafe nach sich ziehen (§ 16 Nr. 2 AV. v. 28. 7. 10, § 166 AV. z. RStG., § 6 AV. v. 14. 3. 12),

e) die Angaben beider Beteiligten über den Wert sind im Protokolle zu vermerken (§ 16 Nr. 3 AV. v. 28. 7. 10).

Ist dem Grundbuchrichter glaubwürdig bekannt, daß die Beteiligten das Entgelt höher vereinbart haben, als sie bei der Auflassung angeben, so berechnet er den Stempel von jenem höheren

Betrage, — falls aber der gemeine Wert noch höher ist, von diesem —, und macht dem Hauptzollamt Anzeige wegen der Stempelhinterziehung (§ 17 Nr. 3a LStG., § 16 Nr. 4 AB. v. 28. 7. 10).

Hat er nur Bedenken gegen die Richtigkeit der Wertangabe, dann veranlaßt er — geeignetenfalls unter Ablehnung der Auflassung bis zur Sicherheitsleistung in Höhe des Stempels, der dem von ihm für richtig gehaltenen Werte entsprechen würde — gemäß § 7 Abs. 3 LStG., § 87 RStG. Wertsermittelungen (§ 16 Nr. 5 AB. v. 28. 7. 10, § 6 AB. v. 14. 3. 12).

Besonders dann, wenn der Grundstückswert 30000 M. (in Städten mit über 20000 Einwohnern), sonst 15000 M., nicht übersteigt, hat der Grundbuchrichter etwaige unrichtige Wertangabeu zu sondieren, weil so geringwertige Grundstücke nicht in die dem Hauptzollamte zur Nachprüfung zu übersendende Vierteljahrsliste der Auflassungen aufgenommen werden (§ 17 Nr. 3 AB. v. 28. 7. 10).

Wird nachträglich — nach der Auflassung — der Kaufvertrag vor Gericht beurkundet, dann hat der Gerichtsschreiber gemäß § 18 AB. v. 28. 7. 10 (§ 8 Abs. 3 AB. v. 14. 3. 12 u. § 173 AB. z. RStG.) zu verfahren.

Wird nachträglich ein vor oder nach der Auflassung anderweit errichteter Vertrag vorgelegt, so hat der Gerichtsschreiber die sonst dem Grundbuchrichter nach § 14 AB. v. 28. 7. 10 obliegende Prüfung vorzunehmen, und je nachdem die Aussetzung der Zwangsbeitreibung und die Niederschlagung des Stempels herbeizuführen. Ist der Kaufvertrag gehörig verstempelt und der Auflassungsstempel auch schon entrichtet, der Wertstempel also doppelt gezahlt, so ist die Vertragsvorlegung als Antrag auf Erstattung des doppelt gezahlten Stempels anzusehen (§ 16 Nr. 6, § 9 Nr. 2a AB. v. 28. 7. 10, § 8 Abs. 2 AB. v. 14. 3. 12), es entscheidet deshalb über die Erstattung des zuviel gezahlten Landes- und Reichsstempels der Grundbuchrichter (§ 9 Nr. 1b AB. v. 28. 7. 10, § 8 Abs. 2 AB. v. 14. 3. 12, § 169c AB. z. RStG.)[1]). Zurückgezahlt wird durch die Gerichtskasse auf schriftliche Anweisung des Kassenkurators (§ 3 AB. v. 28. 7. 10, § 3 AB. v. 14. 3. 12, § 7ff. AB. v. 27. 7. 09, JMBl. 290, § 11 Abs. 2 AB. v. 14. 3. 12).

---

[1]) Vor dem 1. April 1912 entschied über Erstattung des Reichsstempels der Landgerichtspräsident (§ 127m Abs. 4 AB. d. BR. u. Nr. 8 AB. v. 23. 5. 10, die beide jetzt aufgehoben sind).

Von der Zurückzahlung erhält der Gerichtsschreiber Mitteilung, damit er sie auf dem Auflassungsprotokolle vermerke (§ 16 Nr. 6 AV. v. 28. 7. 10 und § 10 AV. v. 27. 7. 09, JMBl. 290).

II. Überlassungsvertrag.

1. Übertragungen von Grundstücken von Aszendenten an Deszendenten[1]) oder — wie das ReichsStG. sagt — Überlassungsverträge zwischen Eltern und Kindern[2]) oder deren Abkömmlingen — auch eingekindschafteten[3]) — (also alle obligatorischen Übereignungsverträge[4]) — s. FMErl. v. 31. 1. 10 in RheinNotZtg. 10 S. 269 und AV. v. 15. 6. 11 gegen KG. 28. 5. 10, 40 S. 366 —, nicht bloß die Gutsüberlassungsverträge im engeren Sinne, also nicht bloß die Überlassung von Gutshöfen mit antizipierter Erbteilung, mit Altenteil u. dgl., sondern eben alle) sind vom Landesstempel (Tarif Nr. 32 Abs. 10 Nr. 2 LStG.), vom Reichsstempel (Tarif Nr. 11a, Befr. Nr. 2 RStG.), und von der Reichszuwachssteuer (§ 7 Nr. 4 ZuwStG.) vollständig befreit. Auch dem einfachen Vertragsstempel (Tarif Nr. 71 Ziff. 2 LStG.) unterliegen sie nicht, sie sind ganz frei, nur bei notariellen Urkunden ist der Dreimarkstempel aus Tarif Nr. 45 LStG. zu verwenden.

2. Überlassen Eltern ein Grundstück an ihren Sohn und dessen Frau zu Miteigentum nach Bruchteilen, so hat die Frau von ihrem Bruchteile den Stempel zu tragen. (Durch Überlassung an den Sohn allein und dadurch, daß der Sohn einen Teil seiner Frau schenkt, läßt sich dieser Stempel nur dann abwenden, wenn wirklich eine Schenkung vorliegt, die Frau also namentlich nicht als Entgelt Lasten und

---

[1]) Nicht auch umgekehrt.

[2]) Befreit sind nur leibliche Kinder — auch uneheliche, diese aber nur der Mutter und deren Aszendenten gegenüber (§ 1705 ff. BGB.), auch durch nachfolgende Ehe und durch Akt der Staatsgewalt legitimierte (§§ 1719 ff., 1723 ff. BGB.), aber nicht Adoptivkinder (trotz § 1757 BGB.) (KG. 28. 4. 02, 24 B 44, Grunds. 6² S. 269), nicht Stief-, nicht Schwiegerkinder.

[3]) Dem BGB. unbekannt; für ALR. vgl. § 717, II. 2. durch gerichtlich vollzogenen und bestätigten Vertrag als eigene angenommene Kinder des anderen Ehegatten.

[4]) Auch Tauschverträge, auch Schenkungen. Aber nicht Zuschlagsbescheide an Kinder (vgl. KG. 26. 2. 09, 38 S. B 76). Nicht stempelfrei ist auch die Veräußerung des Konkursverwalters an den Abkömmling des Gemeinschuldners, RG. 3. 5. 07. 66 S. 113 (er hat für die Masse möglichst günstig zu verkaufen, es gibt also nicht die enge verwandtschaftliche Beziehung den Anlaß zum Verkauf).

Nicht stempelfrei ist die Veräußerung eines Grundstücks des Vaters an die aus ihm und zwei Söhnen bestehende offene Handelsgesellschaft. RG. 31. 3. 05, JMBl. 321 (die offene Handelsgesellschaft steht dem Vater wie ein Dritter gegenüber, obwohl nicht juristische Person), gegen Posen 13. 6. 04, Rspr. 9 S. 193.

Leistungen übernimmt. S. RG. 30. 4. 09, JMBl. 12 S. 163.) Leben Sohn und Schwiegertochter in Gütergemeinschaft und wird an beide überlassen, so hat die Schwiegertochter ebenfalls den halben Vertragsstempel aus Tarif Nr. 32 LStG., Tarif Nr. 11a RStG. zu tragen, s. Hummel u. Specht S. 830 unter 91 III; abweichend für den Reichsstempel Grunds. 5 S. 269.

Haben dagegen die Eltern den Vertrag nur mit dem Sohne geschlossen (also stempelfrei), hat der Sohn darauf geheiratet und Gütergemeinschaft eingeführt, und wird nun erst aufgelassen zum Gesamtgute, so ist ein Prozentstempel vom Anteile der Frau nicht zu erheben, gleichviel, ob an den Mann allein aufgelassen (und von den Eheleuten Eintragung des Miteigentums der Frau beantragt ist), oder ob an beide aufgelassen ist (KG. 13. 6. 07, 37 B 66 [1]). Ebenso, wenn der Sohn beim Überlassungsvertrage schon in Gütergemeinschaft verheiratet war, oder im gesetzlichen Güterstande verheiratet war, vor der Auflassung aber Gütergemeinschaft vereinbart hat.

Alles dies gilt natürlich auch von Überlassungen an die Tochter und den Schwiegersohn.

Ist der Sohn (resp. die Tochter) leiblicher Abkömmling nur des einen Überlassers, aber Stiefkind des anderen, und wird an ihn (resp. sie) allein überlassen, so ist der Stempel aus Tarif Nr. 32a LStG. bzw. Tarif Nr. 11a RStG. zur Hälfte zu erheben. Wird in solchem Falle an den Sohn, (der Abkömmling des einen, Stiefkind des anderen Überlassers ist), und seine Frau überlassen, so bleibt nur die Hälfte seines Bruchteils stempelfrei, wenn er dagegen mit seiner Frau in Gütergemeinschaft lebt, so bleibt immer ein Viertel des Entgelts stempelfrei. Dasselbe gilt entsprechend von der Tochter resp. Stieftochter und ihrem Manne.

3. Es empfiehlt sich, im Vertrage erkennbar zu machen, daß der Erwerber und wessen Abkömmling er ist, z. B. „beider leibliche Tochter“. Anderweiter Nachweis des Verwandtschaftsverhältnisses genügt aber trotz § 3 Abs. 1 LStG. auch (Fin- u. JustMinErl. v. 16. 4. 90).

Ein wegen Nichterkennbarkeit der Abkömmlingseigenschaft bereits verwendeter Kaufstempel (Reichs- und Landes-) ist auf Antrag zu

---

[1]) Das gilt auch bei jedem gewöhnlichen Kauf, Tausch usw., unter Nicht-Aszendenten und -Deszendenten, s. oben S. 40.

erstatten. § 25 Abs. 1a LStG., FinMinErl. v. 30. 7. 09 lit. f zu dem jetzt durch § 169 AB. z. RStG. ersetzten § 127m AB. d. BR.

4. Im Überlassungsvertrage enthaltene selbständige Nebenverträge nehmen natürlich an der Stempelfreiheit nicht teil, sondern sind stempelpflichtig (§ 10 Abs. 2 LStG.), z. B. Kaufgeldsabtretungen an einen Nichtabkömmling, je nachdem als Abtretung nach Tarif Nr. 2 LStG. oder als Schenkung (vgl. oben S. 36 Anm. 3).

5. Die Auflassung ohne Vorlegung eines Überlassungsvertrages unterliegt dem Auflassungsstempel ($1\,\% + {}^{2}/_{3}\,\%$) (s. Begr. z. RStG. v. 15. 7. 09 S. 12), a. M. Heinitz 495 Anm. 1aα u. anscheinend auch die JMB. v. 15. 6. 11 Abs. 4, vgl. aber dagegen wieder die AB. v. 13. 6. 00, I, 2. Legen die Beteiligten einen Vertrag nicht vor, dann sind sie also darauf hinzuweisen, daß sie einen (wenigstens privat-) schriftlichen Vertrag vorlegen müssen, um den Auflassungsstempel zu sparen (§ 16 Nr. 1 AB. v. 28. 7. 10, § 3ff. AB. v. 14. 3. 12). Tun sie es dennoch nicht, dann ist der Auflassungsstempel zu erheben und regelmäßig auch Sicherheitsleistung zu verlangen wegen Landes- und Reichsstempel und Kosten, s. oben S. 49 B.

6. Über Besonderheiten bei der Abtretung der Rechte des Erwerbers aus einem Überlassungsvertrage s. Tarif Nr. 11a Befr. Ziff. 2 Abs. 2 und Tarif Nr. 11d Ziff. 1 Abs. 3 RStG., Tarif Nr. 32 Abs. 10 Ziff. 2 Abs. 2 LStG.

7. Über Tausch zwischen Eltern und Kindern s. S. 55, 56.

III. Tauschvertrag.

Tarif Nr. 63 u. 32 LStG., Tarif Nr. 11a RStG.

Charakteristikum: Umsatz von Gegenstand („individuellem Wert") gegen Gegenstand[1]) (Mot. z. BGB. 2 S. 366 bei Mugdan II 204, auch Forderungen unter sich oder gegen Sachen, s. ebd. Mot. 367), bei ungleichwertigen unter Ausgleichung in bar oder auf andere Weise.

a) Es gelten im ganzen dieselben Grundsätze wie bei Kaufverträgen (s. oben S. 34). Die Besonderheiten sind folgende:

b) Der Stempel berechnet sich anders, nämlich nach dem Werte (hier nicht identisch mit dem von den Beteiligten, möglicherweise in

---

[1]) Aber (s. KG. 29. 10. 08, 39 B 98): auch der Vertrag, durch den der Verkäufer ein angekauftes Grundstück vor Erlangung des Eigentums an einen anderen vertauscht, ist Tausch (Tausch einer fremden Sache) § 433 BGB.

ihrem Interesse zu niedrig, angegebenen Tauschpreise)[1]) der von einem der Vertragschließenden in Tausch gegebenen Gegenstände, und zwar derjenigen, die den (objektiv) höheren Wert[2])[3]) haben, ohne Abzug darauf haftender übernommener Hypotheken. Tarif Nr. 32 Abs. 2 Nr. 1 LStG., Tarif Nr. 11 Spalte 4 Nr. 2 RStG.[4]).

c) Die Kosten der Beurkundung des Tausches, also auch der Stempel, da er ein Urkundenstempel ist, fallen beiden Teilen je zur Hälfte zur Last, da beide Teile Erwerber sind. § 515, § 449 Satz 2 BGB.

d) Die völlige Befreiung vom Reichsstempel (Tarif Nr. 11 Befr. Nr. 1) tritt nur ein, wenn bei beiden Tauschenden sowohl die persönlichen Voraussetzungen (nicht gewerbsmäßiger Grundstückshandel und nicht über 2000 M. Jahreseinkommen) wie die sächlichen (nicht über 20000 M. bzw. 5000 M. Grundstückswert) vorliegen. Liegen sie nur bei einem vor, so wird nur er von der ihn treffenden Tauschstempelhälfte frei, der andere hat seine Hälfte zu zahlen (Nr. 2 AB. v. 8. 7. 10), und zwar die Hälfte des (wie oben unter b berechneten) Stempels, selbst wenn das Grundstück, das er erwirbt, das geringwertigere ist (Nr. 2 Verf. d. RSchA. v. 21. 7. 10).

e) Werden gegen einander vertauschte Grundstücke ohne Vorlegung eines schriftlichen Tauschvertrages aufgelassen, so ist für jedes der Auflassungsstempel ($1\,\% + {}^2/_3\,\%$) von seinem Werte zu berechnen. Die Beteiligten sind deshalb darauf hinzuweisen, daß sie diese Mehrbesteuerung vermeiden durch Vorlegung eines Tauschvertrags (§ 16 Nr. 1 AB. v. 28. 7. 10 und oben S. 31 u. 50 c). Das gilt bei Auflassung ohne Vertrag auch für Eltern und Kinder (s. oben S. 54).

f) Vertauschen Eltern und Kinder — aber nur solche, nicht Schwiegerkinder — oder deren Abkömmlinge durch Vertrag Grund-

---

[1]) In der Regel wird man freilich den angegebenen Preis als dem Werte entsprechend annehmen, wenn Bedenken nicht vorliegen. In letzterem Falle s. § 6 LStG. und insbesondere Nr. 5 der AB. v. 28. 7. 10.

[2]) Beim Tausch eines Grundstücks (1 %) gegen Mobilien (${}^1/_3\,\%$), deren Gesamtwert höher ist als der Wert der Grundstücks, ist der Stempel zu berechnen auf derjenigen Tauschseite, die den höheren Stempel ergibt (s. Heinitz 466, Hummel u. Specht 797 Anm. 53, KG. 2. 5. 04, 28 B 84).

[3]) Beim Austausche inländischer gegen ausländische Grundstücke nach dem Werte der inländischen, weil er bei ausländischen nur 3 M. Fixstempel ausmachen würde.

[4]) Geht der Gegenstand der Erklärung über den Rahmen des Tauschvertrags hinaus, so ist neben dem Tauschstempel ein weiterer Stempel zu erheben. Z. B.: A vertauscht sein Grundstück, Wert 30 000 M., gegen das des B, Wert 20 000 M.; zur Deckung der Differenz tritt B dem A eine Forderung von 15 000 M. ab, wogegen A hinwiederum dem B 5000 M. bar zahlt. Von 5000 M. ist der Abtretungsstempel aus Tarif Nr. 2 zu berechnen (§ 10 Abs. 2 LStG., vgl. ähnlich unten S. 62 unter Nr. 10 a)

stücke gegeneinander, so ist der Vertragsstempel zu erheben nur vom Werte desjenigen Grundstücks, welches der Aszendent erwirbt, auch wenn das andere den höheren Wert hat.

g) Besondere Sorgfalt erfordert die Prüfung, ob die Urkunde — die Bezeichnung als Tausch durch die Beteiligten entscheidet nicht, sondern der objektive Inhalt, d. h. die Gesamtheit der durch den Vertragsinhalt begründeten Rechte und Pflichten in ihrem Zusammenhange (RG. v. 18. 1. 10, 73 S. 88) —, als Tausch zu verstempeln ist oder als doppelter Kauf mit dem viel höheren Stempel vom Betrage beider Kaufpreise[1]). (Also, wenn das eine Grundstück 30000 M., das andere 20000 M. wert gerechnet ist, nicht wie beim Tausche 300 M., sondern 300 + 200 = 500 M. Landesstempel und nicht $^2/_3$% von 30000 M. = 200 M. Reichsstempel, sondern $^2/_3$% von 50000 M. = 333,50 M.)

Doppelter Kauf liegt immer dann vor, wenn die Grundstücke weder ganz noch auch nur teilweise (KG. 5. 10. 05, 30 B 43 = Rspr. 13 S. 288) als **Gegenleistung** (dies ist das Entscheidende) verwendet werden, also namentlich

1. beim Austausch von Grundstücken, die beide (KG. 12. 1. 05 Rspr. 11 S. 207) oder **auch** nur eines (KG. 5. 10. 05, 30 B 43; Cassel 19. 3. 08, Rspr. 17 S. 294) zum vollen Werte mit Hypothekenschulden belastet sind, unter Übernahme der Hypotheken. Also auch dann, wenn der Preis für das eine vollständig durch Hypothekenübernahme gedeckt wird, der des anderen durch Übernahme von Hypotheken, teilweise Barzahlung, teilweise Abtretung von Forderungen u. dgl. (RG. 26. 11. 01, 50 S. 285 u. JW. 97 S. 69). Hier bezahlt jeder das von ihm für sich eingetauschte Grundstück durch die Hypothekenübernahme oder durch das sonstige Entgelt, nicht durch die Hingabe seines Grundstücks (vgl. KG. 2. 11. 03, 26 B 44);
2. beim Austausche zweier Grundstücke, von denen der Preis für das eine bar, für das andere in anderer Weise, z. B. durch Abtretung einer Forderung, berichtigt wird;
3. nach Dernburg, Bürgerl. Recht, 1. u. 2. Aufl., Band II, S. 104 Abs. 2, u. Hummel u. Specht 793 auch beim Aus-

[1]) Vgl. über den Stand der Rechtsprechung dazu Warschauer in DNotZtg. 10 S. 89 ff., auch KG. 2. 11. 03, Rspr. 9 S. 190 = JMBl. 04 S. 299.

tausche von zwei unbelasteten gleichwertigen Grundstücken, deren Tauschpreise durch Aufrechnung gegen einander berichtigt werden. Hier liegt wohl aber doch nur eine verunglückte Redigierung eines als nichts anderes denn als Tausch — wirtschaftlich wie rechtlich — beabsichtigten Geschäfts vor. Für einen ganz ähnlich liegenden Fall (Aufrechnung gleich hoher Restbeträge der Tauschpreise) ist denn auch vom RG. abweichend für Tausch entschieden (vgl. RG. 18. 1. 10. 73, 88) unter Bezugnahme auf einen JustMinErl. v. 16. 6. 02. Ebenso in dem Urt. v. 15. 3. 04. 57, 264, wo ein Grundstück zum Preise von 650000 M. mit 390000 M. Hypothekenschulden eingetauscht wurde gegen ein unbelastetes Grundstück zum Preise von 437000 M. unter Aufrechnung von 650000—390000 = 260000 M. und Stundung des Rests von 177000 M.

Aufteilung eines Grundstücks in reale Teile durch die bisherigen Bruchteils-Miteigentümer wird auch als Tausch aufgefaßt: Jeder Kontrahent tauscht, indem er an der Parzelle, die der andere zu Alleineigentum erwirbt, sein ideelles Miteigentum aufgibt und dafür übertragen erhält das bisherige Miteigentum des anderen Kontrahenten an derjenigen Parzelle, die er fortan als Alleineigentümer hat (KG. 7. 11. 01, 24 B 37 u. 15. 2. 04, Rsp. 9 S. 189). Ausgetauscht werden also bei zwei Miteigentümern nur Miteigentumshälften an halben Grundstücken. Da aber beim Tausch der Stempel nur vom Werte des einen Tauschgegenstandes zu berechnen ist, so kommt der Stempel hier nur von einem Viertel des Grundstückswerts zur Berechnung. Es modifiziert sich dies, wenn zu ungleichen Bruchteilen Miteigentum bestand, oder wenn die Beteiligten die realen Teile nicht den bisherigen ideellen Bruchteilen entsprechen lassen (vgl. JMBl. 05 S. 97, Gruchot 49 S. 128, Hummel u. Specht 1179 u. Mirre in DNotZtg. 11 S. 411[1]).

Ist schon beim Erwerbe zu Bruchteilen die künftige reale Teilung vereinbart, so enthält die die reale Teilung ausführende Auflassung keine freiwillige Veräußerung, ist also stempelfrei (s. oben S. 27n).

---

[1]) Vgl. über einen besonderen Fall RG. 7. 10. 10, JMBl. 11 S. 73 (Geschwister teilen in Natur Grundstücke, die sie erworben haben teils durch Erbgang von dem einen Elternteile, teils durch Schenkung von dem anderen).

IV. Erbvergleich, Auseinandersetzung unter Miterben.

1. Hier ist der Landesvertragsstempel in der Regel[1]) niedriger als der Auflassungsstempel (Tarif Nr. 20 u. 32 Befr. Nr. 1 LStG.). Vom Reichsstempel sind alle entgeltlichen Veräußerungsverträge zwischen Miterben zwecks Teilung vollständig frei (Tarif Nr. 11a Befr. Nr. 1 RStG.). Darauf sind die Beteiligten aufmerksam zu machen (s. oben S. 31, 50).

2. Wird ein Vertrag über das Veräußerungsgeschäft unter den Miterben vorgelegt, so kommen hinsichtlich des Landesstempels für die Prüfung der gehörigen Verstempelung zwei Arten von Verträgen in Betracht:

„Erbrezesse (Erbteilungsverträge)" (Tarif Nr. 20 LStG.) und
„Kauf- und Tauschverhandlungen[2]) zwischen Teilnehmern an einer Erbschaft zum Zwecke der Teilung der zu letzterer gehörigen Gegenstände" (Tarif Nr. 32 Befr. Nr. 1 LStG.).

Das Verhältnis beider zu einander ist nicht ganz klar. Dabei ist es aber von großer Wichtigkeit, unter welche von beiden Tarifstellen der Vertrag fällt, wenigstens bei steuerpflichtigen Erbschaften, weil bei diesen der Stempel aus Tarif Nr. 20 weit höher ist, als der aus Tarif Nr. 32. Denn

A. der Erbrezeßstempel (Tarif Nr. 20) beträgt

a) bei erbschaftssteuerfreien Erbschaften zwar nur 1,50 M.,
b) bei erbschaftssteuerpflichtigen aber $^1/_{25}$% des Reinnachlasses, soweit über ihn im Rezesse verfügt ist — mindestens 1,50 M.

Erbschaftssteuerfrei ist nur der Anfall an

α) Abkömmlinge,
β) Ehegatten,
γ) Aszendenten, Adoptivkinder und deren Abkömmlinge, uneheliche vom Vater anerkannte Kinder und deren Abkömmlinge, sofern — hier unter γ — der Wert des Erwerbes 10000 M. nicht übersteigt;

erbschaftssteuerfrei ist ferner allgemein ein Erwerb von nicht mehr als 500 M. (§§ 10, 11 ErbschStG.).

---

[1]) Höher als der Auflassungsstempel ist der Erbrezeßstempel aus Tarif Nr. 20, wenn bei steuerpflichtigen Erbschaften (s. unten A b) $^1/_{25}$% des Reinnachlasses mehr ausmacht als 1% des Grundstückswerts.

[2]) Im RStG. Tarif Nr. 11a Befr. Nr. 1 heißt es: „Kauf- und Tauschverträge und andere entgeltliche Veräußerungsgeschäfte."

B. Der ermäßigte Stempel für den sogenannten Teilungskauf oder -tausch unter Miterben nach Tarif Nr. 32, Ermäßigungen und Befreiungen Nr. 1, beträgt hingegen nur 3 M. Zu den Teilnehmern an der Erbschaft in letzterem Sinne wird nach Landes- wie Reichsrecht auch der überlebende Gütergemeinschaftsgatte gerechnet (aaO. Abs. 2 und Tarif Nr. 11a Befr. Nr. 1 Abs. 2 RStG.).

Also zu Ab ein Wertstempel, zu B ein ein für allemal feststehender Fixstempel.

3. Unklar ist das Verhältnis der beiden Tarifstellen dadurch geworden, daß die Tarifstelle 20 in den Worten „soweit über" den Reinnachlaß „im Erbrezesse verfügt ist" einen Teilerbvergleich als möglich anerkennt, dieser aber unter Tarif Nr. 32 Befr. Nr. 1 zu fallen scheint. Heinitz (S. 490 Anm. VIII A 1 zu Tarif Nr. 20) führt aus: die Tarifstelle 20 greife Platz, wenn der Erbteilungsvertrag die Erbengemeinschaft vollständig beseitige oder sie wenigstens im wesentlichen aufhebe, möge sie auch in Ansehung einzelner Nachlaßgegenstände fortgesetzt werden. Eine Auseinandersetzung über einzelne Nachlaßgegenstände sei kein Erbrezeß. Nur ein Vertrag, durch den in Ansehung des Nachlasses die Teilung vollzogen und die Erbengemeinschaft aufgehoben werde, sei ein solcher. Ähnlich führen Hummel u. Specht aus (S. 587 Anm. 4 zu Tarif Nr. 20): die Teilung eines einzelnen Nachlaßstücks oder mehrerer einzelner Nachlaßstücke bedürfe nur dann des Rezeßstempels, wenn der Nachlaß in der Hauptsache nur aus diesen Stücken bestehe.

Wie aber, wenn ein Nachlaß aus 50000 M. in Wertpapieren besteht und aus einem Mietshause im Werte von 50000 M.? Erst teilt man die Wertpapiere und später setzt man sich über das Haus auseinander. Ist keine von beiden Urkunden ein Erbrezeß oder sind es beide oder welche? Sollte es nicht richtiger sein, unter Tarif Nr. 32 zu subsummieren nur die die Erbteilung vorbereitenden, unter Tarif Nr. 20 die sie ausführenden Akte? Und das Charakteristische des Erbrezesses zu sehen nicht in der Aufhebung der Erbengemeinschaft an den zu teilenden Gegenständen, sondern in der ganzen oder teilweisen Abfindung eines oder aller Miterben wegen ihres Erbteils? Dann wäre die Sache so: Übernimmt ein Miterbe ein Nachlaßgrundstück zum Zwecke der Teilung (Versilberung) gegen Hypothekenübernahme und Zahlung des Kaufgelds zur Nachlaßmasse, so läge nur Tarif Nr. 32 vor; verrechnet er einen Teil des Kaufgeldes auf seinen Erbteil, so läge insoweit

Erbrezeß ($^1/_{25}$%₀ vom verrechneten Betrage) vor, im übrigen Tarif Nr. 32. Wird das Kaufgeld ganz unter die Erben verteilt, dann läge nur Tarif Nr. 20 vor, also ein Erbrezeß, wenn der Nachlaß nur aus dem Grundstücke besteht, ein Teilerbrezeß, wenn der Nachlaß auch aus anderen Stücken besteht, und gleichviel ob das Grundstück das Hauptstück des Nachlasses ist oder nicht.[1]) Verführe man anders, so könnten die Beteiligten — und es geschieht das auch — durch eine Reihe nur nach Tarif Nr. 32 Befr. verstempelter Einzelveräußerungen den Erbrezeßstempel umgehen.[2]) Wird nicht der ganze Nachlaß geteilt, so bleibt es hinsichtlich des Rests — gleichviel wie groß oder wie klein er ist — bei der Erbengemeinschaft[3]), wenn nicht vereinbart ist, daß bezüglich gewisser Stücke Quotenmiteigentum eintreten soll, was ja dann aber auch schon Aufhebung der Erbengemeinschaft, also Teilung (Auseinandersetzung) wäre, wenn auch nicht reale (vgl. aber hierzu Schneider Z. d. DNotV. 11 S. 639ff.).

4. Unter Tarif Nr. 32 Befr. Nr. 1 gehört nicht nur der Fall, wenn ein Miterbe aus dem Nachlaß ein Grundstück zum Zwecke der Teilung erwirbt, sondern auch der Fall, wenn er zu solchem Zwecke — was immerhin denkbar — ein Grundstück in die Erbschaftsmasse hineingibt. Beispiel: Von fünf Miterben übernimmt einer unsichere Industriepapiere des Nachlasses zum vereinbarten Preise von 50000 M. und gibt dafür in die Erbengemeinschaft — seinen Anteil von 10000 M. anrechnend — einen Landstreifen von vier Baustellen im Werte von 40000 M., welcher später realiter unter die anderen vier Erben geteilt werden soll. Ist die oben ausgesprochene Ansicht richtig, so wären hier zu berechnen (bei erbschaftssteuerpflichtiger Erbschaft) $^1/_{25}$ % von 10000 M. = 4 M. aus Tarif

---

[1]) Damit hätte man die feste Scheidung zwischen Erbrezeß und Teilungskauf, die der Abgeordnete Dr. Klasing in der 4. Sitzung vom 11. 3. 95 zu Tarifstelle 20 gefordert hatte. S. Drucksachen der XI. Kommission S. 5.

[2]) Dies scheint freilich in der Tat beabsichtigt gewesen zu sein. Denn vom FinMin. ist bei Beratung von Tarif Nr. 20 (s. Anm. 1) ausdrücklich erklärt worden: „Durch Anwendung des Verkaufs unter Miterben könnte die Schließung eines Erbrezesses umgangen werden.“

[3]) Vgl. KG. 3. 7. 11, 41 S. 205ff. Das Reichsgericht — 21 S. 252. 9. 5. 88 — nimmt an, daß, wenn bei einer Erbteilung Nachlaßgegenstände ausgesondert und künftiger Teilung vorbehalten würden, hinsichtlich ihrer die Erbengemeinschaft aufhöre und Miteigentum nach Quoten eintrete. Das wäre nur dann richtig, wenn auch bei einem Partialerbvergleiche die Absicht dahin ginge, die Erbengemeinschaft aufzuheben. Das ist aber nicht der Fall. Sie bleibt bestehen, wie sie z. B. auch bestehen bleibt hinsichtlich zur Zeit des Erbvergleichs nicht bekannter Aktiva und Passiva. Daß nicht Quotenmiteigentum eingetreten sein kann, wird in dem Falle besonders deutlich, wenn ein Miterbe soviel zur Ausgleichung zu bringen hat, daß er, selbst bei Berücksichtigung der nachträglich ermittelten Nachlaßaktiva, nichts mehr zu erhalten gehabt hätte (vgl. dazu RG. 20. 2. 93. 31 S. 293).

Nr. 20 und 3 M. aus Tarif Nr. 32 Befr. 1, (§ 10 Abs. 2 LStG.), nach der entgegengesetzten Ansicht nur 3 M. aus Tarif Nr. 32.

5. Nur Veräußerungsgeschäfte der Miterben bezüglich ihnen noch ungeteilt (in Erbengemeinschaft) zustehender Gegenstände genießen die Befreiung aus Tarif Nr. 32 Ziff. 1, nicht also Veräußerungen von Gegenständen, die ihnen nicht mehr als Miterben, sondern auf Grund vollzogener Teilung als Bruchteilsmiteigentümern zustehen. (KG. 28. 1. 10, 39 B 69.)

6. Erbvergleiche, an sich formfrei, bedürfen, wenn sie Grundstücke zum Gegenstande haben, der Form aus § 313 BGB. (gerichtl. oder notar. Beurkundung). In dieser Form werden sie auch regelmäßig dem Grundbuchrichter vorgelegt. Ergibt die Prüfung, daß der Erbvergleich oder die sonstige Veräußerungsverhandlung unter Miterben nicht dem Vorstehenden (unter 3) gemäß gehörig verstempelt ist, so ist zu verfahren, wie es oben S. 41 unter B für den Fall des Kaufs angegeben ist. Zur Abwendung des Auflassungsstempels genügt auch eine Privatschrift. Sie wird meist unverstempelt sein. In diesem Falle ist so zu verfahren:

a) In der Regel (s. S. 32) ist für den fehlenden Erbvergleichs- oder Vertragsstempel (Tarif Nr. 20 oder 32 Befr. 1 Abs. 2) Sicherheitsleistung zu erfordern und die Entgegennahme der Auflassung abhängig zu machen von der Bareinzahlung der Eigentumseintragungskosten und des je nachdem nach Tarif Nr. 20 oder 32 zu berechnenden Vertragsstempels.

b) Der Stempel wird als Gerichtsgebühr vereinnahmt (vgl. S. 45b).

7. Rechtswirksam und damit stempelpflichtig und zur Abwendung des Auflassungsstempels genügend ist ein Erbvergleich — wie jeder Vertrag — erst, wenn er von allen Beteiligten (Miterben, auch Erbanteilserwerbern — § 2033 BGB. —, nicht Pflichtteilserben — §§ 2303, 2304, 2317 — nicht Vermächtnisnehmern — § 2174) unterschrieben und, wenn Bevormundete beteiligt sind, vom Vormundschaftsgericht genehmigt ist.

8. Der Testamentsvollstrecker darf nur so verteilen, wie das Testament es bestimmt, und, in Ermangelung einer testamentarischen Bestimmung darüber, nur so, wie es das Gesetz bestimmt (also: Naturalteilung, Los, Verkauf und Erlösteilung usw.) (s.

§§ 2204, 2042, 752ff. BGB.). Teilt er in dieser Weise die Erbschaft, so genügt die von ihm allein vollzogene Urkunde, der Erbenzuziehung bedarf es nur dann, wenn davon abweichend anders geteilt werden soll (vgl. RG. 4. 4. 11, 76 S. 125 = JMBl. 240).

9. Auch der Verkauf eines Nachlaßgrundstückes an einen Miterben durch den Testamentsvollstrecker (gegen Verrechnung eines Teils des Kaufpreises auf sein Erbteil[1]), also zum Zwecke der Teilung) unterliegt nur dem Dreimarkstempel der Tarifstelle 32 Befr. Nr. 1, trotz der Gesetzesworte „zwischen den Teilnehmern einer Erbschaft"; in steuerlicher Beziehung, wenn er auch juristisch kraft eigenen Rechts handelt, vertritt der Testamentsvollstrecker die Erben. Noch zweifelsfreier ist das beim Nachlaßpfleger (RG. 4. 4. 11, aaO.) und beim Nachlaßverwalter (KG. 15. 11. 05, 32 B 61).

10. Neben dem Erbrezeßstempel aus Tarif Nr. 20 ist nicht noch der Schuldverschreibungs-, Abtretungs- oder sonstige Stempel zu erheben, wenn das Schuldbekenntnis, die Abtretung usw. nur erfolgt als Gegenleistung für die Zuweisung von Nachlaßstücken (§ 10 Abs. 3 LStG.). Dagegen ist der besondere Stempel zu erheben:

a) soweit der Gegenstand der Erklärung darüber hinausgeht. Beispiel: Von zwei Erben hat jeder 6000 M. als seinen Anteil am Nachlasse zu erheben. Der eine übernimmt den ganzen Nachlaß und befriedigt den anderen dadurch, daß er ihm ein eigenes (nicht zum Nachlasse gehöriges) Grundstück von 8000 M. Wert übereignet und dieser dafür 2000 M. an ihn herauszahlt. Hier ist von 2000 M. der $1\,^2/_3$ prozentige Landes- und Reichsstempel zu entrichten neben dem Erbrezeßstempel (vgl. oben S. 55 Anm. 3),

b) soweit in dem Erbvergleiche Erklärungen abgegeben werden zugunsten Dritter (Nichterben).

11. Der Erbrezeßstempel aus Tarif Nr. 20 LStG wird bei gerichtlichen Erbvergleichen nur neben der Gebühr aus § 35 GKG. (Beurkundung), nicht auch neben der Gebühr aus § 86 GKG. (Vermittelung) erhoben (vgl. § 56 Satz 2 und § 35 einerseits, § 29 und § 86 anderseits).

12. Der Erbschaftskauf, durch den der Alleinerbe die ihm

[1]) S. die abweichende Ansicht oben S. 59, nicht Tarif Nr. 32, sondern insoweit Tarif Nr. 20.

angefallene Erbschaft[1]) verkauft, — was nur schuldrechtlich möglich ist (§§ 2371, 2374) —, ist nach Tarif Nr. 32 LStG. zu verstempeln (also 1 % vom Entgelt für die Grundstücke, $^1/_3$ % vom Entgelt für die übrigen Gegenstände) (vgl. KG. 17. 9. 00, 20 B 36 = Resp. 1 S. 348). Denn Gegenstand des Erbschaftskaufs ist nicht das Erbrecht, sondern der Inbegriff der Nachlaßgegenstände. Deshalb ist auch, wenn Grundstücke zum Nachlasse gehören, der Reichsstempel aus Tarif Nr. 11a zu verwenden, und zwar, wenn der Wert der (reichsstempelfreien) Mobilien nicht getrennt angegeben sein sollte, vom ganzen Entgelte $^2/_3$ %. Genau so liegt es, wenn alle Miterben die Erbschaft einem Dritten verkaufen und aus der Einheitlichkeit des Kaufpreises oder aus den sonstigen Umständen hervorgeht, daß den Gegenstand des Kaufs die Erbschaft als Ganzes bildet und nicht die einzelnen Erbanteile (KG. 17. 9. 00, Rspr. 1 S. 349).

Der — übrigens seltene — bloß schuldrechtliche Erbschaftskauf, durch den ein Miterbe seinen Anteil an der Erbschaft einem oder mehreren Miterben verkauft, ist — wenn der Verkauf zum Zwecke der Teilung geschieht, nach Tarif Nr. 32 Befr. Nr. 1 LStG. mit dem ermäßigten Dreimarkstempel zu versteuern (ObTrib. 4. 1. 67, 57 S. 242), wenn aber der Erbschaftskauf nicht zum Zwecke der Teilung geschieht, so ist er nach Tarif Nr. 32c LStG. („andere Gegenstände aller Art") mit $^1/_3$ % zu verstempeln ohne Rücksicht darauf, ob Immobilien zum Nachlasse gehören oder nicht, weil Gegenstand des Erbanteilsverkaufs das Miterbenrecht ist, welches unter die anderen Gegenstände aller Art" der Tarifstelle fällt (KG. 22. 2. 04, 28 B 77). Ein Reichsstempel kommt in beiden Fällen nicht in Betracht aus demselben Grunde, weil nicht ein Immobile Gegenstand des Kaufs ist, sondern ein Recht.

Ebenso immer lediglich mit $^1/_3$ proz. Landesstempel zu versehen ist der Erbschaftskauf, durch den ein Miterbe seinen Erbanteil an einen Dritten (Nichtmiterben) schuldrechtlich verkauft (Tarif Nr. 32c LStG.).

---

[1]) Auch Bruchteile einer Erbschaft können vom Alleinerben veräußert werden (Staudinger Anm. 2 Abs. 2 S. 840 Bd. V).

Ob ein Miterbe auch über einen Bruchteil seines Anteils am Nachlasse verfügen kann, ist streitig (s. darüber und dafür Staudinger S. 296, 297 Bd. V). (Der Erwerber soll dann neben dem übertragenden Miterben Mitglied der Erbengemeinschaft werden.) Eine solche Verquickung von Gesamthandsmiteigentum und Bruchteilsmiteigentum erscheint, namentlich im Hinblicke auf das Grundbuch, unzulässig.

Die dingliche Erbanteilsübertragung durch ihn — §§ 2033, 2035[1]) — als Übertragung eines Rechts unterliegt nur dem Landesabtretungsstempel aus Tarif Nr. 2 LStG. ($^1/_{20}$% des Werts der Gegenleistung ev. des Werts des Erbanteils, mindestens aber 1,50 M.).

Sind — wie es sich empfiehlt — obligatorische und dingliche Veräußerung in einem Akt verbunden („verkauft und überträgt"), so wird ein solcher Akt zu verstempeln sein mit $^1/_3$% (§ 10 Abs. 3 LStG.).

Erbanteilsübertragung (§ 2033) und Erbschaftskauf (§ 2371) bedürfen der gerichtlichen oder notariellen Beurkundung.

Fehlt dem Erbschaftskaufe diese (nicht auf § 313 beruhende) Form, so wird sie nicht durch die Auflassung geheilt, soweit Grundstücke in Frage kommen (ebenso Komm. d. RG.Räte zum BGB. I S. 259 Anm. 4). Es ist also nicht etwa nach der Auflassung zu dem privatschriftlichen Erbschaftskauf der Vertragsstempel zu verwenden, sondern es ist der Auflassungsstempel zu erheben. Vgl. oben S. 19.

13. Die Abtretung der Rechte aus einem Erbvergleiche unterliegt je nach dem Gegenstande des abgetretenen Anspruchs der Tarifstelle 2 (Abretungsstempel) oder der Tarifstelle 32 Abs. 6 (Kaufstempel), LStG., Tarif 11a Abs. 2 RStG.

14. Vereinbaren Miterben, daß ein Nachlaßgrundstück (Gesamthandseigentum) ihnen fortan zu Bruchteilen gehören solle, so ist eine freiwillige Veräußerung in Frage, die Form aus § 313 BGB. erforderlich, Auflassung nötig. Das zum Zwecke der Teilung geschehende Veräußerungsgeschäft erfordert aber — da es stets eine partielle Teilung der Erbschaft enthält — nur den Landesstempel aus Tarif Nr. 20 (RG. v. 21. 4. 04, Entsch. 57 S. 432), vom Reichsstempel ist es frei (Befr. Nr. 1 Tarif Nr. 11a RStG.).

V. Schenkung.

Grundsatz (schon seit dem Gesetze von 1822) ist: Schenkungen werden wie Erbschaften versteuert (§ 55 ErbschStG. vom

---

[1]) Ob die gehörige (§ 2033) Form der dinglichen Erbanteilsübertragung die mangelnde Form (§ 2371) der obligatorischen Erbanteilsveräußerung heilt, ob also neben einem mündlichen oder privatschriiftlichen Veräußerungsvertrage die gerichtlich oder notariell beurkundete bloße Übertragung genügt, ist streitig: dafür Strohal, Wilke, Weckmann, dagegen Planck, Matthiaß, Binder, Staudinger (vgl. des letzteren Komm. z. BGB. Anm. 1 zu § 2371, auch Hamburg 8. 11. 06, Rspr. 14 S. 285 ff., Frankfurt 29. 11. 07, Rspr. 16 S. 280 ff.).

3. 6. 06). Die Steuer ist seit dem 1. Juli 1906 (§ 8 des Ges., betr. die Ordnung des Reichshaushalts und die Tilgung der Reichsschuld, v. 3. 6. 06, RGBl. 622) Reichssteuer. Sie ist nicht mehr wie früher ein Urkundenstempel (deshalb findet eine Vereinnahmung von Schenkungsstempeln zu den Gerichtskosten überhaupt nicht mehr statt[1]) (§ 21 AB. v. 28. 7. 10, vgl. KG. 8. 4. 07, 34 B 45), sondern sie ist eine Steuerabgabe, die erhoben wird, auch wenn keine Schenkungsurkunde errichtet ist. Da nun, wenn es sich um die schenkungsweise Übereigung eines Grundstücks handelt, bei Nichtvorlegung einer Schenkungsurkunde der Auflassungs- (Landes- und Reichs-) Stempel zu erheben ist ($1 + {}^2/_3\%$ vom Werte des Grundstücks) (Nr. 5 AB. v. 26. 6. 06), so fährt der Erwerber, gleichviel ob es sich um eine steuerfreie (s. oben S. 31 u. 58, der in der Praxis häufigste Fall steuerfreier Schenkung ist die Schenkung unter Ehegatten) oder um eine steuerpflichtige Schenkung handelt, immer schlechter, wenn er eine Schenkungsurkunde nicht vorlegt. Daher die oben S. 31 erwähnte Bestimmung des § 16 Nr. 1 Satz 4 AB. v. 28. 7. 10.

Anders als bei sonstigen Verträgen beseitigt bei Schenkungen auch das Nachbringen der Schenkungsurkunde den gezahlten Auflassungsstempel nicht. Der Absatz 5 der Tarifnummer 8 LStG. und Abs. 5 der Tarifnummer 11d RStG. sind auf Schenkungen nicht anwendbar. Denn da die Schenkungssteuer kein Urkundenstempel ist, zu der Schenkungsvertragsurkunde also ein Stempel überhaupt nicht erforderlich ist, kann auch der Auflassungsstempel nicht auf einen solchen „angerechnet" werden (vgl. Heinitz 588 Anm. 4, und Nr. 5 Abs. 2 Satz 1 AB. v. 26. 6. 06). Aber Erstattung des Auflassungsstempels wird nach Abs. 3 der Tarifstelle 8 LStG. und § 169c AB. z. RStG. beansprucht werden können (vgl. die Begründung zum LStG. v. 30. 6. 09).

Die Tarifstelle „Schenkungen" (Tarif Nr. 56 Ges. v. 31. 7. 95) ist im LStG. fortgefallen. Einem besonderen Landesstempel unterliegen Schenkungen oder Schenkungsurkunden also nicht mehr; von dem Vorbehalt für die Landesgesetzgebung in den §§ 59, 60 RErbschStG. hat Preußen keinen Gebrauch gemacht (vgl. Nr. 1 der AB. des

---

[1]) Nur für einen vor dem 1. 7. 06 begründeten Erwerb sind die früheren Vorschriften maßgebend geblieben. aaO., u. Nr. 2 u. Nr. 8 AB. v. 26. 6. 06, auch Nr. 23 Abs. 4 AB. z. LStG. (vgl. KG. 25. 4. 07, 34 B 50 = Rspr. 16 S. 412).

FinMin. und des JustMin. v. 26. 6. 06[1]). Auch Schenkungsvertragsurkunden unterliegen nicht etwa dem in Tarifstelle 71 Nr. 2 LStG. vorgesehenen einfachen Landesvertragsstempel, weil die Reichsgesetzgebung eine Doppelbesteuerung vermeiden wollte. Ein Landesstempel zur Schenkungsurkunde ist daher nur zu erheben, wenn diese wegen ihrer besonderen Form einen Landesstempel erfordert, so z. B. eine Notariatsurkunde über Schenkung den Stempel von 3 M. aus Tarif Nr. 45 LStG.

Die zur Ausschließung des Auflassungsstempels vorzulegende Schenkungsurkunde braucht nicht ein Vertrag zu sein, es genügt auch das gerichtlich oder notariell beurkundete einseitige Schenkungsversprechen. Denn schon dieses — wenn auch nur mündlich angenommen — enthält das der Auflassung zugrunde liegende Veräußerungsgeschäft in „an sich" stempelpflichtiger Form (§ 518 Abs. 1 BGB., § 1 Abs. 2 LStG.). Und, da nach § 518 Abs. 2 BGB. der Mangel der Form durch die Leistung geheilt wird, also das einseitige privatschriftliche Grundstücksschenkungsversprechen geheilt wird durch die Auflassung, so genügt zur Ausschließung des Auflassungsstempels die Vorlegung eines solchen auch nur einseitigen und nur privatschriftlichen Schenkungsversprechens (§ 16 Nr. 1 Satz 5 AV. v. 28. 7. 10, Nr. 5 Abs. 1 Satz 2 AV. v. 26. 6. 06. KG. 25. 4. 07, Rspr. 16 S. 414).

Die Schenkungsurkunde, die dem Grundbuchrichter vorgelegt wird, wird — vom oben erwähnten 3 M-Notariatsurkundenstempel abgesehen — immer unverstempelt sein. Denn einem Landesstempel unterliegt sie überhaupt nicht, und die Reichsschenkungssteuer ist kein Urkundenstempel. Deshalb findet bei der Auflassung unter Vorlegung einer Schenkungsurkunde auch eine Sicherheitsleistung für Stempel oder Steuer nicht statt. Denn ein Landesstempel ist nicht in Frage, unter dem „Abgabenbetrage" des § 85 RStG. aber ist immer nur zu verstehen die Abgabe aus Tarif Nr. 11 RStG. Eine solche aber ist die Reichsschenkungssteuer nicht.

Nur dann also, wenn eine Schenkungsurkunde nicht vorgelegt wird, oder der Grundbuchrichter feststellt, daß die Schenkungsurkunde das wahre Veräußerungsgeschäft nicht so enthalte, wie es hinsichtlich

[1]) Über einen Ausnahmefall s. AV. v. 26. 3. 07, JMBl. 328 (Schenkung des Vaters an das anerkannte uneheliche Kind).

des Werts der Gegenleistung verabredet ist, ist Sicherheitsleistung zu fordern, auch dann aber nicht für die Schenkungssteuer, sondern für den daneben fällig werdenden Landes- und Reichsauflassungsstempel von $1^2/_3\%$ (RG. 10. 10. 07, 35 B 28).

Welche Schenkungen steuerfrei sind, darüber siehe oben S. 31 u. 58. Sonst beträgt die Reichsschenkungssteuer 4%, 6%, 8%, 12% (je nach der Nähe des Grades der Verwandtschaft oder Schwägerschaft), ausnahmsweise 5% (§§ 10 u. 12 ErbschStG.). Sie wird berechnet von dem Betrage, um den der Beschenkte durch die Schenkung bereichert wird, unter Abrundung auf volle Mark nach unten (§ 28 Abs. 2, § 29 Abs. 1 ErbschStG. v. 3. 6. 06).

Schenkungen inländischer Grundstücke — natürlich abgesehen von den an sich steuerfreien — erfordern die Schenkungssteuer stets, auch wenn der Schenker Ausländer ist und im Auslande wohnt. Schenkungen ausländischer (nichtdeutscher) Grundstücke unterliegen ihr nie (§ 7 aaO.).

Von der privatschriftlichen Schenkungsurkunde, die zur Ausschließung des Auflassungsstempels vorgelegt wird, hat das GBA. eine beglaubigte Abschrift dem Erbschaftssteueramte zu übersenden (Nr. 6 der AV. v. 26. 6. 06), ebenso haben ihm die Gerichte und die Notare beglaubigte Abschriften der vor ihnen beurkundeten Schenkungen zu übersenden unter Mitteilung des Verwandtschaftsverhältnisses zwischen Schenker und Beschenktem, falls es nicht schon die Urkunde selbst ergibt (§ 31 der Erbschaftssteuer-Ausführungsbestimmungen des Bundesrats, Anlage zur AV. v. 26. 6. 06), ausgenommen Schenkungen von Eltern an leibliche Abkömmlinge und von Eheleuten untereinander. Hier keine Mitteilung (s. AV. v. 10. 2. 10).

Vom lästigen Vertrage unterscheidet sich die Schenkung durch die Absicht (Einigung, „daß die Zuwendung unentgeltlich erfolgt", § 516 BGB.). Ist diese auf ein entgeltliches Geschäft gerichtet, so macht ein (wirkliches oder scheinbares) Mißverhältnis zwischen Leistung und Gegenleistung das Geschäft nicht zu einem insoweit unentgeltlichen. Das ist namentlich bei Verpflegungsverträgen, Gutsüberlassungen an einen Abkömmling und dessen Ehegatten u. a. zu beachten. Solche Verträge sind meist[1]) rein-lästige Geschäfte.

[1]) Es kann aber auch vorliegen ein mit einer Schenkung gemischtes Geschäft oder überhaupt nur eine verschleierte Schenkung (vgl. RG. 4. 12. 05, im „Recht" 06 S. 506 und Meyer in den Blättern für

Ebenso Grundstücksüberlassung als Entgelt für Dienstleistungen. (RG. 3. 1. 05, JW. 05 S. 191[45]).

Liegt aber eine gemischte Schenkung vor, dann ist sie, soweit Leistung und Gegenleistung sich decken, als lästiger Vertrag, hinsichtlich des überschießenden Betrages als Schenkung zu versteuern (AV. v. 17. 9. 04, JMBl. 267). Grundstücksübereignung gegen Übernahme der Hypotheken ist also in der Regel insoweit Schenkung, als die Hypotheken hinter dem Wert zurückbleiben zum Betrage der Hypotheken dagegen als lästiger Vertrag zu versteuern.

Wird ein als „Schenkung" bezeichneter Vertrag vorgelegt, stellt das GBA. aber fest, daß die Urkunde das wahre Veräußerungsgeschäft nicht so enthält, wie es unter den Beteiligten hinsichtlich des Werts der Gegenleistung verabredet ist, so ist der Auflassungsstempel in Ansatz zu bringen (s. oben S. 43 und KG. 10. 10. 07, 35 B 26), vgl. auch RG. 30. 4. 09 in JMBl. 12 S. 163 (Überlassung des Grundstücks vom Vater an den Sohn und angebliche Schenkung der Grundstückshälfte vom Sohn an seine Frau).

VI. Eheverträge und gewöhnliche Verträge unter Ehegatten.

Ehevertrag ist nach § 1432 BGB. ein Vertrag, „durch den die Ehegatten (vor oder nach der Eheschließung) ihre güterrechtlichen Verhältnisse regeln". Die güterrechtlichen Verhältnisse: auf der einen Seite ist also die Regelung nicht jedes vermögensrechtlichen Verhältnisses unter Ehegatten ein Ehevertrag. Kauft, tauscht oder erwirbt sonst ein Ehegatte von dem anderen entgeltlich ein Grundstück — wäre es auch bei Gelegenheit des Abschlusses eines anderweiten Ehevertrags —, so liegt ein gewöhnlicher Vertrag vor und es ist zu diesem Veräußerungsgeschäfte der Stempel aus Tarif Nr. 32 LStG., Tarif Nr. 11a RStG. zu verwenden. Schenkt ein Ehegatte dem anderen ein Grundstück, so ist die Schenkung stempelfrei[1]) (s. S. 31, 58, 65).

Auf der anderen Seite ist nicht nur die Regelung des Güterstandes, sondern auch die Regelung eines einzelnen güterrecht-

Rechtsanwendung 72 S. 18 ff.). Letzterenfalls ist der angebliche Kauf als eine Schenkung zu versteuern (AV. v. 17. 9. 04, JMBl. 267).

[1]) Es ergibt sich die Disharmonie: Schenkt ein Ehegatte dem anderen ein schuldenfreies Grundstück im Werte von 100 000 M., so zahlt der erwerbende Ehegatte gar keinen Stempel; schenkt er ihm ein mit 75 000 M. Schulden belastetes so, daß der andere die Schulden übernimmt, so liegt insoweit ein entgeltliches Geschäft vor, und er muß 750 M. Landesstempel und $^2/_3$ davon Reichsstempel zahlen. Anders, wenn die Schuldenübernahme „Auflage" ist. Vgl. RG. 7. 3. 05, 60, 238.

lichen Verhältnisses oder des güterrechtlichen Verhältnisses bezüglich eines einzelnen Vermögensgegenstandes ein Ehevertrag.

Als Beispiele der Regelung güterrechtlicher Verhältnisse führt das BGB. an:

1. Die Ehegatten können den (gesetzlichen oder vereinbarten) Güterstand ändern oder aufheben (§ 1432 BGB.);
2. sie können beim gesetzlichen Güterstande etwas für Vorbehaltsgut der Frau (§ 1368), bei der allgemeinen Gütergemeinschaft etwas für Vorbehaltsgut eines der Ehegatten und damit für vom Gesamtgut ausgeschlossen erklären (§ 1440), sie können bei der Errungenschafts- und bei der Fahrnisgemeinschaft etwas für eingebrachtes Gut eines der Ehegatten (§§ 1523, 1553 Nr. 1) oder für Vorbehaltsgut der Frau (§§ 1526, 1550 Abs. 2) erklären;
3. sie können die „fortgesetzte Gütergemeinschaft", wo sie nach dem Gesetze eintreten würde, ausschließen (§ 1508), und wo sie nicht eintreten würde, sie einführen (§ 1557 BGB., Art. 47 § 4 AG. z. BGB.).

Für den Immobiliarstempel kommen hauptsächlich diejenigen Eheverträge in Betracht:

a) wo ein Grundstück des einen Ehegatten für Vorbehaltsgut oder für eingebrachtes Gut des anderen Ehegatten erklärt wird, oder
b) infolge deren aus Alleineigentum eines Ehegatten Gesamtgut beider Ehegatten wird, oder
c) wo umgekehrt infolge Aufhebung einer Gütergemeinschaft eine Auseinandersetzung über das Gesamtgut stattfindet.

Eheverträge unterliegen einer erschwerten Form (gerichtlicher oder notarieller Beurkundung bei gleichzeitiger Anwesenheit beider Teile [§ 1434 BGB.]), aber einem geringen Stempel (einem Fixstempel von 1,50 M. bei einem Objekte bis zu 6000 M. [bei Notariatsurkunden: 3 M., Tarif Nr. 45 LStG., AV. d. Fin.- u. JustMin. v. 17. 1. 11, JMBl. 391], bei über 6000 M.: 5 M. [Tarif Nr. 18 LStG.], bei unter 150 M. sind sie stempelfrei [§ 4a LStG.]).

Ist in einem Ehevertrage eine Vereinbarung enthalten, die über die Regelung eines **güterrechtlichen** Verhältnisses hinausgeht, so ist sie nach § 10 Nr. 2 LStG. als **besonderes** stempelpflichtiges Geschäft zu behandeln (KG. 21. 12. 05, 32 B 45).

Die Eintragung oder Nichteintragung eines Ehevertrages in das Güterrechtsregister ist für die Stempelpflicht des Vertrages ohne jede Bedeutung.

Beispiele aus der Praxis:

I. Vorbehaltsgut.

1. Vorbehalten, d. h. freihalten von der Verwaltung und Nutznießung des Mannes, kann sich die Frau beim gesetzlichen Güterstande nur, was ihr selbst schon gehört (Mot. z. BGB. 168 bei Mugdan IV S. 92). Soll ein Grundstück des Mannes Vorbehaltsgut der Frau werden, dann müssen zwei Verträge vorliegen, ein gewöhnlicher Veräußerungsvertrag (entgeltlicher oder Schenkungsvertrag) und ein die Vorbehaltsguteigenschaft vereinbarender Ehevertrag (vgl. Wieruszowski, Handb. des Eherechts 2 S. 211 und Staudinger Anm. 1 u. 3 zu § 1368 BGB.). Natürlich können sie in einer Urkunde enthalten sein. Ist in dem Ehevertrage nichts weiter beurkundet, als „das Grundstück A des Mannes soll Vorbehaltsgut der Frau sein", so ist nur der Ehevertrag beurkundet, nicht der Veräußerungsvertrag (s. unten S. 71). Läßt also der Mann das Grundstück der Frau auf, so schließt der Ehevertrag den Auflassungsstempel nicht aus. Anders, wenn in dem Ehevertrage auch das Veräußerungsgeschäft mit urkundlichen Ausdruck gefunden hat. Dann aber muß der Vertrag verstempelt sein nicht bloß mit dem Stempel aus Tarif Nr. 18 LStG., sondern auch mit dem Stempel zu dem Veräußerungsgeschäfte.

2. Nicht anders liegt es bei der allgemeinen Gütergemeinschaft. Führen Ehegatten Gütergemeinschaft ein und vereinbaren sie, ein Grundstück, sei es des Mannes, sei es der Frau, solle von dem Gesamtgute ausgeschlossen (Vorbehaltsgut) sein (§ 1440), so bleibt es Alleineigentum des betreffenden Ehegatten. Soll aber das Grundstück des einen Ehegatten Vorbehaltsgut des anderen sein, richtiger werden, dann bleibt zwar auch hier das Grundstück von dem Gesamtgut ausgeschlossen, aber es bleibt Eigentum des bisherigen Eigentümers, bis dieser es an den anderen Ehegatten aufläßt. Denn dingliche Wirkung dergestalt, daß mit dem Ehevertrage kraft Ge-

setzes ohne rechtsgeschäftliche Übertragung die Eigentumsverhältnisse sich ändern und das Grundbuch unrichtig wird, ist nur dem Gütergemeinschaft einführenden Vertrage hinsichtlich der gemeinschaftlich werdenden Gegenstände beigelegt (§§ 1438 Abs. 2 u. 3, § 1519 Abs. 2, § 1549 BGB.). Auch in jenem Falle also ist, je nachdem das Veräußerungsgeschäft in dem Ehevertrage mit beurkundet ist oder nicht, entweder zu dem Vertrage außer dem Ehevertragsstempel bei entgeltlicher Veräußerung der Stempel aus Tarif Nr. 32 LStG., § 11a RStG. oder zu der Auflassung trotz des Ehevertragsstempels der Auflassungsstempel zu verwenden.

3. Dasselbe muß auch gelten, wenn ein schon zum Gesamtgut gehörendes Grundstück demnächst durch Ehevertrag für Vorbehaltsgut des einen Ehegatten (gleichviel, ob dessen, der es in die Gütergemeinschaft eingebracht hat, oder des anderen) erklärt wird. Auch hier sind zwei Verträge notwendig (vgl. Staudinger IVi S. 359 Anm. 2a zu § 1440, a. M. KG. 5. 12. 07, 35 B 23 = Rspr. 17 S. 291). Die vom KG. gegebene Begründung, der Auflassungsstempel komme nicht zum Ansatze, weil auf Grund des Ehevertrags allein auf Auflassung geklagt werden könnte, der Übertragungsakt also keine freiwillige Veräußerung sei, erscheint nicht recht zutreffend. Die Überlassung aus dem Gesamtgut zum Alleineigentum ist hier ebenso freiwillig, wie wenn bei irgend einer anderen Auflassung zwischen Nichtehegatten ein Kauf- oder Schenkungsvertrag zugrunde liegt (vgl. oben S. 26 unter i). Der Auflassungsstempel ist vielmehr nicht zu erheben, wenn und weil die Urkunde über das Veräußerungsgeschäft vorgelegt wird. Es fragt sich aber eben, ob ein die Veräußerung nicht mitbeurkundender, sondern nur das Grundstück für Vorbehaltsgut des einen Ehegatten erklärender Ehevertrag als eine Urkunde über das Veräußerungsgeschäft anzusehen ist. Das wird, da aus ihr die Essentialien des Veräußerungsgeschäfts (ob unentgeltlich veräußert werde oder entgeltlich, und letzterenfalls, unter welchen Entgeltsbedingungen), nicht ersichtlich sind, zu verneinen sein.

Der Auflassungsstempel wird also immer zu erheben sein, wenn der Ehevertrag das Veräußerungsgeschäft nicht mitenthält, daher nur mit dem Stempel aus Tarif Nr. 18 und, wenn ein entgeltliches Geschäft vorliegt, nicht auch mit dem Prozentstempel aus Tarif Nr. 32 versteuert ist. (KG. 16. 3. 05 u. Hamburg 27. 4. 05, Rspr. 12 S. 310, 312 stehen nicht entgegen, sie sagen nur, daß bloße Schenkung ohne Ehevertrag Gegenstände des Gesamtguts niemals zu Vorbehaltsgut eines Ehegatten machen könne[1].)

4. Umgekehrt: Soll ein zum Vorbehaltsgut eines Ehegatten gehörendes Grundstück Gesamtgut der allgemeinen Gütergemeinschaft werden, dann wird

a) entweder dies durch Ehevertrag zu vereinbaren sein, der dann die dingliche Wirkung aus § 1438 Abs. 2 BGB. hat, wo also eine Auflassung und eine stempelpflichtige Veräußerung nicht in Frage kommt (unten II 1), oder

b) es wird der Ehegatte das Grundstück zum Gesamtgute oder auch an den anderen Ehegatten, da dessen Erwerb in das Gesamtgut fällt, durch einen gewöhnlichen (also unter Umständen mündlichen, durch die Auflassung zu heilenden) Vertrag zu veräußern haben. Der Vertrag — falls nicht Schenkung und deshalb stempelfrei —, resp. die Auflassung unterliegt hier dem gewöhnlichen Prozentstempel. (Der Unterschied in der Wirkung [der beiden Fälle unter b] ergibt sich aus § 1477 Abs. 2 BGB.)

5. Soll ein Grundstück, das Vorbehaltsgut des einen Ehegatten ist, bei allgemeiner Gütergemeinschaft Vorbehaltsgut des anderen werden, so ist wiederum erforderlich ein doppelter Vertrag, der eine, der die Veräußerung enthält, und der andere (Ehevertrag), der die Vorbehaltsgutsnatur schafft (vgl. Mot. z. BGB. 341 bei Mugdan IV S. 187). Der bloße Ehevertragsstempel genügt hier also nicht. Auch hier gilt das unten in der Anmerkung Gesagte.

II. Einführung und Aufhebung der Gütergemeinschaft.

1. Führen Ehegatten allgemeine Gütergemeinschaft ein, so werden kraft Gesetzes alle Grundstücke beider Ehegatten Gesamtgut (§ 1438 Abs. 2), die Eintragung des anderen als Miteigentümers kraft allgemeiner Gütergemeinschaft geschieht im Wege der Grundbuchberichtigung, ein Auflassungsstempel kommt also nicht in Frage.

2. Heben die Ehegatten durch Ehevertrag die allgemeine Gütergemeinschaft auf, unter Vereinbarung von Gütertrennung für die

---

[1]) Im gegebenen Falle ist übrigens die Vorlegung des Ehevertrags bei der Auflassung nicht bloß fakultativ, „zur Ausschließung des Auflassungsstempels", sondern ausnahmsweise einmal Voraussetzung der Auflassung, weil — wenn ein Ehevertrag in gehöriger Form nicht vorhanden wäre — das Grundbuch durch die auflassungsgemäße Eintragung unrichtig würde (vgl. für einen ähnlichen Fall KG. v. 6. 2. 02, JMBl. 33).

Zukunft, und setzen sie sich in derselben Urkunde über das Gesamtgut auseinander, insbesondere über die Grundstücke etwa dahin, daß jeder Ehegatte einen Teil der Grundstücke oder einer alle übernimmt gegen Übernahme der Hypothekenschulden, so sollen (nach KG. 21. 12. 05 in RheinNotZtg. 06 S. 36 = 32 B 45, ebenso Heinitz Anm. 8d zu Tarif Nr. 18) zwei selbständige Geschäfte in einer Urkunde vereinigt sein (§ 10 Abs. 2 LStG.), und es soll die Grundstücksübereignung, soweit eine Gegenleistung in Hypothekenübernahme oder in einem anderen Entgelte bedungen ist, neben dem Ehevertragsstempel als entgeltliches Veräußerungsgeschäft nach Tarif Nr. 32 zu verstempeln (im übrigen als Schenkung stempelfrei) sein[1]), und zwar nach jener Entscheidung vom halben Grundstücksentgelte, nach einer späteren Entscheidung (v. 25. 10. 06 KG. 33, B 35) vom ganzen, weil den Ehegatten an den zum Gesamtgute gehörenden einzelnen Gegenständen ein Bruchteil nicht zustehe.

Obwohl das Gesamtgut auch nach Aufhebung der allgemeinen Gütergemeinschaft eheliches Gesamtgut bleibt[2]), und obwohl die Vorschriften darüber, daß und wie die Ehegatten über das Gesamtgut auseinanderzusetzen seien, gerade im ehelichen Güterrechte (§§ 1471 ff.) enthalten sind, ist doch der Auseinandersetzungsvertrag selbst kein Ehevertrag, unterliegt nicht dem Stempel aus Tarif Nr. 18 und bedarf nicht der Ehevertragsform. Darüber ist man einig (s. Anm. 1 zu § 1474 bei Staudinger und die dort angegebene Literatur).

Das wird aber doch nur gelten dürfen für den Auseinandersetzungsvertrag, der geschlossen ist gesondert, außerhalb eines Ehevertrags, also namentlich für die Vermögensauseinandersetzung nach Aufhebung der Gütergemeinschaft. Sehr wohl aber kann eine Vereinbarung über die (künftige) Auseinandersetzung enthalten sein schon in dem die Gütergemeinschaft einführenden oder sie später modifizierenden Ehevertrage als Teil dieses Ehevertrags, und ebenso ist, wenn die Gütergemeinschaft aufgehoben wird, unter gleichzeitiger Vereinbarung über die Auseinandersetzung, diese Vereinbarung selbst mit ein Teil des einheitlich gewollten Ehevertrages und nicht bloß äußerlich mit dem Ehevertrage in einer

---

[1]) falls nicht der übernehmende Ehegatte ein gesetzliches Übernahmerecht (nach §§ 1477, 1502) hat; in diesem Falle s. oben S. 26 unter h.

[2]) Mit den beiden Modifikationen, daß die Verwaltung jetzt beiden Ehegatten zusteht und jeder den Anspruch auf Auseinandersetzung hat.

Urkunde verbunden; so wohl auch v. Baligant: Der Ehevertrag S. 91, 92. Hier ist also, wie in Abweichung vom KG. angenommen wird[1]), nur der Ehevertragsstempel, nicht noch der Prozentstempel aus Tarif Nr. 32 zu verwenden.

3. Wird durch Ehevertrag eine Gütergemeinschaft vereinbart, die zwar nicht das ganze Vermögen beider Eheleute ergreift, also keine allgemeine ist, aber doch hinausgeht über den Umfang der Errungenschaftsgemeinschaft (die nur das während der Errungenschaftsgemeinschaft Erworbene umfaßt), oder der Fahrnisgemeinschaft (die nur das bewegliche Vermögen und die Errungenschaft umfaßt) — §§ 1519, 1549 BGB. —, wird z. B. vereinbart, daß auch ein, an sich nicht zur Errungenschafts- oder Fahrnisgemeinschaft gehöriges Grundstück eines der Ehegatten oder das ganze gegenwärtige[2]) Vermögen beider Ehegatten Gesamtgut werden soll, so soll nach KG. 11. 11. 10, 41 S. 332 = RheinNotZtg. 11 S. 4 ebenfalls nur der Ehevertragsstempel zu verwenden sein, gleichviel ob auch gleichzeitig die Hypothekenschulden als Gesamtgutsverbindlichkeiten übernommen werden oder persönliche Schulden des einbringenden Ehegatten bleiben, s. dag. Bayr. ObLG. 10 S. 135 — 10 S. 402.

VII. Gesellschaftsvertrag.

(Tarif Nr. 25 LStG., Tarif Nr. 11b u. c RStG.)

A. Vorbemerkung.

Durch die Novelle vom 26./30. Juni 1909 ist das Landesstempelgesetz vom 31. Juli 1895 gerade in der Tarifstelle 25 in einschneidendster Weise geändert worden. Bis 1909 ergangene höchstrichterliche Entscheidungen sind deshalb mit der hieraus sich ergebenden Vorsicht zu benutzen. Die von der Novelle geschaffenen Änderungen sind — soweit sie hier interessieren — im wesentlichen folgende:

Zu Tarif Nr. 25a u. c.

Der Wertstempel für die Errichtung von **Aktiengesellschaften und Gesellschaften mit beschränkter Haftung** ist bedeutend erhöht

[1]) Von den Entscheidungen KG. 33 B 35 und 35 B 23 (oben S. 73 u. 71) dürfte eine wohl unzutreffend sein, sonst könnten die Beteiligten den hohen Prozentstempel, der nach 33 B 35 erforderlich sein soll, dadurch umgehen, daß sie zunächst die Grundstücke durch Ehevertrag zum Vorbehaltsgute desjenigen Ehegatten bestimmen, der sie bei der Auseinandersetzung erhalten soll (was nach KG. 35 B 23 prozentstempelfrei geschähe), und daß sie erst dann die Gütergemeinschaft aufhöben.

[2]) Unterschied von der allgemeinen Gütergemeinschaft: diese umfaßt auch das ganze künftige Vermögen.

(bei ersteren von $^1/_{50}\,\%$ auf unter Umständen $1\,^1/_2\,\%$); für beide ist in Abs. 2 eine *Nachversteuerung* eingeführt[1]), um zu verhindern, daß — um Stempel zu sparen — das Grund- oder Stammkapital zunächst auf einen *geringeren* Betrag festgesetzt und erst später *erhöht* werde; ferner: die *Anrechnung* des Errichtungsstempels auf den Einbringungsstempel (früher durch Tarif Nr. 25c Abs. 2 zugelassen) ist beseitigt, Errichtungs- und Einbringungsstempel (a und c der Tarifstelle) sind jetzt voll zu entrichten; endlich: auch im *Auslande*[2]) errichtete Verträge unterliegen dem Errichtungsstempel, wenn und sobald die Gesellschaft ihren Sitz im Inlande nimmt oder dort eine Zweigniederlassung errichtet, und die Eintragung in das inländische Handelsregister erfolgt ist.

Zu Tarif Nr. 25b.

Die Tarifstelle b ist von den **offenen Handelsgesellschaften** und Kommanditgesellschaften ausgedehnt auf Kolonialgesellschaften[3]), Gesellschaften des bürgerlichen Rechts und Genossenschaften.

Der frühere Fixstempel von 1,50 M. ist bedeutend erhöht und grundsätzlich (Ausnahmen siehe im Gesetze) in einen Wertstempel von $^1/_{20}\,\%$ umgewandelt.

Zu Tarif Nr. 25c.

Der Stempel für das Einbringen außerhalb Landes gelegener Immobilien und dort befindlichen beweglichen Zubehörs beträgt jetzt 3 M. (gegen früher 1,50 M. von den Immobilien und $^1/_3\,\%$ Wertstempel von den Mobilien).

Neben den Immobilien sind noch andere Vermögensgegenstände, namentlich *Ansprüche aus Veräußerungsgeschäften* über Grundstücke, insbesondere *Auflassungsansprüche*, dem *Einbringungsstempel* von $1\,\%$ (gegen früher $^1/_{50}\,\%$) unterworfen.

Zu Tarif Nr. 25d.

Der Stempelsatz für die Überlassung von Rechten am Gesellschaftsvermögen (Ziff. Nr. 1) ist von $^1/_{50}\,\%$ auf $^2/_{10}\,\%$, bzw. bei offenen

---

[1]) Ohne rückwirkende Kraft Abs. 2 Satz 3 Tarif Nr. 25a, anders im Falle des Abs. 3 (Nichtvolleinzahlung) s. RG. 26. 9. 11, JMBl. 12 S. 164ff. = Gruchot 56 S. 389.

[2]) Inland im Sinne des Landesstempges. ist nur Preußen, aber auch dieses nur mit Ausschluß der Hohenzollernschen Lande und der Insel Helgoland (s. Einleitung und § 2 Abs. 2 LStG.).

[3]) Die die Kolonisation der deutschen Schutzgebiete zum ausschließlichen Gegenstande und ihren Sitz im Reichsgebiete oder einem Schutzgebiete oder einem Konsulargerichtsbezirke haben oder denen durch Kaiserl. Schutzbrief die Ausübung von Hoheitsrechten in den deutschen Schutzgebieten übertragen ist (§ 11 des SchutzgebG. v. 25. 7. 00 RGBl. 815).

Handelsgesellschaften und ihnen gleich gestellten Gesellschaften auf $^1/_{20}$% erhöht.

Vor allem aber bleibt fortan bei Berechnung des Gesellschaftsvertragsstempels der der Kopfzahl der Gesellschafter (nicht wie früher der der Beteiligung des erwerbenden Gesellschafters) entsprechende Bruchteil der zum Sondereigentum überlassenen Vermögensgegenstände außer Betracht.

B. Das geltende Recht.

Gesellschaftsvertrag ist ein Vertrag, der die Errichtung einer Gesellschaft betrifft oder sonstige Rechtsverhältnisse der Gesellschaft und ihrer Mitglieder untereinander (KG. 30. 8. 04, Rspr. 11 S. 208; RG. 24. 11. 99, 45 S. 218, 222). Das LStG. scheidet einerseits die Gesellschaften in zwei verschiedene Gruppen:

a) Aktiengesellschaften, Kommanditgesellschaften auf Aktien, Gesellschaften mit beschränkter Haftung,	Tarif Nr. 25 a und c, und
b) offene Handelsgesellschaften, Kommanditgesellschaften, Kolonialgesellschaften, Gesellschaften des bürgerlichen Rechts, Genossenschaften.	Tarif Nr. 25b

Andererseits unterscheidet es Verträge über

I. die Errichtung von Gesellschaften (Tarif Nr. 25a u. b). Der Errichtung stellt es gleich: bei Aktiengesellschaften und Kommanditgesellschaften auf Aktien die Erhöhung des Grundkapitals (Tarif Nr. 25a Ziff. 1), bei Gesellschaften mit beschränkter Haftung die Erhöhung des Stammkapitals und die Einforderung von Nachschüssen (Tarif Nr. 25a Ziff. 2),

   bei den unter b genannten Gesellschaften den Eintritt neuer Gesellschafter und die Erhöhung der Einlagen (Tarif Nr. 25b Abs. 2 Anm. Nr. 2);

II. das Einbringen von nicht in Geld bestehendem Vermögen in eine Gesellschaft bei der Errichtung oder später. Verträge über solches Einbringen werden neben dem Vertrage über die Errichtung (auch Grundkapitalserhöhung, s. oben) noch besonders verstempelt nur bei den Gesellschaften oben unter a.

s. Tarif Nr. 25c. Diese werden also zwiefach zum Stempel herangezogen. Bei ihnen ist von dem Errichtungsvertrage der Wertstempel, Tarif Nr. 25a ($1\,\%$—$1\frac{1}{2}\,\%$ vom Grundkapital bzw. $\frac{1}{4}$—$1\frac{1}{2}\,\%$ vom Stammkapitale), zu entrichten, und daneben von dem (in demselben Akte oder in einer besonderen Urkunde vereinbarten) Vertrage über das Einbringen von Sachen (statt Barzahlung der Aktien bzw. Geschäftsanteile) der fernere Wertstempel aus Tarif Nr. 25c LStG., Tarif Nr. 11b RStG.). Dieser letztere Stempel (vom Einbringen) interessiert hier hauptsächlich. Er beträgt

von Grundstücken oder ihnen gleich geachteten Rechten, sowie von Auflassungsansprüchen bezüglich solcher . .		$1\,\%$[1]) Landes- und $\frac{2}{3}\,\%$ Reichsstempel,
von Mobilien	$\frac{1}{3}\,\%$	Landesstempel
von anderen Forderungsrechten	$\frac{1}{2}\,\%$	Landesstempel

(Tarif Nr. 25c Ziff. 1, 3, 4 LStG., Tarif Nr. 11b RStG.).

Bei den übrigen, oben unter b genannten Gesellschaften dagegen wird das Einbringungsabkommen nicht besonders verstempelt, sondern nur der Gesellschaftsvertrag über die Errichtung (den Gesellschafterneueintritt oder die Einlagenerhöhung) nach Tarif Nr. 25b LStG., so also namentlich bei offenen Handelsgesellschaften und einfachen Kommanditgesellschaften. Einem Reichsstempel unterliegt bei solchen Gesellschaften weder der Gesellschaftserrichtungs- noch der Einbringungsvertrag. Vgl. Grunds. 3.

Unter einem Einbringen in eine Gesellschaft ist aber nur zu verstehen die Übertragung eines Vermögenswerts auf eine Gesellschaft gegen **Gewährung von Gesellschaftsrechten**[2]). Besteht die Gegenleistung nicht in solchen[3]), so liegt ein gewöhnliches entgeltliches Veräußerungsgeschäft (sogenannter Übernahmevertrag) vor, der je nach dem Gegenstande nach Tarif Nr. 32 LStG., § 11a RStG. oder Tarif Nr. 2 LStG. zu ver-

---

[1]) vom Entgelt einschließlich der auf die Gesellschaft übergehenden Grundstückspassiva und der sonstigen Leistungen, ev. des Werts, siehe die letzte Spalte in den angegebenen Tarifstellen.

[2]) Auch bei Umwandlung einer Aktiengesellschaft in eine Gesellschaft mit beschränkter Haftung (trotz § 81[1] Ges. v. 20. 4. 92/20. 5. 98, wonach das Eigentum ohne Auflassung übergeht), vgl. Hamburg 24. 10. 10, Rspr. 23 S. 292. RG. 26. 6. 06, Entsch. 64 S. 10 = JW. 582. Auch bei sogenannter „Umwandlung" einer offenen Handelsgesellschaft in eine von denselben Gesellschaftern gebildete Gesellschaft mit beschränkter Haftung (RG. 26. 4. 10 JW. 720).

[3]) sondern z. B. in Barzahlung, Übernahme von Schulden (ausgenommen die auf der Einlage ruhenden, s. letzte Spalte der Tarifstelle Nr. 25c u Grunds. 3) oder in anderweiter Vergütung.

steuern ist (RG. 27. 5. 95, JMBl. 96 S. 243, und v. 4. 6. 96 in Gruchot 40 S. 1162, KG. 21. 5. 09, 39 B 82).

Besteht die Gegenleistung teilweise in Gewährung von Gesellschaftsrechten (Aktien, Geschäftsanteilen), teilweise nicht in solchen, sondern in sonstigen Leistungen, vorbehaltenen Nutzungen, Barzahlung, Übernahme von Hypothekenschulden u. dgl., so wurde früher ein solcher Vertrag als „gemischter Übernahmevertrag" teils nach Tarif Nr. 25, teils nach Tarif Nr. 32 bzw. 2 verstempelt. Jetzt (seit 1895) ist ein solcher Vertrag bei den oben unter a genannten Gesellschaften nur als Gesellschaftsvertrag nach Tarif Nr. 25c — s. dort Spalte 4 — LStG., 11b RStG. zu verstempeln (s. Hummel u. Specht Anm. 28c S. 680, vgl. Verf. d. JustMin. v. 11. 8. 10, RG. 30. 5. 02, 51. 386).

Errichten Miterben (einschließlich des überlebenden Gütergemeinschaftsgatten) eine ausschließlich aus ihnen bestehende Gesellschaft mit beschränkter Haftung, und werden in diese Gesellschaft Nachlaßgegenstände eingebracht, so ist das Einbringen landes- und reichsstempelfrei. Also hier ist nur der Landesstempel aus Tarif Nr. 25a vom Gesellschaftserrichtungsvertrage zu entrichten (Tarif Nr. 25c Abs. 2 LStG., Tarif Nr. 11b RStG.).

Bei der Errichtung von offenen Handelsgesellschaften und den anderen oben unter b genannten Gesellschaften ist, wie gesagt, neben dem Errichtungsstempel — Tarif Nr. 25b — ein besonderer Einbringungsstempel nicht zu berechnen. Der Errichtungsstempel beträgt von

offenen Handelsgesellschaften,
Kommanditgesellschaften,
Kolonialgesellschaften,
Erwerbszwecke verfolgenden Gesellschaften des bürgerlichen Rechts,
über den Kreis ihrer Mitglieder hinaus Geschäfte betreibenden Genossenschaften[1]),

vom Werte der das Gesellschaftsvermögen bildenden Einlagen, abzüglich der darauf ruhenden[2]) Schulden, $^1/_{20}\,^0/_0$, mindestens aber 20 M.,

---

[1]) Unter Tarif Nr. 25b fallen Genossenschaften aller Art, also auch Fischerei- (§ 9 Abs. 1 Ges. v. 30. 5. 74), Wasser- (Ges. v. 1. 4. 79), Wald- (§ 23 Ges. v. 6. 7. 95) usw. Genossenschaften. Erwerbs- und Wirtschaftsgenossenschaften (RG. v. 1. 6. 89/10. 5. 94) dürfen den Geschäftsbetrieb auf Nichtmitglieder nur dann ausdehnen, wenn es im Statut gestattet ist.

[2]) von der Gesellschaft übernommenen.

Gesellschaften des bürgerlichen Rechts mit vorübergehendem Zwecke (Gelegenheitsgesellschaften) 10 M.,

nicht Erwerbszwecke verfolgenden Gesellschaften und auf den Kreis ihrer Miglieder sich beschränkenden Genossenschaften 5 M. (Tarif Nr. 25b Ziff. 1 u. 2 LStG.).

Diese Errichtungsstempel decken also — anders wie bei Aktiengesellschaften usw. (Tarif Nr. 25a) — hier auch denjenigen Teil des Gesellschaftsvertrages, der das Einbringen von nicht in Gelde bestehendem Vermögen zum Gegenstande hat. Bringt also ein Gesellschafter in eine offene Handelsgesellschaft ein Grundstück ein — bei der Errichtung oder später —, so genügt zur Ausschließung des Auflassungsstempels, da ein Reichsstempel nicht erhoben wird, der mit $^1/_{20}$% Landesstempel verstempelte Gesellschaftsvertrag (Stuttgart 18. 5. 10 in DNotZtg. 11 S. 473 = Rspr. 21 S. 135). Wird ein Gesellschaftsvertrag nicht vorgelegt[1]), so ist natürlich der Auflassungsstempel zu erheben ($1^2/_3$% Tarif Nr. 8 LStG., Tarif Nr. 11d RStG.) vom Werte des ganzen Grundstücks.

Auch hier — bei den unter b der Tarifstelle 25 genannten Gesellschaften — ist aber auseinanderzuhalten der das Einbringen (die Einlage) festsetzende Gesellschaftsvertrag, wobei die Gegenleistung die Gewährung der Anteilsrechte an der Gesellschaft bildet, von einem gewöhnlichen Veräußerungs-, sogenannten reinen Übernahmevertrage. Es wird also der gewöhnliche Kaufstempel von $1 + ^2/_3$% erhoben, wenn nach dem Vertrage der Wert des Grundstücks überhaupt nicht als Einlage gilt, sondern der einbringende Gesellschafter ohne Gewährung von Gesellschaftsanteilsrechten durch Barzahlung, Übernahme von Hypotheken u. dgl. befriedigt wird. Wenn letzteres der Fall ist, liegt die Sache nicht anders, als wenn die Gesellschaft von einem Nichtgesellschafter kauft, insoweit ist also zu dem Abkommen, auch wenn es mit dem Gesellschaftsvertrage in einer Urkunde verbunden ist, der $1^2/_3$ prozentige Immobiliarstempel nach Tarif Nr. 32[2]) LStG.,

---

[1]) Bei offenen Handels- und Kommanditgesellschaften ist Beurkundung des Gesellschaftsvertrages an sich nicht und nur im Hinblick auf § 313 BGB. erforderlich, anders bei Aktiengesellschaften, Kommanditgesellschaften auf Aktien und Gesellschaften mit beschränkter Haftung, wo gerichtliche oder notarielle Beurkundung vorgeschrieben ist (§ 182 HGB., § 2 Ges. v. 20. 5. 98, RGBl. 846).

[2]) Daß die Befreiungsvorschrift Abs. 10 Nr. 2 dieser Tarifstelle nicht Platz greift, wenn der Vater sein Grundstück in die aus ihm und dem Sohne bestehende offene Handelsgesellschaft gegen bloße Hypothekenschuldenübernahme einbringt, darüber s. oben S. 52 Anm. 4.

Tarif Nr. 11a RStG., § 10 LStG. zu verwenden (Kiel 29. 2. 08, Rspr. 17 S. 293, KG. 1. 2. 10 in Bl. f. Rpfl. 11 S. 12 = Rhein-NotZtg. 11 S. 39, vgl. Hummel u. Specht 692 Nr. 42).

Anders wie bei den unter a der Tarifstelle 25 genannten Gesellschaften ist aber hier landesstempelrechtlich auch möglich ein gemischter Übernahmevertrag, der — soweit Gesellschaftsrechte das Entgelt bilden oder auf der Einlage ruhende Schulden übernommen werden (letzteres ist eine Abweichung von dem früheren Rechte) — s. Spalte 4 der Tarifstelle „abzüglich der auf ihnen ruhenden Schulden" — als Gesellschaftsvertrag verstempelt wird nach Tarif Nr. 25b (mit $^1/_{20}\,^0/_0$), dagegen nach Tarif Nr. 32 oder 2 des LStG., soweit dem einbringenden Gesellschafter nicht Gesellschaftsrechte gewährt werden, sondern Barzahlung u. dgl. das Entgelt bildet. Nur insoweit die Übernahme von Hypothekenschulden erfolgt, liegt jetzt nicht mehr wie früher ein nach Tarif Nr. 32 zu verstempelndes Veräußerungsgeschäft vor (vgl. Heinitz Anm. 12 S. 985 und in demselben Sinne jetzt auch Verf. d. JustMin. v. 11. 8. 10 unter II S. 267). Damit sind insoweit die Entscheidungen RG. 20. 3. 08 Entsch. 68 S. 169 = JW. 318 Nr. 32, auch RG. 27. 5. 95 JMBl. 96 S. 245, KG. 30. 8. 04, Rspr. 11 S. 208 und KG. 4. 7. 04, 29 B 49 antiquiert.

Für die Reichsabgabe gibt es nur einen einheitlichen (unzerlegbaren) Einbringungsvertrag, der also bei den Gesellschaften der Tarifstelle 25b stets reichsstempelfrei ist. Heinitz 1111, AB. v. 11.8.10 Abs. 3.

III. Unter Tarif Nr. 25d behandelt das LStG. ferner zwei von einander verschiedene besondere Fälle von Gesellschaftsverträgen, nämlich die Auseinandersetzungsverträge[1]), die geschlossen werden beim Ausscheiden eines Gesellschafters aus der bestehen bleibenden Gesellschaft oder bei deren Auflösung. Nach Tarif Nr. 25d LStG. wird nämlich versteuert bei Gesellschaften aller Art:

nach Nr. 1: die Überlassung der Rechte an dem Gesellschaftsvermögen seitens eines Gesellschafters (oder dessen Erben) an

einen anderen Gesellschafter, die Gesellschaft[2]), oder an einen Dritten	mit $^2/_{10}\,^0/_0$ Landesstempel vom Werte der Gegenleistung ev. der überlassenen Rechte.

[1]) Die Notare sollen bei solchen Verträgen die für die Stempelberechnung erforderlichen Unterlagen (Bilanzen usw.) zu den Notariatsakten nehmen (Nr. 62 Abs. 4 AB. z. LStG.).

[2]) Auch wenn rein juristisch keine Überlassung der Gesellschaftsrechte beabsichtigt, sondern der

bei den unter Tarif Nr. 25b bezeichneten Gesellschaften
aber nur mit . . . . $^1/_{20}$ %.

Befreit ist der Erwerb von Personen, die nach den preuß. Gesetzen v. 30.5. 73/19.5.61 von der Erbschaftssteuer befreit sind. Tarif Nr. 25d Ziff. 1 Abs 2 LStG.

Einem Reichsvertragsstempel[1]) unterliegen derartige Überlassungen (Nr. 1 der Tarifstelle 25d) nicht.

Da ein Gesellschafter über seinen Anteil am Gesellschaftsvermögen und an den einzelnen dazu gehörenden Gegenständen (weil Gesamthand), nicht verfügen kann (§ 719 BGB.), kann hier unter Nr. 1 nur in Frage stehen eine mit Zustimmung aller Gesellschafter erfolgende Verfügung über den Gesellschafteranteil, ein Vertrag, durch den ein ausscheidender oder ausgeschlossener Gesellschafter sich auseinandersetzt mit der Gesellschaft, oder unter deren Zustimmung mit dem seinen Anteil an der Gesellschaft übernehmenden Mitgesellschafter, oder neu eintretenden Dritten (s. Heinitz 408 B 1 zu a).

Überläßt in solcher Weise ein Gesellschafter seine Rechte an einen Mitgesellschafter oder Dritten gegen ein nicht in Gelde bestehendes Entgelt, z. B. gegen Übereignung eines dem Mitgesellschafter oder Dritten gehörigen Grundstücks, so wird der Vertrag nicht nach Tarifstelle Nr. 25 zu verstempeln sein, sondern nach Tarif Nr. 32.

Verträge, die unter Tarifstelle 25d Nr. 1 fallen, werden selten einer Auflassung zugrunde liegen[2]), häufig dagegen Gesellschaftsverträge der zweiten Art.

Nach Tarif Nr. 25d LStG. wird nämlich ferner versteuert, und zwar wiederum bei Gesellschaften aller Art, also sowohl den in Tarif Nr. 25a, wie den in Tarif Nr. 25b aufgeführten,

nach Nr. 2: die Überlassung von Sachen oder Rechten seitens der Gesellschaft zum Sondereigentum an einen Gesellschafter[3]) (oder dessen Erben),

— wie zu ergänzen ist, zum Zwecke seiner Abfindung bei

Untergang der Rechte des Gesellschafters bezweckt wird. Verf. d. Just.- u. FinMin. v. 22. 3. 11 JMBl. 176 (betrifft eine Gesellschaft mit beschränkter Haftung, § 34 RGes. v. 20. 5. 98).

[1]) Wohl aber kommt unter Umständen ein Reichsauflassungsstempel hier in Frage (s. die folgende Anmerkung).

[2]) Wird ein solcher Gesellschaftsvertrag vorgelegt, so schließt er den Landes- und Reichsauflassungsstempel nicht aus (Tarif Nr. 8 Abs. 4 Nr. 4 LStG., Tarif Nr. 11d Abs. 4 Nr. 3 RStG.), es wäre denn der Erwerber ein Erbschaftssteuerbefreiter bzw. ein Abkömmling des Veräußerers.

[3]) Auch beim Erwerbe des Grundstücks einer in Liquidation stehenden Gesellschaft im Wege der Versteigerung (Rundverf. v. 28. 2. 02).

seinem Ausscheiden aus der Gesellschaft oder bei deren Auflösung (RG. 24. 11. 99, 45 S. 218, KG. 18. 6. 08, 36 B 52) —,

wenn es sich um Grundstücke, ihnen gleichgeachtete Rechte, oder Auflassungsansprüche handelt, mit 1 %
des Entgelts,

bei beweglichen Gegenständen mit . . . . $^1/_3$ %,

bei Forderungsrechten mit . . . . $^1/_{20}$ %,

(Tarif Nr. 25d Ziff. 2 LStG.),

also an sich ganz mit denselben Sätzen, wie Tarif Nr. 32 bzw. Tarif Nr. 2. Dazu treten hier bei Nr. 2 der Tarifstelle 25d schon zum Vertrage von den Immobilien $^2/_3$ % Reichsstempel (Tarif Nr. 11c RStG., § 90 RStG. n. F.).

In diesen Fällen (Nr. 2) bleibt bei beiden (Landes- und Reichs-) Gesellschaftsvertragsstempeln außer Betracht der der Kopfzahl[1]) der Gesellschafter entsprechende Anteil des erwerbenden Gesellschafters selbst, d. h. bei Berechnung des Stempels zu dem Gesellschaftsvertrage (Tarif Nr. 25d Ziff. 2 Abs. 2 LStG., Tarif Nr. 11c Spalte 4).

Kommt es aber dann zur Auflassung des überlassenen Grundstücks oder zur Umschreibung des Eigentums von der Gesellschaft auf ihn ohne Auflassung im Wege der Grundbuchberichtigung[2]), dann ist (dies ist eine stempelrechtliche Singularität) nun als Auflassungsstempel der auf den frei gebliebenen Kopfteil entfallende Teil des 1prozentigen Landes- und des $^2/_3$prozentigen Reichsstempels zu erheben trotz der Vorlegung des Vertrages[3]) (Tarif Nr. 8 Abs. 4 Ziff. 4 LStG. und Tarif Nr. 11d Abs. 4 Ziff. 4 RStG., auch § 14 Abs. 7 AB. v. 28. 7. 10 und KG. 17. 12. 09, Rspr. 21 S. 146).

Ausnahme von Nr. 2: Ganz befreit vom Landes-, wie Reichsstempel ist die Rückgewähr vom Gesellschafter eingebrachter Sachen (Grundstücke) an diesen oder an seine Erben oder seine Gütergemeinschaftsfrau (Tarif Nr. 25d Ziff. 2 Abs. 3 LStG. und Tarif Nr. 11c Befr. RStG.).

Die Tarifstelle 25d Ziff. Nr. 2 greift — wie gesagt — nur

---

[1]) Nach früherem Rechte (§ 25d Abs. 3 Ges. v. 23. 7. 95) bis 1. Juli 1909 der der Beteiligung an der Gesellschaft entsprechende Teil (vgl. dazu DNotZtg. 11 S. 478, KG. 5. 3. 09, 38 B 63).

[2]) Auflassungsstempel im weiteren Sinne (§ 13 Nr. 1 Satz 2, AB. v. 28. 7. 10, KG. 19. 11. 09, 39 B 70 = Rspr. 21 S. 139).

[3]) Es sollte nach der Begründung des Gesetzentwurfs verhütet werden ein Umgehen des Immobiliarstempels durch Vorlegen von Verträgen über die Abtretung von Gesellschaftsrechten.

Platz, wenn ein zum Gesellschaftsvermögen gehörender Gegenstand (z. B. ein Gesellschaftsgrundstück) einem Gesellschafter überlassen wird zum Zwecke seiner Abfindung bei seinem Ausscheiden oder bei der Auflösung der Gesellschaft. Bleibt die Gesellschaft bestehen, scheidet auch der Gesellschafter nicht aus, handelt es sich also überhaupt nicht um eine Abfindung des Gesellschafters, sondern wird ihm ohne solche nur ein Gesellschaftsvermögensgegenstand (z. B. ein Grundstück) zu seinem Sondereigentum überlassen, dann liegt ein gewöhnliches nach Tarif Nr. 32 zu verstempelndes Veräußerungsgeschäft vor, es bleibt also hier nicht ein Kopfteil stempelfrei, und es finden die Ermäßigungs- und Befreiungsvorschriften der Tarifstelle 32, nicht der Tarifstelle 25d, Anwendung.

Wird ein ausscheidender oder bei der Auflösung der Gesellschaft abgefundener Gesellschafter in Geld abgefunden, so kommt Nr. 1 der Tarif Nr. 25d zur Anwendung, wird er abgefunden durch andere Vermögensstücke der Gesellschaft (Grundstücke, Mobilien, Forderungen), so kommt die Nr. 2 der Tarifstelle zur Anwendung.

Wird von zwei Gesellschaftern bei Auflösung einer nur aus ihnen bestehenden offenen Handelsgesellschaft der eine in Geld, der andere in anderen Vermögensstücken abgefunden, so ist der sich ergebende Zwiespalt (bei dem einen Nr. 1, bei dem anderen Nr. 2 der Tarifstelle) dahin zu lösen, daß der Vertrag den höheren Stempelsätzen der Nr. 2 unterliegt (vgl. RG. 24. 11. 99, 45 S. 218). Das gilt also namentlich, wenn bei Auflösung einer aus nur zwei Gesellschaftern bestehenden offenen Handelsgesellschaft der eine das Geschäft mit Aktiven und Passiven übernimmt und den anderen in Geld abfindet.

IV. Es sei schließlich an folgendes erinnert:

1. Eine offene Handelsgesellschaft ist nicht juristische Person, aber sie ist Gemeinschaft zur gesamten Hand. Deshalb ist Auflassung nötig, wenn aus dem Gesamthandeigentum Eigentum nach Bruchteilen werden soll (KG. 17. 1. 98, 17 S. 44, 17. 2. 02, 24 A S. 110, 21. 12. 03, 27 A 276 u. v. 31. 10. 04, Rspr. 10 S. 407; vgl. ferner RG. 2. 11. 03, 56 S. 96ff. u. 57 S. 433).

Der Vertrag, durch den die bestehenbleibende Gesellschaft ein Grundstück den Gesellschaftern zu Bruchteilseigentum überträgt, ist nach Tarif Nr. 32, der Gesellschaftsvertrag aber, falls die Veräußerung bei der Auflösung der Gesellschaft erfolgt, nach

Nr. 2 Tarif Nr. 25d LStG., und der Vertrag in beiden Fällen mit dem Reichsstempel aus Tarif Nr. 11c RStG. zu verstempeln. Wird gar kein Vertrag vorgelegt, so wird der Auflassungsstempel (Tarif Nr. 8 bzw. 11d) erhoben (s. oben S. 49, vgl. für das frühere Stempelrecht auch KG. 18. 6. 08, 36 B 52).

2. Ebenso ist umgekehrt Auflassung nötig, wenn Miteigentümer nach Bruchteilen ihr Grundstück in eine aus ihnen allein bestehende offene Handelsgesellschaft einbringen (s. gegen KG. 6, 65; 8, 130; RG. 25, 256; 30 S. 150 jetzt KG. 17. 1. 98, 17 S. 44, München 30. 12. 03 Rspr. 10, 239 u. RG. 2. 11. 03, 56 S. 96ff. vgl. auch 57, 433ff.),

3. und ebenso, wenn dieselben Personen an mehreren offenen Handelsgesellschaften als Gesellschafter beteiligt sind, und Grundstücke der einen Gesellschaft auf die andere übertragen werden (KG. 31. 10. 04, Rspr. 10 S. 407).

In dem Falle unter 2 ist der Errichtungsstempel (Tarif Nr. 25b Nr. 1 oder Anm. 2 dazu) von $^1/_{20}\,\%$ zu dem Gesellschaftsvertrage zu verwenden. (Kein Reichsstempel.)

In dem Falle unter 3 wird derselbe Stempel zu verwenden sein, wenn die Grundstücke als Einlagen auf die andere Gesellschaft übertragen werden. (Kein Reichsstempel.) Werden sie nicht als Einlagen behandelt, sondern erhält die übertragende Gesellschaft die Gegenleistung in anderer Weise (Barzahlung, Hypothekenübernahme u. dgl.), dann ist der Vertrag nach Tarif Nr. 32 als gewöhnliches entgeltliches Veräußerungsgeschäft zu verstempeln. (Reichsstempel nach Tarif Nr. 11a.)

4. Scheidet aus einer nur aus zwei Gesellschaftern bestehenden offenen Handelsgesellschaft der eine aus, so wächst sein Anteil dem anderen Gesellschafter, der die Firma samt Aktiven und Passiven übernimmt nach § 738 BGB. an, Auflassung ist also hier nicht nötig, sondern Grundbuchberichtung (RG. 23. 5. 08, Lobe 9 S. 114 = JW. 08 S. 450 = RG. 68 S. 410, auch RG. 23. 2. 07, 65 S. 227, aber vgl. auch KG. 27. 4. 08, 36 A 204 = DNotZtg. 09 S. 377 [Auflassung ist nötig, wenn die offene Handelsgesellschaft aufgelöst wird und Teilung erfolgt]). Steuerrechtlich ist dies Ausscheiden aber als Überlassen von Sachen der Gesellschaft zum Sondereigentum an den anderen Gesellschafter anzusehen, und, wie oben S. 83 gesagt, der Stempel aus Nr. 2 der Tarifstelle 25d

zu dem Vertrage zu erheben (RG. 26. 2. 09, JMBl. 09 S. 225). Und, wenn ein Vertrag nicht vorgelegt wird, unterliegt der Antrag auf Umschreibung des Gesellschaftseigentums auf den Gesellschafter dem Landes- und Reichsauflassungsstempel im weiteren Sinne auch dann, wenn eine Auflassung nicht erforderlich ist (Tarif Nr. 8 Abs. 1 Satz 2 LStG., KG. 19. 11. 09, Rspr. 21 S. 139 = KG. 39 B 70, Tarif Nr. 11d Abs. 2 RStG.).

Es ist deshalb auch der Stempel zu erheben vom ganzen (nicht halben) Grundstückswerte — KG. 4. 8. 04, Rspr. 9 S. 254 u. 5. 3. 09, Rspr. 19 S. 287 — und es ist jener Gesellschafts(auseinandersetzungs)vertrag nicht einmal dann stempelfrei, wenn der Ausscheidende der Vater des Übernehmenden ist, weil die Nr. 2 der Tarifstelle 25d eine solche Befreiung wie Nr. 1 nicht kennt.

5. Vereinigt bei einer Gesellschaft mit beschränkter Haftung ein Gesellschafter alle Geschäftsanteile in seiner Hand, so ist zur Umschreibung eines Gesellschaftsgrundstücks auf diesen Gesellschafter Auflassung nötig — KG. 19. 11. 09, Rspr. 21 S. 139 —, und es ist also auch der Auflassungsstempel zu erheben, wenn nicht die das Veräußerungsgeschäft (den nach Tarifstelle 25d Nr. 2 zu verstempelnden Gesellschaftsvertrag) enthaltende Urkunde vorgelegt wird, und, bei deren Vorlegung insoweit, als nicht zu dieser Urkunde schon der Prozentstempel verwendet ist (KG. 17. 12. 09, Rspr. 21 S. 147, Tarif Nr. 8 Abs. 4 LStG., Tarif Nr. 11c, d RStG.).

6. Über die Zeit der Stempelverwendung bei Gesellschaftsverträgen, die der Eintragung in das Register bedürfen, s. § 16d LStG. (vor der Eintragung in das Register, spätestens binnen zwei Wochen nach der Errichtung).

VIII. Vergleich (Tarif Nr. 67 LStG.).

Begriff: § 779 BGB. Die Ungewißheit, die der Vergleich beseitigt, kann eine tatsächliche oder rechtliche sein, kann den Grund oder die Höhe oder die Realisierbarkeit des Anspruchs betreffen, der Vergleich kann einen wirklichen oder nur vermeintlichen Anspruch zum Gegenstande haben, er kann sich auf das streitige Rechtsverhältnis beschränken oder darüber hinausgehen.

Form. An sich formlos, bedarf der Vergleich, wenn darin eine Verpflichtung zur Grundstückseigentumsübertragung übernommen wird, bei Vermeidung der Nichtigkeit (§ 125 BGB.), der Form aus § 313 BGB. Dieser Form genügt auch ein gerichtlicher Prozeßvergleich, auch wenn er — dem Zivilprozeß entsprechend — von den Beteiligten nicht unterschrieben ist (vgl. KG. 29. 10. 00, 21 A 124 = Rspr. 1 S. 455; Stuttgart 29. 11. 00, Rspr. 2 S. 51; Hamburg 29. 1. 01, Rspr. 2 S. 213; RG. 17. 5. 01, 48 S. 186 ff.; RG. 17. 9. 06, DJZ. 06 S. 1261), und eine Feststellung der Identität der Beteiligten im Protokolle fehlt. Von einem privatschriftlichen Vergleiche gilt auch hier, was oben S. 44 ff. vom privatschriftlichen Vertrage überhaupt gesagt ist. Ein Vergleich, dessen rechtliche Wirksamkeit von der Genehmigung eines Dritten, z. B. des Vormundschaftsgerichts, abhängt, wird — wie jeder andere Vertrag — stempelpflichtig erst mit dieser Genehmigung (vgl. §§ 2f AB. v. 28. 7. 10, vgl. § 168 AB. z. RStG. u. PrAB. dazu).

Stempelbetrag. Vergleiche erfordern einen Landesfixstempel von 3 M. (früher 1,50 M.), bei einem Werte des Vergleichsgegenstands (des durch sie geregelten Rechtsverhältnisses) von unter 150 M. sind sie stempelfrei (§ 4 Abs. 1a LStG.). Ein Vergleich dagegen, der eine nicht schon bestehende Verpflichtung zur Übertragung des Eigentums an einem Grundstücke neu begründet — die also nicht schon vorher gesetzlich oder in stempelpflichtiger Form (notarieller oder gerichtlicher Urkunde) begründet war —, ist nicht mit dem 3 M.-Fixstempel, sondern nach Abs. 2 der Tarifstelle 67 mit dem Landesstempel aus Tarifstelle 32 zu verstempeln, also wie ein gewöhnlicher Kauf, Tausch usw. (s. oben S. 35) und unterliegt dem Reichsstempel aus Tarif 11a RStG.

Bestand dagegen eine Verpflichtung zur Eigentumsübertragung kraft Gesetzes (wie z. B. im Falle der Wandelung wegen Gewährsmängel, darüber s. oben S. 25 Anm. 1), so ist der Vergleich nur mit 3 M. zu verstempeln, und der vorgelegte, so verstempelte, Vergleich schließt den Auflassungsstempel aus.

Ist der Wandelungsanspruch oder der Streit darüber nur fingiert, soll also das, was äußerlich als Vergleich erscheint, nur dienen zur Umgehung eines entgeltlichen oder unentgeltlichen Grundstücksveräußerungsgeschäfts und der damit verbundenen höheren Abgabe, so ist trotz Vorlegung der Vergleichsurkunde der Auflassungsstempel zu erheben (§ 14 Nr. 4 AB. v. 28. 7. 10, Tarif Nr. 8 Abs. 3 und 4 Nr. 1 LStG., Tarif 11d Abs. 3 und 4 Nr. 1 RStG.).

Vergleiche in besonderen Verfahren:

1. Prozeßvergleiche sind stempelfrei (§ 2 Abs. 1 DGKG.). Geht aber ihr Inhalt über den Gegenstand des Verfahrens hinaus, so sind sie insoweit den allgemeinen Vorschriften über die Erhebung von Stempeln oder anderen Abgaben unterworfen (ebd. Abs. 3).

   Ist die prozessuale, reichsgesetzliche Vergleichsgebühr niedriger als der Landesstempel, der zu einem außerprozessualen Vergleiche gleichen Inhalts zu verwenden wäre, so ist das Mehr als Landesstempelabgabe zu erheben (§ 101 DGKG.; RG. 6. 7. 97, JMBl. 98 S. 38 = JW. 97 S. 467[28]; RG. 19. 12. 95, Entsch. 36 S. 405 ff.). Soweit hiernach der Vergleich vom Landesstempel frei gelassen wird, ist stempelfrei nur der Vergleich, nicht die Auflassung. Der Prozeßvergleich, soweit er nach Reichsrecht stempelfrei ist, ist nicht eine in an sich landesstempelpflichtiger Form ausgestellte Urkunde (vgl. Hummel u. Specht 1136 Anm. 11). Trotz Vorlegung des Prozeßvergleichs ist also der Landesauflassungsstempel zu erheben, insoweit nicht der Landesstempel schon zu dem Vergleiche verwendet ist.

2. Gewerbegerichts- und Kaufmannsgerichtsvergleiche sind stempelfrei, soweit ihr Inhalt nicht über den Gegenstand des Verfahrens hinausreicht (§ 58 Abs. 4 GewGG. v. 29. 9. 01; § 2 DGKG.; § 16 KaufmGG. v. 6. 7. 04; § 58 GewGG.), hat ein solcher Vergleich die Verpflichtung zur Grundstückseigentumsübertragung zum Gegenstande, so wird er regelmäßig nach den allgemeinen Stempelvorschriften, also in der Regel nach Tarif Nr. 32 LStG. und Tarif Nr. 11a RStG. zu verstempeln sein.

3. Auch Schiedsmannsvergleiche sind nur unter den Voraussetzungen des Abs. 2 der Tarifstelle 67 LStG. stempelpflichtig. Sollte ein solcher einmal ausnahmsweise die Verpflichtung zur Grundstückseigentumsübertragung enthalten, so käme er doch nur als privatschriftliche Vertragsurkunde in Betracht.

IX. Zuschlagsbeschluß.

Der Grundstückserwerb in der Zwangsversteigerung unterliegt im allgemeinen denselben Stempel- und Steuerabgaben wie andere entgeltliche Veräußerungen, obwohl das ZwVerstG. v. 20. 5. 99 die Verkaufstheorie aufgegeben hat (Mot. dazu S. 118), und nach ihm vielmehr der Richter kraft obrigkeitlicher Machtvollkommenheit das Eigentum dem Schuldner nimmt und auf den Meistbietenden überträgt (vgl. Jaeckel Anm. 2 zu § 81 ZwVerstG. RG. 13. 6. 11. 76, 352).

I. Preußisches Landesstempelrecht.

Die Tarifstelle 78 sagt, Zuschlagsbescheide[1]) werden verstempelt wie Kaufverträge, und die Tarifstelle 32 begreift in sich alle lästigen Veräußerungsverträge „einschließlich der gerichtlichen Zwangsversteigerungen". Es wird also 1 % vom Meistgebot unter Hinzurechnung der übernommenen Leistungen[2,3]) erhoben, wenn aber der Wert[4]) des Grundstücks höher ist, von diesem (Tarif 32 Abs. 2 Nr. 2). War der Ersteher schon bei Einleitung der Zwangsversteigerung Hypotheken- (oder Grundschuld-) Gläubiger, so tritt an die Stelle des Meistgebots, falls dieses hinter dem Gesamtbetrage der Hypotheken- (oder Grundschuld-) Forderungen des Erstehers und der diesen vorgehenden[5]) Forderungen[6]) zurückbleibt, dieser Gesamtbetrag, sofern er nicht den gemeinen Wert übersteigt (ebd. Satz 2) (KG. 18. 2. 10, Rspr. 23 S. 289 = 40 B 377 = JMBl. 290, und 10. 6. 10, 40 B 384).

Von dem auf Mobilien entfallenden Teile des Meistgebots ist auch hier nur ein Stempel von $^1/_3$ % zu entrichten, falls der Er-

[1]) Alle Zuschlagsbeschlüsse, auch wenn an den Subhastaten selbst zugeschlagen wird, s. Hummel u. Specht 788 Anm. 50 (er erhält ein andersgeartetes, einwandsfreieres Eigentum). (KG. 23. 11. 96, 16 S. 298 [für früheres Subhastationsrecht]). Auch Zuschlag an einen Abkömmling des Subhastaten (KG. 26. 2. 09, 38 B 76).

[2]) Eine im Geringstgebote enthaltene Sicherungshypothek ist mit dem vollen Höchstbetrage anzusetzen (KG. 4. 7. 04, Rspr. 11 S. 210).

[3]) Über das zur Deckung der Kosten zu entrichtende Aufgeld im Gebiete des früheren rheinischen Rechts s. AV. v. 12. 9. 11.

[4]) Den Wert hat das Vollstreckungsgericht in der Regel (namentlich bei geringwertigen Grundstücken, Nr. 3 b des § 6 AV. v. 28. 7. 10) ohne Inanspruchnahme der Zollverwaltung festzusetzen nach seinem Ermessen (frühere Erwerbspreise, Katasterunterlagen, Auskunft über Einschätzung des Grundstücks zur Ergänzungssteuer u. dgl.) s. § 6 Nr. 3 AV. v. 28. 7. 10 — und zwar trifft die Festsetzung in der Regel der Gerichtsschreiber (§ 6 Nr. 3 d, § 9 Nr. 1 a aaO.).

[5]) Nicht auch der gleichstehenden (KG. 22. 4. 10, 40 B 391 = JMBl. 29).

[6]) samt Zinsen und Kosten, und zwar auch die mitausgefallenen vorgehenden Forderungen (KG. 22. 4. 10, 40 B 391).

steher binnen zwei Wochen nach der Verkündung[1]) des Zuschlagsbeschlusses gesonderte Werte für Grundstück und für Mobilien dem Gerichte schriftlich anzeigt, sofern nicht den angezeigten Einzelwerten Bedenken entgegenstehen. Auf diese Berechtigung zur Angabe gesonderter Werte ist der Ersteher bei Verkündung des Schlusses der Versteigerung vom Subhastationsrichter hinzuweisen, und es ist darüber ein Vermerk ins Protokoll aufzunehmen (§ 20 Nr. 1 AV. v. 28. 7. 10).

Ist bei der Zwangsversteigerung teilungshalber[2]) einer der Miteigentümer Ersteher, so bleibt der seinem Anteile entsprechende Teil des Meistgebots außer Betracht. Der Miterbe gilt als Miteigentümer nach Verhältnis seines ideellen Anteils am Nachlasse (Tarif Nr. 32 Abs. 3, und § 126 Abs. 3 GKG.)[3]).

Die Abtretung der Rechte aus dem Meistgebot oder die Erklärung des Meistbietenden, für einen anderen geboten zu haben, unterliegen demselben Stempel: 1 % des Werts der Gegenleistung oder, wenn eine solche in der Urkunde nicht enthalten ist, des Meistgebots oder des Werts des Grundstücks, wenn dieser höher ist (Tarif Nr. 32 Abs. 9); soweit bewegliches Zubehör betroffen wird, $^1/_8$ % (s. AV. v. 7. 7. 11).

Nur 3 M. Fixstempel aber werden in diesem Falle erhoben:

1. wenn die Abtretung der Rechte oder jene Erklärung im Versteigerungstermine erfolgt,
2. wenn ein Gläubiger Meistbietender war, dem eine durch ein geringeres Gebot nicht oder nicht völlig gedeckte Hypothek (Grundschuld oder Rentenschuld) zustand.

Auf diese Ermäßigung hat der Subhastationsrichter bei Beginn des Versteigerungstermins die Beteiligten hinzuweisen (§ 20 Nr. 2 AV. v. 28. 7. 10, vgl. auch AV. des FinMin. v. 14. 9. 11).

Die in Tarif Nr. 32 Abs. 10 enthaltenen Ermäßigungen und Befreiungen finden bei Zuschlagsbeschlüssen keine Anwendung. Also keine Befreiung, wenn der Sohn das Grundstück des Vaters ersteht, keine Ermäßigung auf

---

[1]) Bei Zuschlagserteilung durch das Beschwerdegericht binnen zwei Wochen nach der Zustellung des Beschlusses (§ 20 Nr. 1 AV. v. 28. 7. 10).

[2]) Bei der gewöhnlichen Zwangsversteigerung zum Zwecke der Zwangsvollstreckung hat der erstehende Miteigentümer den Landes- und Reichsstempel voll zu zahlen, ohne Rücksicht auf sein bisheriges Miteigentum (s. oben Anm. 1).

[3]) Voll erhoben wird die Eigentumseintragungsgebühr (KG. 30. 6. 11, 41 B 290).

3 M., wenn bei der Zwangsversteigerung teilungshalber unter Miterben ein Miterbe das Grundstück ersteigert (KG. 21. 1. 10, Rspr. 21 S. 148).

II. Reichsstempel.

Auch die $^{2}/_{3}\,^{0}/_{0}$ Reichsstempel sind von Zuschlagsbeschlüssen zu erheben, wie von Kaufverträgen (s. Tarif Nr. 11a, „einschließlich der gerichtlichen Zwangsversteigerungen"), ebenso sind die $^{2}/_{3}\,^{0}/_{0}$ zu erheben von der Abtretung der Rechte aus dem Meistgebote und von der Erklärung, für einen anderen geboten zu haben (s. ebenda). Berechnet werden die $^{2}/_{3}\,^{0}/_{0}$ hier genau so wie oben das $1\,^{0}/_{0}$ Landesstempel (s. Tarif Nr. 11a Spalte 4 Nr. 4 und Anm. c RStG.), und auch hier bleibt, wenn bei der Auseinandersetzungssubhastation ein Miteigentümer Ersteher ist, der auf den ihm bereits zustehenden Anteil entfallende Teil des Meistgebots außer Betracht, und der Miterbe gilt als Miteigentümer in dem seiner Erbquote entsprechenden Verhältnisse, also wie beim Landesstempel (Anm. d aaO.).

Werden die Werte für das Grundstück und für die Mobilien getrennt angegeben (vgl. dazu § 165 AB. z. RStG., Nr. 24 PrAB. z. RStG.), so ist auch der Reichsstempel nur vom Werte des Immobile zu berechnen.

Vom Reichsstempel ganz befreit sind die Abtretung der Rechte aus dem Meistgebote und die Erklärung, für einen anderen geboten zu haben, in den Fällen, wo sich nach dem oben Gesagten der Prozentlandesstempel auf einen 3-M.-Fixstempel ermäßigt (Tarif Nr. 11a Befr. Nr. 3 RStG.; im übrigen vgl. AB. des FinMin. v. 14. 9. 11).

Die dem Subhastationsrichter in § 20 AB. v. 28. 7. 10 zur Pflicht gemachten Hinweise bzgl. des Landesstempels, sind nach § 5 AB. v. 14. 3. 12 sinngemäß auch anzuwenden auf den Reichsstempel.

Die Befreiung vom Reichsstempel auf Antrag des Erstehers nach Tarif Nr. 11 am Schlusse unter Ziff. 1 findet auch bei Zwangsversteigerungen statt, also bei bebauten Grundstücken von nicht über 20000 M., unbebauten von nicht über 5000 M. Wert, falls der Ersteher (und sein Ehegatte) im letzten Jahre nicht über 2000 M. Einkommen gehabt hat, und nicht den Grundstückshandel gewerbsmäßig betreibt. Über den Antrag entscheidet der Subhastationsrichter. Wie die Voraussetzungen der Befreiung nachzuweisen sind, s. S. 46 Anm. 1

und unten S. 103. Erwirbt der Ersteher für Rechnung eines Dritten, so tritt Steuerfreiheit nur ein, wenn die Voraussetzungen bei beiden vorliegen. Ist der Meistbietende von dem Reichsstempel auf Antrag befreit worden oder kraft Gesetzes frei geblieben, so ist die Abtretung der Rechte des Meistbietenden an einen Dritten dem Reichsstempel selbst dann unterworfen, wenn der Meistbietende erweislich auf Grund eines Vollmachtsauftrags oder einer Geschäftsführung ohne Auftrag für den Dritten erworben hat, es sei denn, dieser Dritte beantragte auch für sich die Befreiung und wiese nach, daß die Befreiungsvoraussetzungen auch in seiner Person vorlägen (Abs. 3 der Nr. 1 der Schlußbestimmung „Befreiungen" zu Tarif Nr. 11 RStG.).

Die Eintragung des Erstehers infolge eines Zwangsversteigerungsverfahrens kann von einer Sicherheitsleistung für den Landes- oder Reichsstempel nicht mehr abhängig gemacht werden (Nr. 2 Satz 2 der AB. v. 18. 3. 11).

III. **Zuwachssteuer.**

Was für die Berechnung der Steuer als Preis gilt, darüber s. § 9 ZuwStG. v. 14. 2. 11.

Abschnitt 3.

Anhang.

1. Erinnerungen, Einwendungen, Beschwerden, Rechtsweg.

I. Über Erinnerungen gegen die Anordnung der **Sicherheitsleistung** wird im Aufsichtswege entschieden,

sowohl beim Reichsstempel (§ 85 Abs. 3 RStG. n. F., Nr. 2 Abs. 2 AB. v. 18. 3. 11)[1]),

wie beim Landesstempel (§ 58 Nr. 7 Satz 2 GKG.)

(Landgerichtspräsident [in Berlin Mitte: Amtsgerichtspräsident], Oberlandesgerichtspräsident, Justizminister). Über Rückgabe der Sicherheit siehe oben S. 34.

II. Über Beschwerden in Sachen des **Gerichtskostenstempels**[2])

---

[1]) Die Entsch. KG. 38 B 3 ist insoweit obsolet, ebenso 39 B 62.

[2]) Bei allen sonstigen Stempeln sind die im Verwaltungswege eingelegten Beschwerden zu richten gegen Verfügungen und Anordnungen:

a) der Zollämter und der Stempelverteiler an das vorgesetzte Hauptzollamt;
b) der Stempelsteuerämter sowie der Hauptzollämter an die Oberzolldirektion;
c) der Oberzolldirektion an den Finanzminister,

} Nr. 31 Abs. 2 AB. z. LStG.

(der zu den Gerichtskosten eingezogen und als Gerichtsgebühr behandelt wird), wird, wenn sie betreffen

A. die Wertfestsetzung oder

B. den Stempelansatz

ebenfalls im Aufsichtswege[1]) entschieden (§ 30 Satz 3 GKG.).

A. Für den Immobiliarstempel liegt die Sache zu A so, daß zu unterscheiden ist die Wertangabe (scil. der Beteiligten § 7 Nr. 1 LStG.; § 24 Abs. 2 GKG.; § 16 Nr. 1, 2 AB. v. 28. 7. 10; § 87 Abs. 4 RStG.; § 166 AB. z. RStG.; § 6 Abs. 1 AB. v. 14. 3. 12) einerseits und die Wertfestsetzung (durch den Richter) andererseits. Zu einer solchen Wertfestsetzung durch den Grundbuchrichter kommt es nur dann, wenn die Beteiligten trotz Aufforderung den Wert nicht angeben (§ 7 Abs. 2 LStG.) oder der Grundbuchrichter die Wertangaben anzweifelt, den wahren Wert ermittelt (durch Sachverständige oder in anderer Weise — wenn der angegebene Wert um 10 % überstiegen wird, trägt die Kosten der Steuerpflichtige) und ihn nun anderweit festsetzt (§ 7 Abs 3 LStG.; § 16 Nr. 5 AB. v. 28. 7. 10; § 6 Nr. 1 AB. v. 14. 3. 12).

Also zu unterscheiden ist Wertangabe und Wertfestsetzung.

1. Die Wert**angaben** der Beteiligten werden auf Grund der Vierteljahrsliste vom Hauptzollamt geprüft, und es wird der Wert, wenn zu niedrig angegeben, vom Stempelsteueramt (dem jenes die Verhandlungen übersendet) anderweit festgesetzt. Gegen dessen Festsetzungsverfügung ist Beschwerde an die Oberzolldirektion, und weiter Beschwerde an den Finanzminister zu richten (Nr. 31 Abs. 2 AB. z. LStG.), der im Einverständnisse mit dem Justizminister entscheidet (§ 7 LStG., § 17 Nr. 7 AB. v. 28. 7. 10). Dasselbe gilt für den Reichsstempel (§ 6 AB. v. 14. 3. 12). Daneben: Rechtsweg, Klage (binnen sechs Monaten) gegen den Justiz- (nicht Reichs- [RG. 76, 17]) fiskus, vertreten durch den Oberstaatsanwalt (bei anderen als Gerichtskostenstempeln gegen die Oberzolldirektion). § 26 LStG., § 94 RStG., § 7 AB. v. 28. 7. 10, § 5 AB. v. 14. 3. 12. Zuständig sind für den Reichsstempel die Kammern für Handels-

[1]) Ist der Gerichtskostenstempel vor dem 1. Oktober 1910 fällig geworden, so sind auch jetzt noch (KG. 28. 10. 10, JMBl. 407) Erinnerung, Beschwerde und weitere Beschwerde nach den Vorschriften des PrGKG. in der Fassung vom 6. Oktober 1899 zu erledigen, wonach die Gerichte darüber zu entscheiden hatten (§§ 30, 26 GKG.). Letzte Instanz in beiden Fällen der Justizminister.

sachen (Satz 5 des § 94 RStG.), für den Landesstempel dagegen, für den es an einer solchen Bestimmung fehlt, die Zivilkammern (§ 101 ff. GVG., § 70 Abs. 3 ebd., § 39 Nr. 4 AG. z. GVG.). Beim Reichsstempel ist Voraussetzung für die Klage, daß unter Vorbehalt gezahlt ist (§ 94 Satz 2 RStG.).

2. Eine gerichtliche Entscheidung über die Wert**festsetzung** dagegen kann nur durch die Justizbehörden im Aufsichtswege geändert werden (§ 17 Nr. 9 AV. v. 28. 7. 10, § 6 AV. v. 14. 3. 12).

Den Wert des Gegenstandes setzt an sich regelmäßig der Gerichtsschreiber fest, das Gericht nur dann, wenn

a) der Stempelschuldner es beantragt, oder
b) das Gericht es für angemessen erachtet.

(§ 24 GKG., § 9 Nr. 1a AV. v. 28. 7. 10, § 6 AV. v. 14. 3. 12.)

Beim Wert des Auflassungsgegenstandes aber wird umgekehrt letzteres (zu b) regelmäßig Platz greifen. Sollte ausnahmsweise der Gerichtsschreiber hier den Wert festgesetzt haben, so gilt eine Einwendung dagegen als Antrag auf gerichtliche Wertfestsetzung im Sinne des § 24 GKG., es entscheidet also der Grundbuchrichter.

Gegen dessen Entscheidung ist die Beschwerde im Aufsichtswege gegeben, also an den Landgerichtspräsidenten (Berlin-Mitte an den Amtsgerichtspräsidenten), weiterhin an den Oberlandesgerichtspräsidenten und an den Justizminister.

B. Wird nicht die Wertfestsetzung bemängelt, sondern ein sonstiger **Stempelansatz** (scil. des Gerichtsschreibers), so ist zunächst gegeben die Einwendung; über sie entscheidet der Grundbuch- oder Urkundsrichter. Weiterhin ist die Beschwerde im Aufsichtswege an den Landgerichtspräsidenten usw. gegeben, wie unter A (§ 30 Satz 3 GKG., § 9 Nr. 1b AV. v. 28. 7. 10). Dasselbe gilt nach § 5 AV. v. 14. 3. 12 für den Reichsstempel.

Der Justizminister kann den Ansatz eines Gerichtskostenstempels in allen Fällen von Amtswegen berichtigen (§ 30 Satz 4 GKG.).

Auch in den Fällen unter A2 und B ist der Rechtsweg gegeben wie unter A1.

C. Der Grundbuchrichter kann den Auflassungsstempel oder, wenn er den der Auflassung zugrunde liegenden Vertrag beurkundet hat, den hierzu berechneten Stempel, niederschlagen, wenn bei richtiger Behandlung der Sache oder ausreichender Belehrung der Beteiligten der Stempel nicht entstanden sein würde, auch im Aufsichtswege kann eine solche Anordnung getroffen werden, solange der Grundbuchrichter noch nicht entschieden hat. Beschwerden über die Niederschlagung anordnende oder ablehnende Bescheide sind im Aufsichtswege zu erledigen, wie unter A (§ 8 Nr. 2, § 9 Nr. 1c AV. v. 28. 7. 10, § 10, § 30 GKG.). Dasselbe wird nach § 5 AV. v. 14. 3. 12 auch vom zu den Gerichtskosten einzuziehenden Reichsstempel zu gelten haben.

Für alle drei Fälle (unter A2, B, C) gilt: der Gerichtsschreiber, gegen dessen Berechnung, oder der Grundbuch- oder Urkundsrichter, gegen dessen Entscheidung die Einwendung oder Beschwerde sich richtet, kann ihr selbst abhelfen, wenn er sie für begründet hält (Abs. 2 Nr. 1c des § 9 AV. v. 28. 7. 10, § 5 AV. v. 14. 3. 12).

2. Stempelerstattung.

Zur Entscheidung über Anträge auf Erstattung sind berufen bei Gerichtskostenstempeln (die als Gerichtskosten eingezogen werden; die LStV. v. 28. 7. 10 und die RStV. v. 14. 3. 12 betreffen nur solche Stempel) gewisse Gerichtsbehörden, für alle anderen Stempel die Stempelsteuer- bzw. Zollbehörden (Nr. 28 AB. z. LStG.). Von geringen Abweichungen abgesehen, ist die Antragsfrist jetzt (seit 1. April 1912) für Landes- und Reichsstempel die gleiche: zwei Jahre (früher beim Reichsstempel ein Jahr).

Für beide Stempel sind auseinanderzuhalten:

A. die Fälle, in denen erstattet werden muß (Erstattung aus Rechtsgründen);

B. die Fälle, in denen erstattet werden kann (Erstattung aus Billigkeitsgründen).

Im einzelnen liegt die Sache, soweit der Immobiliarstempel in Betracht kommt, hiernach so:

I. Erstattung des Landesstempels:

A. aus Rechtsgründen:

1. Nach § 25 Abs. 1abc LStG. sind zu erstatten:

a) gesetzlich nicht erforderliche[1]),

---

[1]) Vgl. z. B. Nr. 6 Abs. 1, Nr. 11 Abs. 1 Satz 4 AB. z. LStG.

b) von einer Behörde oder einem Beamten (auch einem Notare) vorgeschossene, vom Stempelschuldner nicht beitreibbare,

c) Stempel zu einem nichtigen oder mit Nichtigkeitsfolge anfechtbaren Geschäfte (§§ 119—124, 142—144 BGB.),

in allen drei Fällen nur auf Antrag, und zwar innerhalb zweier Jahre, zu a: nach der Stempelentrichtung, zu c: nach der Beurkundung oder, wenn die Nichtigkeit durch rechtskräftiges Urteil festgestellt ist, binnen Jahresfrist nach dessen Rechtskraft. Zu b ist der Antrag an keine Frist gebunden (s. Nr. 28 Abs. 2 AB. z. LStG.). In allen drei Fällen entscheidet über den Antrag das Stempelsteueramt[1]) (ebd. Abs. 3), bei Zweifeln die Oberzolldirektion (Abs. 5). Ist dagegen der Stempel zu den Gerichtskosten eingezogen, so entscheidet

im Falle unter a: der Grundbuchrichter oder Urkundsrichter, in dessen Geschäftsbereiche der Stempel zu der Auflassung oder zu dem Vertrage angesetzt worden ist. (Der Erstattungsantrag wird hier als Einwendung gegen einen unrichtigen Stempelansatz angesehen.) Weiterhin Beschwerde im Aufsichtswege (LGP., OLGP., JM.) (§ 9 Nr. 1b und 2a LStB.);

im Falle unter c: der Land- (für Berlin-Mitte der Amts-) Gerichtspräsident (§ 9 Nr. 2b Ziff. 1 LStB.). Weiterhin Beschwerde im Aufsichtswege.

2. Nach Tarif Nr. 32 Abs. 6 bis 8 LStG. ist die Erstattung[2]) des Wertstempels anzuordnen, der bereits verwendet ist, zu der Übertragung der Rechte des Erwerbers aus einem Grundstücksveräußerungsgeschäfte (oder bindenden Veräußerungsangebote oder aus Angebotsverträgen), wenn nachgewiesen wird, daß der erste Erwerber das Veräußerungsgeschäft abgeschlossen hat in Vollmacht oder Geschäftsführung ohne Auftrag für einen Dritten, abzüglich des Fixstempels von 3 M., dem die Übertragung in solchem Falle nach der angegebenen Tarifstelle nur unterliegt.

---

[1]) Antrag bei einer unzuständigen Steuerbehörde wahrt die Frist (Nr. 28 Abs. 2 Satz 5 AB. z. LStG.).

[2]) Ist der Wertstempel in solchen Fällen noch nicht verwendet, und wird innerhalb zweier Wochen nach der Beurkundung der Übertragung die Abstandnahme von der Einziehung des Wertstempels beantragt, so muß diese angeordnet werden (ebd. Abs. 8 Satz 2). Bei Gerichtskosten- (Immobiliar) Stempeln trifft, (wenn der Gerichtsschreiber nicht Abstand nehmen will) die Anordnung der Richter des betr. Geschäftsbereichs (§ 9 Nr. 2a AB. v. 28. 7. 10). Weiterhin Beschwerde im Aufsichtswege.

Über solche Anträge (Frist: zwei Jahre) entscheiden die Stempelsteuerämter (s. Nr. 66 Abs. 2 AB. z. LStG.), ist aber der Stempel als Gerichtskostenstempel erfordert und gezahlt, so entscheidet über die Erstattung der Land- (für Berlin-Mitte der Amts-) Gerichtspräsident (§ 9 Nr. 2b$^{2 u. 3}$ AB. v. 28. 7. 10).

3. Der Auflassungsstempel wird erstattet, wenn die das Veräußerungsgeschäft enthaltende, in an sich stempelpflichtiger Form ausgestellte Urkunde in Urschrift, Ausfertigung oder beglaubigter Abschrift vorgelegt wird. Erstattungsantrag nur innerhalb zweier Jahre nach der Stempelentrichtung (Tarif Nr. 8 Abs. 3 LStG.). Es entscheidet über ihn der Grundbuchrichter (§ 9 Nr. 2a Nr. 1b AB. v. 28. 7. 10), weiterhin wird im Aufsichtswege entschieden (LGP. bzw. AGP., OLGP., JM.).

4. Hat jemand von seinem Grundstücke einem anderen ein unbestimmtes Stück, z. B. „wie viel er davon bedürfen werde, aber höchstens so und so viel ha" verkauft, oder wahlweise ein kleineres und ein größeres Stück, so ist der Stempel sogleich zu verwenden nach dem höchstmöglichen Werte (vgl. Nr. 5 AB. z. LStG.). In diesem Falle wird der Stempel bis auf den der wirklichen Leistung entsprechenden Betrag erstattet, wenn dann die Leistung nicht bis zu der verstempelten Höchstgrenze erfolgt ist (§ 6 Abs. 2 LStG.). Hier läuft die zweijährige Stempelerstattungsantragsfrist vom Tage, wo die wirkliche Leistung feststeht (Nr. 3 AB. z. LStG.). Es entscheiden die Stempelsteuerämter (des Verwendungsorts) (Nr. 28 Abs. 3 ebd.), bei Gerichtskostenstempeln der LGP. bzw. AGP.; weiterhin Beschwerde im Aufsichtswege (§ 9 Nr. 2b^{2} AB. v. 28. 7. 10).

5. Wird ein Zuschlagsbeschluß aufgehoben, so ist ein etwa davon schon gezahlter Stempel zu erstatten (Tarif 32 Abs. 4 LStG.). Es entscheidet über den Antrag der LGP. (in Berlin-Mitte der AGP.), weiterhin der OLGP. und der JM. (§ 9 Nr. 2b^{2} AB. v. 28. 7. 10).

B. Erstattung des Landesstempels aus Billigkeitsgründen:

Aus Billigkeitsgründen kann der Landesstempel auf Antrag erstattet[1]) werden:

---

[1]) oder, wenn noch nicht verwendet, niedergeschlagen werden (Nr. 28 Abs. 12 AB. z. LStG. — für Gerichtskostenstempel § 8 Nr. 2, § 9 Nr. 2b^{3} AB. v. 28. 7. 10).

1. wenn die Ausführung eines Geschäfts unterblieben oder ein Geschäft auf Grund der Wandelung rückgängig gemacht ist (§ 25 Abs. 2 LStG.) (Antragsfrist: zwei Jahre resp. ein Jahr. Fristbeginn s. aaO.). Über den Antrag (der die Nichtausführung oder das Rückgängiggemachtwordensein dartun und die Billigkeitsgründe erörtern muß) entscheiden die Oberzolldirektionen (Nr. 28 Abs. 9 AB. z. LStG.), weiterhin der FM. (Nr. 31 Abs. 2 ebd.), bei Gerichtskostenstempeln entscheidet der LGP. (AGP.), weiterhin der OLGP. und der JM. (§ 9 Nr. 2b³ AB. v. 28. 7. 10).

2. bei Beurkundungen von Übertragungen[1]) der Rechte der Erwerber aus Veräußerungsgeschäften über ein Grundstück oder bei Beurkundungen nachträglicher Erklärungen[1]) der aus einem solchen Veräußerungsgeschäfte berechtigten Erwerber, die Rechte für einen Dritten erworben zu haben (die nach Tarif 32 Abs. 6 LStG. an sich mit dem vollen Kaufstempel zu verstempeln sind und nur in dem Ausnahmefalle [Abs. 7] einem Fixstempel von 3 M. unterliegen), wenn zwar die Ausnahme des Abs. 7 nicht dargetan ist, aber besondere Billigkeitsgründe vorliegen (Abs. 8 Satz 3 aaO.), namentlich also dann, wenn Vollmachtauftrag oder Geschäftsführung zwar nicht erweislich, aber wahrscheinlich gemacht sind. An eine Frist ist hier der Erstattungsantrag nicht gebunden. Die Entscheidung liegt auch hier (wie unter 1) zunächst bei den Oberzolldirektionen bzw. bei Gerichtskostenstempeln bei den Landgerichtspräsidenten (s. die Zitate oben unter 1).

3. Wenn ein durch Auflassung bereits erfüllter Grundstücksveräußerungsvertrag durch einen nach § 313 BGB. geschlossenen Vertrag rückgängig gemacht wird, so unterliegt dieser Aufhebungsvertrag an sich dem $1^2/_3$ proz. Landes- und Reichsstempel (Tarif Nr. 71 Ziff. 1 Abs. 2 LStG., Nr. 11a RStG.). Der Landeswertstempel kann aber aus Billigkeitsgründen bis auf $^1/_{20}$ ermäßigt werden (Abs. 3 Ziff. 1 der Tarif Nr. 71 LStG.), jedoch nur der Stempel zu dem (mindestens privatschriftlichen, durch Rückauflassung wirksam gewordenen) Vertrage, nicht der Auflassungsstempel, wenn auf Grund mündlichen Abkommens zurückaufgelassen ist (vgl. Hummel u. Specht Anm. 3 S. 1169). Zuständigkeit, wie vor (Nr. 28 Abs. 10 AB. z. LStG.).

[1]) Nur bei solchen Zessionen und Erklärungen, also nicht bei der Weiterauflassung schon erworbenen Eigentums, auch nicht beim Eintritt eines neuen Käufers an Stelle des bisherigen in den Kaufvertrag (s Hummel u. Specht 814 Nr. 75).

Nachtrag: Dem LG.-Präsidenten steht es auch zu, Niederschlagung oder Erstattung von Landesst. anzuordnen bei Rechtsgeschäften und Gerichtsverhandlungen, die zur Erfüllung der Zwecke provinziell organisierter mit der bäuerlichen Kolonisation und Arbeitersiedelung befaßter Ansiedelungsgesellschaften dienen, aber nur soweit die Gesellsch. gesetzlich den Stempel zu tragen haben, u. bei zweiseitigen Verträgen immer nur hinsichtlich der Hälfte. Ebenso bei Ansiedelungsunternehmern (Kr.-Komm.-Verbänden, Kr.-Gesellsch., Gesellsch. m. b. H., Genossensch., rechtsfähigen Vereinen), die die Arbeitersiedelung in gemeinnütziger Weise betreiben und sich den ministeriellen Vorschriften unterwerfen. Allerh. Erl. v. 12. 3. 12 RundV. v. 29. 6. 12 und die dazu ergangenen OLGVerff.

II. Erstattung des **Reichs**stempels:

Der Bundesrat bestimmt, ob und inwieweit der Reichsstempel auf Antrag zu erstatten ist (§ 79 Abs. 2 RStG.). Er hat es bestimmt in den §§ 169, 170ff., 162 Abs. 3, 165 Abs. 3, 185 AB. z. RStG. Auch er unterscheidet:

A. in § 169: Erstattung aus Rechtsgründen:

1. wenn Nichtigkeit oder Anfechtbarkeit mit Nichtigkeitsfolge vorliegt,
2. wenn ein Zuschlagsbeschluß aufgehoben ist,
3. wenn nach Zahlung des Auflassungsstempels die verstempelte Vertragsurkunde vorgelegt wird,
4. wenn nach Zahlung des Auflassungsstempels die einem geringeren Stempel unterliegende Urkunde, z. B. der stempelfreie Überlassungsvertrag, vorgelegt wird.

§ 169 ist aber nicht ausschließlich sedes materiae. So ist z. B.:

5. Nach § 162 Abs. 3 AB. z. RStG. der Reichsstempel zu erstatten, wenn nach seiner Entrichtung nachträglich ein begründeter Antrag auf Befreiung (nach Tarif Nr. 11 am Schlusse Befr. Nr. 1 oder 2, oder sonst) gestellt wird oder die Befreiungsvoraussetzungen nachträglich nachgewiesen werden. Ferner ist:
6. der überhobene Betrag zu erstatten, wenn Immobilien und Mobilien ohne Angabe der Einzelpreise zusammen veräußert und zu dem Vertrage $^2/_3$% Stempel vom Gesamtpreise verwendet worden sind, nachträglich aber der auf die Mobilien entfallende reichsstempelfreie Einzelpreis angegeben[1]) wird (§ 165 Abs. 3 AB. z. RStG.). Endlich:

[1]) Das kann für den Reichsstempel auch nach Ablauf der zweiwöchigen Frist aus § 83 RStG. geschehen (Nr. 24 PrAB. z. RStG.), für den Landesstempel dagegen nicht (Nr. 7 Abs. 1 Satz 2 AB. z. LStG.).

7. spricht § 185 AB. z. RStG. ganz allgemein von der Erstattung zu Unrecht entrichteter Stempelabgaben.

Ob in den Fällen unter 5, 6, 7 — wie anzunehmen ist — auf Antrag Erstattung angeordnet werden muß, oder ob diese drei Fälle etwa richtiger unter B nachfolgend gehören, ist nicht klar genug aus den AB. z. RStG. zu ersehen.

B. in § 170: Erstattung aus Billigkeitsgründen:

wenn bei Nichtausführung des Geschäfts oder im Falle der Wandlung[1]) Billigkeitsgründe[2]) vorliegen.

Erstattungsantragsfrist in allen Fällen unter A und B: zwei Jahre nach der Stempelentrichtung, ev. (§ 172 aaO.) von einem späteren Zeitpunkte ab (vgl. jetzt auch AB. v. 24. 5. 12). Über den Antrag entscheidet das Stempelsteueramt (Nr. 45 PrAB. z. RStG.) unter sinngemäßer Anwendung der landesgesetzlichen Verfahrensvorschriften in § 24 der Buchführungsordn. v. 17. 8. 10 für den Landesst. (ZentrBlAB. 10 Beil. zu Nr. 20) und in Nr. 28 der AB. z. LStG. (Wegen der Anträge auf Erstattung von Reichsst., die von Notaren erhoben sind, vgl. Nr. 7 AB. v. 23. 5. 10). Ist dagegen der Stempel zu den Gerichtskosten eingezogen, dann entscheiden bezüglich des Reichsstempels dieselben Behörden, wie (oben unter I) bezüglich des Landesstempels. Es sind deshalb Erstattungsanträge

wegen nachträglichen Nachweises der Befreiungsvoraussetzungen (§ 162 Abs. 3 AB. z. RStG.) — oben unter A 5 —,

wegen nachträglicher Angabe der Einzelpreise für die Mobilien und Immobilien (§ 165 Abs. 3 ebd.) — oben unter A 6 —

wegen nachträglicher Vorlegung der Vertragsurkunde (§ 169c ebd.) — oben unter A 3 —,

überhaupt wegen „zu Unrecht entrichteter" Stempelabgabe (§ 185 Abs. 1 ebd.) — oben unter A 7 —,

wie Einwendungen gegen den Stempelansatz zu behandeln, es entscheidet deshalb darüber der Grundbuchrichter oder Richter der freiwilligen Gerichtsbarkeit, in dessen Geschäftsbereiche der Stempel angesetzt worden ist (§ 8 Abs. 2 AB. v. 14. 3. 12, § 9 Nr. 2 u. Nr. 1b LStB.). Über Beschwerden gegen dessen Entscheidung wird im Aufsichtswege entschieden. In allen übrigen Fällen des Gerichts-

[1]) Nur in diesen beiden Fällen, in anderen Fällen wäre die Bestimmung des Bundesrats einzuholen (§ 79 Abs. 2 RStG.).

Wann solche vorliegen, s. Grunds. Nr. 16.

kostenstempels steht die Entscheidung über Erstattungsanträge dem Land-(für Berlin-Mitte Amts-)gerichtspräsidenten zu.

Wegen der Anrechnung des Auflassungsstempels auf den Stempel zu einer später vor Gericht errichteten Veräußerungsvertragsurkunde s. § 8 Abs. 3 AV. v. 14. 3. 12, § 18 LStV.

Über die kassenmäßige Behandlung der Erstattung des Gerichtskostenreichsstempels s. jetzt AV. v. 5. 8. 12 Nr. 4 ff.

3. Stempelbefreiungen.

I. Nach Landesstempelrecht:

Die sachlichen enthält § 4 LStG., die persönlichen § 5 LStG., die durch frühere Gesetze oder Privilegien bewilligten sind aufrechterhalten in § 4 Abs. 1h, § 5 Abs. 4 LStG. Auch bei Auflassungen (als gegenseitigen Verträgen) gelten die persönlichen und die sachlichen Stempelsteuerbefreiungen der §§ 4 u. 5 LStG., s. § 13 Nr. 1 LStV.

Wann außer den Fällen in den §§ 4 u. 5 LStG. Grundstücksveräußerungsverträge steuerfrei sind, oder einem ermäßigten Stempel unterliegen, ist bei den einzelnen Tarifstellen zu ersehen, für den Immobiliarstempel insbesondere bei Tarif Nr. 25c Abs. 2, Nr. 25d Ziff. 1 Abs. 2, Ziff. 2 Abs. 3 und bei Tarif Nr. 32 Abs. 10 LStG. Die Befreiungs- und Ermäßigungsgründe sind auf der Urschrift, Ausfertigung, oder Abschrift der Verhandlung kurz anzugeben (Nr. 6 Abs. 5 Satz 2 AV. z. LStG.).

II. Nach Reichsstempelrecht:

Persönlich befreit sind nur der Landesfürst und die Landesfürstin (§ 84 RStG.). Sind sie Erwerber, so ist deshalb die Abgabe überhaupt nicht zu entrichten. Nehmen sie dagegen als Veräußerer an dem Rechtsgeschäfte teil, so ist die Abgabe ganz von den sonstigen Beteiligten zu erheben (Nr. 1 der AV. v. 13. 12. 10 u. Grunds. Nr. 13). Sachliche Befreiungen im allgemeinen kennt das Reichsstempelrecht überhaupt nicht.

Einzelne sachliche oder persönliche Befreiungen sind enthalten
- in Tarif Nr. 11a Befr. Nr. 1 z. RStG. (entgeltliche Veräußerungsverträge zwecks Teilung unter Miterben),
- in Tarif Nr. 11a Befr. Nr. 2 z. RStG. (Überlassungsverträge),
- in Tarif Nr. 11a Befr. Nr. 3 z. RStG. (Abtretung der Rechte aus dem Meistgebote usw. in gewissen Fällen),

in Tarif Nr. 11b Befr. (Einbringen von Nachlaßgegenständen in eine nur aus den Miterben gebildete Gesellschaft mit beschränkter Haftung),

in Tarif Nr. 11c Befr. (Rückgewähr vom Gesellschafter eingebrachter Grundstücke an ihn usw.).

Die in der Praxis häufigsten Reichsstempelbefreiungen sind die auf Antrag in den beiden Fällen unter Nr. 1 u. Nr. 2 am Schlusse der Tarifstelle 11 z. RStG. in der Fassung v. 14. 2. 11.

Nach Nr. 1 sind zu befreien:

alle entgeltlichen Grundstücksveräußerungsverträge und Auflassungen (Tarif Nr. 11a und 11d), wenn

1. es sich um geringwertige Grundstücke (bebaute von nicht über 20000 M., unbebaute von nicht über 5000 M. Preis bzw. Wert[1]) handelt, und
2. der Erwerber und sein Ehegatte
   a) im letzten Jahre nicht mehr als 2000 M. Einkommen gehabt haben,
   b) auch nicht den Gründstückshandel gewerbsmäßig betreiben.

Hierzu sagt das Gesetz in seiner neuen, durch § 70 ZwStG. erlangten Fassung erläuternd, und Zweifel der früheren Fassung beseitigend:

1. Wenn die Umstände ergeben, daß zum Zwecke der Ersparung des Reichsstempels ein Rechtsvorgang in mehrere zerlegt ist, dann sind die Übertragungen mehrerer Grundstücke oder Grundstücksteile unter denselben Personen stempelpflichtig, wenn der zusammengerechnete Wert 20000 M. bzw. 5000 M. übersteigt (Befr. Nr. 1 Satz 2, vgl. dazu auch B. d. RSchA. v. 21. 7. 10 unter Nr. 5, und Nr. 2 Abs. 4 AB. v. 13. 12. 10 [z. B. einheitliche Auflassung]).

2. Als unbebaut gelten Grundstücke, auf denen sich Gartenhäuser, Schuppen, Lagerstätten und ähnliche zu vorübergehenden Zwecken dienende Baulichkeiten[2]) befinden (Befr. Nr. 1 Satz 3 und § 1 ZuwStG.).

---

[1]) Bei Rentengutsverträgen kommt es darauf an, ob der nach Abzug des Werts der übernommenen Rente verbleibende Kaufpreisteil (dieser ist der „stempelpflichtige" Betrag, s. oben S. 36 ff.) 20000 M. bzw. 5000 M. nicht überschreitet. Bei Auflassung ohne Vertrag dagegen wird der Wert schlechthin maßgebend sein. Vgl. S. 191 Nr. 4.

[2]) Davon abgesehen, ist Gebäude jede für dauernde Zwecke bestimmte Baulichkeit, gleichviel ob Wohn- oder Wirtschaftsgebäude, ob in der Stadt oder auf dem Lande belegen, — Nr. 2 am Schlusse der AB. v. 13. 12. 10. — Als bebautes Grundstück ist nicht anzusehen nur die Gebäudefläche, auch nicht nur diese samt dem unmittelbar dazu gehörenden Hofraum, Vorgärten u. dgl., sondern auch solche Grund-

3. Wird festgestellt, daß der Erwerb (wenn auch auf den Namen des als Käufer usw. Auftretenden, doch) für Rechnung eines Dritten erfolgt, so tritt Steuerfreiheit nur ein, wenn auch bei dem Dritten die Befreiungsvoraussetzungen vorliegen (Befr. Nr. 1 Abs. 2 Satz 2).

4. Daher sind auch Abtretungen der Rechte aus einem Kaufvertrage usw. durch einen befreiten Käufer nicht schon dann steuerfrei, wenn erweislich in Vollmacht des Dritten oder in Geschäftsführung ohne Auftrag für ihn gekauft war, sondern erst dann, wenn auch bei dem Dritten die Befreiungsvoraussetzungen vorliegen (Befr. Nr. 1 Abs. 3).

Es werden aber neben diesen, im Gesetze selbst festgelegten auch ferner als Richtschnur gelten können flg., in den Schreiben des Reichskanzlers v. 4./21. 7. 10 aufgestellten (zum Teil in der AB. v. 13. 12. 10 wiedergegebenen) neuerdings (s. AB. v. 5. 8. 12) erweiterten Grundsätze:

5. Nur physische Personen kommen in Betracht, nicht Korporationen u. dgl. (Nr. 1 aaO.; vgl. auch Nr. 3 AB. v. 8. 7. 10; RG. 29. 4. 10. u. 25. 2. 10[1]), Rspr. 21 S. 137 [= RG. 40 B 369] bis 139; Jena, 12. 11. 10, Rspr. 22 S. 119 auch Grunds. Nr. 10a.).

6. Beim Tauschvertrage gelten beide als Erwerber. Treffen bei einem die Befreiungsvoraussetzungen zu, bei dem anderen nicht, so hat dieser den halben Stempel des Vertrages zu tragen, auch wenn nicht er, sondern der erstere das wertvollere Grundstück erwirbt, s. Nr. 2 aaO., oben S. 55, auch Grunds. Nr. 10b.

7. Erwerben mehrere ein Grundstück, so tritt die Befreiung nur ein, wenn bei allen die persönl. Befr.-Merkmale vorliegen (Nr. 3 aaO. und Nr. 4 AB. v. 8. 7. 10), und maßgebend ist der Preis bzw. Wert des ganzen Grundstücks (Nr. 5 aaO. u. Grunds. Nr. 10c).

8. Nach Nr. 4 ebd. (vgl. Nr. 2 Abs. 1 u. 2 AB. v. 13. 12. 10) sollte als Einkommen anzusehen sein die Gesamtheit der für den Lebensunterhalt einer Familie (Mann, Frau und Kinder) vorhandenen Einkünfte, und es sollte ein Erwerb durch Kinder oder Ehegatten nicht steuerfrei sein, wenn ersterenfalls die Eltern, letzterenfalls der andere Ehegatte den Grundstückshandel gewerbsmäßig treiben, oder wenn die Gesamteinnahmen der Haushaltungs-

---

stücksteile, die zusammen mit jenen eine wirtschaftliche Einheit bilden — Nr. 2 Abs. 5 AB. v. 13. 12. 10 — Ob ein einheitliches Grundstück in Frage steht, dafür ist die Verkehrsauffassung maßgebend, nicht die Art der Eintragung im Grundbuche oder Kataster. — Ebd., s. jetzt auch Grunds. Nr. 10d.

[1]) Nach dieser Entscheidung soll übrigens Straßenland wegen seiner öffentlich-rechtlichen Zweckbestimmung zwar sehr niedrig, aber nicht auf Null zu schätzen sein.

gemeinschaft mehr als 2000 M. ausmachen. Ob dies, namentlich für **Kinder**, an deren Vermögen dem Vater oder der Mutter die Nutznießung nicht oder nicht mehr zusteht, auch jetzt noch zutrifft, nachdem das Gesetz in seiner neuen Fassung den anderen Ehegatten herangezogen, die Kinder aber unberücksichtigt gelassen hat, erscheint zweifelhaft. Es wird auf den konkreten Fall ankommen. (Man denke nur an unlauteres Vorschieben des Kindes als Erwerbers.) Wegen des Einkommens Verlobter s. Grunds. Nr. 10e.

9. Werden bebaute und unbebaute Grundstücke einheitlich erworben, so tritt Steuerfreiheit nicht ein, wenn die zusammengerechneten Werte 20000 M. übersteigen (also Kätnerstelle oder Vororthäuschen im Werte von 19000 M. und an anderer Stelle gelegener Bauplatz, Wert 2000 M., nicht etwa steuerfrei). Betragen die Werte zusammen nicht über 20000 M., so tritt Steuerfreiheit ein, und zwar in Ansehung des auf den bebauten Teil entfallenden Preises oder Wertes immer, in Ansehung des unbebauten nur dann, wenn dieser Preis oder Wert 5000 M. nicht übersteigt (Nr. 5 des Schreibens des Reichskanzlers v. 21. 7. 10).

Über das Verfahren sind folgende — zum Teil neue — Vorschriften ergangen (§ 162 AB. z. RStG.; Nr. 22 PrAB. z. RStG.; § 7 AB. v. 14. 3. 12):

Die zur Versteuerung zuständige Stelle (Behörde, Beamter, Notar) hat auf die Befreiungsvorschrift hinzuweisen. Der Antrag und die für die Steuerfreiheit maßgebenden Tatumstände sind in die Verhandlung aufzunehmen. Ob die Befreiungsvoraussetzungen vorliegen, hat die betr. Stelle (der Richter, der Notar, die Steuerbehörde) zu prüfen und zu entscheiden. Für den Einkommensnachweis genügen im allgemeinen Steuerquittungen u. dgl. Von der Stempelabgabe ist nur dann abzusehen, wenn die Befreiungsvoraussetzungen überzeugend dargetan sind. Es ist dann der oben S. 48 angegebene, vom Richter oder Notar oder der Steuerbehörde zu vollziehende Vermerk auf die Urkunde zu setzen. Sind zur Feststellung, ob die Befreiungsvoraussetzungen vorliegen, besondere Ermittelungen erforderlich, so kann das Gericht die Hilfe des Hauptzollamts in Anspruch nehmen und bis dahin die Auflassung von Sicherheitsleistung (s. S. 32) abhängig machen. (Letzteres auch dann, wenn eine von einer Behörde, einem Beamten oder Notar aufgenommene Urkunde, für die die Abgabe zu den Gerichtskosten erhoben werden kann [s. S. 23], den Befreiungsvermerk nicht enthält, oder besondere Umstände ein Nachprüfen der tatsächlichen Befreiungsvoraussetzungen angezeigt erscheinen lassen und sich hierdurch die Einziehung der Abgabe verzögert.) Wird zwar der Antrag auf Befreiung gestellt, werden aber die Befreiungsvoraussetzungen nicht gleichzeitig dargetan, so ist den Beteiligten die Nachbringung der Bescheinigungen aufzugeben. In oder auf der Urkunde sind zu vermerken:

der Hinweis auf die Befreiungsvorschrift,

und die Aufforderung zum Nachbringen der Bescheinigungen.

Obwohl die Ausführungsbestimmungen nichts darüber sagen, wird für das Nachbringen eine Frist zu setzen sein. Nach deren Ablaufe wird der Reichsstempel einzuziehen sein.

Bis zur Entrichtung der Abgabe aber können sowohl der Befreiungsantrag wie der Nachweis der Befreiungsvoraussetzungen nachgeholt werden. Der Antrag wie die Bescheinigungen bleiben tunlichst bei den Akten.

Nach Entrichtung der Abgabe ist der Steuerpflichtige auf den Erstattungsweg zu verweisen (§ 162 Abs. 3 Satz 3, § 185 Abs. 1 AB. z. RStG.; Nr. 45 PrAB. z. RStG.). Wer über die Erstattung zu entscheiden habe, darüber s. oben S. 98[5] u. 99.

Wie zu verfahren ist, wenn zu einem notariellen oder privatschriftlichen, bei der Auflassung vorgelegten Vertrage ein Befreiungsantrag vorliegt, darüber s. oben S. 42 u. 45c.

Nach Nr. 2 der Tarifstelle Nr. 11 am Schlusse sind auf Antrag befreit:

Eigentumsveränderungen in Enteignungsfällen[1]). Es kann hier nicht gedacht sein an Enteignungen im Enteignungsverfahren durch Enteignungsbeschluß. Denn in solchem Falle liegt eine stempelpflichtige freiwillige Veräußerung überhaupt nicht vor. Es kommen also in Betracht solche Fälle, wo die Beteiligten aus Gründen des öffentlichen Wohles sich Eigentumsveränderungen zu unterwerfen gesetzlich verpflichtet sind und wo sie auf Grund dessen durch Vertrag ein Grundstück veräußern und durch Auflassung das Eigentum übertragen (vgl. Anm. 63 zum Tarif des RStG. und oben S. 27/28).

[1]) Die Vorschrift unter Nr. 2 schließt sich fast wörtlich an den § 4 Nr. 1e LStG. an.

Teil II.

Zusammenstellung der stempelrechtlichen Vorschriften.

I. Landesstempel.

1. Stempelsteuergesetz in der Fassung der Bekanntmachung vom 30. Juni 1909 (GS. 09, S. 535) im Auszuge.

Wir Wilhelm, von Gottes Gnaden König von Preußen ꝛc., verordnen, mit Zustimmung der beiden Häuser des Landtags, für den Umfang der Monarchie mit Ausschluß der Hohenzollernschen Lande und der Insel Helgoland, was folgt:

I. Abschnitt.

Von der Pflicht zur Entrichtung der Stempelsteuer.

§ 1. Gegenstand der Stempelsteuer.

1. Die in dem anliegenden Tarif aufgeführten Urkunden und die in der Tarifstelle 48 I erwähnten mündlichen Verträge unterliegen den darin bezeichneten Stempelabgaben.

2. Stempelpflichtig sind Urkunden, welche mit dem Namen oder der Firma des Ausstellers unterzeichnet sind, insoweit nicht dieses Gesetz oder der Tarif entgegenstehende Bestimmungen enthält. Den unterschriftlich vollzogenen Urkunden stehen diejenigen gleich, unter welchen der Name oder die Firma des Ausstellers in seinem Auftrag unterschrieben oder mit seinem Wissen oder Willen durch Stempelaufdruck, Lithographie oder in irgendeiner anderen Art mechanisch hergestellt ist.

3. Ergibt sich die Einigung über ein Geschäft aus einem Briefwechsel oder einem Austausche sonstiger schriftlicher Mitteilungen, so wird in der Regel ein Stempel hierfür nicht erhoben. In einem solchen Falle tritt aber die Verpflichtung zur Entrichtung des betreffenden Stempels dann ein, wenn nach der Verkehrssitte über das Geschäft ein förmlicher schriftlicher Vertrag errichtet zu werden pflegt, diese Errichtung indessen nicht stattgefunden hat und von den Beteiligten beabsichtigt ist, durch den Brief-

wechsel oder den Austausch der sonstigen schriftlichen Mitteilungen die Aufnahme eines solchen Vertrags zu ersetzen.

§ 2. Verhältnis des Auslandes zum Inlande.

1. Der Stempelsteuer unterliegen auch die von Inländern oder von Ausländern im Ausland errichteten Urkunden über Geschäfte, welche im Inlande befindliche Gegenstände betreffen oder welche im Inlande zu erfüllen sind.

2. Inland im Sinne dieses Gesetzes und des Tarifs ist der Geltungsbereich dieses Gesetzes.

3. Auf die nach Abs. 1 zu entrichtende Stempelsteuer kann der in einem anderen Bundesstaate für die Urkunden entrichtete Stempel angerechnet werden, wenn von dem anderen Bundesstaate Preußen gegenüber die gleiche Rücksicht geübt wird.

§ 3. Allgemeine Grundsätze über die Stempelpflichtigkeit.

1. Die Stempelpflichtigkeit einer Urkunde richtet sich nach ihrem Inhalte.

2. Für die Stempelpflichtigkeit ist die Hinzufügung von Bedingungen[1]), die Wiederaufhebung und die unterbliebene Ausführung des Geschäfts — vorbehaltlich entgegenstehender Bestimmungen des Gesetzes oder des Tarifs — sowie die Vernichtung der Urkunde ohne Bedeutung.

3. Urkunden, in denen ein Geschäft nur in der Form der Verdeutlichung oder Begründung einer anderen Erklärung erwähnt wird, sind in Ansehung jenes Geschäfts stempelpflichtig, wenn die Absicht auf die Beurkundung desselben gerichtet gewesen ist.

§ 4. Sachliche Stempelsteuerbefreiungen.

1. Von der Stempelsteuer sind befreit:

a) Urkunden über Gegenstände, deren Wert nach Geld geschätzt werden kann, wenn dieser Wert 150 Mark nicht übersteigt, insoweit nicht der Tarif entgegenstehende Bestimmungen enthält;

b) Urkunden, welche wegen Bestimmung des Betrages öffentlicher Abgaben und Einziehung derselben und überhaupt wegen Leistungen an den Fiskus des Deutschen Reichs oder des Preußischen Staates infolge allgemeiner Vorschriften aufgenommen oder beigebracht werden müssen, sofern sie allein zu diesem Zwecke dienen[2]);

c) die auf die Heeresergänzung und die Befreiung von dem Heeresdienste sowie von den Reserve- und Landwehrübungen bezüglichen amtlichen Urkunden;

---

[1]) Aber nicht stempelpflichtig, wenn das bloße Wollen des einen Teils Bedingung ist. RG. 5. 2. 09, Rspr. 19, S. 282.

[2]) Hierunter fallen polizeiliche Bescheinigungen über die Voraussetzungen der Befreiungsvorschrift aus Tarif Nr. 11 d am Schlusse zum RStG. (AV. v. 13. 5. 10, JMBl. 162).

d)[1]) die von der Auseinandersetzungsbehörde und deren Abgeordneten oder im Auftrag und auf Ersuchen derselben von anderen Behörden wie auch in den vorgesetzten Instanzen gepflogenen Verhandlungen, und zwar sowohl über den Hauptgegenstand der Auseinandersetzung als auch über die damit verbundenen Nebenpunkte, einschließlich aller hierzu gehöriger Urkunden, desgleichen Urkunden, die von anderen Behörden auf Antrag der Parteien ausgestellt werden, sofern sich letztere über die ihnen von der Auseinandersetzungsbehörde oder einem Abgeordneten derselben gemachte Auflage zur Beibringung solcher Urkunden ausweisen;

e) Urkunden wegen Besitzveränderungen, denen sich die Beteiligten aus Gründen des öffentlichen Wohles[2]) zu unterwerfen gesetzlich verpflichtet sind[3]) (Enteignungen), ohne Unterschied, ob die Besitzveränderung selbst durch Enteignungsbeschluß oder durch freiwillige Veräußerungsgeschäfte[4]) bewirkt wird;

f) Abschriften, Auszüge und Bescheinigungen jeder Art aus den bei der Katasterverwaltung geführten beziehungsweise aufbewahrten Karten und sonstigen Schriftstücken;

g) Verfügungen und Verhandlungen der Schiedsmänner, soweit die Stempelpflichtigkeit derselben in der Tarifstelle „Vergleiche" nicht ausdrücklich angeordnet ist (vergleiche auch § 13 Buchstaben a)[5]) und § 15);

h) alle Urkunden über Gegenstände, denen durch frühere Gesetze oder landesherrliche Privilegien Stempelfreiheit bewilligt worden ist.

2. Die Befreiung zu a findet auch auf diejenigen Vollmachten Anwendung, aus deren Inhalt der Wert des Gegenstandes nicht ersichtlich ist, sofern nachgewiesen wird, daß der Wert den Betrag von 150 Mark nicht übersteigt.

§ 5. Persönliche Stempelsteuerbefreiungen.

1. Von der Entrichtung der Stempelsteuer sind befreit:

a) der König, die Königin und die Königlichen Witwen;

b) der Fiskus des Deutschen Reichs und des Preußischen Staates und alle öffentlichen Anstalten und Kassen, welche für Rechnung des Reichs oder des Preußischen Staates verwaltet werden oder diesen gleichgestellt sind;

c) deutsche Kirchen und andere deutsche Religionsgesellschaften, denen die Rechte juristischer Personen zustehen;

---

[1]) Den Kreisen steht für den Erwerb von Grundstücken, die durch Vermittelung der Generalkommission als Rentengüter ausgegeben werden sollen, Freiheit vom Reichs- oder Landesstempel nicht zu. KG. 31. 12. 10, 41 B 279.

[2]) Nicht, wenn an den Kreis veräußert wird, der nur den Grunderwerb vermittelt zwischen den Verkäufern und der Eisenbahngesellschaft. KG. 30. 11. 05, Rspr. 13 S. 286.

[3]) S. hierzu oben S. 27, 28.

[4]) Auch wenn das Geschäft eine Schenkung ist. KG. 6. 7. 03, 27 B 26.

[5]) Jetzt § 13 Abs. 2.

d) öffentliche Armen-, Kranken-[1]), Arbeits- und Besserungsanstalten, ferner öffentliche Waisenhäuser, vom Staate genehmigte Hospitäler und andere Versorgungsanstalten, ferner vom Staate genehmigte Vereine für die Kleinkinderbewahranstalten sowie Stiftungen, welche als milde ausdrücklich anerkannt sind;

e) öffentliche Schulen und Universitäten;

f) Gemeinden (Gutsbezirke) und Verbände von solchen in Armen-, Schul- und Kirchenangelegenheiten;

g) Aktiengesellschaften, Genossenschaften und Gesellschaften mit beschränkter Haftung[2]), deren durch Statut bestimmter Zweck ausschließlich darauf gerichtet ist, minderbemittelten Familien oder Personen gesunde und zweckmäßig eingerichtete Wohnungen in eigens erbauten oder angekauften Häusern zu billigen Preisen zu verschaffen, und deren Statut die an die Gesellschafter zu verteilende Dividende auf höchstens vier Prozent ihrer Anteile beschränkt, auch den Gesellschaftern für den Fall der Auflösung der Gesellschaft nicht mehr als den Nennwert ihrer Anteile zusichert, den etwaigen Rest des Gesellschaftsvermögens aber für gemeinnützige Zwecke bestimmt.

Sofern eine dieser Gesellschaften oder Genossenschaften ihr Statut und damit zugleich ihren Zweck in der Weise ändert, daß die vorstehend angegebenen Voraussetzungen nicht mehr zutreffen, können alle Stempelbeträge, die mangels einer Befreiung fällig geworden sein würden, nachträglich binnen Jahresfrist eingefordert werden.

2. Dem Staatsoberhaupt und dem Fiskus anderer Staaten als des Deutschen Reichs und des Preußischen Staates sowie den öffentlichen Anstalten und Kassen, die für Rechnung eines solchen anderen Staates verwaltet werden oder diesen gleichgestellt sind, und den Chefs der bei dem Deutschen Reiche oder bei Preußen beglaubigten Missionen kann die Stempelsteuerbefreiung gewährt werden, wenn der betreffende Staat Preußen gegenüber die gleiche Rücksicht übt.

3. In den Fällen zu d bis g erstreckt sich die Stempelsteuerbefreiung nur auf inländische Anstalten, Stiftungen, Vereine usw. Diese Befreiung kann jedoch auch ausländischen Anstalten, Stiftungen, Vereinen usw. gewährt werden, wenn der auswärtige Staat Preußen gegenüber die gleiche Rücksicht übt.

4. Die außerdem gewissen Personen, Behörden, Gesellschaften, Anstalten, Stiftungen, Vereinen usw. durch frühere Gesetze oder landesherrliche Privilegien bewilligten Steuerbefreiungen bleiben auch fernerhin in Kraft.

5. Die nach den vorstehenden Bestimmungen von der Stempelsteuer befreiten Personen, Behörden, Gesellschaften, Anstalten, Stiftungen, Vereine

[1]) S. Rspr. 11 S. 191, KG. 4. 7. 04. — Auch die für eine erst in der Entwickelung begriffene Stiftung erfolgende Auflassung an die Nachlaßmasse zum Nutzen der künftigen Stiftung. KG. 4. 1. 05, Rspr. 11 S. 198.

[2]) Nicht Beamtenwohnungsverein. KG. 13. 11 02, Rspr. 7 S. 430 ff.

usw. sind nicht befugt, diese Befreiung den Privatpersonen, mit welchen sie Verträge eingehen, einzuräumen, wenn diese Personen an sich nach gesetzlicher Vorschrift zur Entrichtung des Stempels verbunden sind.

6. Bei allen zweiseitigen Verträgen mit solchen Personen muß für den Vertrag die Hälfte des Stempels und für die Nebenausfertigungen außerdem der vorgeschriebene Stempel (§ 9) entrichtet werden.

7. Bei Verträgen über Lieferungen an den Fiskus des Deutschen Reichs oder des Preußischen Staates und alle öffentlichen Anstalten und Kassen, welche für Rechnung des Reichs oder des Preußischen Staates verwaltet werden oder diesen gleichgestellt sind, hat der Lieferungsübernehmer den vollen Betrag des Stempels zu entrichten.

§ 6.[1]) Wertermittelung.

1. Die Ermittelung des Wertes eines Gegenstandes zum Zwecke der Berechnung der Stempelsteuer ist auf den gemeinen Wert[2]) desselben zur Zeit der Beurkundung des Geschäfts zu richten.

2. Ist einem der Vertragschließenden ein Wahlrecht oder die Befugnis eingeräumt, innerhalb bestimmter Grenzen den Umfang der Leistung zu bestimmen, so wird die Stempelsteuer nach dem höchstmöglichen Werte des Gegenstandes des Geschäfts berechnet. Ist die Leistung nicht bis zu den bestimmten Grenzen erfolgt, so wird nach Ausführung des Geschäfts die gezahlte Stempelsteuer bis auf den der wirklichen Leistung entsprechenden Betrag erstattet.

3. Bei Geldforderungen ist der aus der stempelpflichtigen Urkunde ersichtliche Geldbetrag, bei Kurs habenden Wertpapieren der Tageskurs als Wert anzusehen.

4. Die Umrechnung der in anderer als Reichswährung angegebenen Summen erfolgt nach den für die Erhebung des Wechselstempels vom Bundesrate festgesetzten Mittelwerten und, insoweit solche nicht bestimmt worden sind, nach dem laufenden Kurse.

5. Der Wert des Besitzes einer Sache ist in der Regel dem Werte der Sache gleich zu achten.

6. Der Wert eines Pfandrechts oder der Sicherstellung einer Forderung richtet sich nach dem Betrage der Forderung; hat der Gegenstand des Pfandrechts einen geringeren Wert, so ist dieser maßgebend.

7. Der Wert einer Grunddienstbarkeit wird durch den Wert, welchen dieselbe für das herrschende Grundstück hat, und wenn der Betrag, um welchen sich der Wert des dienenden Grundstücks durch die Dienstbarkeit mindert, größer ist, durch diesen Betrag bestimmt.

8. Der einjährige Wert von Nutzungen wird, wenn nicht aus der Urkunde ein höherer oder niederer Prozentsatz hervorgeht oder sonst festgestellt werden kann, zu vier vom Hundert des Wertes des Gegenstandes, welcher die Nutzung gewährt, angenommen.

---

[1]) Auch für die Wertsermittelung beim Reichsstempel maßgebend. Nr. 25. PrAB. z. RStG.

[2]) Über den Begriff „gemeiner Wert“ vgl. § 22 AB. z. ZuwStG.

9. Bei immerwährenden Nutzungen und Leistungen ist das Fünfundzwanzigfache ihres einjährigen Betrages, bei Nutzungen und Leistungen von unbestimmter Dauer, sofern nicht die Vorschriften in den beiden nächstfolgenden Absätzen Anwendung finden oder anderweite, die längste Dauer begrenzende Umstände in der Urkunde angegeben sind, das Zwölfeinhalbfache des einjährigen Betrages als Wert anzusehen.

10. Der Wert von Nutzungen oder Leistungen auf Lebenszeit bestimmt sich nach dem zur Zeit ihres Anfanges erreichten Lebensalter der Person, bei deren Tode die Nutzung oder Leistung erlischt, und wird bei einem Lebensalter derselben

von	15	Jahren oder weniger				auf das	18	fache
über	15	Jahre	bis zu	25	Jahren	auf das	17	fache
„	25	„	„ „	35	„	„ „	16	„
„	35	„	„ „	45	„	„ „	14	„
„	45	„	„ „	55	„	„ „	12	„
„	55	„	„ „	65	„	„ „	$8^1/_2$	„
„	65	„	„ „	75	„	„ „	5	„
„	75	„	„ „	80	„	„ „	3	„
„	0	„	auf das				2	„

des Wertes der einjährigen Nutzung oder Leistung angenommen.

11. Ist die Dauer der Nutzungen oder Leistungen von der Lebenszeit mehrerer Personen dergestalt abhängig, daß beim Tode der zuerst versterbenden die Nutzung oder Leistung erlischt, so ist für die nach den Bestimmungen im vorigen Absatze vorzunehmende Wertermittelung das Lebensalter der ältesten Person maßgebend. Wenn die Nutzung oder Leistung bis zum Tode der letztversterbenden Person fortdauert erfolgt die Berechnung nach dem Lebensalter der jüngsten Person.

12. Der Gesamtwert der auf bestimmte Zeit eingeschränkten Nutzungen oder Leistungen ist unter Zugrundelegung eines vierprozentigen Zinsfußes nach der beigefügten[1]) Hilfstabelle zu ermitteln. Ist jedoch die Dauer der Nutzung oder Leistung noch außerdem durch die Lebenszeit einer oder mehrerer Personen bedingt, so darf der nach den Bestimmungen der beiden vorhergehenden Absätze zu berechnende Wert nicht überschritten werden.

§ 7. Verpflichtung der Privatpersonen, Behörden und Beamten zur Auskunfterteilung; amtliches Ermittelungsverfahren.

1. Die Steuerpflichtigen sind zur Erteilung der von den Zollbehörden oder den zur Einziehung oder Verwendung des Stempels noch sonst verpflichteten Behörden oder Beamten erforderten Auskunft über den Wert des Gegenstandes, soweit dazu nicht die Kenntnisse eines Sachverständigen oder besondere Ermittelungen erforderlich sind, verbunden.

2. Wird in den vorgedachten Fällen der Aufforderung der Behörden oder Beamten nicht genügt, so kann die Zollbehörde die Säumigen durch Festsetzung und Einziehung von Ordnungsstrafen bis zu einem Gesamtbetrage von 60 Mark zur Befolgung der getroffenen Anordnungen anhalten, auch das

---

[1]) Die Hilfstabelle ist hier fortgelassen.

zur Erledigung derselben Nötige auf Kosten der Säumigen beschaffen. Der Festsetzung einer Ordnungsstrafe hat die Androhung derselben vorherzugehen.

3. Tragen die Behörden oder Beamten Bedenken, die Angaben der Steuerpflichtigen als richtig anzunehmen, und findet eine Einigung mit den letzteren nicht statt, so sind die Behörden oder Beamten befugt, unter Zuziehung Sachverständiger, bei deren Auswahl etwaige Vorschläge der Steuerpflichtigen mit zu berücksichtigen sind, die für die Berechnung der Steuer erforderlichen Grundlagen zu ermitteln und danach die Steuer zu erheben. Die Kosten der Ermittelung fallen dem Steuerpflichtigen zur Last, wenn der ermittelte Wert den von dem Steuerpflichtigen angegebenen Wert um 10 Prozent oder mehr übersteigt. Die gezahlten Kosten werden erstattet, wenn im Verwaltungsweg oder im Rechtswege die Ermäßigung des Wertes auf einen nicht zum Kostenersatze verpflichtenden Betrag erfolgt.

4. Wird von den Steuerpflichtigen gegen die Entscheidung der Zollbehörde der Rechtsweg beschritten, so bleibt die Zahlung des streitig gebliebenen Stempels bis zur Rechtskraft des Urteils ausgesetzt.

5. Alle unmittelbaren und mittelbaren Behörden und Beamten sind verbunden, der Zollbehörde oder den zur Einziehung oder Verwendung des Stempels noch sonst verpflichteten Behörden oder Beamten Auskunft über die für die Festsetzung der Stempelsteuer in Betracht kommenden tatsächlichen Verhältnisse zu erteilen.

§ 8. Unbestimmtheit des Wertes des Gegenstandes.

1. Wenn bei einem Geschäft der Wert des Gegenstandes dergestalt unbestimmt ist, daß er von vornherein nicht festgestellt oder geschätzt werden kann, so hat der zur Entrichtung der Abgabe Verpflichtete die Urkunde innerhalb der in den §§ 15 und 16 angegebenen Fristen der Zollbehörde vorzulegen, welche das Erforderliche wegen der Überwachung, Sicherstellung und nachträglichen Zahlung der Stempelsteuer anordnen wird.

2. Diese Bestimmung findet auch auf diejenigen Urkunden Anwendung, zu welchen Privatpersonen ohne amtliche Überwachung Stempelmarken verwenden dürfen.

§ 9. Versteuerung mehrerer über denselben Gegenstand ausgestellter Urkunden.

1. Werden über denselben Gegenstand mehrere Urkunden gleichen Inhalts ausgefertigt, so wird die auf dem Gegenstande ruhende Steuer nur zu einer derselben, und zwar in der Regel zu derjenigen Urkunde, welche als Hauptausfertigung bezeichnet ist, verwendet; die übrigen Ausfertigungen sind mit demjenigen Stempel zu versehen, welcher nach der Tarifstelle „Duplikate" beizubringen ist. Eine Ausfertigung einer Verhandlung darf nur dann als Nebenausfertigung versteuert werden, wenn das Vorhandensein einer als Hauptausfertigung versteuerten Urkunde nachgewiesen wird.

2. Bei Notariatsverhandlungen ist der Stempel zu der Urschrift zu verwenden. Die erste Ausfertigung ist stempelfrei, wenn die Ausfertigung

als erste bezeichnet und auf derselben bescheinigt ist, welcher Stempel zu der Urschrift verwendet worden ist.

3. Auf jeder zweiten und weiteren Ausfertigung oder amtlich beglaubigten Abschrift oder jedem amtlich beglaubigten Auszug aus einer stempelpflichtigen Urkunde muß bescheinigt werden, welcher Stempel zu der Hauptausfertigung oder Urschrift verwendet worden ist. Alle unmittelbaren und mittelbaren Beamten sind verpflichtet, auch die von ihnen gefertigten einfachen Abschriften stempelpflichtiger Urkunden mit dieser Bescheinigung zu versehen.

§ 10. Versteuerung mehrerer in derselben Urkunde enthaltener Gegenstände.

1. Wenn bei Rechtsgeschäften über mehrere, verschiedenen Steuersätzen unterliegende Gegenstände das Entgelt ohne Angabe der Einzelwerte ungetrennt in einer Summe oder Leistung verabredet ist, so kommt für die Berechnung des Stempels der höchste Steuersatz[1]) zur Anwendung, sofern nicht von den Ausstellern der Urkunde auf derselben die Werte für die einzelnen Gegenstände innerhalb der im § 16 angegebenen Fristen noch nachträglich angegeben werden. Trägt die Zollbehörde Bedenken, die ursprünglichen oder nachträglichen Angaben der Steuerpflichtigen über die Einzelwerte als richtig anzunehmen, so kommen die Vorschriften des dritten Absatzes des § 7 zur Anwendung.

2. Enthält eine Urkunde verschiedene steuerpflichtige Geschäfte, so ist der Betrag des Stempels für jedes Geschäft besonders zu berechnen und die Urkunde mit der Summe dieser Stempelbeträge zu belegen.

3. Sofern die einzelnen in einer Urkunde enthaltenen Geschäfte sich als Bestandteile eines einheitlichen, nach dem Tarife steuerpflichtigen Rechtsgeschäfts darstellen, ist nur der für das letztere vorgesehene Stempelbetrag zu entrichten.

§ 11. Mindestbetrag der Stempelsteuer und Abstufungen derselben.

Die Stempelabgabe beträgt, insoweit dieses Gesetz und der Tarif nicht abweichende Bestimmungen enthalten, mindestens 0,50 M. und steigt in Abstufungen von je 0,50 M., wobei überschießende Stempelbeträge auf 0,50 M. abgerundet werden.

§ 12. Verpflichtung zur Zahlung der Stempelsteuer.

1. Zur Zahlung der Stempelsteuer sind verpflichtet:

a) bei den von Behörden und Beamten, einschließlich der Notare, aufgenommenen Verhandlungen oder erteilten Ausfertigungen, Abschriften, Bescheinigungen, Auszügen und Genehmigungen aller Art

---

[1]) Werden ausländische Grundstücke (an sich nur 3 M. Fixstempel) zusammen mit inländischen veräußert, ohne getrennte Wertangabe, so ist der Stempel vom Preise für beide zu berechnen. Ebenso bei Veräußerung eines ausländischen Grundstücks mit inländischem Inventare. Vgl. AV. v. 22. 9. 06, JMBl. 291.

diejenigen, auf deren Veranlassung die Schriftstücke aufgenommen oder erteilt sind;

b) bei einseitigen Verpflichtungen und Erklärungen diejenigen, welche die Schriftstücke ausgestellt haben;

c) bei Verträgen, einschließlich Punktationen, alle Teilnehmer, insoweit der Tarif nicht abweichende Bestimmungen enthält.

2. Von mehreren zur Zahlung der Stempelsteuer verpflichteten Personen haftet jede einzelne als Gesamtschuldner.

§ 13. Haftbarkeit für die Stempelsteuer.

1. Für die Entrichtung der Stempelsteuer haften unter Vorbehalt des Rückgriffs gegen die eigentlich Verpflichteten:

a) Aktiengesellschaften, Kommanditgesellschaften auf Aktien, eingetragene Genossenschaften, Gewerkschaften und Gesellschaften mit beschränkter Haftung für die Stempel, welchen die von ihren Vorständen oder Geschäftsführern in ihrem Auftrag oder Namen errichteten Verhandlungen unterliegen;

b) bei Auktionen diejenigen, für deren Rechnung oder auf deren Veranlassung die Versteigerung stattgefunden hat, und die von diesen Personen zur Abhaltung der Auktionen Beauftragten;

c) jeder Inhaber oder Vorzeiger einer mit dem gesetzlichen Stempel nicht oder nicht ausreichend versehenen Urkunde, welcher ein rechtliches Interesse an dem Gegenstande derselben hat.

2. Ist die Stempelsteuer von den eigentlich Verpflichteten und denjenigen, die nach Abs. 1 haften, nicht zu erlangen, so haften hierfür einschließlich der Notare, jedoch ausschließlich der Schiedsmänner, diejenigen Beamten, welche die von ihnen aufgenommenen Urkunden vor erfolgter oder nicht ausreichend erfolgter Stempelverwendung aushändigen oder Ausfertigungen oder Abschriften erteilen oder wegen der Einziehung des Stempels die ihnen nach § 15 obliegenden Pflichten verabsäumen, insoweit ihnen ein Verschulden zur Last fällt, unter Vorbehalt des Rückgriffs gegen die eigentlich Verpflichteten und diejenigen, die nach Abs. 1 haften.

3. Diese Bestimmung kommt auch dann zur Anwendung, wenn ein Notar den Entwurf einer Urkunde anfertigt und nach Vollziehung durch die Beteiligten die Unterschriften oder Handzeichen beglaubigt.

II. Abschnitt.

Von der Erfüllung der Stempelpflicht und den Folgen der Nichterfüllung.

§ 14. Art der Erfüllung der Stempelpflicht.

1. Die Stempelpflicht wird erfüllt durch:

a) Niederschreiben der stempelpflichtigen Erklärung auf gestempeltes Papier;

b) Verwendung von Stempelmarken auf denjenigen Schriftstücken, zu welchen Stempelmarken ohne amtliche Überwachung verwendet werden dürfen;

c) Einreichung der stempelpflichtigen Urkunde oder, wenn diese nicht vorgelegt werden kann, einer den wesentlichen Inhalt der Urkunde enthaltenden Anzeige und Einzahlung des erforderlichen Geldbetrages bei einer zur Entwertung von Stempelzeichen befugten Amtsstelle;

d) Verwendung von Stempelmarken durch zur Entwertung derselben befugte Amtsstellen;

e) Barzahlung der Stempelabgabe in denjenigen Fällen, in welchen dieselbe nach den Bestimmungen des Preußischen Gerichtskostengesetzes bei den Gerichtskosten zu vereinnahmen ist.

2. Der Finanzminister ist ermächtigt, für den Verkehr bestimmter Personen statt der Erhebung des Stempels im einzelnen die Zahlung einer jährlichen Abfindungssumme zu gestatten. Die in diesem Verkehr errichteten Urkunden sind mit einem Hinweise darüber zu versehen, daß die Stempelpflicht durch die Vereinbarung einer Abfindungssumme erfüllt ist.

§ 15. Zeit der Stempelverwendung bei den von Behörden und Beamten aufgenommenen Verhandlungen.

1. Behörden und Beamte, einschließlich der Notare, jedoch ausschließlich der Schiedsmänner, haben zu allen von ihnen aufgenommenen Verhandlungen oder erteilten Ausfertigungen, Abschriften, Bescheinigungen, Auszügen und Genehmigungen aller Art den Stempel vor deren Aushändigung, spätestens aber binnen zwei Wochen nach dem Tage der Ausstellung der Urkunden, zu verwenden. Ist der Stempel innerhalb dieser Frist von den Verpflichteten nicht beigebracht, so ist die zwangsweise Einziehung des Stempels binnen einer Woche bei der zuständigen Zollstelle von den vorbezeichneten Behörden und Beamten zu beantragen oder, wenn sie selbst zur zwangsweisen Einziehung von Geldern befugt sind, die zwangsweise Einziehung innerhalb der gleichen Frist anzuordnen. Dieser Bestimmung unterliegen auch diejenigen Urkunden, bei denen ein Notar den Entwurf anfertigt und nach Vollziehung durch die Beteiligten die Unterschriften oder Handzeichen beglaubigt.

2. Insoweit die in der Tarifstelle „Erlaubniserteilungen" unter c, f und l aufgeführten Urkunden einen den Betrag von 1 M. 50 Pf. beziehungsweise 3 M. übersteigenden Stempel erfordern, ist der Mehrbetrag von den Steuerpflichtigen erst binnen zwei Wochen nach dem Tage der Rechtskraft der Zuschrift über das Ergebnis der Veranlagung zur Gewerbesteuer oder der auf das eingelegte Rechtsmittel ergangenen Entscheidung beizubringen (§§ 32 und 35 ff. des Gewerbesteuergesetzes vom 24. Juni 1891 — GS. S. 205 —).

3. Für die Versteuerung der stempelpflichtigen Verhandlungen der Schiedsmänner haben die Parteien den Stempel binnen zwei Wochen

nach dem Tage der Aufnahme zu der Urschrift der Verhandlung beizubringen und dem Schiedsmanne zuzustellen. Die Schiedsmänner haben auf jeder von ihnen erteilten Vergleichsausfertigung zu vermerken, welcher Stempel zu der Urschrift verwendet oder daß ein solcher nicht beigebracht worden ist.

§ 16. **Zeit der Stempelverwendung bei Verhandlungen der Privatpersonen.**

1. Bei den nicht auf Stempelpapier niedergeschriebenen Verhandlungen der Privatpersonen muß die Versteuerung bewirkt sein:

a) bei Urkunden, zu welchen die Aussteller Stempelmarken ohne amtliche Überwachung verwenden dürfen, vor der Aushändigung, spätestens aber binnen zwei Wochen nach dem Tage der Ausstellung, vorbehaltlich der Bestimmung im § 14 Abs. 2;

b) bei Schriftstücken über die Übertragung eines Kuxes (vgl. Tarifstelle „Kuxe") vom Aussteller vor der Umschreibung im Gewerkenbuche, spätestens aber binnen zwei Wochen nach dem Tage der Ausstellung;

c) bei Pacht- und Mietverträgen über unbewegliche Sachen innerhalb der in der Tarifstelle „Pacht- und Mietverträge" angegebenen Frist;

d) bei Gesellschaftsverträgen, die der Eintragung in das Handels- oder Genossenschaftsregister bedürfen, vor der Eintragung in die Register, spätestens aber binnen zwei Wochen nach dem Tage der Errichtung;

e) bei den von der Heeresverwaltung mit Privatpersonen abgeschlossenen Verträgen und Verhandlungen über Lieferungen, Werkverdingungen und sonstige Leistungen, die erst im Falle einer Mobilmachung zur Ausführung kommen sollen, binnen zwei Wochen nach Eintritt der Mobilmachung;

f) bei im Ausland errrichteten Urkunden, bei denen Inländer beteiligt sind, binnen zwei Wochen nach dem Tage der Rückkehr der Inländer in das Inland, bei sonstigen im Ausland errichteten Urkunden, von denen im Inlande Gebrauch gemacht werden soll, vor dem Gebrauch;

g) in allen übrigen Fällen vom Aussteller binnen zwei Wochen nach dem Tage der Ausstellung.

2. Von jedem Inhaber oder Vorzeiger einer stempelpflichtigen Urkunde, welcher ein rechtliches Interesse an dem Gegenstande derselben hat, ist die Versteuerung der Urkunde binnen zwei Wochen nach dem Tage des Empfanges zu bewirken.

3. Bei Urkunden über Rechtsgeschäfte, welche erst durch die Genehmigung oder den Beitritt einer Behörde oder eines Dritten Rechtswirksamkeit erlangen[1]), beginnt den Ausstellern gegenüber die Frist für

---

[1]) Für den Reichsstempel vgl. Nr. 2 AB. v. 23. 5. 10, § 168 AB. z. RStG. Nr. 27, PrAB. z. RStG.

die Verwendung des Stempels mit dem Ablaufe desjenigen Tages, an welchem sie von der Genehmigung oder dem Beitritte Kenntnis erhalten haben.

§ 17. Festsetzung von Geldstrafen gegen Privatpersonen.

§ 18. Festsetzung von Ordnungsstrafen gegen Privatpersonen.

§ 19. Festsetzung von Ordnungsstrafen gegen Beamte einschließlich Notare.

§ 20. Straffreiheit.

§ 21. Strafverfahren.

§ 22. Strafvollstreckung.

§ 23. Verjährung der Strafverfolgung und der Strafvollstreckung.

III. Abschnitt.

Besondere Bestimmungen.

§ 24. Ersatz für die vor dem Verbrauche verdorbenen Stempelzeichen.

§ 25. Erstattung bereits verwendeter Stempel.

1. Die entrichtete Stempelsteuer wird erstattet:

a) wenn ein gesetzlich nicht erforderlicher Stempel verwendet und der Erstattungsantrag innerhalb zweier Jahre nach der Entrichtung des Stempels angebracht worden ist;

b) wenn der von Behörden oder Beamten, einschließlich der Notare, in der Erwartung der Zahlung verwendete Stempel von den zur Entrichtung desselben Verpflichteten nicht beigetrieben werden kann;

c) wenn ein beurkundetes Geschäft nichtig oder infolge einer Anfechtung als von Anfang an nichtig anzusehen ist und die Erstattung innerhalb zweier Jahre nach der Beurkundung oder, falls die Nichtigkeit durch rechtskräftiges Urteil festgestellt ist, binnen Jahresfrist nach Eintritt der Rechtskraft nachgesucht wird.

2. Außerdem kann die Erstattung bereits verwendeter Stempel aus Billigkeitsgründen angeordnet werden, wenn die Ausführung eines Geschäfts unterblieben oder ein Geschäft auf Grund der Wandelung rückgängig gemacht ist. Die Erstattung muß innerhalb zweier Jahre nach der Beurkundung des Geschäfts beantragt werden; wird der Antrag auf Tatsachen gestützt, die erst nach der Beurkundung eingetreten sind, so beginnt die zweijährige Frist mit dem Tage, an dem der Antragsteller von diesen Tatsachen Kenntnis erhalten hat. In den Fällen der Wandelung durch rechtskräftiges Urteil muß die Erstattung binnen Jahresfrist nach Eintritt der Rechtskraft nachgesucht werden.

3. Der Zollverwaltung bleibt jedoch im Falle zu c und im Falle des vorhergehenden Absatzes das Recht vorbehalten, den Stempel von

demjenigen Vertragschließenden wieder einzuziehen, welcher bei der Beurkundung des Geschäfts von den die Richtigkeit oder Ungültigkeit desselben bedingenden Umständen Kenntnis gehabt oder die unterbliebene Ausführung des Geschäfts oder die Wandelung verschuldet hat.

§ 26. Rechtsweg.

§ 27. Verjährung der Stempelsteuer.

§ 28. Berechnung der Fristen.

§ 29. Kosten.

§ 30. Verwaltung der Stempelsteuer.

1. Die Verwaltung des gesamten Stempelwesens wird unter Leitung des Finanzministers von den Oberzolldirektionen durch die Stempelsteuerämter und Zollbehörden geführt.

2. Die Hauptzollämter sowie Stempelsteuerämter sind verpflichtet, gegen Erstattung der ihnen an Schreibgebühren und Porto erwachsenden Kosten den zur Verwendnng des Stempels verpflichteten Personen Auskunft über die Höhe des Stempels zu erteilen.

3. Außer den Zollbehörden haben alle diejenigen Staats- oder Kommunalbehörden und Beamten, welchen eine richterliche oder Polizeigewalt anvertraut ist, die besondere Verpflichtung, auf Befolgung der Stempelgesetze zu halten und alle bei ihrer Amtsverwaltung zu ihrer Kenntnis kommenden Zuwiderhandlungen gegen dieses Gesetz behufs Einleitung des Strafverfahrens von Amts wegen zur Anzeige zu bringen.

§ 31. Aufsichtsführung.

§ 32. Anfertigung, Verkauf und Verwendung von Stempelzeichen und Anlegung von Verzeichnissen.

§ 33. Unbefugter Handel mit Stempelzeichen.

§ 34. Übergangsbestimmungen.

1. Dieses Gesetz tritt mit dem 1. Juli 1909 in Kraft. Bezüglich derjenigen Urkunden, welche vor diesem Tage Stempelpflichtigkeit erlangt haben, kommen die bisherigen Bestimmungen zur Anwendung[1]).

§ 35. Aufrechterhaltung und Aufhebung älterer Bestimmungen.

3.[2]) Die in dem Preußischen Gerichtskostengesetz über das Stempelwesen getroffenen Bestimmungen bleiben unberührt.

§ 36. Schlußbestimmung.

Der Finanzminister ist mit der Ausführung dieses Gesetzes beauftragt[3]).

---

[1]) Die Absätze 2 und 3 betreffen Pachtverträge und Automaten, interessieren daher hier nicht.

[2]) Die Absätze 1, 2, 4 betreffen die aufgehobenen Gesetze.

[3]) Der Auftrag ist ausgeführt in den AB. z. LStG. v. 16. 8. 10.

Stempeltarif.

Laufende Nr.	Gegenstand der Besteuerung	Steuersatz vom Hundert	M.	Pf.	Berechnung der Stempelabgabe
2	**Abtretung von Rechten.** (1) Beurkundungen über die Abtretung von Rechten sowie Indossamente, sofern nicht nach § 4 zweiter Absatz des Reichsstempelgesetzes Stempelfreiheit eintritt oder die Bestimmungen der Tarifstelle „Kauf- und Tauschverträge“ sechster bis einschließlich neunter Absatz zur Anwendung kommen, ...	$^1/_{20}$	—	—	des Wertes der Gegenleistung oder, wenn eine solche in der Urkunde nicht enthalten ist, des Geldbetrages oder des Wertes des abgetretenen Rechtes,
	mindestens aber	—	1	50	
	ist der Wert des abgetretenen Rechtes nicht schätzbar	—	5	—	
	(2)[1]				
	(3) Schriftliche Benachrichtigungen an den Verpflichteten über die erfolgte Abtretung eines Rechtes sind, wenn nicht eine mit dem tarifmäßigen Stempel versehene Abtretungsurkunde vorliegt, wie Beurkundungen der Abtretung zu versteuern, sofern nach der Verkehrssitte über die Abtretung eine förmliche Urkunde errichtet zu werden pflegt und beabsichtigt ist, durch die schriftliche Benachrichtigung die Aufnahme einer solchen Urkunde zu ersetzen. Dem Stempel für Abtretungen unterliegen auch Anträge auf Umschreibung vor dem 1. Oktober 1881 ausgestellter Namenaktien im Aktienbuche, falls nicht eine mit				

---

[1]) Absatz 2 und 4 bis 9 sind, als für den Immobiliarstempel nicht von Interesse, hier nicht abgedruckt.

Laufende Nr.	Gegenstand der Besteuerung	Steuersatz vom Hundert	M.	Pf.	Berechnung der Stempelabgabe
2	dem tarifmäßigen Stempel versehene Abtretungsurkunde errichtet ist.				
8	(1) **Auflassungen** von im Inlande gelegenen Grundstücken und Anträge auf Eintragung der Begründung oder Uebertragung von Erbbaurechten oder sonstigen Rechten, welche ein Grundbuchblatt erhalten können, in Fällen der freiwilligen Veräußerung	1	—	—	des Wertes des veräußerten Gegenstandes.
	Der Antrag auf Umschreibung von Gesellschaftseigentum auf den Namen eines Gesellschafters unterliegt dem Auflassungsstempel auch dann, wenn nach den Vorschriften des bürgerlichen Rechtes eine Auflassung nicht erforderlich ist.				
	(2) Die Abgabe wird nur erhoben, falls die beantragte Eintragung in das Grundbuch erfolgt ist. Einem anderen Stempel unterliegen die Auflassungserklärungen oder Eintragungsanträge nicht.				
	(3) Der Auflassungsstempel wird nicht erhoben oder erstattet, wenn die das Veräußerungsgeschäft enthaltende, in an sich stempelpflichtiger Form ausgestellte Urkunde in Urschrift, Ausfertigung oder beglaubigter Abschrift vorgelegt wird. Solange nicht die Urkunde über das Veräußerungsgeschäft vorgelegt ist, kann der Auflassungsstempel vorbehaltlich seiner Erstattung eingezogen werden. Die Erstattung kann nur innerhalb zweier Jahre nach Entrichtung des Stempels beantragt werden.				
	(4) Der Auflassungsstempel wird jedoch erhoben, wenn die Urkunde: 1. das Rechtsgeschäft nicht so enthält, wie es unter den Beteiligten hinsichtlich des Wertes der Gegenleistung verabredet ist; 2. auf Grund des § 21 des Reichsstempelgesetzes der in der Tarifstelle „Kauf- und Tauschverträge“ verordneten Stempelabgabe nicht				

Laufende Nr.	Gegenstand der Besteuerung	Steuersatz vom Hundert	M.	Pf.	Berechnung der Stempelabgabe
8	unterliegt, insoweit nicht die Voraussetzungen der Ziffern 1 und 2 der Ermäßigungen und Befreiungen der genannten Tarifstelle vorhanden sind; 3. die Veräußerung eines Grundstücks durch einen Bevollmächtigten enthält, sofern die Veräußerung erweislich für Rechnung des Bevollmächtigten erfolgt ist[1]). Bei der Beurteilung der Frage, ob die Veräußerung für Rechnung des Bevollmächtigten erfolgt ist, sind auch solche Umstände in Betracht zu ziehen, welche aus der Urkunde nicht ersichtlich sind; 4. einen der in der Tarifstelle 25 d bezeichneten Verträge enthält, insoweit nicht ein Wertstempel von 1 vom Hundert zu entrichten oder der Vertrag nach der Ziffer 1 Abs. 2 oder der Ziffer 2 Abs. 3 der genannten Tarifstelle von dem Stempel befreit ist. (5) Wird nach der Zahlung des Auflassungsstempels die Urkunde über das zugrunde liegende Veräußerungsgeschäft errichtet, so ist auf den zu dieser Urkunde erforderlichen Wertstempel von 1 vom Hundert der gezahlte Auflassungsstempel anzurechnen. Diese Bestimmung findet auch Anwendung auf die im vorhergehenden Absatz erwähnten Wertstempel der Tarifstelle 25 d. Die Anrechnung ist innerhalb der im § 16 angegebenen Fristen auf der Urkunde amtlich zu vermerken. Soweit eine Anrechnung erfolgt, ist eine Erstattung des Auflassungsstempels auf Grund des dritten Absatzes ausgeschlossen. (6) Die Vorschriften über den Auflassungsstempel finden entsprechende Anwendung bei Anträgen auf Umschreibungen in öffentlichen				

[1]) Vgl. Verf. des. J.M. v. 8. 1. 12.

Laufende Nr.	Gegenstand der Besteuerung	Steuersatz vom Hundert	M.	Pf.	Berechnung der Stempelabgabe
8	Büchern, sofern das Grundbuch noch nicht als angelegt anzusehen ist.				
10	(1) **Ausfertigungen** von Schriftstücken der Behörden und Beamten, einschließlich der Notare, jedoch mit Ausnahme der Ausfertigungen der Schiedsmänner, sofern für die Schriftstücke nicht ein durch diesen Tarif bestimmter Stempel zu entrichten ist	—	3	—	
	(2)[1])				
16	(1) **Duplikate** (Nebenausfertigungen) von stempelpflichtigen Urkunden	—	3	—	
	jedoch nicht über den zu der stempelpflichtigen Urkunde selbst erforderlichen Stempel hinaus.				
	(2)[2])				
18	**Eheverträge**	—	5	—	
	wird durch dieselben über Vermögensgegenstände von nicht mehr als 6000 Mark verfügt	—	1	50	
20	**Erbrezesse** (Erbteilungsverträge), durch welche die Verteilung einer erbschaftssteuerpflichtigen Erbschaft beurkundet wird	1/25	—	—	des Wertes des Reinnachlasses, soweit über denselben im Erbrezesse verfügt ist,
	jedoch mindestens	—	1	50	
	Erbrezesse über erbschaftssteuerfreie Erbschaften	—	1	50	
23	**Familienstiftungen**, wie Fideikommißstiftungen, s. diese.				
24	(1) **Fideikommißstiftungen**, d. h. alle von Todes wegen oder unter Lebenden getroffenen Anordnungen, kraft deren gewisse Vermögensgegenstände der Familie für immer oder für mehr als zwei Generationen erhalten bleiben sollen	3	—	—	des Gesamtwertes der denselben gewidmeten Gegenstände ohne Abzug der Schulden.
	(2) Bei Stiftungen unter Lebenden ist der Stempel in der durch § 16 Buchstaben g dieses Gesetzes vorgeschriebenen Frist von zwei Wochen beizubringen, bei Stiftungen von				

1) Absatz 2 berührt den Immobiliarstempel nicht, ist deshalb fortgelassen. 2) Vgl. die Anm. vorher.

Laufende Nr.	Gegenstand der Besteuerung	Steuersatz vom Hundert	M.	Pf.	Berechnung der Stempelabgabe
24	Todes wegen binnen sechs Monaten nach dem Todesfalle. (3) Wegen der Verhaftung für die Entrichtung des Stempels für Stiftungen von Todes wegen kommen die Bestimmungen der §§ 29 und 30 des Gesetzes, betreffend die Erbschaftssteuer vom 30. Mai 1873/19. Mai 1891 zur Anwendung. (4) Bei Fideikommißstiftungen, für welche von dem Stifter ein weiteres Anwachsen des Grundvermögens, sei es durch in Aussicht genommene Zuwendungen freigebiger Art, sei es durch eine angeordnete Zuschlagung von Zinsen zum Kapitale, vorgesehen worden ist, wird der Wertstempel rücksichtlich des sich nach und nach ansammelnden Teiles des Stiftungsvermögens nur allmählich von dem Zuwachse nach näherer Bestimmung der Oberzolldirektion oder, wenn der Stiftungsstempel bei den Gerichtskosten zu vereinnahmen ist, der zuständigen Gerichtsbehörde erhoben. (5) Fideikommißstiftungen, welche ausländische Grundstücke betreffen, sind dem Wertstempel nicht unterworfen. (6) In betreff der Erhebung des Fideikommißstempels aus Anlaß der Auflösung der Lehnverbände bewendet es bei den bestehenden Bestimmungen.				
25	**Gesellschaftsverträge**, wenn sie betreffen: a) (1) die Errichtung 1. von Aktiengesellschaften oder Kommanditgesellschaften auf Aktien sowie die Erhöhung des Grundkapitals solcher Gesellschaften in der Form von Verträgen oder Beschlüssen, wenn das Grundkapital beträgt				
	nicht mehr als 5 000 000 M.	1	—	—	des Grundkapitals oder des Betrages der Erhöhung dieses Kapitals;
	mehr als 5 000 000 M., aber nicht mehr als 10 000 000 M.	$1\frac{1}{4}$	—	—	
	mehr als 10 000 000 M. . . .	$1\frac{1}{2}$	—	—	

Laufende Nr.	Gegenstand der Besteuerung	Steuersatz vom Hundert	M.	Pf.	Berechnung der Stempelabgabe
25	2. von Gesellschaften mit beschränkter Haftung sowie die bei solchen Gesellschaften erfolgende Erhöhung des Stammkapitals und Einforderung von Nachschüssen in der Form von Verträgen oder Beschlüssen, wenn das Stammkapital beträgt				
	nicht mehr als 100 000 M. .	1/4	—	—	des Stammkapitals oder des Betrages der Erhöhung dieses Kapitals oder des Betrages der eingeforderten Nachschüsse. Bei Erhöhungen des Stammkapitals berechnet sich die Abgabe nach demjenigen Steuersatze, welcher dem Betrage des Stammkapitals unter Hinzurechnung des Betrages der Erhöhung entspricht.
	mehr als 100 000 M., aber nicht mehr als 300 000 M.	1/2	—	—	
	mehr als 300 000 M., aber nicht mehr als 500 000 M.	1	—	—	
	mehr als 500 000 M.	1 1/2	—	—	
	(2) Wenn aus der Zusammenrechnung des Grund- oder Stammkapitals und der Beträge späterer Erhöhungen sich höhere Steuersätze als die früher in Anwendung gebrachten ergeben, so sind die nach dieser Berechnung entstehenden Mehrbeträge der Stempelabgabe nachzuentrichten. Die hiernach nachzuzahlenden Stempel sind zu dem die Pflicht zur Nachentrichtung begründenden Vertrag oder Beschlusse zu verwenden. Die vor dem Inkrafttreten dieses Gesetzes beurkundeten Verträge oder Beschlüsse bleiben von dieser Vorschrift unberührt.				
	(3) Wird das Kapital oder der Betrag der Nachschüsse nicht sofort voll eingezahlt, so ist der Wertstempel von der jedesmaligen Teilzahlung zu entrichten.				
	(4) Ermäßigung. Gesellschaften, die satzungsmäßig ausschließlich gemeinnützigen Zwecken dienen und deren Satzung die an die Gesellschafter zu verteilende Dividende auf höchstens vier vom Hundert ihrer Anteile beschränkt, auch den Gesellschaftern bei der Auflösung der Gesellschaft nicht mehr als den Nennwert ihrer Anteile zusichert, den etwaigen Rest				

Laufende Nr.	Gegenstand der Besteuerung	Steuersatz vom Hundert	M.	Pf.	Berechnung der Stempelabgabe
25	des Gesellschaftsvermögens aber für gemeinnützige Zwecke bestimmt	$^{2}/_{10}$	—	—	des Grund- oder Stammkapitals oder des Betrages der Erhöhung dieses Kapitals oder des Betrages der eingeforderten Nachschüsse.
	(5) Anmerkung. Die vorstehenden Bestimmungen finden entsprechende Anwendung auf im Auslande geschlossene Gesellschaftsverträge, welche die Errichtung gleicher oder ähnlicher Gesellschaften zum Gegenstande haben, sofern die Gesellschaften ihren Sitz im Inlande nehmen oder im Inland eine Zweigniederlassung errichten. Dasselbe gilt bei Erhöhungen des Grund- oder Stammkapitals. Im Falle der Errichtung einer Zweigniederlassung berechnet sich der Stempel nach dem Werte des Anlage- und Betriebskapitals der inländischen Zweigniederlassung. Im Falle der Erhöhung des Grund- oder Stammkapitals berechnet sich der Stempel nach demjenigen Betrage, der zu dem Betrage der Erhöhung des Kapitals in demselben Verhältnisse steht, wie der Wert des inländischen Anlage- und Betriebskapitals zu dem Werte des gesamten Anlage- und Betriebskapitals. Der Stempel wird nur erhoben, wenn die Eintragung in das Handelsregister erfolgt ist; auf die Einziehung des Stempels finden die Vorschriften des § 30 des Preußischen Gerichtskostengesetzes Anwendung.				
	b) (1) die Errichtung				
	1. von offenen Handelsgesellschaften, Kommanditgesellschaften und Kolonialgesellschaften, von Gesellschaften des bürgerlichen Rechtes, sofern diese Gesellschaften Erwerbszwecke verfolgen, und von Genossenschaften, deren Geschäfts-				

Laufende Nr.	Gegenstand der Besteuerung	Steuersatz vom Hundert	M.	Pf.	Berechnung der Stempelabgabe
25	betrieb über den Kreis ihrer Mitglieder hinausgeht	1/20	—	—	des Wertes der das Gesellschaftsvermögen bildenden Einlagen, abzüglich der auf ihnen ruhenden Schulden.
	mindestens aber	—	20	—	
	Gesellschaften des bürgerlichen Rechtes, welche lediglich vorübergehende Zwecke verfolgen (Gelegenheitsgesellschaften)	—	10	-	
	2. von Gesellschaften des bürgerlichen Rechtes, welche andere als Erwerbszwecke verfolgen, und von Genossenschaften, deren Geschäftsbetrieb nicht über den Kreis ihrer Mitglieder hinausgeht	—	5	—	
	(2) Anmerkung. 1. Den unter Ziffer 1 und 2 aufgeführten Verträgen steht die erstmalige Feststellung der Satzung (des Statutes) gleich. 2. Verträge über den Eintritt neuer Gesellschafter oder über die Erhöhung der Einlagen stehen den Verträgen über die Errichtung der Gesellschaften gleich. Der Stempel beträgt	1/20	—	—	des vorbezeichneten Wertes der Einlage des neuen Gesellschafters oder des Wertes, um den die Einlage erhöht wird, abzüglich der auf der Einlage ruhenden Schulden.
	mindestens aber	—	10	—	
	3. Die Anmerkung zum Buchstaben a findet entsprechende Anwendung. c) (1) Das Einbringen von nicht in Geld bestehendem Vermögen in eine Gesellschaft der unter a bezeichneten Art bei ihrer Errichtung oder in eine bereits bestehende Gesellschaft dieser Art, insoweit zu dem eingebrachten Vermögen gehören: 1. im Inlande gelegene unbewegliche Sachen oder ihnen gleichgeachtete Rechte, 2. Patentrechte, Gebrauchsmusterrechte und sonstige gewerbliche				

Laufende Nr.	Gegenstand der Besteuerung	Steuersatz vom Hundert	M.	Pf.	Berechnung der Stempelabgabe
25	Schutzrechte sowie Urheberrechte aller Art, 3. Rechte aus Veräußerungsgeschäften der im Abs. 6 der Tarifstelle 32 bezeichneten Art über im Inlande gelegene unbewegliche Sachen oder ihnen gleichgeachtete Rechte, 4. Rechte auf Auflassung von im Inlande gelegenen unbeweglichen Sachen oder ihnen gleichgeachteten Rechten	1	—	—	des Entgelts, einschließlich der auf der Einlage ruhenden, auf die Gesellschaft übergehenden Passiva und des Wertes aller sonstigen ausbedungenen Leistungen und vorbehaltenen Nutzungen, oder, wenn das Entgelt aus dem Vertrage nicht hervorgeht, des Wertes des eingebrachten Vermögens;
	insoweit zu dem eingebrachten Vermögen außerhalb Landes gelegene unbewegliche Sachen und ebendaselbst befindliche bewegliche Sachen, welche Zubehör der ersteren sind, gehören	—	3	—	
	insoweit das eingebrachte Vermögen aus sonstigen beweglichen Vermögensgegenständen besteht .	$^1/_3$	—	—	des Entgelts, einschließlich des Wertes der ausbedungenen Leistungen und vorbehaltenen Nutzungen, oder wenn das Entgelt nicht aus dem Vertrage hervorgeht, des Wertes des eingebrachten Vermögens;
	insoweit das eingebrachte Vermögen aus anderen als den vorher bezeichneten Forderungsrechten besteht	$^1/_{20}$	—	—	des Wertes der Forderungen.
	(2) Befreit ist das Einbringen von Nachlaßgegenständen in eine ausschließlich von den Teilnehmern an einer Erbschaft gebildete Gesellschaft mit beschränkter Haftung. Zu den Teilnehmern einer Erbschaft wird auch der überlebende Ehegatte gerechnet, welcher mit den Erben des verstorbenen Ehegatten gütergemeinschaftliches Vermögen zu teilen hat. d) Die Überlassung 1. (1) der Rechte an dem Gesellschaftsvermögen seitens eines				

Laufende Nr.	Gegenstand der Besteuerung	Steuersatz vom Hundert	M.	Pf.	Berechnung der Stempelabgabe
25	Gesellschafters oder dessen Erben an einen anderen Gesellschafter, die Gesellschaft oder einen Dritten	$^2/_{10}$	—	—	des Wertes der Gegenleistung oder, wenn eine solche in der Urkunde nicht enthalten ist, des Wertes der überlassenen Rechte;
	der Rechte an dem Gesellschaftsvermögen der unter b bezeichneten Gesellschaften	$^1/_{20}$	—	—	wie vor;
	(2) Befreit sind Verträge über Überlassung von Rechten an dem Gesellschaftsvermögen an Personen, welche nach den Vorschriften des Gesetzes, betreffend die Erbschaftssteuer, vom 30. Mai 1873/19. Mai 1891 von der Zahlung der Erbschaftssteuer befreit sind;				
	2. (1) von Sachen oder Rechten seitens der Gesellschaft zum Sondereigentum an einen Gesellschafter oder dessen Erben,				
	insoweit zu dem überlassenen Gesellschaftsvermögen unbewegliche im Inlande gelegene Sachen oder ihnen gleichgeachtete Rechte oder Rechte der unter Buchstabe c Abs. 1 Ziffer 2 bis 4 bezeichneten Art gehören	1	—	—	des Entgelts, einschließlich des Wertes der ausbedungenen Leistungen und vorbehaltenen Nutzungen, oder, wenn das Entgelt nicht aus dem Vertrage hervorgeht, des Wertes der überlassenen Rechte;
	insoweit zu dem überlassenen Gesellschaftsvermögen außerhalb Landes gelegene unbewegliche Sachen und ebendaselbst befindliche bewegliche Sachen, welche Zubehör der ersteren sind, oder den unbeweglichen Sachen gleichgeachtete Rechte gehören	—	3	—	
	insoweit das überlassene Gesellschaftsvermögen aus beweglichen Vermögensgegenständen besteht .	$^1/_3$	—	—	wie vor;
	insoweit das überlassene Gesellschaftsvermögen aus anderen				

Laufende Nr.	Gegenstand der Besteuerung	Steuersatz vom Hundert	Steuersatz M.	Steuersatz Pf.	Berechnung der Stempelabgabe
25	als den vorher bezeichneten Forderungsrechten besteht	1/20	—	—	des Wertes der Forderungen.
	(2) Bei Berechnung des Stempels bleibt derjenige Teil der zum Sondereigentum überlassenen Vermögensgegenstände außer Betracht, welcher auf den erwerbenden Gesellschafter nach der Kopfzahl der Gesellschafter entfällt.				
	(3) Befreit ist die Rückgewähr der von einem Gesellschafter eingebrachten unbeweglichen Sachen oder ihnen gleichgeachteten Rechte oder Rechte der unter Buchstaben c Abs. 1 Ziffer 2 bis 4 bezeichneten Art oder sonstigen beweglichen Vermögensgegenstände an diesen Gesellschafter oder dessen Erben oder dessen Ehefrau, welche mit ihm in Gütergemeinschaft gestanden hat.				
	e) (1) die erstmalige Feststellung der Satzung (des Statutes),				
	1. einer Gewerkschaft	—	500	—	
	Bei Gewerkschaften mit geringerem Vermögen oder, wenn sonstige Gründe die Anwendung eines geringeren Steuersatzes rechtfertigen, kann der Stempel bis auf	—	100	—	
	ermäßigt werden;				
	2. anderer als der unter Buchstaben b aufgeführten Gesellschaften, ferner der Körperschaften, Stiftungen, Vereine und Anstalten, soweit nicht nach den Bestimmungen dieser Tarifstelle ein höherer Stempel zu verwenden ist	—	5	—	
	(2) Befreit sind Kranken-, Unfall-, Alters- und Invaliditäts-Versicherungs- und Unterstützungskassen, denen die Versicherungsnehmer auf Grund gesetzlicher Bestimmungen beizutreten verpflichtet sind, und eingetragene Genossenschaften, welche				

Laufende Nr.	Gegenstand der Besteuerung	Steuersatz vom Hundert	Steuersatz M.	Steuersatz Pf.	Berechnung der Stempelabgabe
25	die Gewinnverteilung ausgeschlossen haben.				
29	**Hingabe an Zahlungsstatt**, Verträge darüber, s. Kaufverträge.				
32	(1) **Kauf- und Tauschverträge** und andere lästige Veräußerungsgeschäfte enthaltende Verträge einschließlich der gerichtlichen Zwangsversteigerungen, insoweit nicht besondere Tarifstellen zur Anwendung kommen, wenn sie betreffen:				
	a) im Inlande gelegene unbewegliche Sachen oder ihnen gleichgeachtete Rechte	1	—	—	bei Kauf- und Lieferungsverträgen vom Kauf- oder Lieferungspreis unter Hinzurechnung des Wertes der ausbedungenen Leistungen und vorbehaltenen Nutzungen; bei anderen Verträgen vom Gesamtwerte der Gegenleistung unter Hinzurechnung des Wertes der vorbehaltenen Nutzungen oder, wenn der Wert der Gegenleistung aus dem Vertrage nicht hervorgeht, von dem Werte des veräußerten Gegenstandes;
	b) außerhalb Landes gelegene unbewegliche Sachen und ebendaselbst befindliche bewegliche Sachen, insoweit sie Zubehör der ersteren sind und mit diesen zusammen veräußert werden . .	—	3	—	
	c) andere Gegenstände aller Art, falls die Verträge nicht auf Grund der Tarifnummer 4 des Reichsstempelgesetzes der Reichsstempelabgabe unterliegen oder von ihr befreit sind	$^1/_8$	—	—	wie vor.
	(2) Der Stempel berechnet sich: 1. bei Tauschverträgen nach dem Werte der von einem der Vertragschließenden in Tausch gegebenen Gegenstände, und zwar derjenigen, welche den höheren Wert haben, bei dem Tausche inländischer gegen ausländische Grundstücke nur nach dem Werte der ersteren; 2. bei gerichtlichen Zwangsversteigerungen nach dem Betrage des Meistgebotes, zu dem der Zuschlag erteilt wird, unter Hinzurechnung der von dem Ersteher übernommenen Leistungen. Erreicht das Meistgebot nicht den				

Laufende Nr.	Gegenstand der Besteuerung	Steuersatz vom Hundert	Steuersatz M.	Steuersatz Pf.	Berechnung der Stempelabgabe
32	Wert des Gegenstandes, so tritt dieser an die Stelle des Gebotes. Wenn der Ersteher zur Zeit der Einleitung der Zwangsversteigerung Hypotheken- oder Grundschuldgläubiger ist, so tritt an die Stelle des Meistgebotes, falls dieses hinter dem Gesamtbetrage der Hypotheken- oder Grundschuldforderungen des Erstehers und der diesen vorgehenden Forderungen zurückbleibt, dieser Gesamtbetrag, sofern er nicht den Wert des Gegenstandes übersteigt; 3. bei Verträgen über Leistung an Erfüllungsstatt nach dem Werte, zu dem die Gegenstände an Erfüllungsstatt angenommen werden. Wird in einem Kaufvertrage hinsichtlich des Kaufpreises eine Leistung an Erfüllungsstatt vereinbart, so ist der Vertrag wie ein Tauschvertrag zu versteuern; 4. wenn auf dem veräußerten Gegenstand ein Nießbrauchsrecht lastet, zu dessen Beseitigung der Veräußerer nicht verpflichtet ist, von dem Werte des veräußerten Gegenstandes, sofern dieser Wert den nach dem ersten Absatze dieser Tarifstelle zu berechnenden Betrag der Gegenleistung übersteigt. (3) Wird bei einer Versteigerung, welche zum Zwecke der Auseinandersetzung unter Miteigentümern erfolgt, der Zuschlag einem Miteigentümer erteilt, so bleibt bei Berechnung des Stempels derjenige Teil des Meistgebotes außer Betracht, welcher auf den dem Ersteher bereits zustehenden Anteil an den versteigerten Gegenständen fällt. Im Falle der Gemeinschaft unter Miterben gilt im Sinne dieser Vorschrift jeder Miterbe als Mit-				

Laufende Nr.	Gegenstand der Besteuerung	Steuersatz vom Hundert	Steuersatz M.	Steuersatz Pf.	Berechnung der Stempelabgabe
32	eigentümer nach Verhältnis seines ideellen Anteiles am Nachlasse. (4) Wird ein Zuschlagsurteil aufgehoben, so werden die angesetzten Beträge nicht erhoben oder, wenn sie bezahlt sind, erstattet. (5) Beurkundungen von Veräußerungen beweglicher Sachen unterliegen dem Stempel dieser Tarifstelle auch dann, wenn sie nur von einem der Vertragschließenden im Sinne des zweiten Absatzes des § 1 dieses Gesetzes unterzeichnet und dem anderen Vertragschließenden ausgehändigt sind. Ausgenommen sind Aufzeichnungen, welche im Handelsverkehr über Bestellungen gemacht und entgegengenommen werden (sogenannte Kommissionsnoten). (6) Beurkundungen von Übertragungen der Rechte der Erwerber aus Veräußerungsgeschäften über unbewegliche Sachen und ihnen gleichgeachtete Rechte oder über bewegliche Sachen sowie Beurkundungen nachträglicher Erklärungen der aus einem Veräußerungsgeschäfte der vorbezeichneten Art berechtigten Erwerber, die Rechte für einen Dritten erworben beziehungsweise die Pflichten für einen Dritten übernommen zu haben, werden in betreff der Stempelpflichtigkeit wie Beurkundungen der Veräußerungen der Sachen und Rechte behandelt. Dasselbe gilt von Übertragungen der Rechte aus Anträgen zur Schließung eines lästigen Veräußerungsgeschäftes, die den Veräußerer binden, sowie aus Verträgen, durch die nur der Veräußerer zur Schließung eines lästigen Veräußerungsgeschäftes verpflichtet wird. (7) Wenn jedoch der erste Erwerber das Veräußerungsgeschäft erweislich auf Grund eines Vollmachts-				

Laufende Nr.	Gegenstand der Besteuerung	Steuersatz vom Hundert	M.	Pf.	Berechnung der Stempelabgabe
32	auftrages oder einer Geschäftsführung ohne Auftrag für einen Dritten abgeschlossen hat, so bedürfen Beurkundungen von Übertragungen der Rechte dieses ersten Erwerbers an den Dritten nur eines Stempels von	—	3	—	
	(8) In den Fällen des vorhergehenden Absatzes ist die Erstattung des bereits verwendeten Wertstempels anzuordnen. Auch muß die Abstandnahme von der Einziehung des Wertstempels angeordnet werden, falls dies innerhalb zweier Wochen nach erfolgter Beurkundung der Übertragung beantragt wird. Außerdem können bei sonstigen Beurkundungen der erwähnten Art in denjenigen Fällen die gleichen Anordnungen getroffen werden, in denen besondere Billigkeitsgründe vorhanden sind.				
	(9) Beurkundungen der Abtretung der Rechte aus dem Meistgebote bei Zwangsversteigerungen oder die Erklärung des Meistbietenden, daß er für einen anderen geboten habe,	1	—	—	des Wertes der Gegenleistung oder, wenn eine solche in der Urkunde nicht enthalten ist, des Meistgebotes oder des nach Abs. 2 Ziffer 2 Satz 2 dieser Tarifstelle an dessen Stelle tretenden Wertes.
	Der Stempel ermäßigt sich auf . 1. wenn die Abtretung der Rechte aus dem Meistgebot oder die Erklärung, für einen anderen geboten zu haben, in dem Versteigerungstermin erfolgt; 2. wenn ein Gläubiger Meistbietender war, welchem eine durch ein geringeres Gebot nicht oder nicht völlig gedeckte Hypothek, Grundschuld oder Rentenschuld zustand.	—	3	—	
	(10) Ermäßigungen und Befreiungen: 1. Kauf- und Tauschverhandlungen zwischen Teilnehmern an einer Erbschaft zum Zwecke der				

Laufende Nr.	Gegenstand der Besteuerung	Steuersatz vom Hundert	M.	Pf.	Berechnung der Stempelabgabe
32	Teilung der zu letzterer gehörigen Gegenstände	—	3	—	
	Zu den Teilnehmern an einer Erbschaft wird auch der überlebende Ehegatte gerechnet, welcher mit den Erben des verstorbenen Ehegatten gütergemeinschaftliches Vermögen zu teilen hat.				
	2. Befreit sind Verträge, durch welche unbewegliche Sachen oder ihnen gleichgeachtete Rechte oder bewegliche Sachen allein oder im Zusammenhange mit anderem Vermögen von Aszendenten an Deszendenten oder eingekindschaftete Kinder übertragen werden.				
	Auf Beurkundungen von Übertragungen der Rechte des Erwerbers aus Verträgen der vorbezeichneten Art an andere Personen als an Deszendenten oder eingekindschaftete Kinder des ursprünglich übertragenden Aszendenten finden die Bestimmungen des siebenten und achten Absatzes dieser Tarifstelle keine Anwendung.				
	3. Befreit sind Kauf- und Lieferungsverträge über Mengen von Sachen oder Waren, sofern dieselben entweder zum unmittelbaren Verbrauch in einem Gewerbe oder zur Wiederveräußerung in derselben Beschaffenheit oder nach vorgängiger Bearbeitung oder Verarbeitung dienen sollen oder im Deutschen Reiche in dem Betrieb eines der Vertragschließenden erzeugt oder hergestellt sind.				
	4. Gerichtliche oder notarielle Aufnahmen oder Beglaubigungen der nach der Tarifnummer 4 des Reichsstempelgesetzes reichsstempelpflichtigen oder von der Reichsstempelsteuer befreiten Kauf- und Anschaffungsgeschäfte	—	3	—	

Laufende Nr.	Gegenstand der Besteuerung	Steuersatz vom Hundert	M.	Pf.	Berechnung der Stempelabgabe
33	**Konsolidationen von Bergwerkseigentum** (Vereinigung zweier oder mehrerer Bergwerke zu einem einheitlichen Ganzen), Bestätigungsurkunden darüber	—	300	—	
	Erreicht der Gesamtwert des konsolidierten Bergwerkseigentums nicht 10000 M.	—	30	—	
36	**Leibrenten- und Rentenverträge,** wodurch zu gewissen Zeiten wiederkehrende Zahlungen von Geld für eine oder mehrere bestimmte Personen während der Lebensdauer derselben oder auf bestimmte oder unbestimmte Zeit gegen Entgelt erworben werden, mag die Gegenleistung in einer bestimmten Geldsumme oder in der Hingabe von Sachen oder in der Übernahme von Leistungen oder Verpflichtungen, oder aber in dem Aufgeben von Rechten bestehen, falls nicht die Tarifstelle „Versicherungsverträge“ zur Anwendung kommt . .	1	—	—	des Kapitalwertes der Renten.
44	**Nießbrauchsbestellungen,** Anträge auf Eintragung eines Nießbrauches an im Inlande gelegenen unbeweglichen Sachen oder ihnen gleichgeachteten Rechten sowie Urkunden über die Bestellung eines Nießbrauches an beweglichen Sachen oder Rechten .	$^{3}/_{10}$	—	—	des Kapitalwertes der nach dem Reinertrage des Nießbrauches zu berechnenden Nutzungen.
45	**Notariatsurkunden,** welche die Stelle einer in diesem Tarife versteuerten Verhandlung vertreten, wie diese; sonst und in allen Fällen mindestens	—	3	—	
53	(1) **Protokolle,** auch von den Parteien nicht unterschriebene, welche in Privatangelegenheiten von Behörden und Beamten aufgenommen sind und die Stelle einer im gegenwärtigen Tarife besteuerten Verhandlung vertreten, wie diese, mindestens aber	—	3	—	

Laufende Nr.	Gegenstand der Besteuerung	Steuersatz vom Hundert	M.	Pf.	Berechnung der Stempelabgabe
53	(2) Protokolle, welche nicht die Stelle einer im Tarife besteuerten Verhandlung vertreten, sind stempelfrei. (3) Bei Protokollen, welche von Notaren aufgenommen sind, kommt die Tarifstelle „Notariatsurkunden" zur Anwendung.				
54	(1) **Punktationen** über einen zu errichtenden Vertrag, welche die Kraft eines Vertrages haben und demnach eine Klage auf Erfüllung begründen, sind wie Verträge über denselben Gegenstand, und zwar auch dann zu versteuern, wenn darin die Aufnahme einer förmlichen Vertragsurkunde vorbehalten ist. (2) Zu einer Vertragsurkunde, welche auf Grund einer mit dem Wertstempel belegten Punktation demnächst aufgenommen wird und im wesentlichen denselben Inhalt hat wie diese, kommt der zur Punktation verwendete Wertstempel in Anrechnung.				
63	**Tauschverträge**, s. Kaufverträge.				
67	(1) **Vergleiche**	—	3	—	
	(2) Ist jedoch durch den Vergleich ein unter den Parteien bisher nicht in stempelpflichtiger Form zustande gekommenes Rechtsgeschäft anerkannt oder im wesentlichen aufrechterhalten oder ein anderweites Rechtsgeschäft neu begründet worden, so ist zu dem Vergleiche, wenn diese Geschäfte nach dem gegenwärtigen Tarif einem höheren als dem für Vergleiche verordneten Stempel unterworfen sind, dieser höhere Stempel zu verwenden. (3) Befreit sind die von Schiedsmännern und Gewerbegerichten aufgenommenen Vergleiche, sofern nicht die Voraussetzungen des vorhergehenden Absatzes Anwendung finden.				
68	(1) **Verleihungen des Bergwerkseigentums**, Urkunden darüber (§§ 22ff.				

Laufende Nr.	Gegenstand der Besteuerung	Steuersatz vom Hundert	Steuersatz M.	Steuersatz Pf.	Berechnung der Stempelabgabe
68	des Allgemeinen Berggesetzes für die Preußischen Staaten vom 24. Juni 1865 — Gesetzsamml. S. 705 —)	—	500	—	
	(2) Bei geringerem Werte des Bergwerkseigentums kann der Stempel bis auf 100 M. ermäßigt werden.				
71	**Verträge,**				
	1. (1) durch welche ein früherer stempelpflichtiger Vertrag lediglich aufgehoben wird	—	3	—	
	(2) Wenn jedoch die Verabredung über die Aufhebung oder Beseitigung des früheren Vertrages sich als eine in diesem Tarife besonders aufgeführte Verhandlung darstellt, so kommt derjenige Steuersatz zur Anwendung, welchem die Verabredung nach den Vorschriften dieses Tarifs unterliegt.				
	(3) In besonderen Fällen kann der zu entrichtende Wertstempel aus Billigkeitsrücksichten bis auf 1/20 ermäßigt werden;				
	2. (1) über sonstige vermögensrechtliche Gegenstände, wenn keine andere Tarifstelle zur Anwendung kommt¹)	—	3	—	
	sind die Verträge nur Nebenverträge eines Hauptvertrages und werden sie mit diesem zusammen in einer Urkunde beurkundet	—	1	50	
	jedoch nicht über den zu dem Hauptvertrage selbst erforderlichen Stempel hinaus.				
	(2)²)				
73	(1) **Vollmachten, Ermächtigungen und Aufträge** zur Vornahme von Geschäften rechtlicher Natur für den Vollmachtgeber, wenn der Wert des Gegenstandes der Vollmacht				
	500 M. nicht übersteigt	—	—	50	
	1000 „ „ „	—	1	—	

¹) Nur diesem geringeren und nicht dem Kaufstempel unterliegt ein Vertrag, durch den sich der eine verpflichtet, ein Grundstück zu einem bestimmten Preise anzukaufen, der andere, es nicht zu verkaufen, es sei denn an jenen. RG. 5. 2. 09, 38. B 66 (kein bedingter Kaufvertrag).

²) Abs. 2 berührt den Immobilienstempel nicht, ist deshalb fortgelassen.

Laufende Nr.	Gegenstand der Besteuerung	Steuersatz vom Hundert	M.	Pf.	Berechnung der Stempelabgabe
73	3 000 M. nicht übersteigt . . .	—	1	50	
	6 000 „ „ „ . . .	—	3	—	
	10 000 „ „ „ . . .	—	5	—	
	15 000 „ „ „ . . .	—	7	50	
	bei einem höheren Betrage . . .	—	10	—	
	wenn die Vollmacht zur Vornahme aller oder gewisser Gattungen von Geschäften für den Vollmachtgeber ermächtigt (Generalvollmacht) und der Wert des Gegenstandes 50000 M. übersteigt	—	20	—	
	(2) Steht der Bevollmächtigte in einem Dienstverhältnisse zu dem Vollmachtgeber, höchstens	—	1	50	
	(3) Wenn der Wert des Gegenstandes der Vollmacht nicht schätzbar ist, wenn es sich insbesondere um Vollmachten zur Ausübung des Stimmrechts in Gesellschaften aller Art handelt	—	1	50	
	(4)[1]				
	(5) Schriftstücke, in welchen jemand einem Dritten gegenüber erklärt, daß er einem anderen die Vornahme einer Angelegenheit rechtlicher Natur aufgetragen habe, sind dem Stempel nicht unterworfen, sofern nicht die Verkehrssitte eine Vollmacht in diesen Fällen erfordert und durch das Schriftstück die förmliche Vollmacht ersetzt werden soll.				
	(6) Zu Vollmachten, in denen mehrere nicht in einer Erb- oder sonstigen Rechtsgemeinschaft stehende Personen einen Bevollmächtigten bestellen, ist der Vollmachtstempel so oft zu verwenden, als Vollmachtgeber vorhanden sind.				
	(7) Wenn bei einer gerichtlichen oder notariellen Versteigerung durch die Kaufbedingungen oder durch besondere Erklärungen bestimmte Personen bevollmächtigt werden, nach erfolgtem Zuschlage für die Versteiglasser oder für die Ansteigerer die Auflassungserklärung abzugeben und für die Ansteigerer die Ein-				

[1]) Betrifft Prozeßvollmachten.

Laufende Nr.	Gegenstand der Besteuerung	Steuersatz vom Hundert	M.	Pf.	Berechnung der Stempelabgabe
73	tragung der Steigpreise zu bewirken, so ist der Vollmachtstempel ohne Rücksicht auf die Anzahl der Beteiligten und der abzugebenden Erklärungen nur einmal in Ansatz zu bringen, sofern nach Inhalt des Protokolls die Vollmacht auf einen Zeitraum von längstens drei Tagen nach Ablauf des Tages, an welchem der Zuschlag erfolgt, beschränkt wird. (8)[1])				
76	**Wiederaufhebung** von Verträgen, s. Verträge Ziffer 1.				
78	**Zuschlagsbescheide**, wie Kaufverträge, s. diese.				

2. Ausführungsbestimmungen[2]) zum Landesstempelgesetz[3]), vom 16. August 1910,

im Auszuge[4]).

Zur Ausführung des am 1. Juli 1909 in Kraft getretenen Stempelsteuergesetzes in der Fassung der Bekanntmachung vom 30. Juni 1909 (G.S. 535) werden vom Finanzminister im Einverständnis mit den Ministern der Justiz, der öffentlichen Arbeiten, für Handel und Gewerbe, der geistlichen, Unterrichts- und Medizinalangelegenheiten, für Landwirtschaft, Domänen und Forsten sowie des Innern, unter Aufhebung der Bekanntmachung vom 13. Februar 1896 und der Dienstvorschriften vom 14. Februar 1896, betreffend die Ausführung des Stempelsteuergesetzes (Zentralblatt der Abgaben-Gesetzgebung und Verwaltung in den Königlich Preußischen Staaten S. 53 und 93), der diese Vorschriften abändernden Ausführungsbestimmungen vom 28. August 1900 (Zentralblatt usw. S. 477 und 492), der allgemeinen Verfügung des Finanzministers, betreffend die Buchführungsordnung für den Landesstempel vom 24. Februar 1909 (Zentralblatt usw. S. 76) und der allgemeinen Verfügung des Finanzministers und des Justizministers vom 6. Juli 1909, betreffend das gerichtliche Stempelwesen (Justizministerialblatt S. 239, Zentralblatt usw. S. 243) folgende am 1. Oktober 1910 in Kraft tretende Bestimmungen erlassen:

---

[1]) Vgl. die Anm. vorher.

[2]) Eine Zusammenstellung des hauptsächlichen Inhalts dieser Bestimmungen, soweit sie das Notariat angehen, s. unten S. 193 unter 4e.

[3]) Die Ausführungsbestimmungen sind in den Regierungsamtsblättern mit Ausnahme des Amtsblattes der Regierung zu Sigmaringen und im „Zentralblatt der Abgaben-Gesetzgebung und Verwaltung" vom 24. September 1910 Nr. 20 veröffentlicht.

[4]) In diesem Auszuge sind die für den Immobiliarstempel unerheblichen Nummern der Ausführungsbestimmungen fortgelassen, die weniger wesentlichen Teile ferner sind in kleinerem Druck wiedergegeben.

Landesstempelgesetz.

I. Abschnitt.

Von der Pflicht zur Entrichtung der Stempelsteuer.

Zu §§ 2 und 5 des Gesetzes.

Anrechnung ausländischer Stempel. Persönliche Stempelbefreiungen.

1. (1) Über die Zulässigkeit der im § 2 Abs. 3 des Gesetzes erwähnten Anrechnung der in einem anderen Bundesstaat entrichteten Stempel und der im § 5 Abs. 2 und 3 a. a. O. erwähnten Stempelsteuerbefreiungen entscheidet der Finanzminister.

(2) Wegen der im § 5 Abs. 1 g des Gesetzes vorgeschriebenen nachträglichen Einziehung von Stempelbeträgen ist das Erforderliche im § 5 Abs. 3 der allgemeinen Verfügung über gerichtliche Landesstempelsachen gesagt. Die einjährige Frist läuft von dem Tage ab, an dem das zuständige Stempelsteueramt vom Registergericht die angeordnete Mitteilung erhält.

(3) Jede Oberzolldirektion und jedes Stempelsteueramt führt über diejenigen Stiftungen des Geschäftsbereichs, die nach § 5 Abs. 1 d des Gesetzes als milde anerkannt sind, ein Verzeichnis. Insoweit nach dem Ermessen der Oberzolldirektionen ein Bedürfnis vorhanden ist, bringen sie Stiftungen der bezeichneten Art in gewissen Zeitabschnitten zur Kenntnis der Hauptzollämter ihres Verwaltungsbezirks; es bleibt ihrer Entscheidung überlassen, ob es erforderlich ist, den Hauptzollämtern auch die früheren, seit dem 1. April 1896 anerkannten Stiftungen mitzuteilen.

Zu § 3 des Gesetzes.

Bedingte Rechtsgeschäfte.

2. Behörden und Beamte, einschließlich der Notare, sind verpflichtet, zu Urkunden über bedingte Rechtsgeschäfte die tarifmäßigen Stempel innerhalb der Fristen des § 15 Abs. 1 des Gesetzes zu verwenden, und zwar selbst dann, wenn es wahrscheinlich ist oder innerhalb der gesetzlichen Stempelverwendungsfristen bereits feststeht, daß das beurkundete Geschäft nicht zur Ausführung kommen wird. Aus der Vorschrift des § 25 Abs. 2 des Gesetzes, wonach unter Umständen bei Nichtausführung des Geschäfts eine Stempelerstattung zulässig ist, ist keine Berechtigung zu entnehmen, die fristzeitige Stempelverwendung zu unterlassen, da damit der Entscheidung der Oberzolldirektionen über die Stempelerstattung, die nicht ausnahmslos, sondern nur bei dem Vorhandensein von Billigkeitsgründen statthaft ist vorgegriffen werden würde. Es wird besonders den Notaren zur Pflicht gemacht, zu Urkunden über bedingte Grundstückskaufverträge die gesetzlichen Stempel rechtzeitig — also regelmäßig vor der Aushändigung, spätestens binnen zwei Wochen nach der Aufnahme der Verträge — zu verwenden. Dies gilt namentlich für die über die Veräußerung von Schankgrundstücken geschlossenen Verträge, die vielfach unter der Bedingung geschlossen werden, daß sie erst gültig werden sollen, wenn die Erlaubnis zum Betriebe der Gast- und Schankwirtschaft erteilt ist oder daß sie ihre Gültigkeit verlieren sollen, wenn diese Erlaubnis nicht erteilt wird.

Zu § 6 des Gesetzes.

Stempelerstattungen bei unbestimmten Leistungen.

3. (1) Für die Stempelerstattungen des Abs. 2 läuft die Frist des § 25 Abs. 1 a des Gesetzes von dem Tage, an dem die wirkliche Leistung feststeht.

Umrechnung fremder Währungen.

(2) Für die Umrechnung der in einer anderen als der Reichswährung ausgedrückten Summen sind für die nachstehenden Währungen folgende, vom Bundesrat festgesetzte Mittelwerte allgemein zugrunde zu legen:

1 Pfund Sterling	=	20,40 M.
1 Frank, Lira, Peseta (Gold), Leu, finnische Mark	=	0,80 „
1 österreichischer Gulden (Gold)	=	2,00 „
1 österreichischer Gulden (Währung)	=	1,70 „
1 österreichisch-ungarische Krone	=	0,85 „
1 Gulden holländischer Währung	=	1,70 „
1 skandinavische Krone	=	1,125 „
1 alter Goldrubel	=	3,20 „
1 Rubel 1 alter Kreditrubel	=	2,16 „
1 türkischer Piaster	=	0,18 „
1 Peso (Gold)	=	4,00 „
1 Dollar	=	4,20 „
1 alter japanischer Goldyen	=	4,20 „
1 japanischer Yen	=	2,10 „
1 deutsch-ostafrikanische oder indische Rupie	=	1,35 „
1 mexikanischer Golddollar	=	2,10 „

Zu § 7 des Gesetzes.

Auskunfterteilung und Wertermittelung.

4. (1) **Wenn es für die Ermittelung der der Stempelberechnung zugrunde zu legenden Werte auf Umstände ankommt, die aus der Urkunde nicht ersichtlich sind, z. B. auf das Lebensalter einer Person, so sind die die Versteuerung vornehmenden Behörden und Beamten, einschließlich der Notare, verpflichtet, die Beteiligten über diese Umstände zu befragen und das Ergebnis auf der Urkunde zu vermerken. Sind besondere Ermittelungen erforderlich, so ist die Entstehung von Kosten tunlichst zu vermeiden; in jedem Falle ist darauf zu achten, daß nicht Kosten erwachsen, die zur Höhe des Stempelanspruches in keinem angemessenen Verhältnis stehen.**

Ordnungsstrafen.

(2) Die Festsetzung und Einziehung der Ordnungsstrafen des zweiten Absatzes erfolgt nach fruchtloser Androhung im Wege der Verfügung durch die Hauptzollämter. In denjenigen Fällen, in denen das Ermittelungsverfahren vor den Stempelsteuerämtern schwebt, setzen diese die Ordnungsstrafen fest und überweisen sie den Hauptzollämtern zur Einziehung. Die im § 15 des Gesetzes erwähnten Behörden und Beamten haben unter Mitteilung der Verhandlungen das zuständige Hauptzollamt um Festsetzung der Ordnungsstrafen zu ersuchen. Sie sind von dem Ergebnis durch die Hauptzollämter zu benachrichtigen. Gegen die Straffestsetzungen findet Beschwerde an die Oberzolldirektion statt.

Einigungen.

(3) Einigungen zwischen den Zollbehörden und Steuerpflichtigen sind unter dem ausdrücklichen Vorbehalt der Abänderung durch die vorgesetzten Dienstbehörden zu treffen.

Aussetzung der Einziehung streitiger Stempel.

(4) Die Bestimmung über die Aussetzung der Zahlung des streitig gebliebenen Stempels infolge Beschreitung des Rechtsweges findet nur Anwendung auf diejenigen Beträge, welche wegen Meinungsverschiedenheiten zwischen den Zollbehörden und

Steuerpflichtigen über die Höhe des Werts des Gegenstandes streitig geblieben sind, nicht aber auf diejenigen Stempelbeträge, welche streitig sind, weil die Steuerpflichtigen ihre rechtliche Verpflichtung zur Zahlung überhaupt bestreiten.

Zu § 8 des Gesetzes.

Aussetzung der Versteuerung wegen Unbestimmtheit des Wertes des Gegenstandes.

5. (1) Eine Aussetzung der Versteuerung wegen Unbestimmtheit des Wertes des Gegenstandes ist dann nicht zulässig, wenn es möglich ist, den Wert des Gegenstandes des Geschäfts, wenn auch nur annähernd, sogleich festzustellen. Eine sofortige Versteuerung ist z. B. möglich, wenn in Verträgen über die Veräußerung eines Grundstücks nur ein Einheitspreis und die ungefähre Größe des Grundstücks angegeben ist. Nur wenn ein Geschäft seinem Inhalte nach so unbestimmt ist, daß sich sein Wert auch nicht annähernd schätzen läßt, ist die Erhebung des Stempels bis zur erfolgten Ausführung des Geschäfts auszusetzen oder, wenn es sich um fortlaufende oder zu gewissen Zeiten wiederkehrende Leistungen handelt, von Zeit zu Zeit — etwa alljährlich — vorzunehmen. Die Berechnung des Stempels bei Urkunden über Geschäfte der letzteren Art richtet sich nach dem Gesamtwerte des Gegenstandes, dergestalt, daß auch die bei Vornahme der einzelnen Versteuerungen 150 M. oder weniger betragenden Werte nicht außer Betracht bleiben dürfen, sondern den bereits versteuerten Werten behufs der Nachversteuerung hinzuzurechnen sind. Wenn beispielsweise bei einem Lieferungsvertrage der nach Ablauf des ersten Vertragsjahres auf 450 M. festgestellte Lieferungspreis mit $^1/_3$ v. H., also mit 1,50 M., versteuert worden ist und sich nach Ablauf des zweiten Vertragsjahres ein Preis von 150 M. ergibt, so sind diese 150 M. nicht steuerfrei, sondern sie unterliegen einem Stempel von 50 Pf. weil der stempelpflichtige Gesamtpreis am Schluß des zweiten Jahres 600 M. (450 + 150 M.) und der davon zu entrichtende Stempel 2 M. beträgt.

(2) Zu Urkunden, aus welchen ein bestimmter Wert sogleich ersichtlich ist, in denen aber außerdem Leistungen von unbestimmten, erst später schätzbaren Werten ausbedungen sind, ist der Stempel von dem ersichtlichen Werte sogleich zu verwenden, die Beibringung des übrigen Stempels aber nach der Vorschrift des vorhergehenden Absatzes zu bewirken.

Verfahren bei Urkunden, die von Behörden und Beamten, einschl. der Notare, aufgenommen sind.

(3) Behörden und Beamte, einschließlich der Notare, haben innerhalb der Fristen des § 15 Abs. 1 des Gesetzes die Versteuerung der dort bezeichneten Verhandlungen und Urkunden, bei denen der Wert des Gegenstandes unbestimmt ist, bei den Hauptzollämtern zu beantragen, wenn sie es nicht vorziehen, die nachträgliche Versteuerung selbständig ohne Mitwirkung der Zollbehörden vorzunehmen. Zur Versteuerung zuständig ist der Regel nach dasjenige Hauptzollamt, in dessen Geschäftsbezirk die Urkunde errichtet ist. Die Urkunden können aber auch einem anderen Hauptzollamt zur Versteuerung überwiesen werden, wenn die Umstände die Annahme rechtfertigen, daß dieses letztere Amt für die Überwachung geeigneter ist und die Versteuerung sich bei ihm wird bequemer erreichen lassen. Unter Zustimmung der Steuerpflichtigen kann die Versteuerung auch von demjenigen Hauptzollamt, bei dem die Versteuerung beantragt ist, an ein anderes Hauptzollamt abgegeben werden, wenn nach den gemachten Wahrnehmungen oder infolge veränderter Umstände, z. B. des Wechsels des Wohnortes der Steuerpflichtigen, der Übernahme der Abrechnung durch eine andere Geschäftsstelle usw. sich durch die Überweisung an ein anderes Amt eine zweckentsprechendere Versteuerung erwarten läßt.

(4) Über die die Berechnung und Überwachung der später zu entrichtenden Stempel bedingenden Umstände sind die Beteiligten zu vernehmen und ihre Erklärungen zu den Akten zu vermerken. Bei Notaren hat diese Verpflichtung zur Voraussetzung, daß die tatsächlichen Verhältnisse, die für die Wertfestsetzung und die davon abhängige Stempelberechnung bestimmend sind, zur Zeit der notariellen Aufnahme oder Beglaubigung der Urkunde bereits bestanden haben oder binnen zwei Wochen nach dem Tage der Ausstellung der Urkunden eingetreten sind. Bestimmt sich der Wert des Gegenstandes nach dem Eintritt späterer Ereignisse, oder läßt er sich zur Zeit der Beurkundung aus einem anderen Grunde nicht bemessen — beispielsweise der in einem Lieferungsvertrage vereinbarte Preis nach künftigen Marktpreisen oder bei Grundstücksveräußerungen der auch nicht ungefähr feststellbare Preis nach der erst später durch Vermessung festzustellenden Größe des Grundstücks —, so liegt den Notaren die Beschaffung der für die Berechnung des Stempels erforderlichen Angaben nicht mehr ob. Dies ist alsdann Sache der Hauptzollämter.

(5) Die Erklärungen der Beteiligten sind dem Hauptzollamt mit einer entsprechenden Anzeige zu übersenden; die zu versteuernden Urkunden sind, soweit es angängig ist, in Urschrift oder in Abschrift beizufügen. Kann letzteres nicht geschehen, und ergeben auch die Erklärungen der Beteiligten den Sachverhalt nicht zur Genüge, so ist das Hauptzollamt unter Mitteilung des Datums und Gegenstandes der Urkunde sowie der Beteiligten nach Namen, Stand und Wohnort vom Sachverhalt in Kenntnis zu setzen. Notare haben zu den Urschriften der Verhandlungen nach der Tarifstelle 45 den Notariatsurkundenstempel von 3 M zu verwenden, falls nicht der Stempel einer anderen Tarifstelle beizubringen ist; der Notariatsurkundenstempel kann auf den später im Wege der Nachversteuerung zu erhebenden Stempel angerechnet werden. Die Überweisung des Überwachungsfalles an das Hauptzollamt ist von der überweisenden Amtsstelle auf der Urschrift oder der Abschrift der Verhandlung oder, wo solche Urkunden nicht vorhanden sind, an geeigneter Stelle in den Akten zu vermerken. Die entstehenden Schreib- und Postgebühren fallen der Staatskasse zur Last.

(6) Das Hauptzollamt trägt den Überwachungsfall nach Prüfung des Sachverhalts in eine unter fortlaufender Nummer zu führende Überwachungsliste ein, die den Tag der Eintragung, die Bezeichnung der Urkunde nach Form, Art des beurkundeten Geschäfts, Ort und Tag, die Namen, den Stand und Wohnort der Steuerpflichtigen, den Wert des Gegenstandes, den Zeitpunkt der Fälligkeit des Stempels sowie den Vermerk der etwa hinterlegten Sicherheit und ihrer Buchung und der eingezogenen Stempelbeträge enthalten muß. Es bescheinigt der überweisenden Amtsstelle den Eingang der Überweisung unter Mitteilung der Nummer der Überwachungsliste und Beifügung der zurückverlangten Urkunden und veranlaßt das Weitere wegen etwaiger Sicherheitsleistung, der Überwachung und der späteren Einziehung der Stempel. Die eingezahlten Beträge sind in Stempelzeichen zu entwerten. Die entwerteten Stempelzeichen sind zu den Akten zu nehmen. Die Beträge sind der überweisenden Amtsstelle mitzuteilen, welche die Mitteilung als Beleg zu den in den Akten befindlichen Vorverhandlungen zu entnehmen hat.

(7)[1])

---

[1]) Abs. 7 behandelt die für den Immobiliarstempel nicht in Betracht kommende Versteuerung von Verträgen durch Kontrollbücher.

Verfahren bei gerichtlichen Urkunden.

(8) Wegen der Übersendung der gerichtlichen Urkunden an die Hauptzollämter ist das Erforderliche im § 11 der Verfügung über gerichtliche Landesstempelsachen bestimmt. Für das weitere Verfahren findet der Abs. 6 sinngemäße Anwendung.

Verfahren bei privatschriftlichen Urkunden.

(9) Privatschriftliche Urkunden — zu denen auch die der Unterschrift nach gerichtlich oder notariell beglaubigten Urkunden sowie diejenigen Urkunden gehören, bei denen die Notare die Unterschriften beglaubigt, die Entwürfe aber nicht selbst gefertigt haben — sind innerhalb der im § 16 bezeichneten Fristen den Hauptzollämtern zur Überwachung, Versteuerung und Erhebung des Stempels einzureichen. Das Hauptzollamt hat die Aussteller oder Vorzeiger der Urkunden nach Maßgabe des Abs. 4 zu vernehmen, den Überwachungsfall in die Überwachungsliste einzutragen, von der eingereichten Urkunde, insoweit ihr Inhalt für die Stempelpflichtigkeit von Belang ist, Abschrift zu fertigen und auf der Urkunde den Tag der Vorlegung, die Nummer der Überwachungsliste und den Zeitpunkt, zu dem die Urkunde zur Versteuerung wieder einzureichen ist, zu vermerken. Sodann ist die Urkunde dem Einsender oder Vorzeiger unter Hinweis auf die Strafbestimmungen der §§ 17 und 18 des Gesetzes wieder zuzustellen, und das weiter Erforderliche wegen etwaiger Sicherheitsleistung, der Überwachung sowie der Einziehung und Entwertung des Stempels nach Abs. 6 zu veranlassen. Der Abs. 7 dieser Nummer findet auf privatschriftliche Urkunden Anwendung. Die vorstehenden Bestimmungen gelten auch für Urkunden, zu denen Privatpersonen ohne amtliche Überwachung Stempel verwenden dürfen.

Zu § 9 des Gesetzes.

Versteuerung von Nebenausfertigungen als Hauptausfertigungen.

6. (1) Wird den Zollbehörden oder Stempelverteilern eine stempelpflichtige Verhandlung mit dem Antrage vorgelegt, sie als Nebenausfertigung (Duplikat, Nebenexemplar) zu versteuern, so ist diesem Antrage nur dann zu entsprechen, wenn das Vorhandensein einer als Hauptausfertigung vorschriftsmäßig versteuerten Urkunde nachgewiesen ist. Kann ein solcher Nachweis nicht geführt werden, so ist die vorgelegte Verhandlung als die vorhandene einzige Ausfertigung anzusehen und zur Versteuerung zu ziehen. Der verwendete Stempel wird jedoch auf Antrag bis auf den zur Nebenausfertigung erforderlichen Betrag zurückgezahlt, sobald später die vorschriftsmäßig versteuerte Hauptausfertigung vorgelegt werden kann. Der Erstattungsantrag ist an das zuständige Stempelsteueramt zu richten. Wegen des Verfahrens, wenn die stempelpflichtige Urkunde wegen Vernichtung oder sonstigen Verlustes nicht vorgelegt werden kann, vgl. Nr. 15 Abs. 4 dieser Best.

Stempelverwendungsvermerke auf Nebenausfertigungen, Abschriften usw.

(2) Behörden und Beamte, einschließlich der Notare, sind verpflichtet, auf den von ihnen hergestellten Nebenausfertigungen (Duplikaten) sowie auf den von ihnen erteilten beglaubigten und einfachen Abschriften und beglaubigten Auszügen die zu den Hauptausfertigungen oder Urschriften verwendeten Stempelbeträge unter Angabe des Datums und der Amtsstelle und unter Beidrückung des Amtsstempels mit Namensunterschrift zu bescheinigen. Bei weiteren Ausfertigungen ist auf der Nebenausfertigung der zu dieser und der zur Hauptausfertigung oder Urschrift verwendete Stempel anzugeben. Vgl. auch Nr. 37 und 43 sowie wegen des Vermerks auf den Nebenausfertigungen Nr. 15 Abs. 3, Nr. 16 Abs. 4, und be-

sonders wegen des Vermerks auf notariellen Nebenausfertigungen Nr. 17 Abs. 4 dieser Best.

Stempelverwendungsvermerke bei notariellen Unterschriftsbeglaubigungen.

(3) Wenn Notare den Entwurf von Urkunden anfertigen und nach Vollziehung durch die Beteiligten die Unterschriften oder Handzeichen beglaubigen, so haben sie die Verwendung des zu der Urkunde erforderlichen Stempels (§ 15 Abs. 1 des Gesetzes) auf den nach Art. 60 Abs. 2 des Preuß. Gesetzes über die freiwillige Gerichtsbarkeit vom 21. September 1899 (GS. 249) zurückzubehaltenden beglaubigten Abschriften durch eigenhändige Namensunterschrift zu vermerken. Beglaubigen die Notare von ihnen nicht entworfene Urkunden, so sind sie nur verpflichtet, den nach der Tarifstelle 77 erforderlichen Zeugnisstempel zu verwenden. Es empfiehlt sich aber, um die Beteiligten vor Stempelstrafen zu schützen, daß die Notare die Privatpersonen über die Stempelpflichtigkeit und die Höhe des erforderlichen Stempels belehren. Eine gleiche Belehrung der Beteiligten empfiehlt sich für Rechtsanwälte. Wenn die Beteiligten die Einsichtnahme in die beglaubigten Urkunden nicht gestatten, so sind die Notare verpflichtet, in allen Fällen den Zeugnisstempel zu verwenden; dagegen liegt es ihnen nicht ob, Angaben über die Versteuerung zu den Akten zu bringen. Nehmen die Notare jedoch nach Einsicht der Urkunde von der Verwendung des Zeugnisstempels Abstand, weil sie einen gesetzlichen Befreiungsgrund für gegeben erachten, so ist der Befreiungsgrund in den Akten zu vermerken. Dieser Vermerk muß den Inhalt der Urkunde so genau bezeichnen, daß eine Nachprüfung der Stempelbefreiung möglich ist. Allgemeine Bezeichnungen, z. B. „Grundbuchsache“, sind nicht ausreichend; es muß vielmehr statt dessen gesagt werden: „Hypothekarische Schuldverschreibung“, „Abtretung einer Hypothekenforderung“, „Auflassungsvollmacht“ u. dgl.

Stempelverwendungsvermerke, betreffend Urkunden, die nicht zu den Akten genommen werden.

(4) Werden Behörden oder Beamten (Notaren) bei der Errichtung, Aufnahme oder öffentlichen Beglaubigung einer Urkunde von den Beteiligten andere Urkunden vorgelegt, die nicht zu den Akten genommen werden, so sind die zu diesen Urkunden verwendeten Stempelbeträge und der Tag der Entwertung zu den Akten zu vermerken. Dies gilt besonders von Vollmachten, die zu den von den Notaren über den Hergang in Generalversammlungen aufgenommenen Verhandlungen vorgelegt werden.

Stempelberechnungsvermerke.

(5) Wenn sich der Stempel nicht ohne weiteres aus dem Urkundeninhalt berechnen läßt, so ist von den Behörden und Beamten, einschließlich der Notare, auf den Urschriften oder Abschriften der Verhandlungen oder an einer sonst geeigneten Stelle in den Akten eine kurze Stempelberechnung unter Hinweis auf die angewendete Tarifstelle aufzustellen, auch die Berechnung auf den Ausfertigungen usw. zu vermerken. Bei Stempelbefreiungen und Stempelermäßigungen sind die Befreiungs- und Ermäßigungsgründe kurz anzugeben.

Zu § 10 des Gesetzes.

Angabe von Einzelwerten.

7. (1) Wenn bei Rechtsgeschäften über mehrere, verschiedenen Steuersätzen unterliegende Gegenstände in der Urkunde das Entgelt ohne Angabe der Einzelwerte ungetrennt in einer Summe oder Leistung verabredet ist (also beispielsweise in einer den Verkauf eines Grundstücks nebst beweglichem Zubehör enthaltenden Kaufurkunde nicht besondere Werte für das Grundstück und die Zubehörstücke angegeben sind oder ein Werkverdingungsvertrag nichts darüber enthält, wieviel von den bedungenen Gesamtpreise auf den Materialienwert und wieviel auf Arbeitsvergütung, entfällt), so sind die die Versteuerung bewirkenden Behörden und Beamten, einschließlich der Notare, verpflichtet, die Steuerpflichtigen über die Höhe der Einzelwerte zu vernehmen. Kann eine Erklärung hierüber von den Steuerpflichtigen nicht abgegeben werden, so sind sie darüber zu belehren, daß sie berechtigt seien, auf der Urkunde die Einzelwerte innerhalb der Fristen des § 16 des Gesetzes noch nachträglich anzugeben und daß, wenn eine solche Angabe nicht erfolge, der höchste Steuersatz nach dem Gesamtwerte erhoben werde. Über die Belehrung ist ein Vermerk in die Urkunde aufzunehmen oder auf die Urkunde zu setzen. Der Stempel ist in der feststellbaren Höhe sogleich zu verwenden; der Eingang des etwa nachzubringenden Stempels ist zu überwachen.

(2) Die nachträgliche Werttrennung muß von den Urkundenausstellern oder einem von ihnen oder den von ihnen Bevollmächtigten unterschrieben sein. Nur von der Urkundsperson unterschriebene, außerhalb des eigentlichen Urkundentextes, z. B. in notariellen Randvermerken oder Kostenrechnungen, stehende Wertangaben sind nur dann zu berücksichtigen, wenn die Urkundsperson (das Gericht oder der Notar) zur Abgabe der Erklärungen von den Urkundenausstellern bevollmächtigt war und die Bevollmächtigung sich aus der Urkunde ergibt. Die Wertsonderungen müssen ferner auf die Urkunde selbst gesetzt sein; bei notariellen oder gerichtlichen Urkunden genügt es jedoch, wenn von den Urkundenausstellern oder auch nur von einem von ihnen innerhalb der gesetzlichen Stempelverwendungsfristen die Trennung zu Protokoll oder zu den Akten des Gerichts oder Notars erklärt oder schriftlich angezeigt ist.

(3) Wenn ein Kauf- oder Lieferungsvertrag teils auf Gegenstände der unter Ziffer 3 des Abs. 10 (Ermäßigungen und Befreiungen) der Tarifstelle 32 des Gesetzes bezeichneten Art, teils auf sonstige Gegenstände sich bezieht, ohne daß für beide Gruppen getrennte Preise angegeben sind, so können die Verschlagschließenden auch nach Ablauf der im § 16 des Gesetzes bestimmten Fristen getrennte Preise mit der Wirkung angeben, daß dies für die Stempelberechnung zu berücksichtigen ist.

Ferner ist in Fällen, in denen eine Trennung der Preise für unbewegliche und bewegliche Sachen urkundlich zum Ausdruck gebracht ist und nur rechtsirrtümlich gewisse Gegenstände zu den beweglichen Sachen anstatt zu den Grundstücken gerechnet sind, eine nachträgliche Angabe der Einzelwerte innerhalb einer von dem zuständigen Stempelsteueramt zu bestimmenden Frist zulässig.

Berichtigung zweifelhafter Wertangaben.

(4) Trägt die Zollbehörde Bedenken, die Wertangaben als richtig anzunehmen, so ist nach den §§ 6, 7 und § 27 Abs. 3 zu verfahren.

Zu § 13 des Gesetzes.

Haftbarkeit der Beamten und Notare.

8. Über die Frage, ob Beamten, einschließlich der Notare, ein Verschulden im Sinne des Abs. 2 zur Last fällt, entscheidet die zuständige Oberzolldirektion. Beschwerden gegen diese Entscheidungen sind an den Finanzminister zu richten.

II. Abschnitt.

Von der Erfüllung der Stempelpflicht und den Folgen der Nichterfüllung.

Zu § 14 des Gesetzes.

Arten der Stempelzeichen.

Arten.

9. (1) Zur Erfüllung der Stempelpflicht werden Stempelzeichen ausgegeben, die entweder Stempelbogen (Stempelpapier) oder Stempelmarken oder gestempelte Vordrucke sind.

(2) Die Stempelbogen lauten auf Wertbeträge von $^1/_2$ M.; 1 M.; $1^1/_2$ M.; 2 M.; $2^1/_2$ M.; 3 M.; 100 M.; 150 M.; 200 M.; 300 M.; 400 M.; 500 M.; 600 M.; 700 M.; 800 M.; 900 M. und 1000 M.

(3) Stempelbogen über Wertbeträge von mehr als 1000 M. werden auf besonderen schriftlichen Antrag von den Hauptzollämtern ausgefertigt und außerdem von Zollämtern, die von den Oberzolldirektionen besonders hierzu ermächtigt sind. Die Bogen sind mit folgendem Ausfertigungsvermerk zu versehen, dessen Vordruck auf lithographischem Wege herzustellen ist:

Nr. ....

Gültig über M. .... Pf. .... Stempel

buchstäblich:

....

Ort und Datum (Tag, Monat, Jahr in Buchstaben).

Das .... Zollamt.

Schwarzstempel. Unterschrift.

Stempelmarken.

(4) Die Stempelmarken lauten auf Wertbeträge von 10 Pf.; 20 Pf; 40 Pf.; 50 Pf.; 80 Pf.; 1 M.; $1^1/_2$ M.; 2 M.; $2^1/_2$ M.; 3 M.; 4 M.; 5 M.; 10 M.; 15 M.; 20 M.; 25 M.; 50 M.; 100 M.; 200 M.; 300 M.; 400 M.; 500 M.

Gestempelte Vordrucke.[1])

Vertrieb der Stempelzeichen.

Stempelbogen und Stempelmarken.

10. (1) Der Vertrieb der Stempelbogen und Stempelmarken erfolgt durch die Amtsstellen der Zollverwaltung (Hauptzollämter und Zollämter) und außerdem durch die Stempelverteiler, durch diese aber nur innerhalb der in ihren Anstellungsverfügungen vorgeschriebenen Erhebungsgrenzen. Der Verkauf von Stempelbogen über Wertbeträge von mehr als 1000 M. erfolgt auf schriftlichen Antrag durch diejenige Amtsstelle, von der die Bogen gemäß dem Abs. 3 der Nr. 9 dieser Best. ausgefertigt sind. Die Aushändigung der Bogen ist nur gegen vorherige Einzahlung des Stempelbetrages zulässig; die Übersendung geschieht auf Kosten des Antragstellers. Wird die Ausfertigung von Stempelbogen über Wertbeträge von mehr als 1000 M. bei einer zur Ausfertigung nicht befugten Amtsstelle beantragt, so ist

[1]) Zu Grundstücksübertragungen nicht verwendbar, daher sind Abs. 5 bis 7 nicht abgedruckt.

der Antrag entgegenzunehmen und von Amtswegen der nächsten zur Ausfertigung befugten Amtsstelle zu übersenden.[1])

Urkundenprüfung.

Prüfung der Stempelpflichtigkeit und Berechnung des Stempels.

11. (1) Die mit dem Vertriebe der Stempelzeichen beauftragten Amtsstellen der Zollverwaltung und die Stempelverteiler haben sich der Prüfung der ihnen zur Versteuerung vorgelegten Urkunden hinsichtlich ihrer Stempelpflichtigkeit zu unterziehen und danach den Stempel zu berechnen und zu entwerten, und zwar ohne Rücksicht darauf, ob die Steuerpflichtigen oder die die Urkunde Vorlegenden eine Prüfung verlangen oder nicht. Wenn die Prüfung unterbleiben muß, weil der Vorleger der Urkunde die Einsichtnahme nicht gestattet, so ist die Weigerung durch die Worte „Einsicht der Urkunde verweigert" auf der Urkunde ersichtlich zu machen. Entstehen über die Rechtmäßigkeit der Stempelforderung oder die Höhe des Stempels bei der die Entwertung vornehmenden Amtsstelle Zweifel, so hat sie den nach ihrer Ansicht zum mindesten erforderlichen Stempel zu erheben und zu entwerten und demnächst die Entscheidung des vorgesetzten Hauptzollamtes oder des zuständigen Stempelsteueramtes darüber einzuholen, ob der berechnete Betrag der richtige oder welcher andere Betrag zu verbrauchen sei. Hat nach dieser Entscheidung eine Überhebung von Stempelgebühren stattgefunden, so ist die Erstattung des zuviel geforderten Betrages in die Wege zu leiten, während zu wenig entrichtete Stempel einzuziehen und nachträglich zu entwerten sind, ohne daß bei inzwischen erfolgter Überschreitung der gesetzlichen Stempelverwendungsfristen ein Strafverfahren eingeleitet wird.

Fremdsprachige Urkunden.

(2) Werden Urkunden, die in einer anderen Sprache als der deutschen abgefaßt sind, zur Versteuerung vorgelegt, so empfiehlt es sich, daß die Beteiligten eine beglaubigte Übersetzung vorlegen. Läßt sich dies nicht ermöglichen und ist auch ein der fremden Sprache mächtiger Beamter bei der die Verstempelung vornehmenden Amtsstelle nicht vorhanden, so ist die Urkunde oder eine Abschrift der nächsthöheren Amtsstelle einzureichen. In Fällen, wo die Schriftstücke bis zur Oberzolldirektion gelangen, läßt diese durch einen der fremden Sprache kundigen Beamten ihres Verwaltungsbezirks eine Übersetzung fertigen. Fehlt es an einem solchen Beamten und ist auch auf anderem Wege eine kostenlose Übersetzung nicht zu erlangen, so kann die Übersetzung ausnahmsweise auf Kosten der Zollverwaltung beschafft werden, wenn wichtige steuerliche Interessen in Frage stehen.

Zur Entwertung von Stempelzeichen verpflichtete und befugte Behörden und Beamten.

Amtsstellen der Zollverwaltung.

12. (1) Die mit dem Vertriebe der Stempelzeichen beauftragten Hauptzollämter, Zollämter und Stempelverteiler sind verpflichtet, zu Urkunden jeder Art die erforderlichen Stempelzeichen je nach den Wünschen der Steuerpflichtigen in Stempelbogen oder Stempelmarken, aber unter Berücksichtigung der für Stempelmarken in

---

[1]) Abs. 2 und 3 betreffen gestempelte Vordrucke; darüber s. Anmerkung S. 146.

Nr. 14 Abs. 1 dieser Best. vorgeschriebenen Verwendungsgrenze, zu verwenden. Die Stempelverteiler dürfen Stempelzeichen nur bis zur Höhe bestimmter Beträge verwenden.

Andere Behörden und Beamte.

(2) Andere Behörden und Beamten, zu denen auch die Oberzolldirektionen und Stempelsteuerämter gehören, haben die gleiche Verpflichtung hinsichtlich aller von ihnen mit Privatpersonen abgeschlossenen Verträge und Verhandlungen und aller von ihnen erteilten Vollmachten, Ausfertigungen, Abschriften, Bescheinigungen usw. Außerdem sind diese Behörden und Beamten befugt, zu allen von dritten Personen ausgestellten Schriftstücken, die mit dem Geschäftsverkehr der Behörden und Beamten im Zusammenhange stehen und ihnen zu geschäftlichen Zwecken vorgelegt oder ausgehändigt werden, die tarifmäßigen Stempel zu verwenden. Es gilt dies besonders von den im Geschäftsverkehr der öffentlichen Sparkassen und der Post-Spar- und Darlehnsvereine ausgestellten Schuldscheinen und Bürgschaftserklärungen. Vgl. wegen der Vermerke bereits verstempelter Urkunden Dritter Nr. 6 Abs. 4 dieser Best.

Notare.

(3) Notare haben zu den von ihnen aufgenommenen Verhandlungen, einschließlich der von ihnen dem Inhalt nach anerkannten und innerhalb der gesetzlichen Stempelverwendungsfristen eingereichten Verhandlungen, ferner zu denjenigen Urkunden, bei denen sie den Entwurf anfertigen und nach Vollziehung durch die Beteiligten die Unterschriften oder Handzeichen beglaubigen, sowie zu allen von ihnen erteilten Ausfertigungen, Abschriften, Bescheinigungen usw. die erforderlichen Stempelzeichen zu verwenden. Außerdem sind die Notare befugt zur Verwendung von Stempeln zu Privaturkunden, zu denen sie die Entwürfe nicht angefertigt, die sie aber hinsichtlich der Unterschriften beglaubigt haben, ferner zu allen auf sie ausgestellten Vollmachten und zu Vollmachten, in denen dritte Personen als Bevollmächtigte bezeichnet sind und die den Notaren vorgelegt werden, um auf Grund derselben rechtsgeschäftliche Beurkundungen vorzunehmen. Die Befugnis erstreckt sich insbesondere auf Vollmachten, die zu den von Notaren über den Hergang von Generalversammlungen aufgenommenen Verhandlungen von den Beteiligten vorgelegt werden. Vgl. wegen der Vermerke bereits verstempelter Vollmachten Nr. 6 Abs. 4 dieser Best.

Schiedsmänner.

(4) Schiedsmänner sind befugt, zu den den schiedsmannsamtlichen Verkehr betreffenden Urkunden Stempelzeichen zu verwenden; für die Richtigkeit der Stempelverwendung sind sie nicht verantwortlich.

Verwendung und Entwertung von Stempelbogen.

Verwendung.

13. (1) Der Gebrauch von Stempelbogen ist für Urkunden jeder Art zulässig. Zu Urkunden, die einen Stempel von mehr als 500 M. erfordern, müssen Stempelbogen verwendet werden, insoweit der Betrag durch 100 teilbar ist, während für den überschießenden Betrag Marken zu entwerten sind. Zu Urkunden, die eines Stempels von mehr als 1000 M. bedürfen, ist nur die Verwendung der von den Hauptzollämtern und Zollämtern besonders ausgefertigten Stempelbogen (vgl. Nr. 9

Abs. 3 dieser Best.) gestattet; der erforderliche Stempelbetrag darf daher nicht durch Verwendung von Stempelbogen mit Wertbezeichnung (vgl. Nr. 9 Abs. 2 dieser Best.) und zur Ergänzung durch Verwendung von Stempelmarken erfolgen.

Entwertung.

(2) Soweit die stempelpflichtigen Erklärungen auf ganze Bogen niedergeschrieben werden, bedarf es einer Entwertung dieser Bogen nicht. Insoweit eine solche Niederschrift nicht stattgefunden hat, sind die zur Darstellung des gesetzlichen Betrages des Stempels erforderlichen Stempelbogen umzuschlagen und einzeln zu entwerten, d. h. mit einem Vermerk zu versehen, der die Bezeichnung des beurkundeten Geschäfts, das Datum der Urkunde, den Wert des Gegenstandes sowie die Namen der Urkundenaussteller enthält, z. B.:

Entwertet zu dem am 1. Oktober 1910 zwischen dem ....
.... zu ....
und dem .... ebendaselbst
geschlossenen Kaufverträge über das Grundstück ....
....

Berlin, den 1. Oktober eintausendneunhundert und zehn.

Amtsstelle.

Amtsstempel. Unterschrift.

oder:

Entwertet zu der von dem ....
zu .... am 1. Oktober 1910
ausgestellten Schuldurkunde über ein von dem ....
....
zu .... erhaltenes Darlehn
von .... M.

Berlin usw. wie vorstehend.

Das Umschlagen der Stempelbogen ist in der Weise zu bewirken, daß jeder Bogen mit der Verhandlung durch Zusammenheften und Einsiegeln der Fadenenden verbunden wird. Das Einsiegeln wird durch Aufkleben von Oblaten und eines mit dem Abdruck des Schwarz- oder Trockenstempels zu versehenden Stück Papiers in der Weise vorgenommen, wie es von den gerichtlichen Behörden bei der Besiegelung von Urkunden geschieht. Derart umgeschlagene Stempelbogen stehen dem im § 14 Abs. 1 Buchstabe a des Gesetzes erwähnten gestempelten Papier gleich, auf das die stempelpflichtige Erklärung unmittelbar niedergeschrieben wird.

Entwertung durch Schiedsmänner.

(3) Soweit zu stempelpflichtigen Verhandlungen der Schiedsmänner der Stempel von den Parteien in Form von Stempelbogen beigebracht ist, hat der auf jeden einzelnen Bogen zu setzende Vermerk etwa wie folgt zu lauten:

Entwertet zu dem am 1. Oktober 1910 zwischen dem ....
.... zu ....
und dem .... zu ....
Seite 80 Nummer 61 des Protokollbuches geschlossenen Vergleiche.

Berlin usw. wie oben.

Die entwerteten Stempelbogen sind von den Schiedsmännern zu besonderen Belegakten zu nehmen.

Allgemeine Vorschriften über Verwendung und Entwertung von Stempelmarken.

Verwendungsgrenze.

14. (1) Der Gebrauch von Stempelmarken ist auf Urkunden beschränkt, die einem Stempel von nicht mehr als 500 M. unterliegen. Zu solchen Urkunden können entweder nur Marken verwendet werden oder zum Teil Bogen, zum Teil Marken. Zu Urkunden, zu denen ein 500 M. übersteigender Stempel erforderlich ist, dürfen Marken nur zur Ergänzung verwendet werden, und zwar nur für den überschießenden Betrag, insoweit er durch 100 nicht teilbar ist. Vgl. Nr. 13 Abs. 1 dieser Best.

Art der Verwendung.

(2) Der tarifmäßige Stempelbetrag ist durch die Verwendung einer möglichst geringen Anzahl von Marken darzustellen. Die Verwendung der Marken geschieht durch Aufkleben an einer in die Augen fallenden Stelle der Urkunde, am zweckmäßigsten auf der ersten Seite und, wenn diese nicht den genügenden Raum gewährt, auf den nächstfolgenden Seiten. Marken, durch deren Verwendung der Wert eines Stempelbogens auf den erforderlichen Betrag ergänzt werden soll, sind in derselben Art auf der ersten Seite des Bogens und erforderlichenfalls auf den nächstfolgenden Seiten aufzukleben. Zu den vor Notaren errichteten Testamenten sind die erforderlichen Marken ausschließlich auf dem als Teil der Urkunde anzusehenden Umschlage neben der Aufschrift zu verwenden. Die aufgeklebten Marken müssen mit der ganzen Rückseite auf der Unterlage haften und dürfen die Schrift nicht verdecken. Mehrere Marken sind in der Weise aufzukleben, daß jede einzelne unter genauer Beobachtung der für die Entwertung gegebenen Vorschriften entwertet werden kann. Zwischen nebeneinander befestigten Marken muß daher ein so großer Zwischenraum gelassen werden, daß die Entwertungsvermerke seitwärts auf das Papier übergreifen können. Zwischen untereinander aufgeklebten Marken ist ein Zwischenraum nur dann freizulassen, wenn die Marken mit Stempelabdrücken versehen werden; der Zwischenraum muß alsdann so groß sein, daß der Abdruck auf der unteren Marke die obere Marke nicht berührt. Die nach der Nr. 15 zu entwertenden Marken sind ohne Zwischenräume aufzukleben.

Entwertungsvermerke.

(3) Die Entwertungsvermerke sind in allen ihren Teilen mit haltbarer Tinte in deutlichen Schriftzeichen (Buchstaben und Ziffern) ohne jede Rasur, Durchstreichung oder Überschrift niederzuschreiben; besonders muß der Name völlig ausgeschrieben, deutlich und lesbar sein. Die Durchkreuzung oder Durchstreichung der Marken sowie die Entwertung nicht völlig unversehrter Marken ist unzulässig. Stempelabdrücke sind mit haltbarer schwarzer Stempelfarbe herzustellen; die Anwendung von Anilinfarben oder anderen leicht verblassenden Farben ist nicht statthaft.

Entwertung der Stempelmarken durch die Hauptzoll- und Zollämter und die Stempelverteiler [1]).

Stempelabdrücke.

15. (1) Die Stempelmarken sind ohne Zwischenräume neben oder untereinander aufzukleben. Jede einzelne Marke ist mit mehrmaligen Abdrücken des amtlichen Schwarzstempels zu versehen, dergestalt, daß die Abdrücke den größeren Teil der einzelnen Marke bedecken und auf das umgebende Papier oben und seitwärts übergreifen. Die mit schwarzer Farbe herzustellenden Stempelabdrücke müssen deutlich und erkennbar sein und besonders die Bezeichnung und den Ort der Amtsstelle klar ersehen lassen.

Entwertungsvermerke.

(2) Außerdem ist auf jeder Urkunde unter Angabe der Amtsstelle, mit Amtsstempel, Datum (der Monat in Worten) und Unterschrift zu vermerken, welcher Stempelbetrag im ganzen und welcher davon in Stempelbogen und in Marken entwertet worden ist. Wenn z. B. Marken zum Werte von 55 M. 50 Pf. auf einen Kaufvertrag geklebt und entwertet sind, muß der Vermerk lauten:

55 M. 50 Pf. in Marken entwertet.

Berlin, den 1. Oktober 1910.

Amtsstelle.

Amtsstempel. Unterschrift.

Wenn 110 M. 50 Pf. in einem umgeschlagenen Stempelbogen von 100 M., einer Marke zu 10 M. und einer Marke zu 50 Pf. verbraucht sind, hat der auf die Urkunde zu setzende Vermerk zu lauten:

110 M. 50 Pf. und, zwar 100 M. in Bogen und 10 M. 50 Pf. in Marken, entwertet.

Berlin usw. wie oben.

Werden Marken aufgeklebt, um den Wert eines Stempelbogens, auf dem die Urkunde niedergeschrieben ist oder niedergeschrieben werden soll, auf den erforderlichen Betrag zu ergänzen, z. B. um den Wert eines Stempelbogens zu 150 M. durch Aufkleben einer Marke zu 5 M. auf 155 M. zu erhöhen, so würde der Vermerk lauten:

Zur Ergänzung auf 155 M. eine Marke zu 5 M. entwertet.

Berlin usw. wie oben.

Wegen der Entwertung der Stempelmarken zu Pacht- und Mietverzeichnissen vgl. Nr. 72 Abs. 4 dieser Best.

(3) Die Versteuerung der Nebenausfertigungen erfolgt in der Weise, daß nach Entwertung der Stempelmarke auf der Nebenausfertigung auf letzterer vermerkt wird, welcher Stempel zur Nebenausfertigung und welcher Betrag zur Hauptausfertigung entwertet ist, z. B.:

Zur Nebenausfertigung 3 M. entwertet. Zur Hauptausfertigung 105 M. (in Worten) entwertet.

Berlin usw. wie oben.

---

[1]) Zur Entwertung der Reichsstempelmarken sind die Stempelverteiler nicht zuständig Nr. 19 Abs. 2 PrAB. z. RStG.

(4) Ist die stempelpflichtige Urkunde vernichtet oder verloren gegangen oder kann sie aus irgendeinem anderen Grunde nicht vorgelegt werden, so ist der Inhalt der Urkunde amtlich zu ermitteln und der erforderliche Stempelbetrag auf einem besonderen Bogen zu entwerten. Diese Bogen können den Beteiligten auf Verlangen ausgehändigt werden. Zugleich ist zu prüfen, ob der Fall der Hinterziehung der Abgabe oder einer sonstigen Zuwiderhandlung vorliegt. Die Stempelverteiler haben deshalb in Fällen, wo ein solcher Verdacht besteht, dem Hauptzollamt Anzeige zu erstatten. Findet sich die stempelpflichtige Urkunde später wieder vor und wird sie der Zollbehörde oder dem Stempelverteiler eingereicht, so ist, sobald die Übereinstimmung ihres Inhalts mit dem ermittelten Inhalt festgestellt ist, auf der Urkunde die früher stattgefundene Stempelverwendung unter Angabe des Betrages zu vermerken.

(5) Es ist den Zollstellen und Stempelverteilern untersagt, von Privatpersonen etwa bereits aufgeklebte und mit irgendwelchen Vermerken versehene Marken abzustempeln. Sind die Marken dagegen unversehrt und erregt ihre Beschaffenheit nicht den Verdacht, daß sie bereits auf einem anderen Schriftstück aufgeklebt gewesen sind, so sind die Marken zu entwerten.

Entwertung der Stempelmarken durch andere Behörden und Beamte ausschließlich der Notare.

Anwendungsbereich.

16. (1) Die nachstehenden Bestimmungen finden Anwendung auf Entwertungen, die von anderen Behörden und Beamten als den Beamten der Hauptzollämter und Zollämter und den Stempelverteilern vorgenommen werden. Sie beziehen sich auch auf die Entwertungen der Oberzolldirektionen und Stempelsteuerämter sowie der Handwerks-, Handels- und Landwirtschaftskammern. Wegen der Stempelverwendungsvermerke auf Nebenausfertigungen, Abschriften usw. vgl. Nr. 6 Abs. 2 dieser Best.

Entwertungsvermerke.

(2) In jeder einzelnen der aufgeklebten Marken muß Tag, Monat und Jahr (der Tag und das Jahr mit arabischen Ziffern, der Monat mit Buchstaben, wobei allgemein übliche und verständliche Abkürzungen der Monatsbezeichnungen sowie die Weglassung der beiden ersten Zahlen der Jahresbezeichnung zulässig sind, z. B. 10. Okt. 10, 12. Nov. 10) und der Ort der Verwendung und ferner die Geschäftsnummer ohne jede Auskratzung, Durchstreichung oder Überschreibung in dem unteren Teil der Marke niedergeschrieben werden, dergestalt, daß das Datum und die Geschäftsnummer in die Marke selbst einzutragen sind, der übrige Teil des Vermerks aber auf das die Marke umgebende Papier nach beiden Seiten übergreift. Beamte, die kein Geschäftsverzeichnis führen, haben statt der Geschäftsnummer ihren ausgeschriebenen Namen in den unteren Teil der Marke zu setzen. Der Entwertungsvermerk muß in allen seinen Teilen von dem für die Entwertung verantwortlichen Beamten eigenhändig geschrieben werden; eine Niederschrift des Vermerks oder eines Teiles des Vermerks durch dritte Personen ist unzulässig. Wegen der Entwertung der Stempelmarken auf Ausländerjagdscheinen vgl. Nr. 65 Abs. 2 dieser Best.

Stempelabdrücke.

(3) Außerdem haben die ein Amtssiegel führenden Behörden und Beamten jede einzelne der aufgeklebten Marken mit einem mit schwarzer Stempelfarbe hergestellten Abdruck des Amtsstempels dergestalt zu versehen, daß der Abdruck den oberen mit dem Entwertungsvermerke nicht versehenen Teil der Marke bedeckt und auf das umgebende Papier übergreift. Zur Veranschaulichung dienen nachstehende Abdrucke:[1])
Behörden und Beamte, die keinen amtlichen Stempel führen, haben statt eines Stempelabdrucks die Amtsstelle auf dem oberen Teile der Marke und unter Mitbenutzung des die Marke umgebenden Papiers deutlich zu bezeichnen und mit Namensunterschrift zu versehen.

(4) Hinsichtlich der Versteuerung der Nebenausfertigungen finden die Vorschriften des Abs. 3 der vorhergehenden Nummer entsprechende Anwendung.

Entwertung der Stempelmarken durch Notare.

Verwendung der Marken.

17.[2]) (1) Die Verwendung der Marken erfolgt bei notariellen Urkunden, also bei den von den Notaren aufgenommenen und bei den vor ihnen dem Inhalte nach anerkannten Verhandlungen, zur Urschrift, in den übrigen Fällen zu den Urkunden selbst oder bei der Erteilung von Ausfertigungen zu diesen. Wegen der Stempelverwendungsvermerke auf Nebenausfertigungen, Abschriften usw. vgl. Nr. 6 Abs. 2 dieser Best.

Entwertungsvermerke.

(2) Die Entwertung der Stempelmarken ist in derselben Weise vorzunehmen, wie sie für Beamte, die einen amtlichen Stempel, aber kein Geschäftsverzeichnis führen, in Nr. 16 Abs. 2 und 3 dieser Best. vorgeschrieben ist. Bei der Versteuerung solcher Urkunden, die nach den gesetzlichen Vorschriften in das Notariatsregister einzutragen sind, ist auch die Nummer des Notariatsregisters in die Marke einzutragen (Art. 95 des Preußischen Gesetzes über die die freiwillige Gerichtsbarkeit v. 21. 9. 99, GS. 249). Nachstehender Abdruck veranschaulicht den Entwertungsvermerk:[1])

(3)[3]) Bei den im vorhergehenden Absatze bezeichneten Entwertungsvermerken kann zur Übereinstimmung mit den für die Entwertung von Reichsstempelmarken gegebenen Vorschriften der Ort der Verwendung und der Name des Notars auch oberhalb[4]) und das Datum sowie die Geschäftsnummer darunter niedergeschrieben werden. Den Notaren ist es gestattet, im Entwertungsvermerke nur ihren Namen eigenhändig einzutragen; das Datum, die Geschäftsnummer und der Verwendungsort darf von ihren Gehilfen eingeschrieben werden. Außerdem haben die Notare bei allen Urkunden, die der Eintragung in das Notariatsregister bedürfen und zu denen ein Landesstempel oder ein Reichsstempel von je mehr als 25 M.

---

[1]) Die Muster sind hier fortgelassen.

[2]) vgl. Nr. 21 PrAB. z. RStG.

[3]) Abs. 3 ist aufgenommen in der durch die AB. d. FinMin. v. 2. 3. 12 erhaltenen abgeänderten Fassung, s. JMBl. 12 S. 84.

[4]) um Übereinstimmung herbeizuführen mit der in § 157 Abs. 2 AB. z. RStG. für den Reichsstempel vorgeschriebenen Entwertungsart.

erforderlich ist, auf Grund der Vergleichung der Urschriften der Verhandlungen im Notariatsregister (vgl. das durch Erlaß des Justizministers vom heutigen Tage JustMinBl. 80 eingeführte Muster) binnen drei Tagen nach der Entwertung der Stempelzeichen einzutragen, welcher Landes- und welcher Reichsstempelbetrag zu der Urschrift der Verhandlung entwertet ist. Die Richtigkeit der Eintragung hat der Notar durch seine Namensunterschrift in der im Register dafür vorgesehenen Spalte zu bescheinigen. Solange noch die bisherigen Notariatsregisterformulare benutzt werden, darf die Eintragung in der Spalte „Bemerkungen" dieses Formulars erfolgen, und zwar dergestalt, daß der Name des Notars unterhalb der Eintragung der Landes- und Reichsstempelbeträge zu setzen ist. Den Notaren wird zur Pflicht gemacht, mit besonderer Sorgfalt darauf zu achten, daß die zur Verwendung bestimmten Marken sich in unversehrtem Zustande befinden, die Markennummern mit den Notariatsregisternummern übereinstimmen und daß zu Verhandlungen, die einen Stempel von mehr als 500 M. erfordern, Stempelbogen verwendet werden (vgl. Nr. 13 Abs. 1 und Nr. 14 Abs. 1 dieser Best.).

(4) Auf der ersten Ausfertigung der Notariatsverhandlung ist ihre Stempelfreiheit sowie der zur Urschrift verwendete Stempel vom Notar durch eigenhändige Unterschrift zu bescheinigen, z. B.

Als erste Ausfertigung stempelfrei.
Zur Urschrift 500 M. (in Worten) entwertet.
Berlin, den 1. Oktober 1910.
Der Königliche Notar.
Stempel. Unterschrift.

Handelt es sich um die Versteuerung von weiteren Ausfertigungen, so entwertet der Notar zu diesen Ausfertigungen den Ausfertigungsstempel und bescheinigt auf ihnen durch eigenhändige Unterschrift den zur Urschrift verwendeten Stempel, z. B.

Zur Nebenausfertigung 3 M. entwertet.
Zur Urschrift 500 M. (in Worten) entwertet.
Berlin usw. wie vorstehend.

18, 19, 20, 21.[1])

Zu § 15 des Gesetzes.

Zwangsweise Einziehung der Stempel.

22. (1) Sind die Stempelgebühren nicht innerhalb der gesetzlichen Fristen (§ 15 des Gesetzes) gezahlt, so ist die zwangsweise Einziehung der Stempelbeträge nach der Verordnung, betreffend das Verwaltungszwangsverfahren wegen Beitreibung von Geldbeträgen, vom 15. November 1899 u. 18. März 1904 (GS. 545/36) und der dazu ergangenen Ausführungsanweisung vom 28. November 1899 u. 4. Juli 1904 (ZentrBlAB. 00 S. 44, 04 S. 246) zu veranlassen. Notare sowie diejenigen Behörden oder Beamten, welchen die Einziehung der der Beitreibung

[1]) Diese Nummern, handelnd von der
Entwertung der Stempelmarken durch Schiedsmänner,
Verwendung gestempelter Vordrucke,
Entwertung von Stempelmarken ohne amtliche Überwachung,
Versteuerung im Wege der Abfindung,
sind für den Immobiliarstempel ohne Interesse, daher hier nicht abgedruckt.

im Verwaltungszwangsverfahren unterliegenden Geldbeträge nicht zusteht, haben den Antrag auf zwangsweise Einziehung des Stempels, für jeden stempelpflichtigen Akt besonders, bei dem Hauptzoll- oder Zollamt ihres Wohnsitzes oder ihrer Amtsstelle einzureichen[1]), es empfiehlt sich dem Antrage eine Abschrift der stempelpflichtigen Verhandlung beizufügen. Wird eine Abschrift nicht beigefügt, so ist in dem Antrage nicht nur diejenige Person anzugeben, die nach dem Inhalt der Urkunde die Zahlung des Stempels übernommen hat, sondern es sind sämtliche Personen zu benennen, denen nach dem Gesetz die Zahlung der Stempelabgabe obliegt. Der Antrag muß ferner, wenn eine Abschrift der Verhandlung nicht beiliegt, die Angabe enthalten, ob die Steuerpflichtigen im eigenen Namen oder als Vertreter anderer, z. B. als Vormünder, beteiligt sind, und außerdem ist das Datum, die Registernummer und die Gattung der Urkunde sowie der Betrag des beizutreibenden Stempels mitzuteilen. Die Beifügung von Belegen zur Prüfung und Begründung des Antrages ist nicht erforderlich. Die Zollstelle kann die Einziehung gegen alle Verpflichteten betreiben und ist hinsichtlich der Person der Zahlungspflichtigen oder der Höhe des beizutreibenden Stempels an den gestellten Antrag nicht gebunden. Es empfiehlt sich aber, zunächst denjenigen Steuerpflichtigen in Anspruch zu nehmen, der nach dem Urkundeninhalt die Stempelkosten übernommen hat, vorausgesetzt, daß sich von der Einziehung des Stempels von diesem Steuerpflichtigen ein Erfolg versprechen läßt. Die Zollstelle teilt das Ergebnis der Beitreibung der ersuchenden Stelle mit, die, soweit die Einziehung ohne Erfolg geblieben ist, die Niederschlagung des Stempels bei der Oberzolldirektion beantragt. Beigetriebene Stempelbeträge hat die Zollstelle der ersuchenden Behörde in entwerteten Stempelzeichen zu übersenden, die neben der Verhandlung oder an geeigneter Stelle in den Akten einzuheften sind.

(2) Die Ausführung der Zwangsvollstreckung ist nach der allgemeinen Verfügung des Finanzministers vom 28. November 1900 (ZentrBlAV. 589, JMBl. 648) durch eigene Beamte der Zollverwaltung zu bewirken. Ist dies nicht angängig, so sind die Beitreibungen von den Zollstellen ausschließlich Gerichtsvollziehern zu übertragen.

(3) Notare dürfen den Stempel zu den von ihnen aufgenommenen Urkunden auch dann entwerten, wenn sie bereits die zwangsweise Einziehung beantragt haben. Die Notare haben den Grund der verspäteten Entwertung auf der Urkunde anzugeben und die Zollstelle, bei der sie die Einziehung beantragt haben, unverzüglich von der nachträglichen Einzahlung des Stempels in Kenntnis zu setzen.

Verhandlungen der Schiedsmänner.

(4) Schiedsmänner haben bei der Aufnahme stempelpflichtiger Verhandlungen die Parteien, namentlich wenn sie geschäftsunkundige Personen sind, auf die ihnen nach § 15 Abs. 3 des Gesetzes obliegende Verpflichtung der Beibringung des Stempels hinzuweisen. Nehmen die Schiedsmänner die Versteuerung selbst vor (Nr. 18 dieser Best.), so entsteht dadurch für sie keine Haftbarkeit, wenn die Stempelzeichen nicht ordnungsmäßig oder nicht ausreichend verwendet sind (§ 13 Abs. 2 des Gesetzes).

---

[1]) Der Antrag auf Einziehung des Reichsstempels kann damit verbunden werden. Nr. 23 Abs. 2 PrAB. z. RStG.

Zu § 16 des Gesetzes.

Fristbewilligungen und Teilzahlungen für fällige Stempelsteuern.

23. (1) Privatpersonen haben innerhalb der im § 16 bestimmten Fristen für die Zahlung der tarifmäßigen Stempelabgaben und Entwertung dieser Beträge in Stempelzeichen Sorge zu tragen. Fristbewilligungen oder Abtragungen fälliger Steuerschulden in Teilzahlungen können nur in Ausnahmefällen bei nachgewiesenem dringlichen Bedürfnisse bewilligt werden und sind an die Bedingung zu knüpfen, daß

a) beim Ausbleiben einer Teilzahlung die zwangsweise Beitreibung des ganzen Restes erfolgt;

b) die eingehenden Beträge zunächst auf die rückständige Stempelsteuer, sodann auf die Geldstrafen und zuletzt auf die Kosten des Strafverfahrens verrechnet werden.

Auf Erfordern haben sich die Steuerschuldner auch zur Verzinsung und zur Bestellung einer angemessenen Sicherheit zu verpflichten.

(2) Zur Bewilligung von Fristen und Teilzahlungen fälliger Stempelsteuern bis zum Schluß desjenigen Rechnungsjahres, in dem die Steuerforderung entstanden ist, sind die Oberzolldirektionen ermächtigt (§ 17 Abs. 2 des Staatshaushaltsgesetzes vom 11. Mai 1898 — GS. 77 —); in den Genehmigungsverfügungen sind stets die Gründe fur die Bewilligung anzugeben. Außerdem dürfen die Oberzolldirektionen über den Schluß des Rechnungsjahres hinaus selbständig Fristen oder Teilzahlungen gewähren in allen Stempelsteueruntersuchungen, die auf dem Verwaltungswege oder gerichtlich entschieden worden sind (und zwar einschließlich der Straf- und Kostenbeträge) und ferner in Ansehung der Steuer- und Kostenbeträge in allen denjenigen Fällen, in welchen mit Rücksicht auf die obwaltenden Verhältnisse von einer Bestrafung Abstand genommen worden ist. In allen übrigen Fällen erfolgt die Bewilligung von Fristen oder Teilzahlungen durch den Finanzminister.

Aussetzung der Versteuerung nach gesetzlichen Vorschriften.

(3) Eine Aussetzung der Versteuerung findet nach stempelgesetzlichen Vorschriften in folgenden Fällen statt:

1. bei Unbestimmtheit des Wertes des Gegenstandes (§ 8 des Gesetzes). Vgl. Nr. 5 dieser Best.;
2. bei Fideikommißstiftungen hinsichtlich des weiteren Anwachsens des Grundvermögens (Tarifstelle 24 Abs. 4). Vgl. Nr. 61 Abs. 3 dieser Best.;
3. bei Gesellschaftsverträgen und Beschlüssen hinsichtlich der nachträglichen Einzahlungen auf das Gesellschaftskapital oder die Nachschüsse (Tarifstelle 25a Abs. 3). Vgl. Nr. 62 Abs. 1 dieser Best.

Diese Fälle werden von den Bestimmungen des § 17 Abs. 1 und 2 des Staatshaushaltsgesetzes nicht berührt.

(4) Für diejenigen Fälle, in denen der auf Schenkung beruhende Erwerb vor dem 1. Juli 1906 begründet ist, kommen hinsichtlich der Aussetzung der Versteuerung die bisherigen Bestimmungen zur Anwendung.

Der Genehmigung oder des Beitritts eines Dritten bedürfende Rechtsgeschäfte.

(5)[1]) Für die Beurkundung von Rechtsgeschäften, die erst durch die Genehmigung oder den Beitritt einer Behörde oder eines Dritten Rechtswirksamkeit erlangen, braucht der auf dem Geschäft ruhende Stempel erst verwendet zu werden, nachdem die Genehmigung oder der Beitritt erfolgt ist. Notare haben daher zu solchen von ihnen aufgenommenen Urkunden zunächst nur den nach der Tarifstelle 45 alsbald fälligen Notariatsurkundenstempel von 3 M zu verwenden, dagegen die Verwendung des Geschäftsstempels zu unterlassen, solange ihnen nicht die Genehmigung oder der Beitritt nachgewiesen wird. Handelt es sich um Urkunden, die der gerichtlichen Genehmigung oder Bestätigung, insbesondere der Genehmigung des Vormundschaftsgerichts bedürfen, so erfolgt die Einziehung des Geschäftsstempels nach § 31 GKG. durch das Gericht.

Zu § 25 des Gesetzes.

Erstattungen auf Grund des § 25 Abs. 1 und des § 6 Abs. 2 des Ges.

28. (1) Zu den nach § 25 Abs. 1a zu erstattenden Stempeln gehören auch die nach § 6 Abs. 2 des Gesetzes (Nr. 3 Abs. 1 dieser Best.) und Abs. 17 der Tarifstelle 48 I (Nr. 71 Abs. 3 dieser Best.) zurückzuzahlenden Stempel. Auf letztere findet jedoch die Frist des § 25 Abs. 1a keine Anwendung. Behörden und Beamte, einschließlich der Notare, haben sich der Verauslagung der Stempelgebühren tunlichst zu enthalten, weil für die Staatskasse Ausfälle entstehen, wenn die zur Zahlung verpflichteten Personen inzwischen zahlungsunfähig geworden sind und der Stempel gemäß § 25 Abs. 1b des Gesetzes erstattet werden muß.

(2) Die Erstattung der verwendeten Stempel findet nur auf Antrag und nicht über den beantragten Betrag hinaus statt. Antragsberechtigt sind diejenigen Personen, welche die Stempelabgabe als Steuerschuldner an die Staatskasse abgeführt haben, nicht dritte Personen, z. B. diejenigen, von denen die Stempelschuldner das Geld zur Berichtigung der Stempel geliehen haben. Bevollmächtigte haben den Anträgen ordnungsmäßig versteuerte Vollmachten beizufügen; wird der Antrag von Behörden oder Beamten, einschließlich der Notare, gestellt, so genügt die Angabe, daß der Antragstellende von dem Empfangsberechtigten bevollmächtigt worden sei. Die Anträge auf Erstattung sind in den Fällen zu a und c innerhalb der dort angegebenen Fristen einzureichen. In den Fällen zu b sind die Anträge an keine Frist gebunden; verauslagte Stempel werden auch dann erstattet, wenn die Behörden oder Beamten, einschließlich der Notare, die im § 15 Abs. 1 des Gesetzes vorgeschriebene Frist von längstens 3 Wochen zur Beitreibung der Stempelbeträge nicht beobachtet haben. Die Antragsfrist gilt als gewahrt, wenn der Antrag bei einer unzuständigen Zollbehörde oder einem unzuständigen Stempelsteueramt rechtzeitig gestellt ist. Die unzuständigen Stellen sind verpflichtet, den Antrag an das zuständige Stempelsteueramt weiterzugeben und den Antragsteller von der Abgabe zu benachrichtigen.

(3) Über Anträge auf Erstattung von Stempeln auf Grund des § 25 Abs. 1 entscheiden die Stempelsteuerämter; zuständig ist dasjenige Stempelsteueramt, in dessen Bezirk der Stempel verwendet worden ist, oder, wenn der Stempel in dem

[1]) Für den Reichsstempel vgl. § 168 AB. z. RStG. Nr. 27 PrAB. z. RStG.

Geschäftsbezirk eines anderen Stempelsteueramtes festgesetzt worden ist, das Amt dieses Bezirks. Über die Erstattung der im Auslande verwendeten Stempel entscheidet dasjenige Amt, dem die Stempelprüfung über die im Auslande befindliche Stelle zusteht oder in Ermangelung einer solchen Befugnis das Amt, in dessen Bezirk der Empfangsberechtigte wohnt. In Zweifelsfällen ist an die Oberzolldirektion zu berichten.

(4) Den Anträgen sind die Urkunden, auf denen die zu erstattenden Stempel entwertet sind, beizufügen; ist die Beifügung der Urkunden ausnahmsweise nicht angängig, so ist in anderweiter zweifelsfreier Weise der Inhalt der Urkunden und die Verwendung der Stempelzeichen darzutun. Bei Notariatsverhandlungen genügt jedoch statt der Vorlegung der Urschriften die Bescheinigung des Notars über den zu der Urschrift verwendeten Stempel, desgleichen bei letztwilligen Verfügungen die gerichtliche oder notarielle Bescheinigung über die gezahlten oder verwendeten Stempelbeträge. Bei Anträgen auf Erstattung verauslagter Stempel ist der Nachweis zu erbringen, daß die Einziehung von den zur Entrichtung des Stempels Verpflichteten unmöglich ist. Behörden und Beamte, einschließlich der Notare, sowie Rechtsanwälte haben die Anträge in der Form von Nachweisungen, welche die Bezeichnung der Urkunden nach Form und Art des beurkundeten Geschäfts (z. B. notarieller Grundstückskaufvertrag, privatschriftliche Schuldverschreibung) nach Datum, Namen und Vertragsstellung der Aussteller, ferner die Geschäfts- oder Notariatsregisternummer, den Namen desjenigen, welcher den Stempel gezahlt hat, den Betrag des verwendeten Stempels und den Tag seiner Entrichtung, die Erstattungsgründe und den Antrag auf Erstattung des zurückverlangten Betrages enthalten müssen, in einfacher Ausfertigung einzureichen. Auch für Privatpersonen empfiehlt es sich, die Erstattung in dieser Form zu beantragen.

(5) Entstehen bei dem Stempelsteueramt Zweifel, ob und zu welchem Betrage die Stempel zu erstatten sind oder ob die Erstattung auf Grund des Abs. 1 oder des Abs. 2 des § 25 anzuordnen ist, so ist die Entscheidung der Oberzolldirektion einzuholen. Sie erteilt, wenn sie die Erstattung für zulässig erachtet, Zahlungsanweisung. Das Gleiche gilt, wenn gegen den ablehnenden Bescheid eines Stempelsteueramtes begründete Beschwerde erhoben worden ist. Ist der Stempel zum Teil auf Grund des Abs. 1, zum Teil auf Grund des Abs. 2 zu erstatten, so sind die Anträge stets der Oberzolldirektion zur Entscheidung einzureichen. Erachtet die Oberzolldirektion eine teilweise Erstattung auf Grund des Abs. 2 für gerechtfertigt, so hat sie zugleich den nach Abs. 1 zu erstattenden Stempelbetrag zur Zahlung anzuweisen. Wird die Erstattung ganz oder zum Teil für unbegründet erachtet, so sind die Antragsteller unter Angabe der Gründe zu bescheiden. Insoweit die Erstattung für gesetzlich gerechtfertigt gehalten wird, hat das Stempelsteueramt die eingereichte Stempelerstattungsnachweisung, falls sie ordnungsmäßig und richtig aufgestellt ist, mit der Richtigkeitsbescheinigung zu versehen, anderenfalls die Nachweisung selbst aufzustellen. Die Erstattungsnachweisung ist mit Zahlungsanweisung und unter Beifügung der dem Antragsteller zurückzugebenden Urkunden und sonstiger Belege der Oberzollkasse zur weiteren Veranlassung zu übersenden. Die auf den Urkunden befindlichen Stempelzeichen sind von einem Beamten des Stempelsteueramtes in roter Tinte mit einem die Geschäftsnummer enthaltenden Vermerk

über den zur Erstattung angewiesenen Stempelbetrag zu durchschreiben, beispielsweise in folgender Art:

Einhundertunddreißig M. am 1. Oktober 1910 (Nr. 2301) erstattet.
Unterschrift des Beamten. Amtsbezeichnung.

Bei der Erstattung von Stempeln für privatschriftliche, noch nicht in den Rechtsverkehr getretene, einseitige Urkunden (Schuldscheine, Vollmachten usw.) ist in dem Erstattungsvermerk auch der Grund der Erstattung kurz anzugeben, und ferner darauf hinzuweisen, daß der gesetzliche Stempel von neuem zu verwenden ist, wenn die Urkunde später in den Verkehr gesetzt wird. In der Zahlungsanweisung ist zu erwähnen, daß die Erstattung auf den Urkunden in der vorgeschriebenen Art vermerkt ist.

(6) Wenn zu Notariatsverhandlungen (§ 9 Abs. 2 des Ges.) Stempel zu erstatten und den Erstattungsanträgen die Urschriften nicht beigefügt sind, so hat das Stempelsteueramt, bevor es die Reinschrift der Zahlungsanweisung vollzieht und deren Absendung anordnet, den Notar nach dem Muster 4[1]) zu ersuchen, die Erstattung in der im vorhergehenden Absatz vorgeschriebenen Art auf der Urschrift zu vermerken und ihm von dem Geschehenen Mitteilung zu machen sowie gleichzeitig zu bestätigen, daß eine Stempelerstattung auf der Urkunde noch nicht vermerkt war. Die Notare haben diesem Ersuchen zu entsprechen oder dem Stempelsteueramt die Hinderungsgründe mitzuteilen. Die Stempelsteuerämter haben der Zahlungsanweisung die Bestätigung des Notars als Rechnungsbeleg beizufügen. In entsprechender Weise ist auch hinsichtlich anderer, mit den entwerteten Stempelzeichen versehenen Urkunden zu verfahren, die mit den Erstattungsanträgen nicht haben eingereicht werden können, sich aber im Besitz der Behörden und Beamten (Notare) befinden.

(7) In den Fällen des § 25 Abs. 1c ist von den Stempelsteuerämtern zu prüfen, ob eine Wiedereinziehung des Stempels von demjenigen Vertragschließenden zu veranlassen sein wird, welcher bei der Beurkundung des Geschäfts von den seine Nichtigkeit oder Ungültigkeit bedingenden Umständen Kenntnis gehabt hat.

(8) Alle Behörden und Beamte, einschließlich der Notare, sind verpflichtet, von Doppelerstattungen, die zu ihrer Kenntnis gelangen, den Stempelsteuerämtern Anzeige zu erstatten (vgl. Abs. 6).

Erstattungen auf Grund des § 25 Abs. 2 des Ges., der Tarifstelle 32 Abs. 8 Satz 3 und der Tarifstelle 71 Nr. 1 Abs. 3.

(9) Über Anträge auf Erstattungen auf Grund des § 25 Abs. 2 des Gesetzes, in denen die unterbliebene Ausführung oder die Rückgängigmachung des Geschäfts darzutun ist und die die Erstattung rechtfertigenden Billigkeitsgründe zu erörtern sind, entscheiden die Oberzolldirektionen. Die Aufstellung besonderer Erstattungsnachweisungen ist nicht erforderlich, sondern es genügt, die Erstattungsgründe und die erstatteten Stempelbeträge zu den Akten zu vermerken. Die Erstattungsanträge müssen innerhalb der Fristen des § 25 Abs. 2 des Gesetzes eingereicht werden. Im übrigen finden die Bestimmungen der Absätze 2 bis 8 sinngemäße Anwendung. In Fällen, wo bezüglich der Zuständigkeit Zweifel bestehen, ist an den Finanzminister zu berichten (vgl. Abs. 3).

[1]) Das Muster ist hier nicht mit abgedruckt.

(10) Nach der Vorschrift des vorhergehenden Absatzes sind auch Anträge auf Erstattung der Stempel aus Billigkeitsgründen in den Fällen der Tarifstelle 32 Abs. 8 Satz 3 und auf Rückzahlung von Stempeln infolge Ermäßigungen aus Billigkeitsgründen auf Grund der Tarifstelle 71 Nr. 1 Abs. 3 zu behandeln.

(11) Bis zum 20. April jeden Jahres ist von den Oberzolldirektionen dem Finanzminister anzuzeigen, welche Gesamtstempelbeträge gemäß § 25 Abs. 2 des Gesetzes, der Tarifstelle 32 Abs. 8 Satz 3 und der Tarifstelle 71 Nr. 1 Abs. 3 erstattet (niedergeschlagen) und ermäßigt worden sind und für welche Beträge die Erstattung und Ermäßigung abgelehnt worden ist. Diese Anschreibungen haben sich auch auf die von dem Finanzminister getroffenen Entscheidungen der bezeichneten Art zu erstrecken. Bei einer nachträglichen Änderung von Entscheidungen über solche Anträge, sei es durch den Finanzminister oder sei es durch die Oberzolldirektion selbst, sind auch die Anschreibungen entsprechend zu berichtigen. Der Gesamtbetrag ist für jede der vorbezeichneten Bestimmungen besonders anzuzeigen, getrennt nach Erstattungen (Niederschlagungen) und Ermäßigungen einerseits und nach Ablehnungen andrerseits. Die Anzeigen sind in der Form von Nachweisungen ohne Anschreiben einzusenden.

Stempelniederschlagungen.

(12) Soweit in den Fällen des Absatzes 9 und 10 die Stempel noch nicht verwendet sind, können die Oberzolldirektionen auch deren Niederschlagung aus Billigkeitsgründen anordnen.

Stempeltarif.

Zur Tarifstelle 2.

Versteuerung der Eintragungsanträge, Anrechnung des Antragstempels auf den Stempel zur nachträglichen Urkunde.

38. (1) Wegen der Versteuerung der Anträge auf Eintragung der Abtretung einer Hypothek oder Grundschuld (Abs. 4 bis 8 der Tarifstelle) finden die Vorschriften der §§ 14 bis 16 der AV. über gerichtliche Landesstempelsachen (vgl. auch § 19 Abs. 1 aaO.) und wegen der Anrechnung des zu dem Eintragungsantrage entrichteten Stempels auf denjenigen Stempel, welchem die nachträglich über das zugrunde liegende Geschäft errichtete Urkunde unterliegt, finden die Vorschriften des § 18 derselben Verfügung (vgl. § 19 zu 3 aaO.) entsprechende Anwendung. Der feste Stempel, der zu dem Eintragungsantrage erforderlich gewesen sein würde, wenn der Antrag nicht des Wertstempels bedurft hätte (z. B. der Notariatsurkundenstempel der Tarifstelle 45 im Betrage von 3 M. zu einem notariellen Eintragungsantrage) darf nicht auf den Stempel zu der nachträglich errichteten Urkunde angerechnet werden. Es sind mithin bei einem in der Form einer Notariatsurkunde errichteten, mit einem Wertstempel von 30 M. versehenen Eintragungsantrage nur 27 M. auf den Stempel zu der späteren Urkunde anrechnungsfähig.

Stempelbefreiung.

(2) In betreff des Vermerks, mit dem die in der Befreiungsvorschrift erwähnten Abtretungsurkunden zu versehen sind, ist nach der Nr. 82 Abs. 2 dieser Best. zu verfahren.

Zur Tarifstelle 8[1]).

Ermittelung der Grundstückswerte.

40. Die für die Versteuerung der Auflassungen maßgebenden Grundsätze sind in den §§ 13 bis 18 der AV. über gerichtl. Landesstempelsachen enthalten.

---

[1]) Wegen Erhebung der Reichsstempelabgabe zu Auflassungen usw. von im Inlande gelegenen Grundstücken usw. vgl. Tarifstelle 11d und § 90 des RStG. vom 15. Juli 1909.

Nach § 17 Abs. 5 dieser Verfügung haben die Hauptzollämter, insoweit ihnen Bedenken gegen die Angemessenheit der in den amtsgerichtlichen Listen der Auflassungen angegebenen Grundstückswerte entstehen, die Ermittelung des wirklichen gemeinen Wertes tunlichst kostenfrei vorzunehmen. Alle unmittelbaren Behörden und Beamten, insbesondere die Vorsitzenden der Einkommensteuer-Veranlagungskommissionen und die Behörden der Katasterverwaltung, sind verpflichtet, auf alle die Ermittelung von Grundstückswerten betreffenden Anfragen bereitwilligst Auskunft zu erteilen (§ 7 Abs. 5 des Gesetzes).

Ermittelungsverfahren.

41. (1) Zur Ermittelung des wirklichen gemeinen Wertes in zweifelhaften Fällen haben die Hauptzollämter die bei den Vorsitzenden der Einkommensteuer-Veranlagungskommissionen vorhandenen Schätzungen für die Erhebung der Ergänzungssteuer (AV. d. FinMin. v. 31. 1. 96 — III 17 804. 09 — und vom 17. 1. 03 — III 176 —) und ferner die bei den Kreis- und Gemeindebehörden für die Erhebung der nach dem gemeinen Wert bemessenen Grund- und Gebäudesteuer (Grundwertsteuer), der Umsatzsteuer und der Wertzuwachssteuer vorhandenen Schätzungsergebnisse festzustellen. Reichen diese Unterlagen zur Beurteilung des Wertes nicht aus, so haben die Hauptzollämter die Bezirksoberkontrolleure oder andere geeignete Beamte, die erforderlichenfalls die Hilfe des Katasteramtes in Anspruch nehmen können, zu beauftragen. Den Hauptzollämtern steht es frei, die Katasterämter unmittelbar um Auskunft anzugehen, wenn die Voraussetzungen dafür gegeben sind und sich auf diesem Wege eine Vereinfachung des Ermittelungsverfahrens erwarten läßt. Die Ermittelungen müssen tunlichst unter Vermeidung von Kosten vorgenommen werden. Wenn Grundstücke infolge räumlicher Verschiedenheit der hauptzollamtlichen und amtsgerichtlichen Geschäftsbezirke nicht zu dem Bezirk desjenigen Hauptzollamts gehören, an das die Liste der Auflassungen von dem Amtsgericht eingesendet ist, so hat sich das Hauptzollamt auch bezüglich solcher Grundstücke der Wertermittelung zu unterziehen, wobei es ihm überlassen bleibt, die Mitwirkung des anderen beteiligten Hauptzollamtes in Anspruch zu nehmen.

(2) Die Oberzolldirektionen können im Einverständnis mit den Vorstandsbeamten der Oberlandesgerichte etwa erforderlich erscheinende nähere Ausführungsbestimmungen treffen. Von diesen Bestimmungen ist eine Abschrift an den Finanzminister einzureichen.

Zur Tarifstelle 10.

Begriff. Urschriften (Konzepte).

42. (1) Die Stempelpflichtigkeit ist auf Ausfertigungen von bereits vorhandenen Schriftstücken beschränkt, so daß der Ausfertigungsstempel nur zu erheben ist, wenn ein Schriftstück (eine Urschrift, ein Konzept) vorhanden ist, von dem die Ausfertigung entnommen wird und die auf Grund dieser Urschrift (dieses Konzepts) gefertigte Urkunde die Form einer Ausfertigung hat. Für die Stempelpflichtigkeit ist es ohne Belang, ob die Urschrift (das Konzept) mit dem vollen Namen oder nur mit den Anfangsbuchstaben des Namens gezeichnet ist und ob sie bei den Akten als Konzept verbleibt oder eine selbständige Bedeutung haben soll.

Vermerke.

(2) Alle Behörden und Beamten, einschließlich der Notare, sind verpflichtet, auf den von ihnen erteilten Ausfertigungen, die von einer Urschrift nicht entnommen sind, den Grund der stempelfreien Ausfertigung zu bescheinigen, z. B. „Stempelfrei mangels Vorhandenseins einer Urschrift". Fallen die Ausfertigungen unter die Befreiungsvorschrift zu a und b der Tarifstelle oder sind sie aus irgend einem anderen Grunde stempelfrei, so ist der Grund der Stempelbefreiung, wenn er sich nicht aus dem Urkundeninhalt ohne weiteres ergibt, ebenfalls auf der Ausfertigung zu vermerken.

Zur Tarifstelle 18.

Ermäßigter Steuersatz.

49. Der ermäßigte Steuersatz von 1,50 M. darf nur dann angewendet werden, wenn aus der Urkunde hervorgeht, daß durch die Eheverträge über Vermögensgegenstände von nicht mehr als 6000 M. verfügt wird.

Zu den Tarifstellen 23 und 24[1]).

Familienstiftungen.

61. (1) Der Stempel für Familienstiftungsurkunden ist als Gerichtsgebühr zu vereinnahmen, da Familienstiftungen nach Art. 1 § 1 AG. z. BGB. der Genehmigung des Amtsgerichts bedürfen. Die Nr. 39 dieser Best. findet entsprechende Anwendung.

Fideikommißstiftungen.

(2) Der Stempel für Fideikommißstiftungsurkunden ist als Gerichtsgebühr zu vereinnahmen, wenn die Stiftungsurkunde gerichtlich aufgenommen oder behufs Anerkennung des Inhalts bei Gericht eingereicht ist oder wenn sie ihre Gültigkeit erst durch die gerichtliche Bestätigung erlangt. In allen übrigen Fällen erfolgt die Erhebung des Stempels durch die Zollverwaltung.

Anwachsen des Grundvermögens.

(3) Ist bei Familien- und Fideikommißstiftungen von dem Stifter ein weiteres Anwachsen des Grundvermögens, sei es durch in Aussicht genommene Zuwendungen freigebiger Art, sei es durch eine angeordnete Zuschlagung von Zinsen zum Kapital vorgesehen, so erfolgt die Vereinnahmung des später fällig werdenden Stempels bei den Gerichtsgebühren, wenn die Stiftungsurkunde gerichtlich aufgenommen oder behufs Anerkennung des Inhalts bei Gericht eingereicht oder gerichtlich bestätigt worden ist. Vgl. § 11 B der allg. Verf. über gerichtliche Landesstempelsachen. In den übrigen Fällen wird der Stempel nach näherer Bestimmung der Oberzolldirektionen erhoben. Zu diesem Zweck sind beglaubigte Abschriften oder beglaubigte Auszüge der Urkunden vor Ablauf der für die Verwendung des Urkundenstempels sonst vorgeschriebenen Frist derjenigen Oberzolldirektion mitzuteilen, in deren Bezirk die den Gegenstand der Stiftung bildenden Grundstücke belegen sind oder die Urkunde errichtet ist. Die Oberzolldirektion versieht nach Prüfung der in Betracht kommenden Umstände das zuständige Stempelsteueramt mit Anweisung, in welcher Weise die allmähliche Versteuerung des Zuwachses erfolgen soll. Die Vorschriften des Abs. 6 der Nr. 5 dieser Best. sind von den Stempelsteuerämtern entsprechend anzuwenden mit der Maßgabe, daß Sicherstellungen nicht zu fordern sind. Die Vorschriften des Abs. 6 der Nr. 5 dieser Best. sind von den Stempelsteuerämtern entsprechend

---

[1]) Wegen Erhebung der Reichsstempelabgabe von Grundstücken, die auf Grund der landesgesetzlichen Vorschriften über Familienfideikommisse, Lehn- und Stammgüter gebunden sind, vgl. § 89 des RStG. v. 15. 7. 09 i. d. Fass. des § 68 des Ges. v. 14. 2. 11.

anzuwenden mit der Maßgabe, daß Sicherstellungen nicht zu fordern sind. Die Eintragung in die Überwachungsliste erfolgt unter einem besonderen Abschnitt B (vgl. Nr. 62 Abs. 2 dieser Best.).

Verjährung.

(4) In den Fällen des vorhergehenden Absatzes beginnt die Verjährungsfrist des 27 Abs. 1 des Gesetzes mit dem Ablauf des Kalenderjahres, in dem der Stempel nach der Anordnung der für die Erhebung zuständigen Behörde zu zahlen ist. Wenn die Behörde überhaupt keine Bestimmung getroffen hat, so beginnt die Verjährung mit dem Ablauf des Kalenderjahres, in dem das Anwachsen des Grundvermögens eingetreten ist.

Zur Tarifstelle 25[1]).

Versteuerung von Teilzahlungen auf das Gesellschaftskapital oder die Nachschüsse.

62. (1) Gesellschaftsverträge und Gesellschaftsbeschlüsse der Aktiengesellschaften und Kommanditgesellschaften auf Aktien und der Gesellschaften mit beschränkter Haftung bedürfen, soweit das Grund- oder Stammkapital oder die Nachschüsse nicht sofort voll eingezahlt sind, der Nachversteuerung, die zu überwachen ist. Nach § 11 C der allg. Verf. über gerichtliche Landesstempelsachen haben hinsichtlich der gerichtlich aufgenommenen oder dem Inhalt nach gerichtlich anerkannten Gesellschaftsverträge und Gesellschaftsbeschlüsse die Gerichtsschreiber die Verpflichtung, den Stempelsteuerämtern beglaubigte Abschriften oder beglaubigte Auszüge einzusenden. Dieselbe Verpflichtung haben die Notare hinsichtlich der notariell aufgenommenen oder inhaltlich notariell anerkannten Verträge und Beschlüsse; doch genügen bei notariellen Verträgen oder Beschlüssen auch kurze Mitteilungen unter Angabe des Datums des Vertrages usw., der Registernummer, der Firma, der bereits versteuerten Kapitalbeträge und der Teilbeträge, die noch zur Versteuerung zu ziehen sind. Die Vorschriften des Schlußsatzes des Abs. 2 und des Abs. 3 des § 11 A der allg. Verf. über gerichtliche Landesstempelsachen gelten auch für notarielle Verträge und Beschlüsse. Wegen der Mitteilungen der Gerichtsschreiber der Registergerichte über nachträgliche Erhöhungen des Gesellschafskapitals vgl. § 22 Abs. 3 der allg. Verf. über gerichtliche Landesstempelsachen.

(2) Die Stempelsteuerämter haben die Überwachung und spätere Einziehung der Stempel nach der Vorschrift des Abs. 6 der Nr. 5 dieser Best. vorzunehmen, die Eintragung in die Überwachungsliste erfolgt unter einem besonderen Abschnitt A (vgl. Nr. 61 Abs. 3 dieser Best.), unter dem auch die früher eingetretenen, laufenden Fälle aufzuführen sind. Einer Sicherstellung bedarf es nicht. Da die Überwachung dieser Fälle von besonderer Bedeutung ist, so haben die Vorstände der Stempelsteuerämter sich auf Grund der bei den Stempelprüfungen der Gesellschaften, der Gerichte und Notare gemachten Wahrnehmungen und insbesondere durch Vergleichung der Listen mit den ihnen seitens der Gerichtsschreiber gemachten Mitteilungen davon Überzeugung zu verschaffen, daß die Überwachungsliste vollständig und ordnungsmäßig geführt ist. Der Prüfungsbefund ist gelegentlich der Prüfung der Registergerichte in der Überwachungsliste zu vermerken; auch ist in den Verhandlungen, betreffend die Stempelprüfungen der Gesellschaften ein Vermerk darüber aufzunehmen, ob und welche nachträgliche Einzahlungen auf das ursprüngliche oder später erhöhte Kapital usw. stattgefunden haben und wie sie versteuert worden sind (vgl. auch § 5 Abs. 2 der Geschäftsanweisung für die Vorstände der Stempelsteuerämter, Beilage 3).

Im Auslande geschlossene Gesellschaftsverträge.

(3) Wegen der im Auslande geschlossenen Gesellschaftsverträge (Tarifstelle 25a

---

[1]) Wegen Erhebung der Reichsstempelabgabe zu Gesellschaftsverträgen der in der Tarifstelle 25c und d bezeichneten Art vgl. Tarifstelle 11b und c des RStG. v. 15. 7. 09 und wegen des Zuschlages zu dieser Abgabe vgl. § 90 dieses Gesetzes i. d. Fass. des § 69 Ges. v. 14. 2. 11.

Abs. 5 — Anmerkung — und Tarifstelle 25b Abs. 2 Anmerkung Ziffer 3) vgl. § 2 Abs. 1g der allg. Verf. über gerichtliche Landesstempelsachen.

Gesellschaftsauseinandersetzungsverträge.

(4) Mit Rücksicht auf die mit besonderen Schwierigkeiten verbundene Stempelberechnung bei Gesellschaftsauseinandersetzungsverträgen ist es empfehlenswert, daß die Notare die für die Berechnung erforderlichen Unterlagen (Bilanzen usw.) zu ihren Notariatsakten nehmen. Es werden dadurch spätere, erfahrungsmäßig sehr häufig erst nach Jahren infolge von Stempelprüfungen entstehende umständliche Erörterungen und Feststellungen vermieden.

Auflassungsstempel.

(5) Bezüglich der Erhebung des Auflassungsstempels bei Vorlegung der in der Tarifstelle 25d bezeichneten Verträge vgl. § 14 Abs. 7 der allg. Verf. über gerichtliche Landesstempelsachen.

Erstmalige Feststellung des Gewerkschaftsstatuts.

63. (1) Für die erstmalige Feststellung der Satzung (des Statuts) einer Gewerkschaft bildet die Verwendung des Stempels von 500 M. die Regel. Eine Ermäßigung des Stempels kann nur ausnahmsweise auf Antrag, der vor der Bestätigung der Satzung zu stellen ist, eintreten, wenn es sich nach dem pflichtmäßigen Ermessen der den Stempel verwendenden Behörde entweder um eine Gewerkschaft „mit geringerem Vermögen" handelt oder wenn „sonstige Gründe" die Anwendung eines geringeren Steuersatzes rechtfertigen. Eine Ermäßigung des Stempels von Amts wegen findet nicht statt.

(2) Allgemein gültige Gesichtspunkte für die Bewertung des Gesellschaftsvermögens lassen sich nicht aufstellen, vielmehr ist von Fall zu Fall zu prüfen, ob und in welcher Höhe mit Rücksicht auf die Vermögenslage der erstmalig die Satzung feststellenden Gewerkschaft ein Stempelnachlaß angemessen erscheint. Für den anzuwendenden Steuersatz wird als ungefährer Anhalt dienen können, daß der Höchststempel von 500 M. bei einem Gewerkschaftsvermögen von mehr als 100 000 M. zu entrichten ist und daß Ermäßigungen nur bei Gewerkschaften mit geringerem Vermögen eintreten. Danach werden die Steuersätze ungefähr zu bemessen sein bei einem Gewerkschaftsvermögen von

nicht mehr als 25 000 M. auf	100 M.
mehr als 25 000 M. aber nicht mehr als 50 000 M. auf	200 M.
„ „ 50 000 M. „ „ „ „ 75 000 M. „	300 M.
„ „ 75 000 M. „ „ „ „ 100 000 M. „	400 M.
„ „ 100 000 M. auf	500 M.

Der Wert des Gewerkschaftsvermögens ist von den Oberbergämtern festzustellen und nötigenfalls schätzungsweise zu ermitteln. Handelt es sich nicht nur um die Bewertung des Bergwerkseigentums, sondern auch anderer — namentlich den Zwecken bergbaulicher Nebenbetriebe dienender — Vermögensgegenstände (Fabrikanlagen, Grundstücke usw.), so sind, falls den Oberbergämtern für die Bewertung dieser Gegenstände geeignete Unterlagen nicht zur Verfügung stehen, die Bergrevierbeamten mit der Erhebung zuverlässiger Ermittelungen zu beauftragen. Erforderlichenfalls kann der Gewerkschaft von der Bergbehörde anheimgegeben werden, hinsichtlich dieser Vermögenswerte einen Vermögensnachweis beizubringen. Vermag die Bergverwaltung auf dem bezeichneten Wege zu einer sicheren Feststellung des Wertes dieser Vermögensstücke nicht zu gelangen, so haben die Oberbergämter die Oberzolldirektionen um die Vornahme weiterer Ermittelungen zu ersuchen.

(3) Nach § 94 Abs. 2 des Allgemeinen Berggesetzes bedarf die notariell oder gerichtlich zu errichtende Gewerkschaftssatzung der Bestätigung des Oberbergamts. Zu notariell aufgenommenen Satzungen ist daher nach der Tarifstelle 45 zunächst nur

der Notariatsurkundenstempel von 3 M. erforderlich, während gerichtlich verlautbare Satzungen zunächst unversteuert bleiben. Der Stempel der Tarifstelle 25 Buchst. e Ziff. 1 wird für die notariellen und gerichtlichen Satzungen nach § 16 Abs. 3 des Gesetzes erst mit dem Tage fällig, an dem die Gewerkschaft von der Bestätigung Kenntnis erhalten hat. Diesen Stempel, auf den der verwendete Notariatsurkundenstempel von 3 M. angerechnet werden kann, haben die Oberbergämter nach erfolgter Bestätigung von den Gewerkschaften zu erfordern und innerhalb der Fristen des § 15 Abs. 1 des Gesetzes zu der Bestätigungsurkunde zu verwenden. Erachtet das Oberbergamt nach pflichtmäßiger Überzeugung eine Stempelermäßigung für gerechtfertigt, so hat es den Stempel innerhalb des im Gesetz gegebenen Zwischenraums von 100 bis zu 500 M. festzusetzen, jedoch stets nach vollen Hunderten. Die Festsetzung unterliegt der Nachprüfung der Zollbehörden; halten diese im Gegensatz zu der Ansicht des Oberbergamts eine Nachforderung von Stempeln für erforderlich, so ist von den Oberzolldirektionen an den Finanzminister zu berichten.

(4) Nur die erstmalige Feststellung eines Gewerkschaftsstatuts unterliegt dem Stempel der Tarifstelle 25 Buchst. e Ziff. 1; Verhandlungen und Beschlüsse über spätere Abänderungen oder Ergänzungen des ursprünglichen Statuts bedürfen, falls sie keine besonders stempelpflichtige Geschäfte enthalten, nur eines Stempels von 3 M. nach der Tarifstelle 45 oder 53 oder 71 Ziff. 2 Abs. 1. Eine „erstmalige Feststellung der Satzung" ist in einer statutarischen Bestimmung lediglich des Inhalts, daß der Sitz der Gewerkschaft sich an dem Wohnort des Repräsentanten oder Grubenvorstands-Vorsitzenden befindet, nicht zu erblicken. Dagegen enthalten alle Gewerkenbeschlüsse, welche die Verfassung der Gewerkschaft neben oder entgegen den Normen der §§ 94 fg. des Allgemeinen Berggesetzes regeln, die Feststellung einer Satzung, mögen die Beschlüsse auch nur Einzelheiten, wie die Vertretungsbefugnis des Repräsentanten oder Grubenvorstandes, die Einladungen zu den Gewerkenversammlungen u. dgl. betreffen. Jedoch wird bei statutarischen Einzelbestimmungen unter Umständen in Frage kommen, ob die Beschränkung des Umfangs als ein „sonstiger, die Anwendung eines geringeren Steuersatzes rechtfertigender Grund" im Sinne der Ermäßigungsvorschrift anzusehen ist. Das Oberbergamt wird daher je nach Lage des Falles über die Ermäßigung des Stempels zu befinden haben.

Zur Tarifstelle 32[1]).

Zwangsversteigerungen.

66. (1) Wegen der Ermittelung des Werts für Zuschlagsbeschlüsse im Zwangsversteigerungsverfahren vgl. § 6 Abs. 3 der AB. über gerichtliche Landesstempelsachen.

Stempelerstattungen.

(2) Über Anträge auf Erstattung des Wertstempels oder auf Abstandnahme von seiner Einziehung in den Fällen des Abs. 7 und Abs. 8 Satz 1 und 2 entscheiden die Stempelsteuerämter. Für Anträge auf Erstattung der Wertstempel in diesen Fällen finden die Vorschriften der Nr. 28 Abs. 2 bis 6 und Abs. 8 dieser Best. entsprechende Anwendung. Wegen der Stempelerstattungen in den Fällen des Abs. 8 Satz 3 der Tarifstelle vgl. Nr. 28 Abs. 10 dieser Best.

Zur Tarifstelle 54.

Stempelanrechnung.

81. Wegen der Anrechnung des zu einer Punktation verwendeten Wertstempels auf denjenigen Stempel, welchem eine auf Grund der Punktation auf-

---

[1]) Wegen Erhebung der Reichsstempelabgabe zu Kauf- und Tauschverträgen usw. über im Inlande gelegene Grundstücke usw. vgl. Tarifstelle 11a und § 90 des RStG. v. 15. 7. 09 i. d. Fass. des Ges. v. 14. 2. 11.

genommene, mit ihr im wesentlichen übereinstimmende Vertragsurkunde unterliegt, findet der § 9 zu 4 der AV. über gerichtliche Landesstempelsachen entsprechende Anwendung.

Zur Tarifstelle 68.

Stempelermäßigung.

85. (1) Die Verwendung des Stempels von 500 M. bildet die Regel. Eine Ermäßigung ist nur ausnahmsweise dann zuzulassen, wenn sie ausdrücklich beantragt ist und wenn besondere Umstände für die Annahme eines geringeren Wertes des Bergwerkseigentums vorliegen. Der Antrag ist stets vor Erteilung der Verleihung zu stellen, und zwar von dem Muter oder seinem Bevollmächtigten. Eine Ermäßigung des Stempels von Amtswegen findet nicht statt.

(2) Allgemeine Gesichtspunkte für die Bewertung des Bergwerkseigentums lassen sich nicht aufstellen. Es bleibt vielmehr, wenn ein Ermäßigungsantrag gestellt ist, der Prüfung und Entscheidung des Oberbergamts als Verleihungsbehörde in jedem einzelnen Falle überlassen, ob und in welcher Höhe eine Ermäßigung des Stempels zu bewilligen ist. Hierbei ist erforderlichenfalls der Wert des Bergwerkseigentums schätzungsweise zu ermitteln, und zwar nach solchen Gesichtspunkten, wie sie bereits bisher bei Angaben über den Wert verliehenen Bergwerkseigentums gegenüber Gerichten oder Steuerbehörden zugrunde gelegt worden sind. Stehen dem Oberbergamte anderweitige Unterlagen nicht zur Verfügung, so ist der mit der Instruktion der Mutung beauftragte Bergrevierbeamte anzuweisen, den Wert des zu verleihenden Bergwerkseigentums nach geeigneten Merkmalen — Art des Minerals, Beschaffenheit des Fundes, geologische und Abbauverhältnisse, Größe des Feldes, Absatzmöglichkeit u. dgl. — zu prüfen und sich über das Ergebnis sowie über die Höhe des zu verwendenden Stempels bei Vorlegung der Akten an das Oberbergamt gutachtlich zu äußern. Kommt das Oberbergamt nach pflichtmäßiger Prüfung der Unterlagen zu der Überzeugung, daß eine Ermäßigung am Platze ist, so hat es den Stempel innerhalb des im Gesetz gegebenen Zwischenraums von 100 bis zu 500 M. festzusetzen, jedoch stets nach vollen Hunderten. Die Festsetzung unterliegt der Nachprüfung der Zollbehörden; erachten diese im Gegensatz zu der Ansicht des Oberbergamts eine Nachforderung von Stempeln für erforderlich, so ist von den Oberzolldirektionen an den Finanzminister zu berichten.

Zur Tarifstelle 73.

87.[1])

Berlin, den 16. August 1910.

Der Finanzminister.

3. Allgemeine Verfügung des Justizministers und des Finanzministers über gerichtliche Landesstempelsachen vom 28. Juli 1910.

(JMBl. v. 1910 Nr. 30 S. 299.)

An Stelle der AV. v. 6. 7. 09 (JMBl. 239) treten v. 1. 10. 10 ab folgende Vorschriften:

---

[1]) Für den Immobiliarstempel ohne Bedeutung, daher hier nicht abgedruckt.

I. Einziehung der Stempel als Gerichtskosten.

§ 1.

Gerichtliche Urkunden.

1. Soweit nach den Vorschriften der §§ 2, 101 DGKG. (RGBl. 98 S. 659) und des § 29 PrGKG. für gerichtliche Urkunden Stempel zu erheben sind, sind sie nicht in Natur zu verwenden, sondern nach den für Gerichtsgebühren geltenden Vorschriften (§§ 30, 118 PrGKG.) einzuziehen.

2. Stempel sind zu erheben:

a) für die im zweiten Abschnitte des ersten Teiles des PrGKG. bezeichneten gerichtlichen Urkunden (§ 56 PrGKG.); der auf dem Geschäfte ruhende Stempel wird für die Urschrift erhoben; die erste Ausfertigung ist stempelfrei, für weitere Ausfertigungen wird der Stempel nach der Tarifstelle 16 (Duplikate) LStG. erhoben.

Wegen des Stempelansatzes für gerichtliche Beurkundungen, die aus Anlaß des Ersuchens eines anderen Gerichts erfolgen, gilt die AV. v. 6. 1. 05 (JMBl. 8);

b) für Auflassungen und Anträge auf Eintragung der Begründung oder Übertragung von Erbbaurechten oder sonstigen Rechten, welche ein Grundbuchblatt erhalten können, sowie für Anträge auf Umschreibung von Gesellschaftseigentum auf den Namen eines Gesellschafters in den Fällen, in denen nach den Vorschriften des bürgerlichen Rechtes eine Auflassung nicht erforderlich ist — Tarifstelle 8 LStG. —, für Anträge auf Eintragung einer Hypothek oder Grundschuld (Rentenschuld) oder wiederkehrenden Geldleistung — Tarifstelle 58 III daselbst —, der Abtretung einer Hypothek oder Grundschuld — Tarifstelle 2 Abs. 4 daselbst —, der Verpfändung einer Hypothek oder Grundschuld oder wiederkehrenden Geldleistung — Tarifstelle 58 III daselbst — und eines Nießbrauchs an unbeweglichen Sachen oder ihnen gleichgeachteten Rechten — Tarifstelle 44 daselbst — (§ 70 PrGKG.);

c)[1]) für Bescheinigungen oder beglaubigte Abschriften aus gerichtlichen Registern, soweit für die Erteilung eine Gebühr nicht bestimmt ist (§ 109 Abs. 2 PrGKG.); hiernach ist ein Stempel zu erheben für Bescheinigungen und beglaubigte Abschriften aus den Genossenschaftsregistern, den Schiffsregistern, den Registern für Wassergenossenschaften und den Vorrechtsregistern, dagegen ist kein Stempel zu erheben für Bescheinigungen und beglaubigte Abschriften aus den Handelsregistern, den Vereinsregistern, den Güterrechtsregistern, den Standesregistern oder Kirchenbüchern und den Musterregistern. Die nach § 11 Abs. 4 des GenG v. 20. 5. 98 (RGBl. 810) auf die der Genossenschaft zurückzugebende Abschrift des Statuts zu setzende Bescheinigung der erfolgten Eintragung ist stempelfrei, weil diese Bescheinigung von Amtswegen, nicht auf Veranlassung der Genossenschaft (§ 12a LStG.) erteilt wird; stempelfrei ist auch die nach der angeführten Bestimmung des Genossenschaftsgesetzes erfolgende gerichtliche Beglaubigung der Abschrift des Statuts. In Vereinsregistersachen ist für die nach § 66 BGB. erforderliche Beglaubigung der bei den Gerichtsakten verbleibenden Satzung ein Stempel nicht anzusetzen;

d) für Ausfertigungen oder beglaubigte Abschriften stempelpflichtiger Urkunden in Angelegenheiten der freiwilligen Gerichtsbarkeit, welche gemäß § 113 Abs. 2 PrGKG. dem tarifmäßigen Stempel unterliegen;

---

[1]) Die für den Immobiliarstempel weniger wesentlichen Bestimmungen sind in kleinerem Druck wiedergegeben.

e) für den Beschluß, durch welchen im Verfahren der Zwangsversteigerung der Zuschlag erteilt wird (§ 126 aaO.).

3. Der Stempel für die zu gerichtlichem Protokoll erklärten oder ihrem Inhalte nach anerkannten Pacht- und Mietverträge ist nicht als Gerichtsgebühr zu berechnen; die Versteuerung dieser Verträge erfolgt in Gemäßheit der Tarifstelle 48 I LStG. mittelst des dort vorgeschriebenen Pacht- und Mietverzeichnisses. Sind dagegen in den genannten Verträgen noch besondere Nebenverträge enthalten, welche den Stempel der Tarifstelle 71 Nr. 2 Abs. 1 erfordern, so sind diese Stempel als Gerichtsgebühr zu berechnen.

4. Bei Verfügungen von Todeswegen, die in der Weise errichtet werden, daß der Erblasser dem Richter eine Schrift übergibt (§ 2238 Abs. 1 BGB.), werden die Stempel in demselben Umfange zu den Gerichtsgebühren eingezogen wie bei gerichtlich aufgenommenen Testamenten. Dies gilt auch dann, wenn die Schrift verschlossen übergeben wird. Der für den Stempelansatz erforderlichen Wertberechnung sind die Angaben des Steuerpflichtigen zugrunde zu legen. Die Vorschriften des § 7 LStG. finden in Ansehung des Testamentsstempels vor Eröffnung der Verfügung keine Anwendung (Tarifstelle 66 Nr. 1 Abs. 3 LStG.). Die Verjährungsfristen der Abs. 1 und 3 des § 27 LStG. beginnen für den nach Tarifstelle 66 zu entrichtenden Stempel erst nach Ablauf des Kalenderjahrs, in welchem die Eröffnung der Verfügung erfolgt (§ 27 Abs. 4 LStG.).

5. Wegen der Versteuerung gerichtlicher Urkunden in den Fällen, in denen auf Grund stempelgesetzlicher Vorschriften eine Stundung eintritt, wird auf den Abschn. II (§§ 11 und 12) dieser Verfügung verwiesen.

6. Für Auflassungen und Eintragungsanträge kommen die Vorschriften unter I nur insoweit zur Anwendung, als nicht ein anderes besonders bestimmt ist (vgl. hierzu Abschn. III).

7. Für die in Angelegenheiten der Justizverwaltung errichteten Urkunden (z. B. Lieferungsverträge, Bestallungen) ist der Stempel nicht in Natur zu verwenden, sondern bei den Gerichtskosten zu vereinnahmen. Dies gilt insbesondere auch von den gemäß Tarifstelle 48 I zu versteuernden, von den Justizbehörden als Verpächter oder Vermieter abgeschlossenen Pacht- und Mietverträgen.

§ 2.
Außergerichtliche Urkunden.

1. Die im § 30 PrGKG. für die Versteuerung gerichtlicher Urkunden gegebenen Vorschriften finden gemäß § 31 zur Erleichterung der Rechtsuchenden auf eine Reihe außergerichtlicher Urkunden Anwendung, wenn diese Urkunden unversteuert oder nicht genügend versteuert bei Gericht eingereicht werden. Danach wird die Stempelsteuer, wie bei gerichtlichen Urkunden, in folgenden Fällen als Gerichtsgebühr vereinnahmt:

a) wenn zum Gebrauche bei Gericht bestimmte Vollmachten (Tarifstelle 73), amtliche Zeugnisse (Tarifstelle 77), Schätzungen von Grundstücken, insofern sie wegen eines Privatinteresses unter Aufsicht einer öffentlichen Behörde aufgenommen werden (Tarifstelle 64), und Vermögensverzeichnisse, welche zum Gebrauche bei stempelpflichtigen Urkunden dienen (Tarifstelle 30), ohne den vorgeschriebenen Stempel bei Gericht eingereicht werden.

Sind gemäß § 499 Abs. 2 StrPO. die Kosten der Verteidigung des Angeschuldigten der Staatskasse auferlegt, so ist ein Stempel für die Vollmacht nicht anzusetzen;

b) wenn behufs Ausschließung des Auflassungsstempels oder des für die Eintragung, Abtretung oder Verpfändung einer Hypothek oder Grundschuld

(Rentenschuld) zu entrichtenden Wertstempels die Urkunden über das der Auflassung oder Eintragung zugrunde liegende Rechtsgeschäft ohne den vorgeschriebenen Stempel vorgelegt werden; wegen der Stempelpflicht privatschriftlicher Verträge über die Veräußerung von Grundstücken sind die AV. d. FinMin. v. 12. 2. 00 und des JustMin. v. 2. 3. 00 (ZentrBl. 97, JMBl. 63) zu beachten.

Die Vereinnahmung eines zur Urschrift einer notariellen Urkunde zu wenig verwendeten Stempels zu den Gerichtskosten ist auch dann zulässig, wenn dem Gerichte nur eine Ausfertigung oder eine beglaubigte Abschrift der Urkunde vorgelegt wird AV. v. 7. 5. 01 — JMBl. 115, ZentrBl. 144 —). Die Zuständigkeit der Gerichtsbehörden zur Nachforderung der Stempel zu solchen Urkunden ist indessen keine ausschließliche. Auch der Zollbehörde — und namentlich den Vorständen der Stempelsteuerämter bei der Stempelprüfung — steht die Befugnis zu, zu wenig verwendete Stempel einzuziehen und in Natur zu entwerten, selbst wenn feststeht, daß die Urkunden dem Gerichte vorgelegen haben (AV. v. 3. 10. 04 — JMBl. 265 —, FME. v. 17. 9. 04 — ZentrBl. 229 —);

c) wenn Anträge auf Eintragung eines Nießbrauchs an unbeweglichen Sachen ohne den vorgeschriebenen Stempel vorgelegt werden;

d) wenn Verfügungen von Todeswegen zur amtlichen Verwahrung überreicht werden;

e) wenn Urkunden zur gerichtlichen Vollziehung, Anerkennung des Inhalts oder Sicherstellung der Zeit der Ausstellung bei Gericht eingereicht werden; werden Urkunden zur Anerkennung oder Beglaubigung einer Unterschrift oder eines Handzeichens vorgelegt, so ist ein von der Urkunde zu erhebender Stempel zu den Gerichtskosten nur einzuziehen, wenn die Beteiligten damit einverstanden sind, daß das Gericht von dem Inhalt der Urkunde Kenntnis nimmt;

f) wenn privatschriftliche und notarielle Urkunden, welche ihre Gültigkeit erst durch die gerichtliche Genehmigung oder Bestätigung erlangen, insbesondere Verträge über die Annahme an Kindesstatt, zur Erteilung dieser Genehmigung oder Bestätigung bei Gericht eingereicht werden. Werden Urkunden dieser Art, welche bereits von den Gerichten genehmigt sind, bei denen aber die Einziehung des Stempels bei den Gerichtskosten versehentlich unterlassen ist, einer Zollstelle zur Besteuerung vorgelegt, oder erhält diese auf anderem Wege Kenntnis von solchen Urkunden, so wird dem zuständigen Gericht Anzeige erstattet werden, welches die Nachversteuerung durch die Gerichtsschreiberei zu veranlassen hat;

g) für die im Auslande geschlossenen Gesellschaftsverträge, welche die Errichtung gleicher oder ähnlicher Gesellschaften wie die in Tarifstelle 25a und b bezeichneten zum Gegenstande haben, sofern die Gesellschaften ihren Sitz im Inlande nehmen oder im Inland eine Zweigniederlassung errichten, und für die im Auslande geschlossenen Verträge über Erhöhungen des Grund- oder Stammkapitals solcher Gesellschaften. Im Falle der Errichtung einer Zweigniederlassung berechnet sich der Stempel nach dem Werte des Anlage- und Betriebskapitals der inländischen Zweigniederlassung, im Falle der Erhöhung des Grund- oder Stammkapitals nach demjenigen Betrage, der zu dem Betrage der Erhöhung des Kapitals in demselben Verhältnisse steht wie der

Wert des inländischen Anlage- und Betriebskapitals zu dem Werte des gesamten Anlage- und Betriebskapitals (Tarifstelle 25a Abs. 5 und Tarifstelle 25b Abs. 2[3]). Der Stempel wird nur erhoben, wenn eine Eintragung in das Handelsregister erfolgt ist;

h) wenn Satzungen ohne den vorgeschriebenen Stempel zu einem gerichtlichen Register überreicht werden hinsichtlich des nach der Tarifstelle 25b Nr. 2 und e Nr. 2 zu erhebenden Feststempels von fünf Mark.

2. Bei gerichtlich genehmigten Urkunden ist die Einziehung des Stempels zu den Gerichtskosten schon vor dem Beginne der im § 16 Abs. 3 LStG. bestimmten Frist zulässig (AV. v. 3. 10. 04 — JMBl. 265 — FinMinErl. v. 17. 9. 01 ZentrBl. 229 —).

3. Wenn ein Rechtsgeschäft von mehreren Vormundschaftsgerichten, insbesondere auch von außerpreußischen Vormundschaftsgerichten zu genehmigen ist, so ist der Stempel bei demjenigen Gericht anzusetzen, welches zuletzt seine Genehmigung ausspricht. Wird die letzte Genehmigung von einem außerpreußischen Gericht erteilt, so muß die Vorschrift des § 31 PrGKG. außer Anwendung bleiben, und es ist der Stempel im Stempelzeichen zu verwenden; für den Beginn der Verwendungsfrist ist in diesem Falle die Vorschrift des § 16 Abs. 3 LStG. maßgebend.

4. In den Fällen zu a bis e und zu h hat die Gerichtsschreiberei, wenn die Einreichung der stempelpflichtigen Schriftstücke nicht innerhalb der gesetzlichen Stempellösungsfristen (§ 16 LStG.) erfolgt ist, eine Abschrift der Urkunde oder ihres für die Stempelpflichtigkeit in Betracht kommenden Teiles oder eine den wesentlichen Inhalt der Urkunde enthaltende Mitteilung unter Benachrichtigung von dem bei den Gerichtskosten in Rechnung gestellten oder vereinnahmten Stempelbetrage dem zuständigen Hauptzollamte zugehen zu lassen. Dasselbe gilt im Falle zu f, wenn die Urkunde das Erfordernis der gerichtlichen Genehmigung nicht erkennen läßt und infolgedessen die Stempelpflicht schon vor Erteilung der gerichtlichen Genehmigung begründet ist.

5. Der Stempel für Auflassungen und für die im § 1 bezeichneten Eintragungsanträge wird auch dann unter Beachtung der Vorschriften des Abschnitts III dieser Verfügung bei dem das Grundbuch führenden Gerichte zu den Gerichtskosten vereinnahmt, wenn die Auflassung oder der Eintragungsantrag nicht von diesem Gericht beurkundet ist.

6. Werden fehlende Stempel zu notariellen Urkunden nach den für die Gerichtsgebühren geltenden Vorschriften eingezogen, so hat der Gerichtsschreiber den Notar, welcher die Urkunde aufgenommen hat, hiervon zu benachrichtigen. Die Mitteilung erfolgt bei Aufstellung der Kostenrechnung durch frankierte Postkarte. Der Notar hat einen entsprechenden Vermerk auf die Urkunde zu setzen.

§ 3.

Verfahren bei der Einziehung des Stempels im allgemeinen.

Die Berechnung und Einziehung der als Gerichtsgebühr zu behandelnden Stempelbeträge erfolgt wie die Berechnung und Einziehung der Gerichtsgebühren nach den Vorschriften der Kassenordnung.

§ 4.

Zahlungspflicht.

Die Vorschriften der §§ 1 und 2 PrGKG. finden nach § 30 daselbst auf die Stempelabgaben keine Anwendung. An die Stelle dieser Vorschriften treten die §§ 12, 13 LStG. Daneben bleiben aber in Geltung die Bestimmungen der §§ 3 (Entnahme aus der Masse), 4 (freiwillige Übernahme) und 5 (Haftung Dritter) des PrGKG.

§ 5.

Befreiungen.

1. Für die sachlichen und persönlichen Befreiungen von der Stempelsteuer kommen nicht § 7 und 8 PrGKG., sondern die §§ 4 und 5 LStG. zur Anwendung. Dagegen erstreckt sich die den Gerichten und den Aufsichtsbehörden in § 10 PrGKG. beigelegte Befugnis zur Niederschlagung von Gerichtskosten und Gewährung von Gebühren- und Auslagenfreiheit auch auf die Stempelabgaben.

2. Bei jedem Oberlandesgericht ist ein Verzeichnis derjenigen Stiftungen zu führen, welche als milde Stiftungen anerkannt sind. Zu diesem Zwecke wird die Geheime Kalkulatur des Justizministeriums von jeder Anerkennung einer milden Stiftung der Gerichtsschreiberei des Oberlandesgerichts, in dessen Bezirke die Stiftung ihren Sitz hat, Nachricht geben.

3. Wenn ein Registergericht Kenntnis davon erhält, daß eine der in § 5 Abs. 1 g LStG. aufgeführten Gesellschaften oder Genossenschaften ihr Statut und damit auch zugleich ihre Zwecke in der Weise ändert, daß die Voraussetzungen für die Befreiung von der Stempelsteuer nicht mehr zutreffen, so hat es dem zuständigen Stempelsteueramte hiervon Mitteilung zu machen. Dieses stellt auf Grund der von der Gesellschaft oder Genossenschaft geführten Akten die fehlenden Stempelbeträge fest und teilt sie, soweit sie nach den bestehenden Vorschriften zu den Gerichtskosten einzuziehen und noch nicht verjährt sind, dem Amtsgerichte mit, welches die Einziehung zu veranlassen hat.

4. Über die Zulässigkeit der in § 2 Abs. 3 LStG. erwähnten Anrechnung der in einem anderen Bundesstaat entrichteten Stempel und der in § 5 Abs. 2 und 3 aaO. erwähnten Stempelsteuerbefreiungen entscheidet, insoweit als Gerichtsgebühr einzuziehende Stempel in Frage kommen, der Justizminister.

§ 6.

Berechnung und Ermittelung des für den Stempelansatz maßgebenden Wertes.

1. Die materiellen Grundsätze für die Wertberechnung enthalten das Stempelsteuergesetz, insbesondere § 6 dieses Gesetzes, und der Stempeltarif.

2. Bei der Berechnung des Wertstempels für Veräußerungsgeschäfte (Tarifstelle 32) ist zu beachten, daß, wenn auf dem veräußerten Gegenstand ein Nießbrauchsrecht lastet, zu dessen Beseitigung der Veräußerer nicht verpflichtet ist Nr. 4 Abs. 2 aaO.), der Stempel von dem Werte des veräußerten Gegenstandes zu berechnen ist, sofern dieser Wert den nach dem ersten Absatze der Tarifstelle 32 zu berechnenden Betrag der Gegenleistung übersteigt. Diese Bestimmung findet jedoch nur auf Nießbrauchsrechte, nicht auf sonstige dingliche Lasten (Altenteile, Vorkaufsrechte) Anwendung, zu deren Beseitigung der Verkäufer nicht verpflichtet ist. Werden derartige, zur Zeit der Veräußerung bereits auf dem veräußerten Grundstücke haftende Lasten von dem Käufer übernommen, so vermindert sich der Wert des Gegenstandes in Höhe des Wertes der übernommenen Last.

3. Für die Ermittelung des Wertes des Gegenstandes, nach welchem gemäß Tarifstelle 32 Abs. 2 Nr. 2 der Stempel für den Zuschlagsbeschluß im Zwangsversteigerungsverfahren zu berechnen ist, gelten folgende besondere Vorschriften:

a) Soweit für den Stempel zum Zuschlagsbeschlusse der Wert der Gegenstandes in Betracht kommt, wird er in der Regel nach dem Ermessen des Vollstreckungsgerichts ohne eine Inanspruchnahme der Zollverwaltung festgesetzt.

Das Vollstreckungsgericht wird in den meisten Fällen selbst in der Lage sein, den Wert des Gegenstandes in einer für die Stempelberechnung ausreichenden Weise zu bestimmen. Als Unterlagen für eine Wertfestsetzung können die aus den Grundakten ersichtlichen letzten Erwerbspreise, die mit dem Versteigerungsantrag eingereichten Katasterauszüge und etwaige von anderen Behörden einzuholende kurze Auskünfte tatsächlicher Art dienen. Insbesondere kann das Gericht den Vorsitzenden der Einkommensteuerveranlagungskommission um Auskunft über die Einschätzung des Grundstücks zur Ergänzungssteuer ersuchen. Für die Anfrage ist das sinngemäß abzuändernde Formular I dieser Verfügung (zu § 17) zu benutzen. Hat der Vorsitzende der Kommission aus besonderen Gründen Bedenken gegen die Richtigkeit der in den Schätzungsbogen enthaltenen Wertangabe, z. B. weil die Veranlagung vor geraumer Zeit stattgefunden hat oder der Grundstückswert sich infolge von Bebauungen, Teilungen oder anderen Umständen geändert hat, so wird er die Bedenken in seinem Antwortschreiben zum Ausdrucke bringen.

Die für die Wertfestsetzung erforderlichen Maßnahmen sind frühzeitig zu treffen und tunlichst zu beschleunigen. Es ist zu beachten, daß eine rechtzeitige Ermittelung des Wertes des Gegenstandes auch im Interesse des Kostenansatzes notwendig ist, weil der Gebührenberechnung aus § 125 Nr. 1, 2, 3 PrGKG. ein höherer Wert als der bei Berechnung des geringsten Gebots angenommene nur dann zugrunde gelegt werden darf, wenn er spätestens im Versteigerungstermine bekannt gemacht worden ist.

Der Betrag, auf welchen der Wert des Gegenstandes festgesetzt worden ist, ist in den Akten zu vermerken. Auf Verlangen ist er den Beteiligten bekannt zu machen.

b) Erachtet das Gericht ausnahmsweise eine Nachprüfung des von ihm ermittelten und der Berechnung der Kosten zugrunde gelegten Wertes im Stempelinteresse für geboten, so kann es nach Erlaß des Zuschlagsbeschlusses das Hauptzollamt um die erforderlichen Ermittelungen ersuchen. Von einem solchen Ersuchen ist ohne Rücksicht auf die Höhe des Wertgegenstandes allgemein abzusehen, wenn die dem Kostenansatze zugrunde gelegte Wertfestsetzung dem Gerichte bedenkenfrei erscheint; übersteigt der von dem Gericht angenommene Wert des Gegenstandes in Städten über 20000 Einwohner 30000 M., im übrigen 15000 M. nicht, so ist das Hauptzollamt nur dann zu ersuchen, wenn ausnahmsweise ganz besondere Gründe dies angezeigt erscheinen lassen. Das Ersuchen muß die Angaben des Formulars 1 dieser Verfügung enthalten und darüber Aufschluß geben, welche Maßnahmen zwecks Wertermittelung bisher getroffen sind, welches Ergebnis sie gehabt haben und welche Bedenken gegen die Richtigkeit des Ergebnisses bestehen.

c) Sobald aus irgendeinem Grunde ein an das Hauptzollamt gerichtetes Ersuchen um Wertermittelung sich erledigt, ist der ersuchten Behörde hiervon unverzüglich Mitteilung zu machen.

d) Die Zuständigkeit für die gerichtliche Wertfestsetzung bestimmt sich nach § 9 Nr. 1a dieser Verfügung.

Die Bestimmung darüber, ob zwecks Ermittelung des Wertes des Gegenstandes die Hilfe des Hauptzollamts in Anspruch zu nehmen ist, steht nur dem Richter zu.

e) Bei der gerichtlichen Wertermittelung sind Auslagen tunlichst zu vermeiden; falls solche entstehen, fallen sie der Staatskasse zur Last, soweit sich nicht aus § 24 Abs. 2 PrGKG. etwas anderes ergibt.

4. Wenn der Wert des Gegenstandes eines Vertrags sich nach dem Lebensalter einer Person berechnet, so ist das Alter in der Verhandlung zu vermerken.

5. Die Beanstandung der Angaben der Steuerpflichtigen über den Wert des Gegenstandes eines Geschäfts ist binnen einer dreijährigen Frist nach der Beurkundung zulässig (§ 27 Abs. 3 LStG.). Wegen des Beginns der Frist für die nach Tarifstelle 66 zu entrichtenden Stempel wird auf § 1 Nr. 4 dieser Verfügung verwiesen.

6. Der § 12 PrGKG., betreffend die Zulässigkeit der Nachforderung von Gerichtskosten, findet auf die als Gerichtsgebühr zu vereinnahmenden Stempel keine Anwendung.

§ 7.
Rechtsweg.

1. Über die Verpflichtung zur Entrichtung einer Stempelabgabe ist gemäß § 26 LStG. der Rechtsweg zulässig. Die Klage ist gegen die zur Vertretung des Fiskus in Angelegenheiten der Justizverwaltung bestimmte Behörde zu richten (§ 26 Satz 3 daselbst), d. h. nach dem Gesetze vom 14. 3. 85 (GS. 65) und Nr. 1 und 2 der AV. v. 23. 3. 85 (JMBl. 119) gegen die Staatsanwaltschaft bei demjenigen Oberlandesgericht, in dessen Bezirke der Stempel angesetzt ist.

2. Zur Aufrechterhaltung der Einheitlichkeit in der Anwendung der gesetzlichen Vorschriften haben sich die Oberstaatsanwälte, bevor sie sich auf einen Prozeß wegen Stempelabgaben einlassen, mit den Oberzolldirektionen bezüglich der Streitfrage und der weiteren Behandlung des Prozesses in Verbindung zu setzen, ihnen auch Abschrift der rechtskräftig gewordenen gerichtlichen Urteile mitzuteilen. An den Justizminister haben die Oberstaatsanwälte über Rechtsstreitigkeiten vor oder nach deren Anhängigwerden nur dann zu berichten, wenn dies nach ihrem Ermessen wegen der besonderen Bedeutung der Angelegenheit erforderlich erscheint.

§ 8.
Stundungen, Teilzahlungen und Niederschlagungen.

1. Die Vorschriften über das Armenrecht (Reichsgesetz über die Angelegenheiten der freiwilligen Gerichtsbarkeit — RGBl. 98 S. 771 — § 14, Preußisches Gesetz über die freiwillige Gerichtsbarkeit — GS. 99 S. 249 — Artikel 1, Kassenordnung v. 28. 3. 07 — JMBl. 127 — § 19) finden auch auf die nach den Vorschriften über Gerichtsgebühren einzuziehenden Stempel Anwendung. Ebenso sind die Vorschriften der §§ 16 Abs. 3, 18 PrGKG. und der §§ 20, 31 der Kassenordnung über die Stundung und Niederschlagung der Kosten, insbesondere im Falle der Armut

des Zahlungspflichtigen, auch für Stempel maßgebend. Wegen der Fälle, in welchen nach den Vorschriften des Stempelsteuergesetzes eine Stundung des Stempels eintritt, vergleiche die Bestimmungen in den §§ 11, 12 dieser Verfügung.

2. Auf die Niederschlagung von Stempeln wegen unrichtiger Behandlung der Sache oder wegen Unkenntnis der Beteiligten findet der § 10 PrGKG. Anwendung. Sollen in Fällen, in welchen das Gesetz die Erstattung bereits gezahlter Stempel zuläßt, noch rückständige Stempel niedergeschlagen werden, so sind die Vorschriften im § 9 dieser Verfügung entsprechend anzuwenden.

§ 9.

Beschwerdeverfahren in Stempelsteuersachen, Erstattung, Ermäßigung sowie Anrechnung von Stempeln.

1. Für Einwendungen und Beschwerden gelten in Stempelsachen folgende Vorschriften:

a) Die Festsetzung des für den Stempelansatz maßgebenden Wertes des Gegenstandes geschieht gemäß § 24 PrGKG. Hiernach wird der Wert des Gegenstandes regelmäßig von dem Gerichtsschreiber festgesetzt. Nur dann setzt das Gericht durch gebührenfreien Beschluß den Wert fest, wenn der Stempelschuldner dies beantragt oder das Gericht es für angemessen erachtet. Einwendungen des Steuerpflichtigen gegen den Wertansatz des Gerichtsschreibers gelten als Anträge auf gerichtliche Wertfestsetzung im Sinne des § 24 PrGKG.

Über Beschwerden gegen gerichtliche Wertfestsetzungsbeschlüsse im Sinne des § 24 PrGKG. wird im Aufsichtsweg entschieden. Zuständig zur Entscheidung ist der Präsident des Landgerichts, in dessen Bezirke der Wertfestsetzungsbeschluß erlassen worden ist. Für den Bezirk des Amtsgerichts Berlin-Mitte entscheidet der Amtsgerichtspräsident. Gegen die Entscheidung des Landgerichtspräsidenten (Amtsgerichtspräsidenten) findet Beschwerde im Aufsichtswege statt.

Die besonderen Vorschriften für die Wertfestsetzung bei Auflassungen (§ 17 dieser Verfügung) werden durch diese Bestimmungen nicht berührt.

b) Einwendungen des Steuerpflichtigen gegen den Ansatz von Stempelbeträgen, welche nicht die Festsetzung des Wertes des Gegenstandes betreffen, erledigt das Gericht, in dessen Geschäftsbereiche der Stempel angesetzt worden ist.

Auf das Beschwerdeverfahren finden die unter a gegebenen Vorschriften entsprechende Anwendung.

c) Die im § 10 Abs. 2 Satz 1 PrGKG. den Gerichten gewährte Befugnis zur Niederschlagung von Kosten wegen unrichtiger Behandlung der Sache gilt auch in Stempelsachen. Beschwerden gegen gerichtliche Entscheidungen, welche die Niederschlagung anordnen oder ablehnen, sind jedoch unter entsprechender Anwendung der Vorschriften unter a im Aufsichtswege zu erledigen.

In allen Fällen (a, b und c) ist die Dienststelle, gegen deren Stempelberechnung oder sonstige Entscheidung sich eine Einwendung oder Beschwerde richtet, befugt, selbst Abhilfe zu schaffen, wenn sie die Einwendung oder Beschwerde für begründet hält.

2. Für die Rückerstattung und Ermäßigung von Stempelabgaben und die Abstandnahme von der Einziehung gelten § 6 Abs. 2, § 25 LStG. und Nr. 4 Abs. 2, Nr. 32 Abs. 4, 6 bis 8, Nr. 71 Nr. 1 Abs. 3 des Stempeltarifs.

Für das Verfahren gelten folgende Vorschriften:

a) Anträge auf Erstattung von Stempelbeträgen in den Fällen des Abs. 6 der Tarifstelle 2, des Abs. 3 der Tarifstelle 8 und des Abs. 2 der Tarifstelle 58 III oder wegen unrichtigen Ansatzes sowie auf Abstandnahme von der Einziehung von Stempeln im Falle des Abs. 8 Satz 2 der Tarifstelle 32 sind ebenso zu behandeln wie Einwendungen und Beschwerden gegen den Stempelansatz (Nr. 1b dieses Paragraphen).

b) Über Anträge

1. auf Erstattung des Stempels zu Urkunden über nichtige oder infolge einer Anfechtung als von Anfang an nichtig anzusehende oder durch rechtskräftiges Urteil für nichtig erklärte Geschäfte (§ 25 Abs. 1c LStG.);
2. auf Erstattung des Wertstempels in den Fällen des § 6 Abs. 2 und der Tarifstelle 32 Abs. 4 LStG. sowie des Abs. 8 Satz 1 derselben Tarifstelle;
3. auf Erstattung oder Ermäßigung von Stempeln aus Billigkeitsrücksichten (§ 25 Abs. 2 LStG., Tarifstelle 32 Abs. 8 Satz 3 und Tarifstelle 71 Nr. 1 Abs. 3 aaO.)

entscheidet der Präsident desjenigen Landgerichts, in dessen Bezirke der Stempel erhoben ist. Für den Bezirk des Amtsgerichts Berlin-Mitte entscheidet der Amtsgerichtspräsident. Im Falle der Rückerstattung des Stempels auf Grund des § 25 Abs. 1c und Abs. 2 LStG. hat der Landgerichtspräsident (Amtsgerichtspräsident) gleichzeitig zu bestimmen, ob der Stempel von demjenigen Vertragschließenden wieder einzuziehen ist, welcher bei der Beurkundung von den die Nichtigkeit oder Ungültigkeit des Geschäfts bedingenden Umständen Kenntnis gehabt oder die unterbliebene Ausführung oder die Wandlung verschuldet hat (§ 25 Abs. 3 aaO.).

Gegen die Entscheidung des Landgerichtspräsidenten (Amtsgerichtspräsidenten) findet Beschwerde im Aufsichtswege statt.

3. Ob für einen Vertrag über eine Annahme an Kindesstatt (Tarifstelle 4) der volle oder der ermäßigte Stempel zum Ansatze zu bringen ist, hat der zur Berechnung des Stempels berufene Gerichtsschreiber zu entscheiden. Der ermäßigte Steuersatz darf von dem Gerichtsschreiber nur dann zugestanden werden, wenn der Annehmende ein von der obrigkeitlichen Behörde seines Wohnorts ausgestelltes, stempelfrei auszufertigendes Zeugnis darüber beibringt, daß er sich in bedürftigen Vermögensverhältnissen befindet. Dieses Zeugnis ist in Urschrift oder Abschrift bei den Akten zurückzubehalten.

Gegen eine die Ermäßigung des Stempels ganz oder zum Teil ablehnende Entscheidung des Gerichtsschreibers können Einwendungen gemäß Nr. 1b erhoben werden.

4. Wenn die Anrechnung des zu einer Punktation verwendeten Wertstempels auf den Stempel verlangt wird, welchem eine auf Grund der Punktation aufgenommene, mit ihr im wesentlichen übereinstimmende Vertragsurkunde unterliegt, so ist von dem Steuerpflichtigen die mit dem Wertstempel versehene Punktation (bei notariellen Punktationen die mit der Bescheinigung des zur Urschrift verwendeten

Stempels versehene Ausfertigung) vorzulegen. Auf das weitere Verfahren finden die Vorschriften im § 18 dieser Verfügung entsprechende Anwendung. Da die Anrechnung sich nur auf den zur Punktation verwendeten Wertstempel bezieht, so bleiben die festen Stempel, welche die Punktation, wenn sie nicht mit dem Wertstempel versteuert wäre, mit Rücksicht auf die besondere Form ihrer Errichtung erfordern würde (z. B. Notariatsurkundenstempel) oder welche zu ihr wegen der darin enthaltenen Nebenverträge (vgl. Tarifstelle 71 Nr. 2 Abs. 1) noch besonders verwendet worden sind, von der Anrechnung ausgeschlossen.

§ 10.

Vermerk des Stempels auf den Urkunden.

1. Auf den von den Gerichtsbehörden zu erteilenden Ausfertigungen und Abschriften ist der für die Urschrift oder die Ausfertigung etwa zum Ansatze gekommene und als Gerichtsgebühr berechnete Betrag des Stempels zu vermerken. Mit dem gleichen Vermerke sind die zu den Akten eingereichten außergerichtlichen Schriftstücke zu versehen, bei denen die Berechnung des Stempels als Gerichtsgebühr stattgefunden hat. Auf der ersten Ausfertigung einer gerichtlichen Urkunde, auf welche der zweite Abschnitt des ersten Teiles des PrGKG. Anwendung findet, ist deren Stempelfreiheit sowie der für die Urschrift berechnete Stempel zu vermerken, z. B.:

Als erste Ausfertigung stempelfrei. Für die Urschrift 500 M. (in Worten) Stempel berechnet.

2. Bei weiteren Ausfertigungen ist auf der Nebenausfertigung der zu dieser und der zur Urschrift berechnete Stempel getrennt anzugeben, z. B.:

3,00 M. Stempel zur Nebenausfertigung,
30,00 M. Stempel zur Urschrift,
zusammen . . . 33,00 M. (in Worten) sind als Gerichtsgebühr berechnet.

3. Die zugunsten von Kommunalverbänden, Kommunen oder Korporationen ländlicher oder städtischer Grundbesitzer oder Grundkredit- und Hypothekenbanken ausgestellten Schuldverschreibungen, welche auf Grund der demnächstigen Ausreichung reichsstempelpflichtiger Renten- und Schuldverschreibungen nach der Befreiung d unter I der Tarifstelle 58 von der Entrichtung des landesgesetzlichen Schuldverschreibungsstempels frei sind, müssen mit einem den Grund der Stempelfreiheit ergebenden Vermerke versehen sein, z. B.:

Stempelfrei, da auf Grund dieser Verschreibung reichsstempelpflichtige Pfandbriefe neu ausgegeben werden.

Die gleichen Bestimmungen finden auf die in der Befreiung am Schlusse der Tarifstelle 2 erwähnten Abtretungsurkunden Anwendung.

4. Die Vermerke über den Stempelansatz sind von dem Gerichtsschreiber mit Datum und Unterschrift zu versehen. Die Verpflichtung zur Ausstellung dieser Vermerke liegt dem Beamten ob, welcher bei Ausfertigungen und beglaubigten Abschriften den Ausfertigungs- oder Beglaubigungsvermerk unterschreibt oder im Falle der Erteilung einer einfachen Abschrift die Abschrift der Kanzlei abnimmt. Schriftstücke, für welche ein Stempel zu den Gerichtskosten zu berechnen ist, dürfen zur Herstellung einer Ausfertigung oder Abschrift erst dann zur Kanzlei gegeben werden, wenn die Berechnung des Stempels erfolgt und der berechnete Betrag auf

der Urschrift vermerkt ist. Erscheint es in einzelnen Fällen aus besonderen Gründen zweckmäßig, die Ausfertigung oder Abschrift schon vor erfolgter Stempelberechnung anfertigen zu lassen, so ist auf die Urschrift vor der Abgabe an die Kanzlei ein in die Ausfertigung oder Abschrift nicht zu übernehmender Vermerk zu setzen, daß die Berechnung des Stempels vorbehalten sei. In diesem Falle darf die Aushändigung der Ausfertigung oder Abschrift erst erfolgen, nachdem die Stempelberechnung nachgeholt und die Ausfertigung oder Abschrift mit der vorgeschriebenen Bescheinigung versehen ist.

5. Bei der Erteilung amtlicher Zeugnisse, welche ihres besonderen Zweckes wegen (vgl. Tarifstelle 77 Buchstabe a und c) stempelfrei sind, ist in dem Texte des Zeugnisses der Zweck bestimmt anzugeben, zu welchem das Zeugnis ausgestellt wird. Unterbleibt eine solche Angabe oder befindet sie sich außerhalb des Textes, so daß sie durch die Unterschrift des Beamten nicht gedeckt wird, so unterliegt das Zeugnis in allen Fällen und ohne Rücksicht darauf, daß es tatsächlich zu einem die Stempelfreiheit genießenden Zwecke gebraucht worden ist, dem tarifmäßigen Stempel von 3,00 M. Diese Vorschrift findet auf beglaubigte Abschriften (Tarifstelle 1) entsprechende Anwendung.

II. Verfahren im Falle der Stundung von Stempeln nach stempelgesetzlichen Vorschriften.

§ 11.

Fälle, in denen eine gesetzliche Stundung des Stempels eintritt und Verfahren bei Erhebung gesetzlich gestundeter Stempelbeträge.

Die Versteuerung ist nach dem Stempelsteuergesetz in folgenden Fällen auszusetzen:

A. Bei Geschäften, bei denen der Wert des Gegenstandes dergestalt unbestimmt ist, daß er von vornherein auch nicht annähernd festgestellt oder geschätzt werden kann (§ 8 LStG.).

In Fällen dieser Art haben, soweit nicht der § 12 dieser Verfügung Platz greift, die Zollbehörden das Erforderliche wegen der Überwachung, Sicherstellung und nachträglichen Zahlung der Stempelsteuer zu veranlassen (vgl. Nr. 5 Abs. 1 bis 8 der AB. d. FinMin. z. StempStG.). Der Gerichtsschreiber hat zu diesem Zwecke die Ausfertigung der vom Gericht aufgenommenen Urkunde, oder wenn es sich um eine Urkunde handelt, welche dem Gerichte zum Zwecke der Anerkennung des Inhalts eingereicht worden ist, diese Urkunde demjenigen Hauptzollamt, in dessen Geschäftsbezirke die Gerichtsbehörde ihren Sitz hat, zu übersenden und die Übersendung auf der Urschrift oder auf der Verhandlung über die Anerkennung des Inhalts zu vermerken. Die an Schreibwerk und Porto entstehenden Auslagen fallen der Staatskasse zur Last.

Zur Vermeidung unnötigen späteren Schreibwerkes haben die Gerichte tunlichst bei Aufnahme der Urkunden die Parteien über solche Umstände zu hören, welche für die Berechnung und Überwachung der zu stundenden Stempel wesentlich sind; die Angaben sind dem Hauptzollamte mitzuteilen.

B. Bei Familien- und Fideikommißstiftungen (Tarifstellen 23 und 24), für welche von dem Stifter ein weiteres Anwachsen des Grundvermögens, sei es durch in Aussicht genommene Zuwendungen freigebiger Art, sei es durch eine angeordnete Zuschlagung von Zinsen zum Kapitale vorgesehen worden ist.

In Fällen dieser Art ist der Stempel, wenn die Stiftungsurkunde gerichtlich aufgenommen oder behufs Anerkennung des Inhalts eingereicht oder gerichtlich bestätigt worden ist, als Gerichtsgebühr zu vereinnahmen. Der Eintritt der Fälligkeit des Stempels ist durch den Gerichtsschreiber zu überwachen.

In den übrigen Fällen wird der Stempel durch die Zollbehörden erhoben (vgl. Nr. 61 der AB. d. FinMin. z. StempStG.). Die geschäftliche Behandlung solcher Fälle durch die Gerichtsbehörden richtet sich nach den unter A Abs. 2 und 3 getroffenen Vorschriften.

C. Bei Gesellschaftsverträgen von Aktiengesellschaften, Kommanditgesellschaften auf Aktien und Gesellschaften mit beschränkter Haftung sowie bei Beschlüssen über Erhöhung des Gesellschaftskapitals solcher Gesellschaften, soweit das Kapital nicht sofort voll eingezahlt wird (Tarifstelle 25a Abs. 3).

In Fällen dieser Art liegt die Überwachung der Fälligkeit des Stempels und seine Vereinnahmung den Zollbehörden ob (vgl. Nr. 62 der AB. d. Fin.-Min. z. StStG.). Auf die geschäftliche Behandlung durch die Gerichtsbehörden sind die unter A Abs. 2 und 3 getroffenen Vorschriften mit der Maßgabe entsprechend anzuwenden, daß die Gesellschaftsverträge und Gesellschaftsbeschlüsse dem Stempelsteueramt in beglaubigter Abschrift oder in beglaubigtem Auszuge zu übersenden sind.

§ 12.

Verfahren bei Erhebung gesetzlich gestundeter Stempelbeträge für von den Justizbehörden abgeschlossene Verträge.

Die in den Fällen des § 11 A dieser Verfügung zu stundenden Stempel für die von den Justizbehörden in Angelegenheiten des eigenen dienstlichen Bedarfs abgeschlossenen Lieferungsverträge und Dienstverträge sind, sobald sie fällig werden, zu den Gerichtskosten zu vereinnahmen. Der Eintritt der Fälligkeit des Stempels ist durch den Gerichtsschreiber zu überwachen.

III. Stempel für Auflassungen und Eintragungsanträge, für Zuschlagsbeschlüsse im Zwangsversteigerungsverfahren und für Schenkungen.

A. Auflassungen.

§ 13.

Allgemeine Grundsätze. Wertberechnung.

1. Auflassungserklärungen sind wie gegenseitige Verträge zu behandeln; insbesondere gelten auch die sachlichen und persönlichen Stempelsteuerbefreiungen der §§ 4 und 5 LStG. Für Anträge auf Umschreibung von Gesellschaftseigentum auf den Namen eines Gesellschafters ist der Auflassungsstempel auch dann zu erheben, wenn nach den Vorschriften des bürgerlichen Rechtes eine Auflassung nicht erforderlich ist (Tarifstelle 8 Abs. 1).

2. Die Wertstempelabgabe berechnet sich gemäß § 6 LStG. nach dem gemeinen Werte des veräußerten Gegenstandes zur Zeit des Eigentumswechsels. Die für besondere Zwecke vorgeschriebenen Abschätzungsgrundsätze, insbesondere also auch die Schätzungsgrundsätze ritterschaftlicher Kreditanstalten finden keine Anwendung. Der

Wert des mitveräußerten Beilasses bleibt außer Betracht. Der mündlich verabredete Kaufpreis oder die sonst mündlich verabredete Gegenleistung sind, sofern sie niedriger sind als der gemeine Wert, für die Berechnung des Wertstempels nicht maßgebend. Wenn jedoch der Kaufpreis oder der Gesamtwert der Gegenleistung unter Hinzurechnung des Wertes der ausbedungenen Leistungen oder vorbehaltenen Nutzungen den gemeinen Wert übersteigt, so ist der Wertstempel vom Kaufpreis oder vom Gesamtwerte der Gegenleistung zuzüglich des Wertes der ausbedungenen Leistungen und vorbehaltenen Nutzungen zu entrichten (§ 17 Abs. 3a LStG.).

§ 14.

Vorlegung einer Urkunde über das Rechtsgeschäft.

1. Die Wertstempelabgabe für Auflassungen bleibt unerhoben, wenn bei Aufnahme oder Einreichung der Auflassungserklärung die Urkunde über das zugrunde liegende Veräußerungsgeschäft (z. B. Kauf, Tausch, Schenkung) versteuert oder unversteuert in Urschrift, Ausfertigung oder beglaubigter Abschrift vorgelegt wird, vorausgesetzt, daß es sich nicht um einen der im Abs. 4 Nr. 1 bis 4 der Tarifstelle 8 aufgeführten Fälle handelt.

2. Die vorzulegenden Urkunden müssen in an sich stempelpflichtiger Form abgefaßt sein; es genügt also nicht die Beibringung eines steuerfreien Briefwechsels. Privatschriftliche Grundstücksveräußerungsverträge sind trotz § 313 BGB. in an sich stempelpflichtiger Form abgefaßte Urkunden, da sie gültig und stempelpflichtig werden, sobald die Auflassung und Eintragung erfolgt ist.

3. Der Grundbuchrichter ist verpflichtet, die Versteuerung der ihm vorgelegten Urkunden sorgfältig zu prüfen. Ist eine die Erhebung des Wertstempels ausschließende Urkunde nicht oder nicht ausreichend versteuert, so hat er zunächst auf Grund des § 58 Nr. 7 PrGKG. zu bestimmen, ob und in welcher Höhe Sicherheit zu leisten ist, und nötigenfalls die Sicherstellung nach der AV. v. 15. 9. 95 (JMBl. 272) zu veranlassen. Der zu der Urkunde nicht oder zu wenig verwendete Stempel ist in Gemäßheit des § 31 Abs. 1 PrGKG. nach den für Gerichtskosten geltenden Vorschriften einzuziehen. Wenn die Einreichung der nicht oder nicht genügend versteuerten Urkunde bei Gericht erst nach Ablauf der im § 16 des StStG. angegebenen Fristen stattgefunden hat, so ist zugleich unter Mitteilung des Eingangstags und einer Abschrift der Urkunde dem zuständigen Hauptzollamt Anzeige zu machen, welches das Weitere wegen einer etwa erforderlich erscheinenden Einleitung des Strafverfahrens herbeizuführen hat.

4. Wenn die vorgelegte Urkunde das Rechtsgeschäft nicht so enthält, wie es unter den Beteiligten hinsichtlich des Wertes der Gegenleistung verabredet ist, und einem geringeren Stempel unterliegt, als die Beurkundung des wirklich verabredeten Rechtsgeschäfts erfordern würde, so ist die Urkunde oder eine einfache Abschrift von ihr dem zuständigen Hauptzollamte wegen der vorgekommenen Steuerhinterziehung zur weiteren Veranlassung nach § 17 Abs. 2 und 3b LStG. zu übersenden. Steht der nach Inhalt der vorgelegten Urkunde verabredete Kaufpreis zu dem gemeinen Werte in einem so offenbaren Mißverhältnisse, daß der Verdacht der Stempelsteuerhinterziehung gerechtfertigt erscheint, so hat der Grundbuchrichter von den Parteien eine nähere Erklärung über die Gründe, welche für die Festsetzung des Kaufpreises maßgebend gewesen sind, zu erfordern. Ergeben die Angaben der Parteien keine

genügende Aufklärung, so sind diese Fälle so zu behandeln, als wenn eine Urkunde überhaupt nicht vorgelegt worden wäre (§ 16 dieser Verfügung und Abs. 4 Nr. 1 der Tarifstelle 8).

5. Ist in der vorgelegten Urkunde das Entgelt für die Grundstücksveräußerung in ausländischen Banknoten, ausländischem Papiergeld, ausländischen Geldsorten oder in Wertpapieren der unter Nr. 1, 2 und 3 des Tarifs zum RStG. v. 15. 7. 09. (RGBl. 833) bezeichneten Art verabredet, so ist insoweit die Urkunde dem Reichsstempel für Anschaffungsgeschäfte nach der Tarifnummer 4 des RStG. unterworfen, dagegen nach § 24 des bezeichneten Gesetzes vom Landesstempel befreit. An Stelle des wegfallenden landesgesetzlichen Urkundenstempels der Nr. 32 des Stempeltarifs ist aber, wenn der Auflassung die Urkunde zugrunde gelegt wird, nach der Vorschrift des Abs. 4 Nr. 2 der Tarifstelle 8 der Auflassungsstempel zu erheben, insoweit nicht die Voraussetzungen der Nr. 1 und 2 der Ermäßigungen und Befreiungen der Tarifstelle 32 vorhanden sind (Abs. 4 Nr. 2 der Tarifstelle 8).

6. Enthält eine Urkunde eine Veräußerung eines Grundstücks durch einen Bevollmächtigten, so hat der Grundbuchrichter zu prüfen, ob die Veräußerung für Rechnung des Bevollmächtigten erfolgt ist, sofern die aus der Urkunde ersichtlichen oder ihm sonst bekannten Umstände des Falles einen Anlaß dazu bieten. Die Prüfung hat sich auch auf solche Umstände zu erstrecken, die aus der Urkunde nicht hervorgehen. Die zu diesem Zwecke erforderlichen Ermittelungen hat der Grundbuchrichter in der ihm geeignet erscheinenden Weise zu veranlassen. Insbesondere ist er auch befugt, hierzu die Hilfe der Hauptzollämter in Anspruch zu nehmen. Die Hauptzollämter haben derartigen Ersuchen ungesäumt zu entsprechen. Gelangt der Grundbuchrichter zu der Überzeugung, daß die Veräußerung für Rechnung des Bevollmächtigten geschehen ist, so hat er den Steuerpflichtigen von dem Ergebnisse seiner Ermittelungen zu benachrichtigen und die Erhebung des Auflassungsstempels zu veranlassen (Abs. 4 Nr. 3 der Tarifstelle 8).

7. Bei der Vorlegung der in der Tarifstelle 25d bezeichneten Verträge wird der Auflassungsstempel insoweit erhoben, als nicht zu dem Vertrag ein Wertstempel von 1 v. H. zu entrichten ist. Es ist z. B. ein Auflassungsstempel von $^1/_2$ v. H. zu erheben, wenn ein nach Tarifstelle 25d Nr. 2 Abs. 1 zu berechnender Vertragsstempel nach dem zweiten Absatze derselben Bestimmung zur Hälfte außer Ansatz bleibt. Der Auflassungsstempel wird jedoch nicht erhoben, wenn die vorgelegte Vertragsurkunde enthält:

a) die Überlassung von Rechten an dem Gesellschaftsvermögen an Personen, welche nach den Vorschriften des Gesetzes, betreffend die Erbschaftssteuer, vom 30. 5. 73/19. 5. 91 von der Zahlung der Erbschaftssteuer befreit sind;
b) die Rückgewähr der von einem Gesellschafter eingebrachten unbeweglichen Sachen oder ihnen gleichgeachteten Rechte an diesen Gesellschafter oder dessen Erben oder dessen Ehefrau, welche mit ihm in Gütergemeinschaft gestanden hat (Abs. 4 Ziff. 4 der Tarifstelle 8).

§ 15.

Erklärung des Rechtsgeschäfts zum Protokolle.

Ist eine Urkunde zwar nicht eingereicht, von den Beteiligten aber das der Auflassung zugrunde liegende Veräußerungsgeschäft vor dem Grundbuchrichter zugleich in der Auflassungsverhandlung zu Protokoll erklärt, so finden die Bestimmungen des § 14 dieser Verfügung entsprechende Anwendung. Der erforderliche Stempel wird zu dem in der Auflassungsverhandlung enthaltenen Veräußerungsgeschäft erhoben.

§ 16.

Verfahren bei Nichtvorlegung einer Urkunde.

1. Wird eine das Veräußerungsgeschäft enthaltende Urkunde nicht vorgelegt und das Veräußerungsgeschäft auch nicht bei der Auflassung protokollarisch aufgenommen, so hat der Grundbuchrichter die Beteiligten darüber zu vernehmen, ob sie eine Urkunde überhaupt nicht vorlegen wollen, und sie über die Folgen der Nichtvorlegung, insbesondere auch darüber zu belehren, daß der Entrichtung des Auflassungsstempels ungeachtet zu einer etwaigen Urkunde der gesetzlich erforderliche Stempel beizubringen ist. Es ist Pflicht des Grundbuchrichters, zu prüfen, ob im Falle der Beurkundung des Abkommens der Urkundenstempel niedriger sein würde als der Auflassungsstempel. Das ist beispielsweise der Fall bei Tauschverträgen, bei Kaufverträgen, in welchen eine Leistung an Erfüllungsstatt vereinbart ist, bei Verträgen zwischen Teilnehmern an einer Erbschaft zum Zwecke der Teilung und bei Verträgen, durch welche Grundstücke von Aszendenten auf Deszendenten oder eingekindschaftete Kinder übertragen werden (Tarifstelle 32 Abs. 2 Nr. 1 und 3 und Ermäßigungen und Befreiungen Nr. 1 und 2). Bei Schenkungen ist den Parteien in allen Fällen zu empfehlen, eine Urkunde über die Schenkung einzureichen, da die Reichsschenkungssteuer auch dann fällig wird, wenn eine Beurkundung nicht stattgefunden hat und die Nichteinreichung einer Urkunde zur Folge hat, daß neben der etwaigen Schenkungssteuer der Auflassungsstempel zu erheben ist. Als Schenkungsurkunde genügt eine privatschriftliche Erklärung des Schenkers. Die Belehrung des Grundbuchrichters und die Erklärung der Beteiligten über die Vorlegung oder Nichtvorlegung der das Veräußerungsgeschäft enthaltenden Urkunde müssen in das Protokoll aufgenommen werden.

2. Wenn der Auflassung ein Kauf- oder Tauschgeschäft oder überhaupt ein entgeltliches Veräußerungsgeschäft im Sinne der Tarifstelle 32 LStG. zugrunde liegt, so muß das Protokoll ferner eine Belehrung der Beteiligten darüber enthalten, daß der anzugebende Wert nicht geringer sein darf als der nach dieser Tarifstelle zu berechnende Betrag der vom Erwerber übernommenen Lasten und Leistungen mit Einschluß des Preises und unter Hinzurechnung der vorbehaltenen Nutzungen ausschließlich des für den beweglichen Beilaß festgesetzten Preises, und daß eine Zuwiderhandlung gegen diese Bestimmung nach § 17 Abs. 3a LStG. eine Geldstrafe in Höhe des zehnfachen Betrags des hinterzogenen Stempels nach sich zieht.

3. Der Grundbuchrichter hat sodann wegen einer etwa erforderlich werdenden Sicherheitsleistung Bestimmung zu treffen (§ 14 dieser Verfügung), den Veräußerer und Erwerber zur Angabe des Wertes des veräußerten Gegenstandes aufzufordern und die gemachten Angaben im Protokolle zu vermerken.

4. Sind dem Grundbuchrichter die Bedingungen des Veräußerungsgeschäfts glaubwürdig bekannt geworden, und übersteigt der aus diesen Bedingungen sich ergebende Wert den von den Beteiligten angegebenen, so ist der Auflassungsstempel von dem aus dem Veräußerungsgeschäfte sich ergebenden Werte einzuziehen, voraus-

gesetzt, daß dieser nicht niedriger ist als der gemeine Wert des veräußerten Gegenstandes. Dem zuständigen Hauptzollamt ist behufs Erwägung, ob nach § 17 Abs. 2 und 3a LStG. ein Strafverfahren einzuleiten ist, von dem Sachverhalt Anzeige zu machen.

5. In allen anderen Fällen veranlaßt der Grundbuchrichter, wenn er Bedenken trägt, die gemachten Wertangaben als richtig anzunehmen, die Wertermittelung in Gemäßheit des § 7 Abs. 3 LStG. nach seinem Ermessen, erforderlichenfalls durch Vernehmung von Sachverständigen oder in sonst geeigneter Weise. Die Hauptzollämter haben etwaigen Ersuchen der Grundbuchrichter um Ermittelung des Wertes ungesäumt zu entsprechen.

6. Wird nachträglich die Urkunde über das Veräußerungsgeschäft vorgelegt, so ist nach § 14 dieser Verfügung zu verfahren mit der Maßgabe, daß die Prüfung der Urkunde dem Gerichtsschreiber obliegt. Dieser hat die Aussetzung der Zwangsbeitreibung und unter Umständen die Niederschlagung des Stempels herbeizuführen. Ist die Zahlung des Auflassungsstempels bereits erfolgt, so ist für das Verfahren § 9 Nr. 2a dieser Verfügung maßgebend.

7[1]). Behufs Überwachung, ob die von den Parteien zur Ausschließung des Auflassungsstempels bei den Gerichten eingereichten Urkunden in vorschriftsmäßiger Weise versteuert worden sind, haben die Amtsgerichte eine stempel- und kostenfreie beglaubigte Abschrift der Urkunde fertigen zu lassen.

Diese Abschriften sind, sofern sie nicht mit Rücksicht auf § 9 GBO. den Grundakten einzuverleiben sind, zu den diesen beigefügten Sonderheften oder zu Sammelakten zu nehmen. Ob Sammelakten anzulegen sind, bestimmt der aufsichtführende Amtsrichter.

In den Grundakten ist auf der zugehörigen Verhandlung kurz zu vermerken, wo sich die Abschrift befindet; auf der Abschrift ist Band- und Blattzahl der Grundakten anzugeben.

§ 17.
Überwachung der Stempelerhebung.

1. Mit Rücksicht auf die nach § 27 Abs. 3 LStG. für die Beanstandung des Wertes des veräußerten Gegenstandes bestimmte dreijährige Frist haben die Amtsgerichte dem Hauptzollamt, in dessen Bezirke sie ihren Sitz haben, über die Fälle, in denen die Versteuerung einer Auflassung auf Grund einer Wertangabe (Tarifstelle 8 Abs. 1 und 2, § 16 dieser Verfügung) stattgefunden hat, vierteljährlich ohne Anschreiben unter Briefumschlag eine von dem Gerichtsschreiber der Richtigkeit nach zu bescheinigende Liste nach dem anliegenden Muster zu übersenden. In die Liste der Auflassungen sind nur solche Auflassungen aufzunehmen, bei denen die Versteuerung lediglich auf Grund der von den Beteiligten gemachten Wertangaben erfolgt ist; von der Aufnahme auszuschließen sind solche Auflassungen, bei denen der Stempel auf Grund einer gerichtlichen Festsetzung des Wertes berechnet ist. Die Spalten 1 bis 15 der Liste enthalten eine Abschrift der Eigentumsveränderungsliste (AV. v. 25. 3. 90 — JMBl. 109 —). Die Angaben in Spalte 16 sind den Spalten 16 und 17 der Eigentumsveränderungsliste, diejenigen in den

---

[1]) Nr. 7 ist hier wiedergegeben i. d. Fass. der AV. v. 2. 4. 12 JMBl. 110.

Spalten 17 bis 19[1]) dem Grundbuch oder den Grundakten zu entnehmen. Den Oberzolldirektionen ist überlassen, mit dem Oberlandesgerichtspräsidenten in Verbindung zu treten, falls etwa nach den örtlichen Verhältnissen die Mitteilung noch weiterer, für die Beurteilung der Wertangaben wichtiger Umstände erforderlich erscheinen sollte. Zu diesen Mitteilungen kann die Spalte „Bemerkungen" benutzt werden.

2. Um die Absendung der Eigentumsveränderungsliste an das Katasteramt nicht aufzuhalten, sind die für die Liste der Auflassungen erforderlichen Angaben alsbald in diese aufzunehmen. Zur Anfertigung der Liste der Auflassungen kann die Hilfe der Kanzlei in Anspruch genommen werden. Ihre Absendung erfolgt bis zum letzten Tage des Monats, welcher auf den von der Liste umfaßten Zeitraum folgt. Geht nach der Absendung der Liste bezüglich einer in diese aufgenommenen Auflassung die Urkunde über das Veräußerungsgeschäft ein, so daß ein Auflassungsstempel nicht zu erheben ist, so hat der Gerichtsschreiber dem Hauptzollamte hiervon Mitteilung zu machen.

3. In die Liste sind diejenigen Auflassungen nicht aufzunehmen, bei welchen der angegebene Grundstückswert in Städten mit über 20000 Einwohnern 30000 M., im übrigen 15000 M. nicht übersteigt. Die Grundbuchrichter haben jedoch auch in diesen Fällen gemäß § 16 Nr. 5 ihr Augenmerk darauf zu richten, ob die Wertangabe dem wirklichen Werte entspricht und, falls sich Bedenken ergeben, den wirklichen Wert entweder selbst oder durch das zuständige Hauptzollamt zu ermitteln. Auch die Stempelprüfungspflicht der Rechnungsrevisoren und der Vorstände der Stempelsteuerämter bleibt unberührt.

4. Sind während eines Vierteljahrs Auflassungen auf Grund einer Wertangabe nicht zur Versteuerung gekommen, so hat das Amtsgericht dem Hauptzollamte hiervon Mitteilung zu machen.

5. Die Hauptzollämter haben, insoweit sie Bedenken gegen die Angemessenheit der Werte haben, die Ermittelung des wirklichen gemeinen Wertes tunlichst kostenfrei vorzunehmen. Alle unmittelbaren und mittelbaren Behörden und Beamten, insbesondere auch die Behörden der Katasterverwaltung, sind verpflichtet, auf alle die Ermittelung von Grundstückswerten betreffenden Anfragen bereitwilligst Auskunft zu erteilen (§ 7 Abs. 5 LStG.).

6. Die Liste der Auflassungen eines Vierteljahrs nebst den entstandenen Verhandlungen wird von dem Hauptzollamte spätestens bis zum Ablaufe des dritten Monats nach dem Tage des Einganges dem zuständigen Stempelsteueramt übersandt, welches die weitere Prüfung der Verhandlungen vornehmen läßt, die zu entrichtenden Stempelbeträge, wenn es die angegebenen Werte für zu niedrig erachtet, anderweit festsetzt und wegen der von dem Amtsgerichte zu bewirkenden Einziehung des Mehrbetrages das Weitere veranlaßt.

7. Die Beschwerde gegen die Festsetzungsverfügung ist zunächst an die Oberzolldirektion und gegen deren Entscheidung an den Finanzminister zu richten, welcher im Einverständnisse mit dem Justizminister die weitere Entscheidung trifft. Wird gegen diese Entscheidungen der Rechtsweg beschritten, so ist die Klage gegen den durch den Oberstaatsanwalt vertretenen Justizfiskus zu erheben.

---

[1]) Auch der Reichsstempelbetrag ist in Spalte 18 anzugeben (s. AV. v. 14. 3. 12, § 9 Abs. 2).

8. Den Oberzolldirektionen bleibt es überlassen, etwa erforderlich erscheinende nähere Ausführungsbestimmungen im Einverständnisse mit den Präsidenten der Oberlandesgerichte zu treffen. Von derartigen Bestimmungen ist von den Präsidenten der Oberlandesgerichte eine Abschrift an den Justizminister und von den Oberzolldirektionen eine Abschrift an den Finanzminister einzureichen.

9. Eine Abänderung einer gerichtlichen Entscheidung über die Wertfestsetzung bei der Auflassung kann nur durch die Justizbehörden im Aufsichtswege gemäß § 30 PrGKG. erfolgen. Der Zollbehörde steht in diesen Fällen die Befugnis, eine anderweite Wertfestsetzung zu treffen, nicht zu. Falls sie auf Grund anderweit erhaltener Kenntnis zur Ermittelung eines höheren Wertes gelangen sollte, hat sie dem zuständigen Landgerichtspräsidenten hiervon Kenntnis zu geben; die Vorschriften in § 23 Nr. 5, 6 dieser Verfügung finden entsprechende Anwendung.

§ 18.

Anrechnung des Auflassungsstempels auf den Stempel einer nachträglich errichteten gerichtlichen Urkunde.

Soll in Gemäßheit der Tarifstelle 8 Abs. 5 LStG. die Anrechnung des für eine Auflassung gezahlten Stempels auf den Wertstempel von 1 v. H. erfolgen, welcher zu einer nachträglich vor Gericht errichteten oder ihrem Inhalte nach anerkannten Urkunde über das der Auflassung zugrunde liegende Rechtsgeschäft erforderlich ist, so ist die Bescheinigung über die Zahlung des Stempels vorzulegen. Der Gerichtsschreiber hat alsdann zu prüfen, ob das beurkundete Rechtsgeschäft mit dem der Auflassung zugrunde liegenden übereinstimmt. Ergeben sich keine Bedenken, so wird auf der Urkunde die Entrichtung des Auflassungsstempels bescheinigt und nur der etwa überschießende Betrag als Gerichtsgebühr eingezogen. Auf der Ausfertigung ist der Betrag des angerechneten Stempels und des außerdem zu den Gerichtskosten berechneten Stempels in getrennten Beträgen nach Vorschrift des § 10 dieser Verfügung zu vermerken. Die beigebrachte Bescheinigung über die Bezahlung des Wertstempels ist zu den Akten zu nehmen.

B. Stempel für Eintragungsanträge.

§ 19.

Anwendung der Vorschriften unter A.

1. Auf die Versteuerung der Anträge auf Eintragung einer Hypothek oder Grundschuld oder einer wiederkehrenden Geldleistung sowie auf Eintragung der Verpfändung oder Abtretung einer Hypothek oder Grundschuld (Tarifstelle 58 III und 2 Abs. 4 bis 8) finden die Vorschriften der §§ 14 bis 16 dieser Verfügung Anwendung. Der § 13 der Kassenordnung (Zurückbehaltung von Urkunden) erstreckt sich insbesondere auch auf die als Gerichtsgebühr zu berechnenden Stempel.

2. Nach Tarifstelle 58 III Abs. 3 bleibt der Stempel des Abs. 1 daselbst bei einem Antrag auf Eintragung einer Hypothek für die Ansprüche aus Anleiheteilschuldverschreibungen unerhoben, wenn

a) dem Grundbuchamt innerhalb eines Monats vom Tage des Eingangs des Eintragungsantrags ab die Bescheinigung der Zollbehörde darüber vorgelegt wird, daß die durch § 3 des RStG. vorgeschriebene vorläufige Anmeldung der Versteuerung erfolgt ist,

b) innerhalb einer Frist von drei Monaten vom Tage der Vorlegung der zu 1 bezeichneten Bescheinigung auf einem als beglaubigte Abschrift herzustellenden Formulare der Teilschuldverschreibungen von der zuständigen Steuerabstempelungsstelle die Vorlegung und die nach dem Reichsstempelgesetz erfolgte Versteuerung der sämtlichen die Hypothek erschöpfenden Teilschuldverschreibungen bescheinigt ist, und

c) die zu 2 bezeichnete Bescheinigung der Steuerabstempelungsstelle innerhalb vier Wochen nach dem Tage des Ablaufs der dreimonatigen Frist dem Grundbuchamte vorgelegt wird.

Die Einforderung des Stempels ist im Geschäftskalender zu überwachen. Zu diesem Zwecke ist zunächst eine Frist von einem Monat und nach Vorlegung der Bescheinigung über die vorläufige Anmeldung der Versteuerung eine Frist von vier Monaten zu notieren.

Ist die Frist von einem Monat verstrichen, ohne daß die Bescheinigung über die vorläufige Anmeldung der Versteuerung erfolgt ist, so ist der Stempel einzuziehen. Ebenso ist zu verfahren, wenn die Bescheinigung der Steuerabstempelungsstelle nicht innerhalb der dreimonatigen Frist ausgestellt oder die Einreichungsfrist von vier Wochen nicht innegehalten worden ist.

3. Hinsichtlich der Anrechnung des zu einem Eintragungsantrag entrichteten Stempels auf denjenigen Stempel, welchem die nachträglich über das zugrunde liegende Geschäft errichtete Urkunde unterliegt, ist gemäß § 18 dieser Verfügung zu verfahren.

C. Stempel für Zuschlagsbeschlüsse im Zwangsversteigerungsverfahren.

§ 20.

Belehrung der Parteien.

1. Im Verfahren der Zwangsversteigerung hat der Richter in den Fällen, in denen voraussichtlich ein erheblicher Teil des Kaufpreises nicht auf das Grundstück, sondern auf Gegenstände entfällt, deren Veräußerung einem geringeren als dem einprozentigen Stempel unterliegt, zugleich mit der Verkündung des Schlusses der Versteigerung (§ 73 Abs. 2 des Gesetzes über die Zwangsversteigerung) den Ersteher darauf hinzuweisen, daß er berechtigt sei, binnen zwei Wochen nach der Verkündung des Zuschlagsbeschlusses oder, falls der Zuschlag durch Beschluß des Beschwerdegerichts erteilt werde, nach der Zustellung des Beschlusses an den Ersteher zum Zwecke der Stempelberechnung gesonderte Werte für das Grundstück und die mitversteigerten beweglichen Sachen dem Gerichte schriftlich anzuzeigen. Zugleich ist der Ersteher darüber zu belehren, daß, wenn eine solche Anzeige nicht erfolgt, der Stempel von 1 v. H. nach dem ganzen Betrage des Meistgebots oder dem Werte des Gegenstandes erhoben wird. Über die erfolgte Belehrung ist ein Vermerk in das Protokoll aufzunehmen. Falls gegen die innerhalb der Frist angezeigten Einzelwerte Bedenken nicht bestehen, sind diese der Stempelberechnung zugrunde zu legen.

2. Bei Beginn des Versteigerungstermins hat der Richter die Beteiligten ferner darauf hinzuweisen, daß der Stempel für die Beurkundung einer etwaigen

Abtretung der Rechte aus dem Meistgebot oder der Erklärung des Meistbietenden, daß er für einen anderen geboten habe, 1 v. H. betrage und sich nur dann auf 3 M. ermäßige, wenn die Abtretung der Rechte aus dem Meistgebot oder die Erklärung, für einen anderen geboten zu haben, in dem Versteigerungstermin erfolge, oder wenn ein Gläubiger Meistbietender sei, welchem eine durch ein geringeres Gebot nicht oder nicht völlig gedeckte Hypothek, Grundschuld oder Rentenschuld zustehe (Tarifstelle 32 Abs. 9).

3. Wegen der Berechnung des Stempels und der Gerichtsgebühren für Zuschlagsbeschlüsse im Zwangsversteigerungsverfahren vgl. § 6 Nr. 3 dieser Verfügung.

D. Stempel für Schenkungen.

§ 21.

Für die Versteuerung von Schenkungen bleiben, soweit es sich um einen vor dem 1. Juli 1906 begründeten Erwerb handelt, die bisherigen Vorschriften maßgebend. Im übrigen findet eine Vereinnahmung von Schenkungsstempeln zu den Gerichtskosten nicht statt (vgl. AV. v. 26. 6. 06 — JMBl. 174, ZentrBl. 1207 —).

IV. Prüfung des Stempelansatzes.

§ 22.

Prüfungspflicht der Gerichte.

1. Die Gerichte haben die besondere Verpflichtung, auf Befolgung der Stempelgesetze zu halten und amtlich zu ihrer Kenntnis gekommene Zuwiderhandlungen zur Anzeige zu bringen (§ 30 Abs. 3 LStG.). Müssen in den Terminen vorgelegte Urkunden sofort zurückgegeben werden, so kann die Prüfung dem Gerichtsschreiber übertragen werden. Nicht oder nicht ausreichend versteuerte Urkunden dürfen den Beteiligten erst zurückgegeben werden, wenn die Nachprüfung erfolgt und ihr Ergebnis vermerkt worden ist.

2. Der Gerichtsschreiber hat auch die zu den Akten gelangten oder auf der Gerichtsschreiberei niedergelegten oder sonst amtlich zu seiner Kenntnis gelangten Urkunden auf ihre Stempelpflichtigkeit zu prüfen. Über etwaige Erinnerungen ist ein kurzer Vermerk aufzunehmen, welcher bei den Amtsgerichten dem aufsichtführenden Amtsrichter, bei dem Amtsgericht Mitte in Berlin dem Amtsgerichtspräsidenten und bei den übrigen Gerichten den Präsidenten zur Kenntnis und Übersendung an die Zollbehörde vorzulegen ist.

3. Über nachträgliche Erhöhung des Grund- oder Stammkapitals von Aktiengesellschaften und Kommanditgesellschaften auf Aktien oder von Gesellschaften mit beschränkter Haftung hat der Gerichtsschreiber des Registergerichts dem zuständigen Stempelsteueramt unter Bezeichnung der Firma und unter Angabe des Betrags, um welchen das Kapital nachträglich erhöht worden ist, eine kurze Mitteilung zu machen.

4. Wird ein nach dem letzten Absatze der Tarifstelle 77 LStG. stempelfrei ausgestelltes amtliches Zeugnis bei Gericht zu einem anderen als dem aus der Urkunde hervorgehenden Zwecke vorgelegt, so hat das Gericht hiervon dem zuständigen Hauptzollamte zum Zwecke der Einziehung des Stempels Mitteilung zu machen. Diese Bestimmung findet auf beglaubigte Abschriften (Tarifstelle 1) entsprechende Anwendung.

§ 23.

Stempelprüfung.

1. Die Aufsicht über das gerichtliche Stempelwesen durch die Vorstände der Justizbehörden und die Prüfung des Stempelansatzes durch die Rechnungsrevisoren erfolgt gemäß der AV. d. JustMin. v. 28. 2. 85 (JMBl. 90, ZentrBl. 82). Die nach den §§ 11 bis 13 der Verfügung von den Präsidenten der Oberlandesgerichte den Oberzolldirektionen mitzuteilenden Berichte der Rechnungsrevisoren über die Prüfung des Stempelansatzes überweisen die Oberzolldirektionen zunächst den Vorständen der Stempelsteuerämter zur Prüfung und senden sie sodann mit ihren gutachtlichen Bemerkungen den Präsidenten der Oberlandesgerichte zurück. Diese haben die von ihnen erteilten Weisungen den Oberzolldirektionen mitzuteilen. Entstehen über Fragen von grundsätzlicher Bedeutung Meinungsverschiedenheiten, so haben die Präsidenten der Oberlandesgerichte an den Justizminister zu berichten. Nach Vereinbarung kann der Bericht auch von den Oberzolldirektionen an den Finanzminister erstattet werden.

2. Im übrigen liegt die nähere Aufsicht über die gehörige Beobachtung des Stempelsteuergesetzes den Vorständen der Stempel- und Erbschaftssteuerämter ob.

3. Über das Verfahren bei Stempelprüfungen durch die Vorstände der Stempelsteuerämter trifft die Nr. 34 der AV. d. FinMin. z. StStG. nähere Vorschriften.

4. Die bei den Gerichten abzuhaltenden Stempelprüfungen haben die daselbst vorgefundenen außergerichtlichen Urkunden, insoweit zu ihnen der Stempel nicht bei den Gerichtskosten zu verrechnen war, zum Gegenstande. Die Abwickelung der gezogenen Erinnerungen erfolgt ohne Mitwirkung der Gerichte. Nur wenn die Herausgabe der den Gegenstand der Erinnerungen bildenden Urkunden aus Anlaß von Beschwerden oder aus anderen Gründen im Laufe des Prüfungsverfahrens erforderlich wird, haben die Gerichte diese Urkunden an die Zollbehörde abzugeben. Nach Einziehung und Verwendung der nachgeforderten Stempel teilen sie der Gerichtsbehörde die zu den einzelnen Urkunden eingezogenen Stempelbeträge mit, wobei die gerichtlichen Akten und die Blätter, welche die Urkunden in ihnen einnehmen, zu bezeichnen sind. Die Gerichtsschreiber haben zu jeder einzelnen Urkunde den nachträglich eingezogenen Betrag unter Hinweis auf die Nummer des Schreibens des Vorstandes des Stempelsteueramts zu vermerken.

5. Die Vorstände der Stempelsteuerämter sind verpflichtet, Unrichtigkeiten, die sie gelegentlich der Prüfungen bei dem Ansatze der als Gerichtskosten zu erhebenden Stempelbeträge bemerken, dem Präsidenten des Landgerichts — bei dem Amtsgerichte Mitte in Berlin dem Amtsgerichtspräsidenten — und, wenn die Stempel von dem Gerichtsschreiber des Oberlandesgerichts in Ansatz gebracht sind, dem Präsidenten des Oberlandesgerichts zur weiteren Veranlassung mitzuteilen. Den Vorständen der Stempelsteuerämter ist von dem, was auf ihre Bemerkungen veranlaßt worden ist, Kenntnis zu geben.

6. Wird von den Vorständen der Stempelsteuerämter den Bemerkungen eine besondere Wichtigkeit beigelegt, so ist den Präsidenten keine Mitteilung zu machen, sondern nur der Oberzolldirektion Anzeige zu erstatten. Dieser bleibt überlassen, die Bemerkungen dem Präsidenten des Oberlandesgerichts zur Kenntnisnahme und

weiteren Veranlassung zu übersenden oder, wenn die Bemerkungen Fragen von grundsätzlicher Bedeutung zum Gegenstande haben, mit der Übersendung das Ersuchen um Benachrichtigung von der getroffenen Entschließung zu verbinden. Die Präsidenten haben bei der Mitteilung ihrer Entschließung im Falle einer abweichenden Auffassung auch deren Gründe anzugeben. Über die Punkte, bei denen ein Einverständnis nicht erreicht wird, ist von der Oberzolldirektion an den Finanzminister zu berichten.

§ 24.

Strafverfahren.

1. Auf Grund des § 19 LStG. finden die Vorschriften des Verwaltungsstrafgesetzes v. 26. 7. 97 (GS. 237) auch auf die Festsetzung der Stempelstrafen gegen Gerichtsbeamte und Notare durch die Aufsichtsbehörden mit der Maßgabe Anwendung, daß, soweit nicht eine dem Landgerichtspräsidenten vorgesetzte Behörde als Aufsichtsbehörde zuständig ist, die Untersuchung und die Festsetzung der Strafe durch den Präsidenten des Landgerichts und die Entscheidung über Beschwerden durch den Justizminister erfolgt (§ 60 des Verwaltungsstrafgesetzes v. 26. 7. 97).

2. Der Strafbescheid ist nach anliegendem Muster[1]) zu erlassen. In dem Strafbescheide sind dem Beschuldigten die Kosten des Verfahrens aufzuerlegen (§§ 45 bis 47 des Gesetzes v. 26. 7. 97). Als Kosten des Verfahrens kommen nach § 45 bare Auslagen nach Maßgabe des PrGKG. v. 25. 6. 95, insbesondere Schreibgebühren und Postgebühren, zum Ansatze; bare Auslagen sind auch für die von Amts wegen erfolgenden Zustellungen anzusetzen, da § 118 aaO. nicht für anwendbar erklärt ist. Das Preußische Gerichtskostengesetz in seiner vom 1. 10. 10 ab geltenden Fassung findet in Verwaltungsstrafverfahren keine Anwendung. Der Ausfertigungsstempel für Strafbescheide und Beschwerdebescheide ist nur zu erheben, wenn der Betrag der Strafe 150 M. übersteigt.

3. Der Strafbescheid ist durch Zustellung oder durch Verkündung (Eröffnung zum Protokolle) bekannt zu machen.

4. Für die Ausführung von Zustellungen gelten die Bestimmungen der Zivilprozeßordnung über Zustellungen von Amts wegen.

5. Die festgesetzten Ordnungsstrafen nebst den Kosten des Verfahrens, einschließlich des Ausfertigungsstempels und der dem Beschwerdeführer im Beschwerdebescheide zur Last gelegten Kosten, werden von der Gerichtskasse vereinnahmt.

6. Die Landgerichtspräsidenten werden ermächtigt, von der Festsetzung einer Ordnungsstrafe abzusehen, wenn nach den Umständen des Falles, insbesondere bei Zweifeln über die Verpflichtung zur Entrichtung eines Stempels, die Zuwiderhandlung gegen die Vorschriften des Stempelsteuergesetzes nach ihrem pflichtmäßigen Ermessen als entschuldbar erscheint. Hat der Vorstand des Stempelsteueramts bei einer zu seiner Kenntnis gelangten Zuwiderhandlung von Stellung eines Strafantrags Abstand genommen, so hat die Festsetzung einer Ordnungsstrafe zu unterbleiben.

§ 25.

Strafvollstreckung.

Der Finanzminister und die Oberzolldirektionen sind nach Nr. 2 des Allerh. Erl. v. 26. 9. 97 (GS. 402) befugt, nach ihrem pflichtmäßigen Ermessen im Wege der Nachsicht die verwaltungsseitige und die gerichtliche Strafvollstreckung bei Zuwiderhandlungen gegen die Stempelgesetze auszusetzen sowie Strafunterbrechung und Strafteilung zu gestatten. Diese Befugnis erstreckt sich zugleich auf die Kosten des Verfahrens. Die beteiligten Justizbehörden haben ihren desfallsigen Anträgen Folge zu leisten.

---

[1]) Hier nicht mitabgedruckt.

4. Sonstige allgemeine Landesstempel-Verfügungen.

a) Allgemeine Verfügung, betr. die Sicherstellung der Stempel und Kosten bei Entgegennahme von Auflassungen und bei Eintragungen eines Eigentümers, v. 15. 9. 95 (JMBl. 272).

Nach § 57 Ziff. 6 des GKG. v. 25. 6. 95 (GS. 203[1]) kann die Entgegennahme der Auflassung und, wenn diese nicht vor dem Grundbuchrichter erfolgt, die Eintragung des neuen Eigentümers im Grundbuche nach dem Ermessen des Gerichts von einer vorgängigen Sicherstellung der Staatskasse wegen der Kosten der Eintragung und des Stempels für die Auflassung oder das zugrunde liegende Rechtsgeschäft abhängig gemacht werden. Zur Ausführung dieser Vorschrift werden die nachstehenden Anordnungen getroffen:

1. Die Bestimmung darüber, ob und in welcher Höhe eine Sicherheitsleistung für erforderlich zu erachten, sowie die Entscheidung, ob eine von den Beteiligten angebotene Art der Sicherstellung als annehmbar erscheint, steht dem zur Entgegennahme der Auflassung beziehungsweise zur Vornahme der Eintragung im Grundbuche berufenen Richter zu.

2. Als hinreichende Sicherstellung ist stets anzusehen:

a) die vorläufige Einzahlung eines die Kosten und Stempel deckenden Baarbetrages zur Gerichtskasse;

b) die Niederlegung von Wertpapieren nebst den dazu gehörigen Zinsscheinen und Anweisungen, welche in dem für den Gerichtssitz maßgebenden Handelsplatze oder in Berlin einen Börsenkurs haben, sofern der Kurswert den sicherzustellenden Betrag um 10 % übersteigt;

c) die Niederlegung von Sparkassenbüchern deutscher öffentlicher, obrigkeitlich bestätigter Sparkassen, auf welche mindestens der sicherzustellende Betrag eingezahlt ist und die auf den Namen des Niederlegers lauten;

d) die Übernahme der Kosten und Stempel seitens einer dem Gericht als zahlungsfähig bekannten Person durch eine vor Gericht abgegebene oder demselben mitgeteilte Erklärung (§ 4 GKG.).

Im übrigen (z. B. hinsichtlich der Frage, ob eine angebotene Kautionshypothek als ausreichende Sicherheit zu erachten ist) entscheidet das Ermessen des Gerichts; dasselbe kann auch Wertpapiere oder Sparkassenbücher, welche den Anforderungen unter b und c nicht entsprechen, als Mittel der Sicherstellung zulassen.

3. Erklärt sich der Schuldner zur vorläufigen Einzahlung des erforderlichen Barbetrages (Z. 2a) bereit, so ist vom Gerichtsschreiber eine Berechnung des zu erlegenden Betrages aufzustellen.

Der eingezahlte Betrag ist ebenso wie ein Kostenvorschuß zu behandeln, dessen Berechnung und Erhebung auf dem Gesetze beruht (§ 14 Nr. 7 der Kasseninstruktion).

4. Wird die Sicherheit durch Wertpapiere, Sparkassenbücher (Z. 2b und c) oder durch Urkunden über sonstige Forderungsrechte bestellt, so hat der Besteller die nach den Vorschriften des bürgerlichen Rechts zu einer rechtswirksamen Verpfändung erforderlichen Erklärungen abzugeben.

Die Wertpapiere, Dokumente usw. sind mit einem in doppelten Exemplaren einzureichenden Verzeichnis der Gerichtskasse zur Verwahrung zu übergeben. Das Verzeichnis muß eine genaue Angabe der Wertstücke, bei Wertpapieren auch die Angabe der Nummern der Stücke, enthalten und mit der Unterschrift des Niederlegers versehen sein. Die Kassenbeamten haben auf Verlangen der die Sicherheit bestellenden Person dieser bei Aufstellung des Verzeichnisses behilflich zu sein.

Die Gerichtskasse hat die übergebenen Papiere in einem Umschlag, welcher genügend überschrieben und mit der Nennwertsangabe versehen ist, einzusiegeln und zu den Asservaten zu legen. Die Nummer der Eintragung in der Asservatenliste wird sowohl auf dem Verzeichnisse, als auf dem Umschlage vermerkt. Das eine

[1]) Jetzt § 58 Nr. 7 GKG. v. 25. 7. 10.

Exemplar des Verzeichnisses wird, mit Empfangsbescheinigung versehen, dem Niederleger zurückgegeben.

Für die größeren Gerichtskassen kann von dem Oberlandesgerichtspräsidenten die Führung einer besonderen Asservatenliste, unter Einfügung geeigneter Spalten, angeordnet werden.

5. Bei Erlaß der Anordnung wegen vorgängiger Sicherstellung der Staatskasse ist den Beteiligten zu eröffnen, daß die Sicherstellung in einer der in Ziffer 2 unter a bis d bezeichneten Weisen erfolgen könne. Geeignetenfalls sind die Beteiligten auch noch auf andere, vom Gericht für ausreichend erachtete Mittel der Sicherstellung hinzuweisen.

Von den erlassenen Anordnungen ist die Gerichtskasse in Kenntnis zu setzen. Dieselbe hat von der Niederlegung von Urkunden (Z. 4) zu den Grundakten Nachricht zu geben.

6. Die Berechnung und Einforderung der Kosten für die Auflassung oder die Eintragung des Eigentümers erfolgt im gewöhnlichen Verfahren. Auf der Kostenrechnung und im Kostenregister ist auf die Sicherheit zu verweisen.

7. Die Zwangsvollstreckung erfolgt nach den allgemeinen Vorschriften; auf Antrag des Zahlungspflichtigen ist jedoch die Vollstreckung zunächst in die von ihm bestellte Sicherheit zu richten.

8. Über die Rückgabe einer geleisteten Sicherheit hat der Kassenkurator zu entscheiden.

b) Allgemeine Verfügung v. 13. 6. 00, betr. die dem Grundbuchrichter hinsichtlich des Auflassungsstempels obliegenden Belehrungen (JMBl. 501).

Im § 16 der AV. des FinMin. und des JustMin. *v. 29. 2. 96*[1]), betr. das gerichtliche Stempelwesen (*JMBl. 63*), ist dem Grundbuchrichter zur Pflicht gemacht, zu prüfen, ob im Falle der Beurkundung des der Auflassung zugrunde liegenden Rechtsgeschäfts der Urkundenstempel niedriger sein würde als der Auflassungsstempel, und hierüber die Beteiligten zu belehren. Dieser Verpflichtung ist nach den gemachten Wahrnehmungen nicht immer in ausreichender Weise genügt worden. Im Einverständnisse mit dem Herrn Finanzminister nehme ich daher Veranlassung, den Grundbuchrichtern die genaue Befolgung jener Vorschrift in Erinnerung zu bringen und auf einige von ihnen zu beachtende Gesichtspunkte hinzuweisen.

I. Es genügt nicht eine allgemein gehaltene formularmäßige Belehrung des Grundbuchrichters, daß im Falle der Nichtvorlegung einer Urkunde der Auflassungsstempel ohne Rücksicht auf den Betrag des zu dem Veräußerungsgeschäft erforderlichen Stempels in voller Höhe zu erheben sei, vielmehr muß der Grundbuchrichter darauf bedacht sein, zu ermitteln, ob einer der Fälle vorliegt, in dem es dem Interesse der Parteien entspricht, das Veräußerungsgeschäft zu beurkunden. Zu diesem Zwecke hat er die Beteiligten zu befragen, welches Rechtsgeschäft der Auflassung zugrunde liege. Er hat sich aber nicht mit der bloßen Angabe des Gattungsnamens eines Rechtsgeschäfts, z. B. Kaufvertrag, zu begnügen, sondern sorgsam allen Anzeichen nachzugehen, die sich aus den Erklärungen der Parteien, dem Akteninhalt und der ganzen Sachlage für das Vorhandensein eines nicht dem Wertstempel von 1 % unterliegenden Rechtsgeschäfts ergeben. Eine nähere Nachfrage erscheint namentlich in folgenden Fällen am Platze:

1. Bei Auflassungen unter Ehegatten kommt in Frage, ob nicht eine stempelfreie Schenkung (*Tarifstelle 56 des StempStG.*[2]) *und Befreiungsvorschriften Nr. 2 Buchst. c des Tarifs zum ErbschStG.*[3]) vorliegt. Vgl. ferner unten Nr. 6 a. E.

---

[1]) Jetzt v. 28. 7. 10.

[2]) Tarifstelle 56 ist fortgefallen.

[3]) Jetzt § 11 Nr. 4d u. §§ 55 ff. RErbschStG.

2. Veräußerungen an Abkömmlinge des Veräußerers sind sowohl dann, wenn sie gegen Entgelt geschehen, als auch dann, wenn sie unentgeltlich erfolgen, stempelfrei (*Tarifstelle 32 Ermäßigungen und Befreiungen Nr. 2 und Tarifstelle 56 und Befreiungsvorschriften Nr. 2 Buchst. b des Tarifs zum ErbschStG.*[1]). Diese Stempelfreiheit tritt aber nur dann ein, wenn das Veräußerungsgeschäft beurkundet wird, während der Auflassungsstempel auch bei Auflassungen an Abkömmlinge zu erheben ist; es liegt daher im Interesse der Beteiligten, die Erhebung des Auflassungsstempels durch Vorlegung einer Urkunde über das Veräußerungsgeschäft auszuschließen.

3. Bei Auflassungen unter Erben wird der Wertstempel vermieden oder ermäßigt, wenn eine Urkunde vorgelegt wird, aus der sich ergibt, daß die Auflassung zum Zwecke der Erbteilung erfolgt (Tarifstelle 20; Tarifstelle 32 Ermäßigungen und Befreiungen Nr. 1).

4. Bei Kaufverträgen über Rentengüter bleibt die vom Käufer übernommene Rentenbankrente bei Berechnung des Kaufstempels außer Ansatz (AV. v. 11. 3. 97, JMBl. 62[2]), dagegen ist, wenn ein Rentengut ohne Vorlegung einer Veräußerungsurkunde aufgelassen wird, der Auflassungsstempel vom vollen gemeinen Werte des Rentenguts zu berechnen. Hiernach ist den Beteiligten die Vorlegung eines schriftlichen Kaufvertrags zu empfehlen.

5. Erfolgt eine Rückauflassung an den früheren Eigentümer, so wird es sich häufig um eine nicht freiwillige Veräußerung handeln, so namentlich in dem oft vorkommenden Falle, daß wegen eines Gewährsmangels, z. B. wegen Hausschwamms, ein Kaufgeschäft gewandelt wird. Wird ein Urteil, welches den Käufer zur Rücknahme wegen eines Gewährsmangels verurteilt, oder ein Anerkenntnis der Verpflichtung zur Rücknahme vorgelegt, so ist der Auflassungsstempel nicht zu erheben, weil ein Fall der freiwilligen Veräußerung im Sinne der Tarifstelle 8 nicht vorliegt. Vielfach liegt der Rückauflassung auch ein Vergleich zugrunde, der nach Tarifstelle 67 nur *mit 1,50 M.*[3]) zu verstempeln ist, oder es handelt sich um eine Rückgängigmachung der Veräußerung, für die nach Tarifstelle 71 Nr. 1 Abs. 3 des StempStG. und §§ 31, 30 des PrGKG. durch den Justizminister aus Billigkeitsgründen eine Ermäßigung des Stempels bewilligt werden kann. Hiernach ist in Fällen der Rückauflassung ein näheres Eingehen auf die Veranlassung der Rückauflassung geboten.

6. Wiederholt ist es vorgekommen, daß die Beteiligten eine Urkunde vorgelegt haben, die der Grundbuchrichter zurückgewiesen hat, weil sie nicht zwischen denselben Personen errichtet sei, von denen die Auflassung erklärt wird. Häufig liegt der Fall so, daß eine Auflassung unmittelbar an denjenigen erfolgt, der sein Recht zum Erwerbe von einer Zwischenperson herleitet. Dann bedarf es allerdings zur Ausschließung des Auflassungsstempels des urkundlichen Nachweises aller dazwischen liegenden Rechtsakte, und es kann mit Rücksicht auf die Vorschrift in Tarifstelle 32 *Abs. 5,* wonach eine Abtretung des Rechtes auf Auflassung den Stempel auf 1 % erfordert, die Beurkundung des Veräußerungsgeschäfts einen ebenso hohen Stempel erfordern als den Auflassungsstempel. Es ist aber zu beachten, daß der Stempel der Tarifstelle 32 *Abs. 5* sich gemäß *Abs. 6* auf *1,50 M.*[4]) vermindert, wenn der erste Erwerber erweislich im Auftrage oder als Geschäftsführer ohne Auftrag des Auflassungsempfängers gehandelt hat und daß nach Abs. 8 unter Umständen eine Ermäßigung des Stempels aus Billigkeitsgründen zulässig ist. Mit Rücksicht hierauf ist zu prüfen, ob den Beteiligten nicht die Aufnahme einer Abtretungserklärung zu empfehlen ist. Diese Prüfung ist namentlich dann geboten, wenn das Veräußerungsgeschäft von einem Ehegatten abgeschlossen ist und die Auflassung an den anderen Ehegatten oder an beide gemeinsam erfolgt.

---

[1]) Jetzt Tarifstelle 32 Abs. 10 Ziff. 2 LStG. u. § 11 Nr. 4 a b c u. §§ 55 ff. RErbschStG.

[2]) Vgl. auch AV. v. 22. 2. 11 (Verteilung des Rentenwerts auf Mobilien und Immobilien).

[3]) Jetzt 3 M.

[4]) Jetzt Abs. 6 bzw. Abs. 7 bzw. 3 M.

7. Anlaß zu näherer Nachfrage ist auch dann gegeben, wenn für eine in der Bildung begriffene juristische Person von Vertrauenspersonen ein Grundstück erworben ist und dieses ihr nach Erlangung der Rechtsfähigkeit von den Vertrauenspersonen aufgelassen wird. In diesem Falle wird statt des Auflassungsstempels nur ein Stempel *von 1,50 M.*[1]) erhoben, wenn die Auflassungsbeteiligten erklären, daß die Veräußerer das Grundstück für die juristische Person erworben haben und in Erfüllung der aus ihrer Geschäftsführung sich ergebenden Verpflichtungen an die juristische Person auflassen.

II. Wenn sich ergibt, daß eine Beurkundung des zugrunde liegenden Rechtsgeschäfts zur Ersparung von Stempelabgaben dient, können die erforderlichen Erklärungen in das Auflassungsprotokoll aufgenommen werden. Es ist indessen zu beachten, daß hierdurch die Gebühren für Beurkundungen (§§ 34 ff. des PrGKG.) fällig werden. Vor Aufnahme der Erklärungen in das Protokoll ist daher den Beteiligten zu eröffnen, welche Kosten hierdurch entstehen, und es ist die Beurkundung nur vorzunehmen, wenn sie trotz dieser Belehrung gewünscht wird.

III. Wenn die Beteiligten die Auskunft über das Veräußerungsgeschäft verweigern oder nach erfolgter Belehrung erklären, daß sie eine Urkunde nicht vorlegen wollen, so sind sie doch berechtigt, noch nachträglich eine Urkunde über das Veräußerungsgeschäft mit der Wirkung der Ausschließung des Auflassungsstempels vorzulegen[2]).

c) Allgemeine Verfügung v. 7. 9. 09, betr. Mitteilung der Gesamtstempelbeträge, deren Niederschlagung oder Erstattung aus Billigkeitsgründen im Laufe eines Rechnungsjahrs angeordnet oder abgelehnt wird (JMBl. 326).

Bis zum 1. Mai jeden Jahres haben die Landgerichtspräsidenten die Gesamtstempelbeträge, welche im abgelaufenen Rechnungsjahr auf Grund des *§ 9 Abs. 2b Nr. 3 der AV. v. 6. 7. 09 — JMBl. 239*[3]) — gemäß § 25 Abs. 2, Tarifstelle 32 Abs. 8 Satz 3 und Tarifstelle 71 Z. 1 Abs. 3 LStG. erstattet (niedergeschlagen) und ermäßigt worden sind oder deren Erstattung und Ermäßigung abgelehnt worden ist, dem Oberlandesgerichtspräsidenten anzuzeigen. Die Anzeige hat auch die Fälle zu umfassen, in denen die endgültige Entscheidung auf Beschwerde getroffen worden ist. Der Gesamtbetrag ist für jede der vorbezeichneten Bestimmungen besonders anzugeben, getrennt nach Erstattungen (Niederschlagungen) und Ermäßigungen einerseits und nach Ablehnungen andererseits. Sind Anträge auf Erstattung oder Ermäßigung von Stempeln in dem abgelaufenen Rechnungsjahre nicht gestellt worden, so ist Fehlanzeige zu erstatten.

Der Oberlandesgerichtspräsident hat eine Zusammenstellung der für die Bezirke der Landgerichte mitgeteilten Gesamtbeträge bis zum 1. Juni jeden Jahres an die Geheime Kalkulatur des Justizministeriums ohne Anschreiben einzusenden.

d) Allgemeine Verfügung v. 22. 2. 11 über die Versteuerung von Kaufverträgen über Rentengüter[4]) (JMBl. 88).

Wird in einem Kaufvertrag über ein Rentengut ein Teil des Kaufpreises in der Weise belegt, daß der Erwerber die auf dem Gute lastende Rente übernimmt,

---

[1]) Jetzt von 3 M., Tarif 32 Abs. 7 LStG.

[2]) Der folgende Teil der Nr. III u. Nr. IV ganz, sowie die ihnen zugrunde liegende AV. v. 29. 2. 96 sind aufgehoben durch die LStV. v. 6. 7. 09 JMBl. 239, die wiederum ersetzt worden ist durch die jetzt geltende LStV. v. 28. 7. 10, jene Teile sind deshalb hier weggelassen.

[3]) An deren Stelle ist getreten die AV. v. 28. 7. 10 § 9 Nr. 2 Abs. 2b Ziff. 3.

[4]) Wegen der Berechnung des für die Befreiung auf Antrag vom Reichsstempel maßgebenden „stempelpflichtigen Betrages“ s. S. 101 Anm. 1.

so ist der Stempel der Tarifstelle 32 LStG. nur von dem nach Abzug des Wertes der Rente verbleibenden Kaufpreisteile zu erheben. In der Regel geschieht nun bei derartigen Verträgen die Trennung der Einzelwerte (§ 10 LStG.) in der Weise, daß die Parteien das unter Hinzurechnung des Wertes der Rente sich ergebende Gesamtentgelt auf die unbeweglichen und beweglichen Sachen verteilen. Die Urkunden werden dann häufig in der Weise versteuert, daß in voller Höhe des von den Parteien angegebenen Wertes der beweglichen Sachen ein Stempel von 1/3 v. H. und von dem nach Abzug dieses Wertes verbleibenden Reste des steuerpflichtigen Kaufpreisteils ein solcher von 1 v. H. angesetzt wird. Diese Art der Versteuerung habe ich im Einvernehmen mit dem Herrn Finanzminister in mehreren zu meiner Entscheidung gebrachten Fällen für unzutreffend erachtet. Sie würde nur dann gerechtfertigt sein, wenn die Rente, deren Wert bei der Versteuerung nicht zum Ansatze gelangt, nur auf dem Grundstück und nicht auch auf dem Zubehör des Grundstücks lastete. Das ist aber gemäß §§ 1107, 1120 BGB. nicht der Fall. Bei der Versteuerung ist daher zu berücksichtigen, daß der Teil des Kaufpreises, welcher steuerfrei bleibt, auch als Entgelt für die beweglichen Sachen gilt, und daß deshalb die beweglichen Sachen nicht nach dem vollen Werte zu dem Satze von 1/3 v. H. versteuert werden können. Daraus ergibt sich die Notwendigkeit, den nach Abzug des Wertes der Rente verbleibenden steuerpflichtigen Kaufpreisteil in der Weise auf bewegliche und unbewegliche Sachen zu verteilen, wie es dem Verhältnisse des Gesamtentgelts zu den beiden Arten von Sachen entspricht.

e) Allgemeine Verfügung v. 1. 5. 11 über die Ausführung des Landesstempelgesetzes (JMBl. 183).

Die am 16. August 1910 von dem Herrn Finanzminister erlassenen, in den Regierungsamtsblättern und im Zentralblatte der Abgabengesetzgebung und Verwaltung v. 24. 9. 10 Nr. 20 veröffentlichten Ausführungsbestimmungen zum Landesstempelgesetze[1]) haben in den Kreisen der Notare nicht überall die erforderliche Beachtung gefunden. Indem ich auf diese Bestimmungen ausdrücklich hinweise, bringe ich die nachstehende, von dem Herrn Finanzminister mir zur Verfügung gestellte Zusammenstellung des **hauptsächlichen Inhalts** der das Notariat angehenden Bestimmungen zur Kenntnis der Notare.

Bedingte Rechtsgeschäfte.

Nr. 2 (S. 86/87[2]). Urkunden über bedingte Rechtsgeschäfte sind ohne Rücksicht auf die vereinbarten Bedingungen und die Möglichkeit oder Wahrscheinlichkeit der Nichtausführung der beurkundeten Geschäfte vor der Aushändigung fristgemäß zu versteuern. Dies gilt namentlich für die über die Veräußerung von Schankgrundstücken geschlossenen Verträge, die vielfach unter der Bedingung geschlossen werden, daß sie erst gültig werden sollen, wenn die Erlaubnis zum Betriebe der Gast- und Schankwirtschaft erteilt ist oder daß sie ihre Gültigkeit verlieren sollen, wenn diese Erlaubnis nicht erteilt wird.

Auskunfterteilung und Wertermittelung.

Nr. 4 Abs. 1 (S. 87). Kommt es für die Ermittelung der der Stempelberechnung zugrunde zu legenden Werte auf Umstände an, die aus der Urkunde nicht ersichtlich sind, z. B. auf das Lebensalter einer Person, so sind die Beteiligten

[1]) Diese Ausführungsbestimmungen sind oben S. 138ff. in einem Auszuge (soweit sie den Immobiliarstempel angehen), wörtlich abgedruckt.

[2]) Die Seitenzahlen geben die Seiten der (zum Preise von 1 M. bei den Hauptzollämtern und Zollämtern erhältlichen) amtlichen Ausgabe des Stempelsteuergesetzes und seiner Ausführungsbestimmungen an (vgl. JMBl. 10 S. 418).

über diese Umstände zu befragen. Das Ergebnis ist auf der Urkunde zu vermerken. Bei besonderen Ermittelungen ist die Entstehung von Kosten tunlichst zu vermeiden.

Aussetzung der Versteuerung wegen Unbestimmtheit des Wertes des Gegenstandes.

Nr. 5 Abs. 1 bis 5 (S. 88/90). Die Aussetzung der Versteuerung wegen Unbestimmtheit des Wertes ist nur dann zulässig, wenn ein Geschäft seinem Inhalte nach so unbestimmt ist, daß sich sein Wert auch nicht annähernd schätzen läßt. Bei teilweiser Unbestimmtheit ist der Stempel von dem ersichtlichen Werte sofort zu verwenden und wegen der Leistungen von unbestimmtem, erst später schätzbarem Werte die Versteuerung auszusetzen.

Über die die Berechnung und Überwachung der später zu entrichtenden Stempel bedingenden Umstände sind die Beteiligten zu vernehmen und ihre Erklärungen zu den Akten zu vermerken, vorausgesetzt, daß die tatsächlichen Verhältnisse, die für die Wertfestsetzung bestimmend sind, zur Zeit der Aufnahme oder der Beglaubigung der Urkunde bereits vorhanden waren oder binnen zwei Wochen nach dem Tage der Ausstellung der Urkunde eingetreten sind.

Die Notare sind befugt, die nachträgliche Versteuerung selbständig ohne Mitwirkung der Zollbehörden vorzunehmen. In diesem Falle liegt ihnen die Pflicht zur Überwachung der Versteuerung ob. Wollen sie die Versteuerung nicht selbst bewirken, so haben sie einem Hauptzollamte — tunlichst dem, in dessen Bezirke sie ihren Amtssitz haben, — unter Beifügung der Erklärungen der Beteiligten die zu versteuernde Urkunde in Urschrift oder Abschrift zu übersenden. Die Überweisung des Überwachungsfalles an das Hauptzollamt ist auf der Notariatsverhandlung usw. zu vermerken.

Zur Urschrift der Notariatsverhandlung ist in Fällen dieser Art, falls nicht der Stempel einer anderen Tarifstelle beizubringen ist, der Notariatsurkundenstempel von 3 M. zu verwenden, der auf den später zu entrichtenden Stempel angerechnet werden kann.

Stempelverwendungsvermerke auf Abschriften usw.

Nr. 6 Abs. 2 bis 5 (S. 91/92). Auf einfachen oder beglaubigten Abschriften usw. sind die zu den Hauptausfertigungen oder Urschriften verwendeten Stempelbeträge unter Angabe des Datums und der Amtsbezeichnung und unter Beidrückung des Amtsstempels mit Namensunterschrift zu bescheinigen — vgl. auch Nr. 17 wegen der Bescheinigungen auf Nebenausfertigungen.

Stempelverwendungsvermerke bei Unterschriftsbeglaubigungen.

Wird von dem Notar der Entwurf einer Urkunde angefertigt und nach Vollziehung durch die Beteiligten die Unterschrift oder das Handzeichen beglaubigt, so ist auf der zurückzubehaltenden beglaubigten Abschrift die Verwendung des zu der Urkunde erforderlichen Stempels zu vermerken. Bei bloßen Unterschriftsbeglaubigungen sind die Notare nur zur Verwendung des etwa erforderlichen Zeugnisstempels verpflichtet (vgl. zu Nr. 12 dieser Zusammenstellung); eine Belehrung der Privatpersonen über die Stempelpflichtigkeit und die Höhe des zu der Urkunde erforderlichen Stempels ist indes empfehlenswert. Bei Abstandnahme von der Verwendung des Zeugnisstempels zur Unterschriftsbeglaubigung wegen eines gesetzlichen Befreiungsgrundes ist der Inhalt der Urkunde so genau zu bezeichnen, daß eine Nachprüfung der Stempelbefreiung möglich ist, z. B. „hypothekarische Schuldverschreibung“ usw. Allgemeine Bezeichnungen, wie „Grundbuchsache“ genügen nicht.

Stempelverwendungsvermerke betr. Urkunden, die nicht zu den Akten genommen werden.

Werden Urkunden, z. B. Vollmachten, vorgelegt, die nicht zu den Akten genommen werden, so sind die zu der Urkunde verwendeten Stempelbeträge und der Tag der Entwertung zu den Akten zu vermerken.

Stempelberechnungsvermerke.

Ist der Stempel nicht ohne weiteres aus dem Urkundeninhalte zu berechnen, so ist auf der Urkunde eine Stempelberechnung aufzustellen, die auch auf die Ausfertigungen usw. zu übernehmen ist. Ebenso sind Stempelbefreiungs- und Ermäßigungsgründe kurz anzugeben.

Angabe von Einzelwerten.

Nr. 7 Abs. 1 bis 3 (S. 92/93). Bei Rechtsgeschäften über mehrere, verschiedenen Steuersätzen unterliegende Gegenstände haben die Notare die Beteiligten über die Höhe der Einzelwerte zu vernehmen und, wenn eine Erklärung nicht abgegeben werden kann, darüber zu belehren, daß sie berechtigt seien, auf der Urkunde die Einzelwerte innerhalb der Frist des § 16 des Gesetzes noch nachträglich anzugeben und daß, wenn eine solche Angabe nicht erfolge, der höchste Steuersatz nach dem Gesamtwert erhoben werde. Über die Belehrung ist ein Vermerk in die Urkunde aufzunehmen oder auf die Urkunde zu setzen. Der Stempel ist in der feststellbaren Höhe sogleich zu verwenden; der Eingang des etwa nachzubringenden Stempels ist zu überwachen.

Schriftliche Mitteilung der Einzelwerte an den Notar genügt, sofern sie von mindestens einem der Urkundenaussteller oder einem urkundlich Bevollmächtigten unterschrieben ist. Wertangaben in Randvermerken des nicht urkundlich zur Werttrennung bevollmächtigten Notars oder in Kostenrechnungen usw. genügen nicht.

Bezieht sich ein Kauf- und Lieferungsvertrag teils auf Gegenstände der unter Ziff. 3 des Abs. 10 (Ermäßigungen und Befreiungen) der Tarifstelle 32 bezeichneten Art, teils auf sonstige Gegenstände, so ist auch die nach Ablauf der Frist im § 16 des Gesetzes erfolgte Preistrennung bei der Stempelberechnung zu berücksichtigen.

Sind bei der Werttrennung rechtsirrtümlich Gegenstände zu den beweglichen Sachen statt zu den Grundstücken gerechnet worden, so darf die Angabe der Einzelwerte innerhalb einer vom Stempelsteueramte zu bestimmenden Frist berichtigt werden.

Haftbarkeit der Notare.

Nr. 8 (S. 93). Über die Frage, ob Notaren ein Verschulden im Sinne des § 13 Abs. 2 des Gesetzes zur Last fällt, entscheidet die zuständige Oberzolldirektion. Beschwerden gegen diese Entscheidungen sind an den Finanzminister zu richten.

Arten von Stempelzeichen.

Nr. 9 Abs. 1 bis 4 (S. 93/94). Zur Erfüllung der Stempelpflicht werden Stempelzeichen ausgegeben, die entweder Stempelbogen (Stempelpapier) oder Stempelmarken oder gestempelte Vordrucke sind. Letztere kommen für Notare nicht in Betracht.

Die Stempelbogen lauten auf Wertbeträge von $^1/_2$ M., 1 M., $1^1/_2$ M., 2 M., $2^1/_2$ M., 3 M., 100 M., 150 M., 200 M., 300 M., 400 M., 500 M., 600 M., 700 M., 800 M., 900 M. und 1000 M.

Stempelbogen über Wertbeträge von mehr als 1000 M. werden auf besonderen schriftlichen Antrag von den Hauptzollämtern ausgefertigt und außerdem von Zollämtern, die von den Oberzolldirektionen besonders hierzu ermächtigt sind. Die Bogen sind mit einem Ausfertigungsvermerke versehen, dessen Vordruck auf lithographischem Wege hergestellt ist.

Die Stempelmarken lauten auf Wertbeträge von 10 Pf., 20 Pf., 40 Pf., 50 Pf., 80 Pf., 1 M., $1^1/_2$ M., 2 M., $2^1/_2$ M., 3 M., 4 M., 5 M., 10 M., 15 M., 20 M., 25 M., 50 M., 100 M., 200 M., 300 M., 400 M., 500 M. Letztere vier Sorten sind zur Erleichterung des Versteuerungsverfahrens neu eingeführt worden.

Verpflichtung zur Entwertung von Stempelzeichen.

Nr. 12 Abs. 3 (S. 97/98). Die Notare haben zu den von ihnen aufgenommenen Verhandlungen, einschließlich der vor ihnen dem Inhalte nach anerkannten und innerhalb der gesetzlichen Stempelverwendungsfristen eingereichten Verhandlungen, ferner zu denjenigen Urkunden, bei denen sie den Entwurf anfertigen und nach Vollziehung durch die Beteiligten die Unterschriften oder Handzeichen beglaubigen, sowie zu allen von ihnen erteilten Ausfertigungen usw. die erforderlichen Stempelzeichen zu verwenden. Außerdem sind die Notare befugt zur Verwendung von Stempeln zu Privaturkunden, zu denen sie die Entwürfe nicht angefertigt, die sie aber hinsichtlich der Unterschriften beglaubigt haben (vgl. Nr. 6 Abs. 2 dieser Zusammenstellung), ferner zu allen auf sie ausgestellten Vollmachten und zu Vollmachten, in denen dritte Personen als Bevollmächtigte bezeichnet sind und die den Notaren vorgelegt werden, um auf Grund derselben rechtsgeschäftliche Erklärungen vorzunehmen. Diese Befugnis erstreckt sich insbesondere auf Vollmachten, die zu den von Notaren über den Hergang von Generalversammlungen aufgenommenen Verhandlungen von den Beteiligten vorgelegt werden.

Verwendungsgrenze für die einzelnen Arten von Stempelzeichen.

Nr. 13, Nr. 14, Nr. 17 (S. 98/100, 103, 104). Bedarf die zu versteuernde Urkunde eines Stempels von mehr als 1000 M., so ist nur die Verwendung eines von einem Hauptzollamt oder Zollamte besonders ausgefertigten Stempelbogens zulässig.

Erfordert die Urkunde einen Stempel von mehr als 500 M., aber von nicht mehr als 1000 M., so müssen Stempelbogen verwendet werden, soweit der erforderliche Betrag durch 100 teilbar ist, während in Höhe des Restes Marken zu verwenden sind.

Zu Urkunden, die einen Stempel von nicht mehr als 500 M. erfordern, dürfen Stempelbogen oder (und) Stempelmarken verwendet werden.

Entwertung der Stempelbogen.

Wird die stempelpflichtige Erklärung auf den Stempelbogen selbst geschrieben, so bedarf es keiner weiteren Entwertung desselben, während andernfalls der Stempelbogen mit der Urkunde durch Zusammenheften und Einsiegeln der Fadenenden — in der bei gerichtlichen Urkunden üblichen Weise — zu verbinden und mit einem besonderen Entwertungsvermerke zu versehen ist.

Art der Verwendung von Stempelmarken.

Werden Marken verwendet, so ist der tarifmäßige Stempelbetrag durch die Verwendung einer möglichst geringen Zahl von Marken darzustellen.

Zu den vor den Notaren errichteten Testamenten sind die erforderlichen Stempelmarken ausschließlich auf dem als Teil der Urkunde anzusehenden Umschlage neben der Aufschrift zu verwenden; bei den von den Notaren aufgenommenen oder vor ihnen ihrem Inhalte nach anerkannten Urkunden erfolgt die Verwendung der Marken zur Urschrift, in den übrigen Fällen zur Urkunde selbst oder bei der Erteilung von Ausfertigungen zu diesen.

Die Marken sind an einer in die Augen fallenden Stelle — tunlichst auf der ersten Seite — derart aufzukleben, daß sie mit der ganzen Rückseite auf der Unterlage haften und die Schrift nicht verdecken. Zwischen nebeneinander befestigten Marken muß ein so großer Zwischenraum sein, daß die Entwertungsvermerke seitwärts auf das Papier übergreifen können. Zwischen untereinander aufgeklebten Marken muß der Zwischenraum derart sein, daß der Abdruck des Amtsstempels auf der unteren Marke die obere Marke nicht berührt.

Entwertungsvermerk auf den Stempelmarken.

Jede einzelne Marke ist mit einem mit schwarzer Stempelfarbe hergestellten Abdrucke des Amtsstempels dergestalt zu versehen, daß der Abdruck den oberen Teil der Marke bedeckt und nach oben auf das umgebende Papier übergreift. In den unteren Teil jeder Marke ist Tag, Monat und Jahr der Verwendung (der Tag und das Jahr mit arabischen Ziffern, der Monat mit Buchstaben — ausgeschrieben oder in üblichen Abkürzungen, z. B. 10. Okt. 10 —) und daneben die Nummer des Notariatsregisters derart einzutragen, daß diese Vermerke auf der Marke selbst stehen. Darunter ist der Ort und daneben der Name des Notars dergestalt auf die Marke zu setzen, daß der Ortsname und der Name des Notars auf das die Marke umgebende Papier nach beiden Seiten übergreift.

Die Entwertungsvermerke auf den Stempelmarken sind von den Notaren in allen ihren Teilen eingenhändig niederzuschreiben. Es ist unzulässig, daß der Notar nur den Namen einträgt und die weiter erforderlichen Eintragungen durch einen Gehilfen bewirken läßt[1]).

Stempelverwendungsbescheinigungen auf Ausfertigungen usw.

Auf der ersten Ausfertigung der Notariatsverhandlungen ist ihre Stempelfreiheit sowie der zur Urschrift verwendete Stempel vom Notar durch eigenhändige Unterschrift unter Beidrückung des Amtsstempels zu bescheinigen. Der zu weiteren Ausfertigungen erforderliche Ausfertigungsstempel ist zu den Ausfertigungen zu entwerten. Daneben ist auf ihnen zu bescheinigen, welcher Stempel zur weiteren Ausfertigung und welcher zur Urschrift verwendet ist.

Zwangsweise Einziehung des Stempels.

Nr. 22 Abs. 1 bis 3 (S. 111/112). Der Antrag auf zwangsweise Einziehung des nicht rechtzeitig gezahlten Stempelbetrags ist fristgemäß (§ 15 des Gesetzes) bei dem Hauptzollamt oder Zollamt anzubringen, in dessen Hebebezirke der Wohnsitz oder die Amtsstelle des Notars gelegen ist, und zwar tunlichst unter Beifügung einer Abschrift der stempelpflichtigen Verhandlung. Wird eine Abschrift nicht beigefügt, so sind sämtliche Personen zu benennen, denen nach dem Gesetze die Zahlung der Stempelabgabe obliegt, auch ist anzugeben, wer die Stempelkosten übernommen hat, ob die Steuerpflichtigen im eigenen Namen oder als Vertreter anderer, z. B. als Vormünder, beteiligt sind, ferner ist das Datum, die Registernummer und die Gattung der Urkunde sowie der Betrag des beizutreibenden Stempels mitzuteilen. Die nach der Beitreibung des Stempelbetrags von den Zollstellen übersandten entwerteten Stempelzeichen sind neben der Verhandlung oder an einer sonst geeigneten Stelle in den Akten einzuheften. Ist der Beitreibungsversuch fruchtlos gewesen, so ist die Niederschlagung des Stempels bei der zuständigen Oberzolldirektion zu beantragen.

Wird der Stempelbetrag nach Abgang des Beitreibungsersuchens eingezahlt, so ist der Grund der verspäteten Entwertung auf der Urkunde zu vermerken und die Zollstelle von der nachträglichen Einzahlung unverzüglich zu benachrichtigen.

Der Genehmigung oder des Beitritts eines Dritten bedürfende Rechtsgeschäfte.

Nr. 23 Abs. 5 (S. 113). Für die Beurkundung von Rechtsgeschäften, die erst durch die Genehmigung oder den Beitritt einer Behörde oder eines Dritten Rechtswirksamkeit erlangen, braucht der auf dem Geschäfte ruhende Stempel erst verwendet zu werden, nachdem die Genehmigung oder der Beitritt erfolgt ist. Die Notare haben daher zu solchen von ihnen aufgenommenen Urkunden zunächst nur den nach der Tarifstelle 45 alsbald fälligen Notariatsurkundenstempel von 3 M. zu verwenden, dagegen die Verwendung des Geschäftsstempels zu unterlassen, solange ihnen nicht die Genehmigung oder der Beitritt nachgewiesen wird. Handelt es sich um Urkunden, die der gerichtlichen Genehmigung oder Bestätigung, insbesondere der Genehmigung des Vormundschaftsgerichts bedürfen, so erfolgt die Einziehung des Geschäftsstempels nach § 31 PrGKG. durch das Gericht.

---

[1]) Nach der AV. des FinMin. v. 2. 3. 12 JMBl. S. 83 müßte es jetzt heißen:
Im Entwertungsvermerke braucht der Notar nur seinen Namen eigenhändig einzutragen.

Erstattungen auf Grund des § 25 Abs. 1 und des § 6 Abs. 2 des Gesetzes.

Nr. 28 Abs. 1 bis 6, Abs. 8 bis 10, Abs. 12 (S. 118/121). Die Notare haben sich der Verauslagung der Stempelgebühren tunlichst zu enthalten, weil für die Staatskasse Ausfälle entstehen, wenn die zur Zahlung verpflichteten Personen inzwischen zahlungsunfähig geworden sind und der Stempel gemäß § 25 Abs. 1 b des Gesetzes erstattet werden muß.

Die Erstattung der verwendeten Stempel findet nur auf Antrag und nicht über den beantragten Betrag hinaus statt. Antragsberechtigt sind diejenigen Personen, welche die Stempelabgabe als Steuerschuldner an die Staatskasse abgeführt haben, nicht dritte Personen, z. B. diejenigen, von denen die Stempelschuldner das Geld zur Berichtigung der Stempel geliehen haben. Bevollmächtigte haben den Anträgen ordnungsmäßig versteuerte Vollmachten beizufügen; wird der Antrag von Notaren gestellt, so genügt die Angabe, daß der Antragstellende von dem Empfangsberechtigten bevollmächtigt worden sei. Die Anträge auf Erstattung sind in den Fällen des § 25 Abs. 1 zu a und c innerhalb der dort angegebenen Fristen einzureichen. In den Fällen zu b sind die Anträge an keine Frist gebunden; verauslagte Stempel werden auch dann erstattet, wenn die Notare die im § 15 Abs. 1 des Gesetzes vorgeschriebene Frist von längstens drei Wochen zur Beitreibung der Stempelbeträge nicht beobachtet haben. Die Antragsfrist gilt als gewahrt, wenn der Antrag bei einer unzuständigen Zollbehörde oder einem unzuständigen Stempelsteueramte rechtzeitig gestellt ist. Die unzuständigen Stellen sind verpflichtet, den Antrag an das zuständige Stempelsteueramt weiterzugeben und den Antragsteller von der Abgabe zu benachrichtigen.

Über Anträge auf Erstattung von Stempeln auf Grund des § 25 Abs. 1 entscheiden die Stempelsteuerämter; zuständig ist dasjenige Stempelsteueramt, in dessen Bezirke der Stempel verwendet worden ist, oder, wenn der Stempel in dem Geschäftsbezirk eines anderen Stempelsteueramtes festgesetzt worden ist, das Amt dieses Bezirkes. Über die Erstattung der im Auslande verwendeten Stempel entscheidet dasjenige Amt, dem die Stempelprüfung über die im Auslande befindliche Stelle zusteht oder in Ermangelung einer solchen Befugnis das Amt, in dessen Bezirke der Empfangsberechtigte wohnt.

Den Anträgen sind die Urkunden, auf denen die zu erstattenden Stempel entwertet sind, beizufügen; ist die Beifügung der Urkunden ausnahmsweise nicht angängig, so ist in anderweiter zweifelsfreier Weise der Inhalt der Urkunden und die Verwendung der Stempelzeichen darzutun. Bei Notariatsverhandlungen genügt jedoch statt der Vorlegung der Urschriften die Bescheinigung des Notars über den zu der Urschrift verwendeten Stempel, desgleichen bei letztwilligen Verfügungen die gerichtliche oder notarielle Bescheinigung über die gezahlten oder verwendeten Stempelbeträge. Bei Anträgen auf Erstattung verauslagter Stempel ist der Nachweis zu erbringen, daß die Einziehung von den zur Entrichtung des Stempels Verpflichteten unmöglich ist. Notare sowie Rechtsanwälte haben die Anträge in der Form von Nachweisungen, welche die Bezeichnung der Urkunden nach Form und Art des beurkundeten Geschäfts (z. B. notarieller Grundstückskaufvertrag, privatschriftliche Schuldverschreibung) nach Datum, Namen und Vertragsstellung der Aussteller, ferner die Geschäfts- oder Notariatsregisternummer, den Namen desjenigen, welcher den Stempel gezahlt hat, den Betrag des verwendeten Stempels und den Tag seiner Entrichtung, die Erstattungsgründe und den Antrag auf Erstattung des zurückverlangten Betrages enthalten müssen, in einfacher Ausfertigung einzureichen. Wird die Erstattung ganz oder zum Teile für unbegründet erachtet, so sind die Antragsteller vom Stempelsteueramt unter Angabe der Gründe zu bescheiden.

Wenn zu Notariatsverhandlungen (§ 9 Abs. 2 des Gesetzes) Stempel zu erstatten und den Erstattungsanträgen die Urschriften nicht beigefügt sind, so hat das Stempelsteueramt, bevor es die Reinschrift der Zahlungsanweisung vollzieht und deren Absendung anordnet, den Notar zu ersuchen, die Stempelzeichen auf der Urschrift der Notariatsverhandlung in roter Tinte mit einem Vermerk über den zur Erstattung angewiesenen Betrag zu durchschreiben und ihm von dem Geschehenen

Mitteilung zu machen sowie gleichzeitig zu bestätigen, daß eine Stempelerstattung auf der Urkunde noch nicht vermerkt war. Die Notare haben diesem Ersuchen zu entsprechen oder dem Stempelsteueramte die Hinderungsgründe mitzuteilen.

Die Notare sind verpflichtet, von Doppelerstattungen, die zu ihrer Kenntnis gelangen, den Stempelsteuerämtern Anzeige zu erstatten.

Niederschlagungen und Erstattungen auf Grund des § 25 Abs. 2 des Gesetzes, der Tarifstelle 32 Abs. 8 Satz 3 und der Tarifstelle 71 Nr. 1 Abs. 3.

Anträge auf Niederschlagung oder Erstattung von Stempel auf Grund des § 25 Abs. 2 des Gesetzes sind innerhalb der vorgeschriebenen Frist an die Oberzolldirektion zu richten. Der Vorlegung von Erstattungsnachweisungen bedarf es nicht. In dem Antrag ist jedoch darzutun, daß die Voraussetzung für die Stempelerstattung (die unterbliebene Ausführung des Geschäfts oder seine Rückgängigmachung wegen Wandelung) gegeben ist, auch sind darin die die Erstattung rechtfertigenden Billigkeitsgründe zu erörtern.

Nach der Vorschrift des vorhergehenden Absatzes sind auch Erstattungsanträge aus Billigkeitsgründen in den Fällen der Tarifstellen 32 Abs. 8 Satz 3 und 71 Nr. 1 Abs. 3 zu behandeln.

Auskunfterteilungen.

Nr. 32 (S. 122/123). Das Stempelsteueramt und das Hauptzollamt des Bezirkes sind gegen Erstattung der ihnen an Schreib- und Postgebühren entstandenen Kosten verpflichtet, über die Höhe des zu einer — mit der Anfrage vorzulegenden — Urkunde erforderlichen Stempels Auskunft zu erteilen. Die Notare haben die Zweifel, die zu der Anfrage Anlaß gegeben haben, zu erörtern. Auf Anfragen allgemeiner Natur erstreckt sich die Auskunftspflicht nicht; ebensowenig kann den Auskunftsbehörden zugemutet werden, umständliche Berechnungen über den zu zahlenden Stempel aufzustellen, es genügt vielmehr die Mitteilung der allgemeinen Grundsätze, nach denen die Aufstellung der Berechnung vorzunehmen ist.

Geht die Anfrage bis zum Ablaufe der ersten Woche nach Eintritt der Stempelpflicht bei der Zollbehörde ein, so gilt die Stempellösungsfrist als gewahrt, sofern innerhalb der von der Auskunftsbehörde gesetzten Frist das Erforderliche wegen der Beibringung des Stempels veranlaßt wird.

Stempelprüfungsverfahren.

Nr. 34 Abs. 2 bis 5 (S. 124/125). Die Vorstände der Stempelsteuerämter dürfen sich bei den ihnen nach § 31 des Gesetzes obliegenden Stempelprüfungen der Mithilfe ihrer Beamten bedienen. Ob den Prüfungen, welche in der Regel an dem Orte, wo die Notare ihren Sitz haben und die stempelpflichtigen Verhandlungen sich befinden, vorzunehmen sind, eine Anmeldung vorauszugehen hat, bleibt dem Ermessen der Vorstände überlassen. Die Notare haben, sobald sie von dem Vorstande des Stempelsteueramts von der Abhaltung der Prüfung in Kenntnis gesetzt werden, dafür Sorge zu tragen, daß die Prüfung ohne allen Aufenthalt begonnen und vollständig ausgeführt werden kann. Zu diesem Zwecke sind dem Vorstand alle Urkunden, Akten sowie überhaupt alle Schriftstücke und Verhandlungen, welche für die Stempelprüfung von Belang sind, zur Einsicht vorzulegen, auch ist ihm und seinen Beamten jede gewünschte Auskunft zu erteilen und ein angemessener Raum für die Erledigung seiner Obliegenheiten zur Verfügung zu stellen. Urkunden, öffentliche Bücher, Akten usw., welche nicht von besonderem Werte sind und deshalb eine besondere Verwahrung nicht erfordern, sind dem Vorstand auf Verlangen auch in seine Wohnung zu verabfolgen und, falls sie nicht durch Angestellte der geprüften Stelle befördert werden können, vor der Verabfolgung zu versiegeln. Die Einsendung der Akten usw. zu Prüfungszwecken nach dem Amtssitze der Vorstände der Stempelsteuerämter darf nur insoweit beansprucht werden, als die Versendung ohne Nachteil für den Geschäftsgang bei der geprüften Stelle stattfinden kann.

Über das Ergebnis der Prüfung ist eine Verhandlung aufzunehmen, in der die aufgestellten Erinnerungen unter Bezeichnung des Aktenstücks (Aktenzeichen und

Seite) und der nicht ausreichend versteuerten Urkunden sowie der Angabe der für die einzelnen Stempelnachforderungen maßgebend gewesenen Gründe zusammenzustellen sind. Dem Notar ist eine Abschrift der von ihm nicht zu unterzeichnenden Verhandlung mit dem Ersuchen zuzustellen, die Abgabensumme der anerkannten Erinnerungen in vorschriftsmäßig entwerteten Stempelzeichen einzusenden und, wenn nur ein Teil der Erinnerungen anerkannt wird, die Nummern der anerkannten Erinnerungen sowie den auf die einzelne Erinnerung entfallenden Betrag besonders anzugeben. Der Notar legt mit der Abschrift der Prüfungsverhandlung ein Aktenstück an und veranlaßt wegen der Nachbringnng der nachgeforderten Stempelbeträge das Erforderliche. Nötigenfalls hat er die zwangsweise Einziehung der Stempel zu beantragen. Einwendungen gegen Prüfungserinnerungen sind zunächst bei dem Vorstande des Stempelsteueramts anzubringen. Gegen die Entscheidung des Stempelsteueramts ist die Beschwerde bei der Oberzolldirektion und gegen deren Entscheidung die weitere Beschwerde bei dem Finanzminister einzulegen. Die bei der Oberzolldirektion oder dem Finanzminister eingelegte Beschwerde hemmt die zwangsweise Beitreibung der nachgeforderten Stempel. Die Vorstände der Stempelsteuerämter sind verpflichtet, auf eine schnelle und vollständige Erledigung der Prüfungserinnerungen zu halten und nötigenfalls die Einwirkung der vorgesetzten Behörde in Anspruch zu nehmen.

Die Vorstände der Stempelsteuerämter haben dem Notar den Eingang der entwerteten Stempelzeichen, die bei den Akten der Stempelsteuerämter verbleiben, sowie die Erledigung der Erinnerungen zu bescheinigen. Auf Grund dieser Bescheinigungen vermerkt der Notar auf den Urkunden, soweit sie in seinem Besitze sind, die nachentrichteten Beträge.

Vermerk der Stempelfreiheit auf Ausfertigungen.

Nr. 42 Abs. 2 (S. 129). Auf stempelfrei erteilten Ausfertigungen der Tarifstelle 10 ist der Befreiungsgrund zu vermerken.

Gesellschaftsauseinandersetzungsverträge.

Nr. 62 Abs. 4 (S. 142). Bei Gesellschaftsauseinandersetzungsverträgen (Tarifstelle 25d) empfiehlt es sich mit Rücksicht auf die mit besonderen Schwierigkeiten verbundene Stempelberechnung, die für die Berechnung erforderlichen Unterlagen (Bilanzen usw.) zu den Notariatsakten zu nehmen. Es werden dadurch spätere erfahrungsmäßig sehr häufig erst nach Jahren infolge von Stempelprüfungen entstehende umständliche Erörterungen und Feststellungen vermieden.

Nr. 75 usw.[1]).

f) Auszug aus einer im Einverständnisse mit dem Justizminister erlassenen Verfügung des Finanzministers v. 7. 7. 11 — III. 11544 (JMBl. 395).

Tarifstelle 32 Abs. 9 LStG.

Wenn auch der Stempelnachforderung zu der in der notariellen Verhandlung vom 28. Juli 1909 beurkundeten Abtretung der Rechte aus dem Meistgebote der Wortlaut des Abs. 9 der Tarifstelle 32 LStG. zur Seite steht, wonach der Steuersatz 1 v. H. des Wertes der Gegenleistung oder des Meistgebots oder des Wertes des Gegenstandes beträgt, so ergibt sich doch aus der Entstehungsgeschichte der Stempelgesetznovelle v. 26. 6. 09 nicht, daß es in der Absicht des Gesetzgebers gelegen habe, das von der Zwangsversteigerung betroffene Z u b e h ö r eines Grundstücks von der Versteuerung zu $^1/_3$ v. H. auszuschließen. Man hat vielmehr die Abtretung der Rechte aus dem Meistgebot als Veräußerungsgeschäft betrachtet und des-

---

[1]) Die Bemerkungen zu Nr. 75, 77, 78, 88 haben mit dem Immobiliarstempel nichts zu tun, sind deshalb hier fortgelassen.

halb grundsätzlich den Veräußerungsstempel einführen wollen (zu vgl. Drucks. des Hauses der Abgeordneten, 21. Legislaturperiode, II. Session 1908/09, Nr. 560 A, S. 38, 41, 42, 44, 45). Für diese Annahme spricht insbesondere die Erwägung, daß der Abs. 9 Geschäfte betrifft, die im wesentlichen gleichartige wirtschaftliche Zwecke verfolgen wie die unter den Abs. 6 der Tarifstelle 32 fallenden Geschäfte, und daß ein einleuchtender Grund für die verschiedenartige steuerliche Behandlung nicht vorliegt.

g) Auszug aus einer im Einverständnisse mit dem Justizminister erlassenen Verfügung des Finanzministers v. 12. 9. 11 — III. 14424 — über die Versteuerung des Aufgeldes bei Versteigerungen im Gebiete des früheren rheinischen Rechtes (JMBl. 395).

Was die Höhe der Abgabe anlangt, so ist das von den Ansteigerern außer dem Steigpreise zur Deckung der Kosten zu entrichtende Aufgeld, soweit es die den einzelnen Ansteigerern zur Last fallenden Kosten übersteigt, als Teil des Kaufpreises anzusehen und demgemäß bei Berechnung sowohl der Reichsstempelabgabe als auch der preußischen Stempelsteuer zu berücksichtigen. Zur Vermeidung weitläufiger Berechnungen über die Versteigerungskosten habe ich für die Rheinprovinz, unter Abänderung der Verfügung vom 15. 3. 95 — III. 30 — im Einverständnisse mit dem Herrn Reichskanzler (Reichsschatzamt) und dem Herrn Justizminister genehmigt, daß das von den Ansteigerern außer dem Steigpreise zu entrichtende Aufgeld bei einem Versteigerungserlöse bis zu 3000 M. in Höhe von 6 v. H., bei einem Versteigerungserlöse von mehr als 5000 M. in Höhe von 4 v. H. als nicht stempelpflichtiger Kostenbeitrag abgerechnet wird, vorbehaltlich des dem Beteiligten freistehenden Nachweises, daß die Kosten sich tatsächlich höher gestellt haben. Die Kommunalumsatzsteuer und die in der Tarifstelle 11 des RStG. v. 15. 7. 09 vorgeschriebene Reichsstempelabgabe sind hierbei nicht berücksichtigt, ebenso kann die nach § 29 Abs. 1 ZuwStG. v. 14. 2. 11 den Veräußerer treffende Zuwachssteuer nicht zu denjenigen Kosten gerechnet werden, zu deren Deckung das Aufgeld bestimmt ist.

h) Auszug aus einer im Einverständnisse mit dem Justizminister an die Oberzolldirektionen erlassenen Verfügung des Finanzministers v. 14. 9. 11 — III. 15210 — über die Auslegung der Tarifstelle 32 Abs. 9 LStG. und der Tarifnummer 11 a Abs. 1 RStG.

Mit dem Herrn Justizminister bin ich darin einverstanden, daß, da der Abs. 9 der Tarifstelle 32 LStG. Geschäfte betrifft, die im wesentlichen gleichartige wirtschaftliche Zwecke verfolgen wie die unter den Abs. 6 der Tarifstelle fallenden, ein Grund für eine verschiedenartige steuerliche Behandlung nicht vorliegt und auch aus der Entstehungsgeschichte der Stempelgesetznovelle nicht entnommen werden kann. Es sind daher auch auf die Abtretung der Rechte aus dem Meistgebote die Abs. 7 und 8 der Tarifstelle 32 anzuwenden. Da ferner die Erhebung der Reichsstempelabgabe für die Abtretung nach den gleichen Grundsätzen erfolgt wie beim Landesstempel, hat die Vorschrift in Tarifnummer 11 a Abs. 2 Satz 1 RStG. entsprechende Anwendung zu finden.

II. Reichsstempel.

1. Reichsstempelgesetz v. 15. 7. 09 (RGBl. 833) in der durch das am 1. 4. 11 in Kraft getretene Zuwachssteuergesetz v. 14. 2. 11 (RGBl. 33) geänderten Fassung[1]), im Auszuge.

IX. Grundstücksübertragungen.
(Tarifnummer 11.)

Vorbemerkung.

„Die Steuerpflicht ist ihrem Umfange nach — abgesehen von der Zwangsversteigerung — auf den abgeleiteten, freiwilligen, entgeltlichen Erwerb im Inlande gelegener Grundstücke oder ihnen gleichzuachtender Rechte beschränkt. Sie will alle Rechtsvorgänge (Verkehrsakte) treffen, die für den Güterverkehr gesetzlich vorgesehen oder von ihm geschaffen worden sind." Begr. S. 9 (vgl. Anm. 9 zu Tarifnummer 11).

§ 78.

Die Verpflichtung zur Entrichtung der in der Tarifnummer 11 bezeichneten Abgabe tritt ein bei der Zwangsversteigerung mit Erteilung[1] des Zuschlags, bei freiwilliger[2] Veräußerung in den Fällen a, b, c mit der rechtswirksamen Beurkundung[3] des der Übertragung zugrunde liegenden Rechtsgeschäfts und im Falle zu d mit der **Eintragung[4] der Rechtsänderung in das Grundbuch oder, wenn das Grundstück im Grundbuche nicht eingetragen ist und nicht eingetragen zu werden braucht[5], mit der rechtswirksamen Beurkundung.**

1. Also vor der Rechtskraft. Wegen Erstattung der Abgabe im Fall der Aufhebung des Zuschlagsbeschlusses vgl. § 169b AB. z. RStG.
2. S. oben S. 23 und Anm. 44 zu Tarifnummer 11d.
3. Dazu genügt nicht die Erfüllung der bloßen formellen gesetzlichen Erfordernisse (§§ 167—187 RFG., § 313 BGB.) Es muß vielmehr der beurkundete Rechtsvorgang zur Entstehung gelangen. Wenn dazu noch andere Voraussetzungen (welche aus der Urkunde ersichtlich sind und sich nicht als Bedingungen im Sinne des § 79 darstellen), hinzutreten müssen (Beitritt eines Dritten, Genehmigung einer Behörde), so liegt eine rechtswirksame Beurkundung erst nach Eintritt dieser Voraussetzungen vor (vgl. AB. v. 23. 5. 10 Nr. 2, AB. z. LStG. Nr. 23, § 168 AB. z. RStG., Nr. 27 PrAB. z. RStG).
4. S. Anm. 42 zu Tarifnummer 11.
5. Vgl. § 90 GBO. u. Art. 1 BO. v. 13. 11. 99, GS. 519ff.

§ 79.

Für die Steuerpflichtigkeit ist die Hinzufügung von Bedingungen[1], die unterbliebene Ausführung und die Wiederaufhebung des Geschäfts oder Rechtsvorganges sowie die Vernichtung der Urkunde ohne Bedeutung[2].

Der Bundesrat bestimmt, ob und inwieweit der Abgabenbetrag auf Antrag zu erstatten ist[3].

1. Vgl. Nr. 2 AB. vom 1. 5. 11 S. 193 und Anm. 3 zu § 78.
2. Ebenso § 3 Abs. 2 LStG.
3. S. §§ 169—173, 162 Abs. 3 (bei nachträglicher Befreiung v. d. Abgabe), 165 Abs. 3 (bei nachträglicher Angabe des Werts des beweglichen Beilasses), 185

[1]) Die durch das Zuwachssteuergesetz geänderten Stellen sind durch fetteren Druck hervorgehoben.

AB. z. RStG., ferner § 8 AB. v. 14. 3. 12, Nr. 34, 45 PrAB. z. RStG., AB. v. 24. 5. 12 (Antrag auf Erstattung zuviel erhobener Beiträge ohne Rücksicht auf deren Höhe ist binnen zwei Jahren nach Erhebung der Abgaben zu stellen).

§ 80[1].

Die Entrichtung der Abgabe geschieht durch Verwendung von Stempelmarken nach näherer Anordnung des Bundesrats[2].

Dem Bundesrate steht auch die Bestimmung darüber zu, ob und unter welchen Voraussetzungen die Entrichtung der Abgabe ohne Verwendung von Stempelmarken zu erfolgen hat[3].

1. Zu §§ 80—85 s. §§ 152—164 AB. z. RStG., Nr. 18—23 PrAB. z. RStG.

2. S. Anm. 1 (vgl. § 14 LStG., § 1 LStB.).

3. S. § 152 Abs. 3 AB. z. RStG., Nr. 18 Abs. 1 PrAB. z. RStG. (Stempelmarken bis 1000 M., darüber Stempelbogen); ferner §§ 3 und 5 AB. v. 14. 3. 12, wonach in Preußen der Reichsstempel bei Gericht wie der Landesstempel zu den Gerichtskosten eingezogen wird (§§ 1, 2, 3ff., §§ 13ff. LStB.).

§ 81.

Von mehreren über denselben Rechtsvorgang lautenden Urkunden ist nur eine stempelpflichtig.

Die Verwendung des Stempels zu dieser ist auf den übrigen Urkunden zu vermerken[1].

1. S. Anm. 1 zu § 80 (vgl. § 9 LStG.). Im übrigen vgl. über die Vermerke:

a) betr. die Stempelentrichtung § 159 Abs. 2 AB. z. RStG., § 5 Abs. 2 AB. v. 14. 3. 12 (durch den Gerichtsschreiber), hinsichtlich des Landesstempels § 10 LStB. und Nr. 6 AB. z. LStG.;
b) betr. Stempelanrechnung § 173 Abs. 3 AB. z. RStG., § 8 Abs. 3 AB. v. 14. 3. 12, § 18 (§ 9 Nr. 4) LStB.;
c) betr. Befreiung § 162 AB. z. RStG., Nr. 22 PrAB. z. RStG., § 7 AB. v. 14. 3. 12, hinsichtlich des Landesstempels Nr. 6 Abs. 5 Satz 2 AB. z. LStG.;
d) betr. Stempelerstattung § 172 Abs. 2, 3 AB. z. RStG., Nr. 14 PrAB. z. RStG.; hinsichtlich des Landesstempels Nr. 28 Abs. 6 AB. z. LStG.

§ 82.

Enthält eine Urkunde mehrere steuerpflichtige Rechtsvorgänge der zu a bis d der Tarifnummer 11 bezeichneten Art, so ist der Betrag des Stempels für einen jeden besonders zu berechnen und die Urkunde mit der Summe dieser Stempelbeträge zu belegen[1].

1. Ebenso § 10 Abs. 2 LStG.

§ 83.

Die Stempelabgabe ist binnen zwei Wochen nach Eintritt[1] der Steuerpflicht zu entrichten[2]:

a) bei den von Behörden oder Beamten, einschließlich der Notare, vorgenommenen Verhandlungen und Beurkundungen von denjenigen, auf deren Veranlassung die Schriftstücke aufgenommen sind;

b) in den übrigen Fällen von den Teilnehmern am Rechtsgeschäfte.

Mehrere zur Zahlung der Abgabe verpflichtete Personen haften als Gesamtschuldner[3].

1. S. § 78 (vgl. §§ 15, 16 LStG. [Frist ebenfalls 2 Wochen]).

2. S. §§ 86 (Haftung), 88 (Folgen der Nichtentrichtung).

3. § 421 BGB. (vgl. über die Kostenpflicht noch § 449 BGB., bezüglich des Landesstempels § 12 LStG.).

§ 84.

Von der Entrichtung der Abgabe befreit sind der Landesfürst und die Landesfürstin[1].

1. Sonst niemand, nicht einmal die Kassen des Reichs § 104 (vgl. Nr. 1 AB. v. 13. 12. 10 und über den Befreiungsvermerk Anm. 1 zu § 81).

§ 85.

Soweit eine steuerpflichtige Beurkundung von Behörden oder Beamten, einschließlich der Notare, vorgenommen ist, haben diese den Stempel vor Aushändigung der Urkunde, spätestens aber binnen zweier Wochen nach Eintritt[1] der Steuerpflicht zu verwenden[2].

Ist der Stempel innerhalb dieser Frist von den Verpflichteten nicht beigebracht, so ist die zwangsweise Einziehung des Stempels binnen einer Woche bei der zuständigen Steuerstelle von den vorbezeichneten Behörden und Beamten zu beantragen oder, wenn sie selbst zur zwangsweisen Einziehung von Geldern befugt sind, die zwangsweise Einziehung[3] innerhalb der gleichen Frist anzuordnen. Dieser Bestimmung unterliegen auch diejenigen Urkunden, bei denen ein Notar den Entwurf anfertigt und nach Vollziehung durch die Beteiligten die Unterschriften oder Handzeichen beglaubigt[4].

Die Entgegennahme der Auflassung[5] oder, wenn diese nicht vor dem Grundbuchrichter erfolgt[6], die Eintragung des neuen Eigentümers im Grundbuche kann[7] nach dem Ermessen des Gerichts von einer vorgängigen Sicherheitsleistung[8, 9] für den Abgabenbetrag abhängig gemacht werden[10]. Über Erinnerungen gegen die Anordnung der Sicherheitsleistung wird im Aufsichtsweg entschieden[11].

1. S. § 78 — Zuschlag, rechtswirksame Beurkundung, Eintragung im Grundbuch — (vgl. § 15 LStG.).

2. S. Anm. 3 zu § 80, § 160 AB. z. RStG. und Nr. 3 AB. v. 5. 8. 12 (Abführung der Abgabe an die zuständige Zollkasse), vgl. noch § 86 c (Haftung).

3. § 164 AB. z. RStG., bei Gericht wie Gerichtskosten, § 3 AB. v. 14. 3. 12, § 3 LStB., § 15 LStG.

4. S. Anm. 5 zu § 86.

5. Nicht erst — wie bis 1. 4. 11 — die Eintragung des neuen Eigentümers (s. Anm. 10).

6. S. Art. 26 AG. z. BGB., Art. 143 EG. z. BGB. (Auflassung vor Notar oder vor einem anderen Amtsgericht im Gebiet des Rheinischen Rechts), vgl. § 2 Nr. 5 LStB. Das Erfordern der Sicherheitsleistung bildet ein Hindernis im Sinne des § 18 GBO.

7. „Kann" — nicht „ist" abhängig zu machen —; durch den neuen Abs. 3 (gemäß § 67 ZuwStG. v. 14. 2. 11) ist der frühere Zwang beseitigt (s. Anm. 10). Ist die Sicherheit bei der Auflassung nicht gefordert oder nicht geleistet worden, so dürfte es zulässig sein, und zwar auch bei der Auflassung vor dem Grundbuchamt (s. Anm. 6) noch die Eintragung des neuen Eigentümers von der vorgängigen Sicherheitsleistung abhängig zu machen.

8. Von der Sicherheitsleistung ist nur dann abzusehen, wenn das sichere Eingehen des Stempelbetrages durch bekannte Umstände außer Frage gestellt ist oder aus der Ablehnung des Antrags ein schwer zu ersetzender Nachteil droht (im Sinne des früheren Abs. 3). Im übrigen sind die Voraussetzungen dieselben, wie sie gemäß § 58 Nr. 7 GKG. v. 25. 7. 10 für die Sicherheitsleistung wegen der Gerichtskosten und des Landesstempels gelten (also keine Sicherheitsleistung im Zwangsversteigerungsverfahren), s. Nr. 2 AV. v. 18. 3. 11, § 163 AB. z. RStG., § 3 AV. v. 14. 3. 12, § 14 Nr. 3 LStV., Nr. 1, 2 AV. v. 15. 9. 95, s. oben S. 32ff.

9. Die Höhe der Sicherheitsleistung bestimmt das Gericht; — vgl. ferner die Zitate am Schluß der Anm. 8. — Über die Verwendung von Kostenmarken vgl. AV. v. 12. 3. 10/23. 7. 10 JMBl. 103 u. 287 und AV. v. 30. 10. 11, JMBl. 400. — Näheres über Sicherheitsleistung S. 32ff.

10. Der frühere Abs. 3 lautete:

Die Eintragung des neuen Eigentümers in das Grundbuch ist davon abhängig zu machen, daß für den Abgabenbetrag Sicherheit geleistet wird, sofern nicht nach dem Ermessen des Grundbuchamts zu besorgen ist, daß einem der Beteiligten aus der Ablehnung der Eintragung ein schwer zu ersetzender Nachteil erwächst.

11. S. S. 91, hinsichtlich des Landesstempels § 58 Nr. 7 GKG. v. 25. 7. 10 (Fass. v. 6. 8. 10, GS. 183).

§ 86[1].

Für die Entrichtung der Stempelabgabe haften unter Vorbehalt des Rückgriffs gegen den nach § 83 zur Zahlung der Steuer Verpflichteten:

a) Aktiengesellschaften, Kommanditgesellschaften auf Aktien, eingetragene Genossenschaften, Gewerkschaften und Gesellschaften mit beschränkter Haftung für die Stempelbeträge zu den von ihren Vorständen oder Geschäftsführern in ihrem Auftrag oder Namen errichteten Verhandlungen;

b) jeder Inhaber[2] oder Vorzeiger einer mit dem gesetzlichen Stempel nicht oder nicht ausreichend versehenen Urkunde, welcher ein rechtliches Interesse[3] an dem Gegenstande der Beurkundung hat;

c) Beamte einschließlich der Notare, welche die von ihnen aufgenommenen Urkunden vor erfolgter oder nicht ausreichend erfolgter Stempelverwendung aushändigen oder Ausfertigungen oder Abschriften erteilen oder wegen der Einziehung des Stempels die ihnen nach § 85 obliegenden Pflichten verabsäumen, soweit ihnen ein Verschulden[4] zur Last fällt und die Steuer von dem Steuerpflichtigen nicht zu erlangen ist.

Diese Vorschrift kommt auch dann zur Anwendung, wenn ein Notar den Entwurf einer Urkunde anfertigt und nach Vollziehung durch die Beteiligten die Unterschriften oder Handzeichen beglaubigt[5].

1. Dem § 86 entspricht § 13 LStG.

2. auch wenn der Inhaber von der Urkunde keinen Gebrauch macht.

3. Ein rein tatsächliches Interesse genügt nicht, vielmehr wird ein schon vorhandenes Recht oder Rechtsverhältnis erfordert. Der Inhaber muß an dem Inhalte der Urkunde beteiligt sein, vgl. RG. 9. 2. 99, JW. 196, vgl. denselben Ausdruck (rechtliches Interesse) in § 85 RFG., § 810 BGB. (anders § 11 GBO., § 34 RFG., berechtigtes Interesse).

4. Ein Grad des Verschuldens ist nicht genannt; auch Fahrlässigkeit (§ 276 BGB.) macht haftbar.

5. Gemeint können hier wegen § 313 BGB. nur sein Fälle des Art. 12 § 1 AG. z. BGB. (Rentengutsverträge) und ähnliche Fälle in anderen Bundesstaaten auf Grund der Vorbehalte im EG. z. BGB.

§ 87[1].

Die Wertermittelung[2] ist in denjenigen Fällen, in denen die Steuer vom Werte zu berechnen ist, auf den gemeinen Wert[3] des Gegenstandes zur Zeit des Eintritts der Steuerpflicht zu richten.

Der Wert dauernder Nutzungen oder Leistungen bestimmt sich nach den Vorschriften des Erbschaftssteuergesetzes[4].

Ist einem der Vertragschließenden ein Wahlrecht oder die Befugnis eingeräumt, innerhalb gewisser Grenzen den Umfang der Leistung zu bestimmen, so wird die Stempelsteuer nach dem höchsten möglichen Werte des Gegenstandes des Geschäfts berechnet.

Soweit in Landesgesetzen für die Wertermittelung bei Erhebung einer Abgabe von der Übertragung des Eigentums an Grundstücken oder ihnen gleichgeachteter Rechte von den vorstehenden Vorschriften Abweichungen getroffen sind, können diese nach näherer Bestimmung des Bundesrats der Bemessung der Reichsabgabe zugrunde gelegt werden[5].

1. S. §§ 165—168 AB. z. RStG., Nr. 24—27 PrAB. z. RStG.

2. Nach den landesgesetzlichen Vorschriften § 166 AB. z. RStG., Nr. 25 PrAB. z. RStG., § 6 AB. v. 14. 3. 12, §§ 6, 13 LStB., § 6 LStG. Nr. 41 AB. z. LStG.

3. Das ist der ortsübliche Kaufwert (Verkehrswert), bei land- und forstwirtschaftlichen Grundstücken in der Regel der Ertragswert, vgl. § 16[2] ErbschStG. v. 3. 6. 06 Der Wert des beweglichen Zubehörs kommt in Abzug, falls er in der Urkunde oder vor Ablauf der zweiwöchigen Frist nach Eintritt der Steuerpflicht (§§ 83, 78) angegeben wird, § 165 Abs. 3 AB. z. RStG., Nr. 4 AB. v. 23. 5. 10, §§ 10, 16 LStG. (dazu KG. 31 B 39, 34 B 39, 40 A 371); § 13 Nr. 2 LStB. Frist in der Regel zwei Wochen nach dem Tage der Ausstellung. Nach Ablauf der Frist ist die Angabe der Einzelpreise nur zur Begründung des Erstattungsanspruchs geeignet, § 165 Abs. 3 a. a. O, Nr. 24 PrAB. z. RStG.

4. Nach §§ 16—20 des ErbschStG. v. 3. 6 06, s. den unten abgedruckten Auszug aus dem Erbschaftssteuergesetz, S. 274 ff.

5. S. Anm. 2. In Preußen ist § 6 LStG. maßgebend.

§ 88.

Die Nichterfüllung der Steuerpflicht seitens des nach § 83 zur Zahlung der Abgabe Verpflichteten wird mit einer Geldstrafe bestraft, welche dem zehnfachen Betrage der vorenthaltenen Abgabe gleichkommt, mindestens aber 20 M. beträgt[1].

Kann der Betrag der hinterzogenen Steuer nicht ermittelt werden, so tritt eine Geldstrafe bis zu 10 000 M. ein.

Die Strafe trifft besonders und zum vollen Betrage jeden, der die ihm obliegende Verpflichtung zur Entrichtung der Abgabe nicht rechtzeitig erfüllt[2].

Die gleiche Strafe tritt ein, wenn bei Auflassungserklärungen und Umschreibungsanträgen ein geringerer Wert angegeben wird als der nach den Vorschriften der Spalte 4 der Tarifnummer 11 berechnete Betrag der Gegenleistung oder wenn behufs Erlangung der Steuerfreiheit unrichtige Angaben gemacht werden[3].

1. Bei fehlender Defraudationsabsicht nur Ordnungsstrafe, § 95 Abs. 2.

2. Vgl. § 83.

3. Die Festsetzung von Geldstrafen wegen des Landesstempels regelt § 17 LStG. Deshalb Belehrung der Beteiligten gemäß § 16 Nr. 2 LStB.

§ 89[1].

Von Grundstücken, die auf Grund von Vorschriften gebunden sind, die nach den Artikeln 57, 58, 59 des Einführungsgesetzes zum Bürgerlichen Gesetzbuch[2] von den Vorschriften des Bürgerlichen Gesetzbuchs unberührt bleiben, ist an Stelle der Abgabe nach Tarifnummer 11 eine jährliche Abgabe von $^1/_{90}$ vom Hundert des Wertes zu entrichten[3].

Die Ermittelung des Wertes findet nach den Bestimmungen des § 16[4] des ErbschStG. v. 3. 6. 06 (RGBl. 620) in dreißigjährigen Zeitabschnitten statt.

Der erste dreißigjährige Abschnitt beginnt mit dem Zeitpunkt, in welchem das Grundstück der Bindung unterworfen wird, und, sofern dieser vor dem Inkrafttreten dieses Gesetzes liegt, mit dem 1. 10. 09.

Für die Zeit vom 1. 10. 09 bis zum 30. 6. 14 wird zu der im Abs. 1 vorgesehenen Abgabe ein Zuschlag von $^1/_{90}$ vom Hundert des ermittelten Wertes jährlich erhoben.

Die Abgabe ruht auf dem Grundstück und gilt als öffentliche Last im Sinne des § 10 Ziffer 3 des Gesetzes über die Zwangsversteigerung und Zwangsverwaltung[5].

Grundstücke, zu deren rechtsgültiger Veräußerung weder eine landesherrliche oder sonstige Genehmigung noch die Zustimmung von Familienmitgliedern oder Dritten erforderlich ist und deren Veräußerungserlös nach den gesetzlichen oder hausverfassungsmäßigen oder stiftungsmäßigen Bestimmungen der freien Verwendung des Veräußerers unterliegt, gelten nicht als gebunden im Sinne der Vorschriften dieses Paragraphen.

Von der Abgabe befreit sind der Landesfürst und die Landesfürstin.

1. Neue Fassung mit Wirkung v. 1. 10. 09 ab gemäß § 68 ZuwStG., s. AB. z. RStG. §§ 174—179, ferner § 2 AB. v. 14. 2. 12 u. folg., § 90 Abs. 3.

2. Art. 57. Betr. die gebundenen Grundstücke der Landesherrn und der dort genannten Fürstenhäuser.

Art. 58. Betr. die Güter der vormals reichsständischen oder der diesen gleichgestellten Häuser und des dort gedachten Adels.

Art. 59. Betr. die Familienfideikommisse, Lehen und Stammgüter.

3. weil eine Veräußerung der Grundstücke nicht stattfindet, vgl. aber Abs. 6.

Die Festsetzung der Abgabe erfolgt durch die Stempel- und Erbschaftssteuerämter, § 175 AB. z. RStG., Nr. 29 PrAB. z. RStG.

4. Abgedruckt unten, S. 274ff.

5. Die Abgabe ist eine dingliche Last ohne Eintragung und als öffentliche Last von der Eintragung ausgeschlossen gemäß Art. 11 AG. z. GBO.

Dagegen ist die Umsatzsteuer keine öffentliche Last, vgl. RG. 8. 11. 97. JMBl. 42, Art. 1, 2 AG. z. ZVG. v. 23. 9. 99 GS. 281; sie fällt auch nicht unter § 449 BGB., RG. 1. 2. 11 Bd. 75 S. 210.

§ 90[1].

Bei Veräußerungen, die in die Zeit bis zum 30. 6. 14 fallen, wird zu der in Tarifnummer 11 vorgesehnen Abgabe von $^1/_3$ vom Hundert des Kaufpreises ein Zuschlag von einhundert vom Hundert erhoben[2].

Nach dem 30. 6. 14 wird der Steuersatz in Tarifnummer 11 von drei zu drei Jahren durch den Bundesrat einer Nachprüfung unterzogen. Übersteigt innerhalb des dreijährigen Zeitraums der durchschnittliche Jahresanteil des

Reichs am Ertrage der Zuwachssteuer den Betrag von fünfundzwanzig Millionen Mark, so ist der Steuersatz in Tarifnummer 11 mit Wirkung vom Beginne des der Feststellung folgenden Rechnungsjahrs für die folgenden drei Jahre nach näherer Bestimmung des Bundesrats entsprechend herabzusetzen.

Die Vorschriften des Abs. 2 finden auf die Abgabe nach § 89 Anwendung. Insoweit die Abgabe für eine Zeit bezahlt ist, für welche die Herabsetzung eintritt, ist vom Reiche entsprechender Rückersatz zu leisten.

1. Neue Fassung gemäß § 69 ZuwStG. an Stelle des bisherigen § 90, welcher lautete:

„Bis zum 1. April 1912 soll eine Reichsabgabe von der unverdienten Wertsteigerung bei Grundstücken (Zuwachssteuer) eingeführt werden, welche so zu bemessen ist, daß sie einen Jahresertrag von mindestens 20 Millionen Mark erwarten läßt.

Über diese ist durch besonderes Gesetz mit der Maßgabe Bestimmung zu treffen, daß denjenigen Gemeinden und Gemeindeverbänden, in denen eine Zuwachssteuer am 1. 4. 09 in Geltung war, der bis zu diesem Zeitpunkte erreichte jährliche Durchschnittsertrag dieser Abgabe für einen Zeitraum von mindestens fünf Jahren nach dem Inkrafttreten der Reichsabgabe belassen wird.

Dieses Gesetz ist dem Reichstage bis zum 1. 4. 11 vorzulegen.

Bis zum Inkrafttreten dieses Gesetzes wird zu der in Tarifnummer 11 vorgesehenen Abgabe ein Zuschlag von einhundert vom Hundert erhoben. Nach dem Inkrafttreten des Gesetzes wird der Steuersatz in Tarifnummer 11 von sechs zu sechs Jahren durch den Bundesrat einer Nachprüfung unterzogen. Übersteigt innerhalb des sechsjährigen Zeitraums der durchschnittliche Jahresertrag der Zuwachssteuer den Betrag von 20 Millionen, so ist der Steuersatz in Tarifnummer 11 mit Wirkung vom Beginn des der Feststellung folgenden Rechnungsjahres für die folgenden sechs Jahre nach näherer Bestimmung des Bundesrats entsprechend herabzusetzen."

2. Und zwar bis zum 30. 6. 14 neben der Zuwachssteuer.

Das tarifmäßige $^1/_3\%$ und der gleich hohe Zuschlag sind von vornherein mit $^2/_3$ vom Hundert zu berechnen (§ 180 AB. z. RStG.).

X. Allgemeine Bestimmungen.

§ 91.

Der Bundesrat erläßt die Anordnungen[1]) wegen der Anfertigung und des Vertriebs der nach Maßgabe dieses Gesetzes zu verwendenden Stempelmarken und gestempelten Formulare sowie die Vorschriften über die Form der Schlußnoten und über die Art der Verwendung der Marken. Er stellt die Bedingungen fest, unter welchen für verdorbene Marken und gestempelte Vordrucke, für abhandengekommene oder vernichtete Scheckvordrucke sowie für Stempel auf verdorbenen Wertpapieren Erstattung zulässig ist.

1. S. AB. z. RStG. v. 25. 1. 12, dazu PrAB. z. RStG. v. 14. 3. 12 (beide unten abgedruckt, S. 228ff. u. 250ff.). — Nach Art. 7 Ziff. 2 der Reichsverfassung haben die Ausführungsbestimmungen des Bundesrats mit ihrer Bekanntmachung im Zentralblatt für das Deutsche Reich allgemein verbindliche Kraft, soweit ein Reichsgesetz nicht entgegensteht.

§ 92.

Stempelmarken, welche nicht in der vorgeschriebenen Weise verwendet worden sind, werden als nicht verwendet angesehen[1].

1. Der § 92 stellt nur den Tatbestand der strafbaren Zuwiderhandlung fest. Die Beibringung von neuen Stempelmarken ist in der Regel nicht erforderlich (§ 187 AB. z. RStG., vgl. § 32 Abs. 2 LStG.).

§ 93.

Der Anspruch auf Zahlung der nach diesem Gesetze zu entrichtenden Abgaben unterliegt der Verjährung.

Auf die Verjährung finden die Vorschriften des Bürgerlichen Gesetzbuchs[1] und des Artikels 169 des Einführungsgesetzes zum Bürgerlichen Gesetzbuche mit folgenden Maßgaben Anwendung:

Die Verjährungsfrist beträgt fünf Jahre.

Die Verjährung beginnt, unbeschadet der Vorschrift des § 201 Satz 2 des BGB., in dem Falle des § 1 Abs. 1 mit dem Schlusse des Jahres, in dem die Vorlegung der Wertpapiere bei der Steuerstelle erfolgt, in den übrigen Fällen mit dem Schlusse des Jahres, in dem der Anspruch fällig wird.

Die Verjährung wird auch unterbrochen durch eine an den Zahlungspflichtigen erlassene Aufforderung zur Zahlung oder durch die Bewilligung einer von ihm nachgesuchten Stundung. Wird die Verjährung unterbrochen, so beginnt eine neue Verjährung nicht vor dem Schlusse des Jahres, in welchem der für die Beendigung der Unterbrechung maßgebende Zeitpunkt eintritt, und im Falle der Bewilligung einer Stundung nicht vor dem Schlusse des Jahres, in welchem die bewilligte Frist abläuft.

1. §§ 194 ff. BGB. Wegen Verjährung des Landesstempels s. § 27 LStG.

§ 94.

In Beziehung auf die Verpflichtung[1] zur Entrichtung der in diesem Gesetze festgestellten Abgaben ist der Rechtsweg zulässig. Die Klage[2] ist bei Verlust des Klagerechts binnen sechs Monaten[3] nach erfolgter Beitreibung[4] oder mit Vorbehalt[4] geleisteter Zahlung zu erheben[4]. Für die Berechnung dieser Frist sind die Bestimmungen der ZPO. maßgebend[5]. Zuständig sind ohne Rücksicht auf den Wert des Streitgegenstandes die Landgerichte[6]. Soweit bei denselben Kammern für Handelssachen bestehen, gehört der Rechtsstreit vor diese. Die Revision sowie die Beschwerde gegen Entscheidungen der Oberlandesgerichte geht an das Reichsgericht.

1. Also Rechtsweg nur zur Entscheidung der Streitfrage über die Verpflichtung zur Entrichtung der Stempelabgabe, dagegen z. B. keine Klage auf Erstattung des Stempels aus Billigkeitsgründen.

2. Beklagter (passiv legitimiert) ist der betr. Landesfiskus (vgl. RG. 2. 2. 84, Bd. 11 S. 65, 7. 3. 11 Bd. 76 S. 15). — Die Vertretungsbefugnis regelt das Landesgesetz, s. Ges. v. 14. 3. 85 GS. 65, (s. § 99, vgl. RG. 12. 11. 07, JW. 839, § 26 LStG. [Oberzolldirektion]). Wegen der zu den Gerichtskosten eingezogenen Reichsstempelabgabe für Grundstücksübertragungen ist die Klage gegen die Staatsanwaltschaft bei dem betr. Oberlandesgericht zu richten (§ 3 AV. v. 14. 3. 12, § 7 AV. v. 28. 7. 10, Nr. 1, 2, AV. v. 23. 3. 85, JMBl. 119). — Eine Feststellungsklage seitens des Schuldners wegen der Steuerpflicht ist unter den Voraussetzungen der ZPO. (§ 256) zulässig, falls der Stempel schon erfordert worden ist (vgl. RG. 24. 2. 93, Bd. 31 S. 30, Loeck 312, ebenso seitens des Fiskus RG. 5. 11. 09, Bd. 72 S. 156). Die Steuerpflicht hat auch bei der Erstattungsklage stets der Fiskus zu beweisen (RG. 30. 5. 90, Bd. 26 S. 56).

3. Die Gerichtsferien sind ohne Einfluß auf den Lauf der vom Zahlungstage laufenden Frist (vgl. RG. 4. 2. 08, Bd. 68 S. 55). Danach handelt es sich auch hier um eine Verjährungs- nicht Ausschlußfrist. Doch ist dies streitig.

4. Der Vorbehalt ist nur bei der freiwilligen — und spätestens bei der — Zahlung zu machen, gleichgültig mit welchen Worten, wenn nur die Wahrung des

Rückforderungsrechts erkennbar gemacht ist. — Die Zahlung nach Beginn des Beitreibungsverfahrens ist als freiwillige nicht anzusehen, vielmehr der Beitreibung gleichzustellen und bedarf keines Vorbehalts. — Hinsichtlich des Landesstempels ist ein Vorbehalt nicht vorgeschrieben (§ 26 LStG.).

5. Vgl. § 222 ZPO., § 28 LStG.

6. Dasselbe gilt für den Landesstempel nach Art 130 V FGG. v. 21. 9. 99, GS. 249. Der Prozeß gehört aber — abweichend vom obigen § 94 — stets vor die Zivilkammer.

§ 95.

Zuwiderhandlungeu gegen die Vorschriften dieses Gesetzes[1] oder gegen die zu dessen Ausführung erlassenen Vorschriften, die im Gesetze mit keiner besonderen Strafe belegt sind[2], ziehen eine Ordnungsstrafe bis zu einhundertfünfzig M. nach sich[3].

Dieselbe Strafe tritt ein, wenn in den Fällen der §§ 2, 25, 33, 43, 51, 64, 69, 75 und 88 aus den Umständen sich ergibt, daß eine Steuerhinterziehung nicht hat verübt werden können oder nicht beabsichtigt worden ist[4].

1. Z. B. § 85 Abs. 1, § 100 Abs. 3, 4.

2. S. § 88.

3. Auch dann, wenn eine Fahrlässigkeit nicht vorliegt (vgl. noch § 18 Abs. 3 LStG.). Mindestbetrag 1 M. (§ 27 RStrGB.).

4. Ohne fraudulöse Absicht keine Defraudationsstrafe. Sie wird durch jeden (rechtlichen oder tatsächlichen) Irrtum über die Steuerpflicht ausgeschlossen. Anders bei der Ordnungsstrafe, mit welcher im Abs. 1 jede Zuwiderhandlung bedroht ist (vgl. § 18 Abs. 1 LStG).

§ 96.

Die auf Grund dieses Gesetzes zu verhängenden Strafen sind bei Genossenschaften und Aktiengesellschaften gegen die Vorstandsmitglieder, bei Kommanditgesellschaften gegen die persönlich haftenden Gesellschafter, bei offenen Handelsgesellschaften gegen die Gesellschafter nur im einmaligen Betrage, jedoch unter Haftbarkeit jedes einzelnen als Gesamtschuldner festzusetzen[1]. Ebenso ist in anderen Fällen zu verfahren, in denen bei einem Geschäfte mehrere Personen als Vertreter desselben Kontrahenten oder als gemeinschaftliche Kontrahenten beteiligt sind.

Auf die Verhängung der im § 26 vorgeschriebenen Rückfallsstrafe finden diese Bestimmungen keine Anwendung.

1. Vgl. § 86 lit. a, § 17 Abs. 6 LStG.

§ 97.

Hinsichtlich des administrativen Strafverfahrens wegen der Zuwiderhandlungen gegen dieses Gesetz, der Strafmilderung und des Erlasses der Strafe im Gnadenwege, der Vollstreckung der Strafe sowie der Verjährung der Strafverfolgung finden die Vorschriften in § 17 Satz 1, §§ 18 und 19 des Gesetzes v. 10. 6. 69, betreffend die Wechselstempelsteuer, sinngemäße Anwendung[1]. Die auf Grund des gegenwärtigen Gesetzes erkannten Geldstrafen fallen dem Fiskus desjenigen Staates zu, von dessen Behörden die Strafentscheidung erlassen ist.

1. Die §§ 17 Satz 1 und 18 sind ersetzt durch die §§ 23 Abs. 1 und 24 des WStempG. v. 15. 7. 09, welche lauten:

„§ 23 Abs. 1: Die Strafverfolgung von Hinterziehungen des Wechselstempels (§ 18) verjährt in fünf Jahren, von anderen Zuwiderhandlungen (§ 20) in einem Jahre. Abs. 2, 3 betreffen Beginn und Unterbrechung der Verjährung (vgl. oben § 93).

§ 24. Hinsichtlich des Verwaltungsstrafverfahrens, der Strafmilderung und des Erlasses der Strafe im Gnadenwege sowie hinsichtlich der Strafvollstreckung kommen die Vorschriften zur Anwendung, nach welchen sich das Verfahren wegen Vergehen gegen die Zollgesetze — in den von der gemeinschaftlichen Zollgrenze ausgeschlossenen Bezirken aber das Verfahren wegen Vergehen gegen die Stempelgesetze — bestimmt. Die in den §§ 18, 20 vorgeschriebenen Geldstrafen fallen dem Fiskus desjenigen Staates zu, von dessen Behörden die Strafentscheidung erlassen ist."

Der zit. § 19 Ges. v. 10. 6. 69 ist weggefallen. In Preußen sind maßgebend das VerwStG. v. 26. 7. 97, GS. 237 (§ 54), Verordnung, betr. das Verwaltungszwangsverfahren wegen Beitreibung von Geldbeträgen v. 15. 11. 99, GS. 545 und Nov. v. 18. 3. 04, GS. 36 (vgl. §§ 21, 22 LStG.).

§ 98.

Die Verwandlung einer Geldstrafe[1], zu deren Zahlung der Verpflichtete unvermögend ist, in eine Freiheitsstrafe findet nicht statt. Auch darf zur Beitreibung von Geldstrafen ohne Zustimmung des Verurteilten, wenn dieser ein Deutscher ist, kein Grundstück subhastiert werden[2].

1. gleichgültig, ob Ordnungs- oder Defraudationsstrafe.

2. Zulässig ist aber — bei Strafen über 300 M. — die Zwangseintragung (§ 54 Abs. 2 Ges v. 26. 7. 97, GS. 237, § 51 VO. v. 15. 11. 99, § 866 ZPO., vgl. § 22 LStG.).

Die Zwangsversteigerung wegen der Abgabe selbst ist nicht ausgeschlossen.

§ 99.

Unter den in diesem Gesetz erwähnten Behörden und Beamten sind, soweit das Gesetz nichts anderes bestimmt, die betreffenden Landesbehörden und Landesbeamten verstanden[1].

Welche dieser Behörden und Beamten die in dem Gesetz als zuständig bezeichneten sind, bestimmen, sofern das Gesetz nichts anderes verfügt, die Landesregierungen[2].

Den letzteren liegt auch die Kontrolle über die betreffenden Behörden und Beamten ob.

1. insbesondere Steuerbehörden: Finanzminister, Oberzolldirektionen, Stempelsteuerämter, Hauptzoll- und Zollämter.

2. Vgl. §§ 152, 153, 165, 167, 172, 175, 185, 188 AB. z. RStG. und die PrAB. zu diesen Paragraphen; § 22 LStG.

§ 100[1].

Die in den einzelnen Bundesstaaten mit der Beaufsichtigung des Stempelwesens beauftragten Behörden und Beamten haben die ihnen obliegenden Verpflichtungen mit den gleichen Befugnissen, wie sie ihnen hinsichtlich der nach den Landesgesetzen zu entrichtenden Stempelabgaben zustehen, auch hinsichtlich der in diesem Gesetze bestimmten Abgaben wahrzunehmen.

Der Prüfung in bezug auf die Abgabenentrichtung unterliegen alle diejenigen, welche abgabepflichtige Geschäfte der in Nr. 4 des Tarifs bezeichneten Art oder die Beförderung von Gütern oder Personen (Nr. 6 und 7 des Tarifs) gewerbsmäßig betreiben oder vermitteln. Das Gleiche gilt in Ansehung der in Tarifnummer 10 bezeichneten Abgaben von den im § 2 des Scheckgesetzes vom 11. 3. 08 (RGBl. 71) aufgeführten Anstalten, Genossenschaften, Kassen und Handelsfirmen, welche sich nach den für ihren Geschäftsbetrieb maßgebenden Bestimmungen oder gewerbsmäßig mit der Annahme von Geld und der Leistung von Zahlungen für fremde Rechnung im Wege des Scheckverkehrs befassen.

Den revidierenden Beamten sind alle bezüglichen Schriftstücke und erforderlichenfalls auch die Geschäftsbücher zur Einsicht vorzulegen[2].

Von anderen als den im Abs. 2 bezeichneten Personen kann die Steuerdirektivbehörde die Einreichung der auf bestimmt zu bezeichnende abgabepflichtige Geschäfte bezüglichen Schriftstücke verlangen.

1. S. §§ 188—195 AB. z. RStG., Nr. 35, 36, 37 PrAB. z. RStG., vgl. § 31 LStG.

2. Weigerung ist Zuwiderhandlung im Sinne des § 95 Abs. 1.

§ 101.

Außerdem haben die Reichsbehörden, die Behörden und Beamten der Bundesstaaten und Kommunen, die von Handelsvorständen eingesetzten Sachverständigenkommissionen und Schiedsgerichte sowie die Notare die Verpflichtung, die Besteuerung der ihnen vorkommenden Urkunden zu prüfen und die zu ihrer Kenntnis gelangenden Zuwiderhandlungen gegen dieses Gesetz bei der zuständigen Behörde zur Anzeige zu bringen[1].

Die Vorschrift des § 26 Abs. 2 des WStempG. vom 15. 7. 09 (RGBl. 825) findet auf die Abschrift von Scheckprotesten entsprechende Anwendung.

1. S. § 197 AB. z. RStG.

§ 102.

Der Bundesrat ordnet an, in welchen Fällen bei administrativen Straffestsetzungen Sachverständige zu hören sind; solche sind, wo Handelsvorstände bestehen, von diesen zu bezeichnen.

Die Handelsvorstände können unter Berücksichtigung der besonderen Verhältnisse und Gewohnheiten ihres Bezirkes zum Zwecke der Durchführung des Gesetzes und Sicherung der Entrichtung der Abgaben reglementarische Anordnungen erlassen; letztere bedürfen der Zustimmung der Landesregierungen[1].

1. § 198 AB. z. RStG.

§ 103.

Bezüglich der Vollstreckbarkeit und des Vollstreckungsverfahrens werden die Reichsstempelabgaben den Landesabgaben gleichgeachtet[1].

1. § 164 AB. z. RStG., Nr. 23 PrAB. z. RStG., § 15 LStG., § 22 Abs. 1 AB. z. LStG. — wegen der zu den Gerichtskosten einzuziehenden Abgabe s. § 3 AB. v. 14. 3. 12, § 3 LStB. v. 28. 7. 10.

§ 104.

Die Kassen des Reichs sind von der Entrichtung der durch dieses Gesetz unter Tarifnummer 1, 2, 3 angeordneten Abgaben befreit.

Andere subjektive Befreiungen finden, soweit nicht ausdrücklich Ausnahmen angeordnet sind[1], nicht statt.

Wegen der Entschädigung für die Aufhebnng solcher Befreiungen, welche etwa auf lästigen Privatrechtstiteln beruhen, sowie der Erstattung der von solchen Berechtigten entrichteten Stempelbeträge, kommen die entsprechenden Bestimmungen des Gesetzes, betreffend die Wechselstempelsteuer (§ 26 Abs. 2 bis 4), zur Anwendung.

1. S. § 84, § 89 Abs. 7.

§ 105.

Jedem Bundesstaate wird von der jährlichen Einnahme, welche in seinem Gebiet aus dem Verkaufe von Stempelmarken oder gestempelten Blanketts oder durch bare Einzahlung von Reichsstempelabgaben erzielt wird, mit Ausnahme der Steuer von Losen der Staatslotterien, der Betrag von zwei Prozent aus der Reichskasse gewährt.

§ 106.

Der Ertrag der Abgaben fließt nach Abzug

1. der auf dem Gesetz oder auf allgemeinen Verwaltungsvorschriften beruhenden Steuererlasse und Steuerstattungen,
2. der nach Vorschrift des § 105 zu berechnenden Erhebungs- und Verwaltungskosten

in die Reichskasse.

XI. Schlußbestimmungen.

§ 107.

Dieses Gesetz tritt mit dem 1. August 1909, in Ansehung des Scheckstempels mit dem 1. Oktober 1909, in Kraft.

. . . . .[1])

Für das Gebiet der Insel Helgoland wird der Zeitpunkt des Inkrafttretens des Gesetzes durch Kaiserliche Verordnung unter Zustimmung des Bundesrats festgesetzt.

---

[1]) Abs. 2 betrifft nur den Scheckstempel; ist deshalb hier fortgelassen.

Reichsstempeltarif.

1	2	3				4
Nr.	Gegenstand der Besteuerung	Steuersatz vom Hundert	Steuersatz vom Tausend	M.	Pf.	Berechnung der Stempelabgabe
	Grundstücksübertragungen[1].					
11	Beurkundungen der Übertragung des Eigentums an im Inlande[2] gelegenen Grundstücken[1] und der Übertragung von Berechtigungen, für welche die sich auf Grundstücke beziehenden Vorschriften gelten[3], soweit sie zum Gegenstande haben: a) Kauf- und Tauschverträge und andere[4] entgeltliche Veräußerungsverträge, einschließlich der gerichtlichen Zwangsversteigerungen[4a] sowie der Abtretung der Rechte aus dem Meistgebot und der Erklärung des Meistbietenden, daß er für einen anderen geboten habe[5] . . . Beurkundungen von Übertragungen der Rechte der Erwerber aus Veräußerungsgeschäften[5a] sowie Beurkundungen nachträglicher Erklärungen der aus einem Veräußerungsgeschäfte berechtigten Erwerber, die Rechte für einen Dritten erworben oder die Pflichten für einen Dritten übernommen zu haben, werden in betreff der Stempelpflichtigkeit wie Beurkundungen der Veräußerungen behandelt, sofern nicht der erste Erwerber das Veräußerungsgeschäft erweislich auf Grund eines Vollmachtsauftrags[6] oder einer Geschäftsführung	1/3	—	—	—	und zwar: 1. bei Kaufverträgen vom Kaufpreis[16] unter Hinzurechnung des Wertes der ausbedungenen[17] Leistungen und vorbehaltenen Nutzungen[18]; 2. bei Tauschverträgen[19] vom Werte[20] der von einem der Vertragschließenden in Tausch gegebenen Gegenstände, und zwar derjenigen, welche den höheren Wert haben; beim Tausche inländischer gegen ausländische Grundstücke vom Werte der ersteren; 3. bei anderen Verträgen[21] vom Gesamtwerte[22] der Gegenleistung unter Hinzurechnung des Wertes der vorbehaltenen Nutzungen[23] oder,

1	2	3				4
Nr.	Gegenstand der Besteuerung	Steuersatz				Berechnung der Stempelabgabe
		vom Hundert	vom Tausend	M.	Pf.	
11	ohne Auftrag[7] für einen Dritten abgeschlossen hat und die Übertragung[8] der Rechte dieses ersten Erwerbers an den Dritten erfolgt. Dasselbe gilt von Übertragungen der Rechte aus Anträgen zur Schließung eines entgeltlichen Veräußerungsgeschäfts, die den Veräußerer binden[9], sowie aus Verträgen, durch die nur der Veräußerer zur Schließung eines solchen Veräußerungsgeschäfts verpflichtet wird[9]. Befreit sind: 1. Kauf- und Tauschverträge und andere entgeltliche Veräußerungsverträge[10] zwischen Teilnehmern an einer Erbschaft zum Zwecke der Teilung der zu letzterer gehörigen Gegenstände[11]. Zu den Teilnehmern an einer Erbschaft wird auch der überlebende Ehegatte gerechnet, der mit den Erben des verstorbenen Ehegatten gütergemeinschaftliches Vermögen zu teilen hat. 2. Überlassungsverträge[12] zwischen Eltern und Kindern, auch eingekindschafteten[13], oder deren Abkömmlingen. Auf Beurkundungen von Übertragungen der Rechte des Erwerbers aus Verträgen der bezeichneten Art an andere Personen als an Abkömmlinge des ersten Veräußerers finden die unter a Abs. 2 Satz 1 dieser Tarifnummer vorgesehenen Einschränkungen der Stempelpflicht keine Anwendung[14].					wenn der Wert der Gegenleistung aus dem Vertrage nicht hervorgeht, von dem Werte des veräußerten Gegenstandes[24]; 4. bei Zwangsversteigerungen vom Betrage des Meistgebots, zu dem der Zuschlag erteilt wird[25], unter Hinzurechnung der vom Ersteher übernommenen Leistungen, und wenn das Meistgebot den Wert des Gegenstandes nicht erreicht, von diesem[26]. Im Falle der Abtretung der Rechte aus dem Meistgebot und der Erklärung des Meistbietenden, daß er für einen anderen geboten habe, tritt an die Stelle des Meistgebots der Wert der Gegenleistung, sofern eine solche in der Urkunde enthalten ist. Anmerkungen. a) Bei Verträgen über Leistung an Erfüllungsstatt[27] berechnet sich die Stempelabgabe nach dem Werte, zu dem die Gegenstände an Erfüllungsstatt angenommen werden. Wird in einem Kaufvertrage hinsichtlich des Kaufpreises eine Leistung an Erfüllungsstatt vereinbart, so ist der Vertrag wie ein Tauschvertrag zu versteuern. b) Wenn auf dem veräußerten Gegenstand ein Nießbrauchsrecht lastet, zu dessen Beseitigung der Veräußerer nicht verpflichtet ist, so ist der Steuerbemessung der Wert des veräußerten Gegenstandes zugrunde zu legen, sofern dieser Wert den Betrag der Gegenleistung (Ziffer 1 und 3 dieser Spalte) übersteigt[28].

1	2	3				4
Nr.	Gegenstand der Besteuerung	Steuersatz				Berechnung der Stempelabgabe
		vom Hundert	vom Tausend	M.	Pf.	
11	3. Die Abtretung der Rechte aus dem Meistgebot und die Erklärung, für einen anderen geboten zu haben, sofern die Abtretung oder die Erklärung in dem Versteigerungstermin erfolgt oder sofern ein Gläubiger Meistbietender war, dem eine durch ein geringeres Gebot nicht oder nicht völlig gedeckte Hypothek, Grundschuld oder Rentenschuld zustand[15];					c) Wenn der Ersteher zur Zeit der Einleitung der Zwangsversteigerung Hypotheken- oder Grundschuldgläubiger ist, so tritt an die Stelle des Meistgebots, falls dieses hinter dem Gesamtbetrage der Hypotheken und Grundschuldforderungen des Erstehers und der diesen vorgehenden Forderungen zurückbleibt, dieser Gesamtbetrag[29], sofern er nicht den Wert des Gegenstandes übersteigt.
						d) Wird bei einer Versteigerung, welche zum Zwecke der Auseinandersetzung[30] unter Miteigentümern erfolgt, der Zuschlag einem Miteigentümer erteilt, so bleibt bei Berechnung des Stempels derjenige Teil des Meistgebots außer Betracht, welcher auf den dem Ersteher bereits zustehenden Anteil an den versteigerten Gegenständen fällt[31]. Im Falle der Gemeinschaft unter Miterben gilt im Sinne dieser Vorschrift jeder Miterbe als Miteigentümer nach Verhältnis seines ideellen Anteils am Nachlasse.
	b) das Einbringen[32] in eine Aktiengesellschaft, Kommanditgesellschaft auf Aktien oder Gesellschaft mit beschränkter Haftung[33]	1/3	—	—	—	des Entgelts[35] einschließlich der auf der Einlage ruhenden, auf die Gesellschaft übergehenden Verbindlichkeiten und des Wertes aller sonstigen ausbedungenen Leistungen und vorbehaltenen Nutzungen oder, wenn das Entgelt aus dem Vertrage nicht hervorgeht, des Wertes des eingebrachten Vermögens.
	Dem Einbringen von unbeweglichen Gegenständen steht gleich das Einbringen des Rechtes auf Auflassung sowie der Rechte aus Veräußerungsgeschäften der unter a Abs. 2 dieser Tarifnummer bezeichneten Art[34].					
	Befreit ist: das Einbringen von Nachlaßgegenständen in eine ausschließlich von den Teilnehmern an einer Erbschaft gebildete Gesellschaft mit beschränkter Haftung. Zu den Teilnehmern einer Erbschaft wird auch der überlebende Ehegatte gerechnet, welcher mit den Erben des verstorbenen Ehegatten gütergemein-					

1	2	3				4
Nr.	Gegenstand der Besteuerung	Steuersatz				Berechnung der Stempelabgabe
		vom Hundert	vom Tausend	M.	Pf.	
11	schaftliches Vermögen zu teilen hat;					
	c) die Überlassung von Gesellschaftsvermögen[36] an einen Gesellschafter oder dessen Erben zum Sondereigentume[37] seitens einer Aktiengesellschaft, Kommanditgesellschaft auf Aktien, Gewerkschaft, Gesellschaft mit beschränkter Haftung, offenen Handelsgesellschaft, Kommanditgesellschaft, Kolonialgesellschaft oder einer dieser gleichgestellten Gesellschaft, seitens einer Gesellschaft oder eines Vereins des bürgerlichen Rechtes sowie seitens einer Genossenschaft[38] . . . . . . Der Überlassung von Grundstücken steht gleich die Überlassung des Rechtes auf Auflassung sowie der Rechte aus Veräußerungsverträgen der unter a Abs. 2 dieser Tarifnummer bezeichneten Art. Befreit ist: die Rückgewähr der von einem Gesellschafter eingebrachten[41] Vermögensgegenstände an diesen Gesellschafter oder dessen Erben oder dessen Ehefrau, welche mit ihm in Gütergemeinschaft gestanden hat.	$^1/_3$	—	—	—	des Entgelts[39] einschließlich des Wertes der ausbedungenen Leistungen und vorbehaltenen Nutzungen oder, wenn das Entgelt nicht aus dem Vertrage hervorgeht, des Wertes der überlassenen Rechte. Bei Berechnung des Stempels bleibt derjenige Teil der zum Sondereigentum überlassenen Vermögensgegenstände außer Betracht, der auf den erwerbenden Gesellschafter nach der Kopfzahl der Gesellschafter entfällt[40].
	d) Auflassungen und Anträge[42] auf Eintragung der Begründung oder Übertragung von Erbbaurechten oder sonstigen Rechten, die ein Grundbuchblatt erhalten können[43], in Fällen der freiwilligen Veräußerung[44] . . Der Antrag auf Umschreibung von Gesellschaftseigentum auf den Namen	$^1/_3$	—	—	—	des Wertes[44a] des veräußerten Gegenstandes.

1	2	3				4
Nr.	Gegenstand der Besteuerung	Steuersatz				Berechnung der Stempelabgabe
		vom Hundert	vom Tausend	M.	Pf.	
11	eines Gesellschafters unterliegt dem Auflassungsstempel auch dann, wenn nach den Vorschriften des Bürgerlichen Rechtes eine Auflassung nicht erforderlich ist[45]. Der Auflassungsstempel ist nicht zu erheben, wenn die das Veräußerungsgeschäft enthaltende, in an sich stempelpflichtiger Form[46] ausgestellte Urkunde in Urschrift, Ausfertigung oder beglaubigter Abschrift vorgelegt wird[47]. Eine das Veräußerungsgeschäft enthaltende Urkunde im Sinne dieser Vorschrift gilt als nicht vorhanden, wenn die Urkunde 1. das Rechtsgeschäft nicht so enthält, wie es unter den Beteiligten hinsichtlich des Wertes der Gegenleistung verabredet ist[48], 2. die Veräußerung eines Grundstücks durch einen Bevollmächtigten enthält, sofern die Veräußerung erweislich für Rechnung des Bevollmächtigten erfolgt ist[49], 3. die Überlassung der Rechte an dem Vermögen einer Gesellschaft seitens eines Gesellschafters oder dessen Erben an die Gesellschaft, an einen anderen Gesellschafter oder einen Dritten enthält, sofern nicht diese Personen Abkömmlinge des überlassenden Teiles sind[50], 4. die Überlassung von Vermögensgegenständen seitens der Gesellschaft zum Sondereigentum an einen Gesellschafter oder dessen Erben enthält[51], soweit					Anmerkung zu Tarifnummer 11: **Stempelabgaben unter fünfzig Pfennig werden nicht erhoben. Höhere Beträge, welche nicht ohne Bruch durch zehn teilbar sind, werden auf den nächst höheren durch zehn teilbaren Betrag abgerundet; Stempelbeträge über fünf Mark, welche nicht ohne Bruch durch fünfzig teilbar sind, werden auf den nächst höheren durch fünfzig teilbaren Betrag abgerundet**[44b]. Ausländische Werte sind nach den Vorschriften wegen Erhebung des Wechselstempels umzurechnen[44c].

1	2	3				4
Nr.	Gegenstand der Besteuerung	Steuersatz				Berechnung der Stempelabgabe
		vom Hundert	vom Tausend	M.	Pf.	
11	nicht der Stempel zu c dieser Tarifnummer in voller Höhe zu entrichten ist oder die Befreiungsvorschrift zu c dieser Tarifnummer Anwendung findet[52]. Wird nach der Zahlung des Auflassungsstempels die Urkunde über das zugrunde liegende Veräußerungsgeschäft errichtet[53], so ist auf den zu dieser Urkunde nach a bis c dieser Tarifnummer erforderlichen Stempel der gezahlte Auflassungsstempel anzurechnen[54]. Die Vorschriften über den Auflassungsstempel finden entsprechende Anwendung bei Anträgen auf Umschreibungen in öffentlichen Büchern, sofern das Grundbuch noch nicht als angelegt anzusehen ist[55]. Befreit sind auf Antrag[56]: 1. **Grundstücksübertragungen der in a und d dieser Tarifnummer bezeichneten Art, wenn der stempelpflichtige Betrag[57] bei bebauten[58] Grundstücken 20000 M., bei unbebauten[58] Grundstücken 5000 M. nicht überschreitet. Erwirbt dieselbe Person von demselben Veräußerer durch verschiedene Rechtsvorgänge mehrere Grundstücke oder Grundstücksteile, so sind die Übertragungen steuerpflichtig, wenn der Wert zusammen die angegebenen Beträge übersteigt, und die Umstände ergeben, daß der Erwerb zum Zwecke der**					

1 Nr.	2 Gegenstand der Besteuerung	3 Steuersatz vom Hundert	 vom Tausend	 M.	 Pf.	4 Berechnung der Stempelabgabe
11	**Ersparung der Steuer in mehrere Rechtsvorgänge zerlegt worden ist. Was im Sinne dieser Vorschrift als bebautes und unbebautes Grundstück anzusehen ist, bestimmt sich nach dem § 1 des Zuwachssteuergesetzes.** **Die Steuerfreiheit tritt nur ein, wenn weder der Erwerber und sein Ehegatte[59] im letzten Jahre ein Einkommen von mehr als 2000 M. gehabt haben[60], noch einer von ihnen den Grundstückshandel gewerbsmäßig betreibt[61]. Wird festgestellt, daß der Erwerb für Rechnung eines Dritten erfolgt, so ist die Steuerfreiheit nur zu gewähren, wenn die Voraussetzungen für die Befreiung auch in der Person des Dritten vorliegen[62].** **Beurkundungen von Übertragungen der Rechte eines befreiten Erwerbers werden in betreff der Stempelpflichtigkeit auch dann wie Beurkundungen von Veräußerungen behandelt (a Abs. 2 Satz 1 dieser Tarifnummer), wenn der erste Erwerber das Veräußerungsgeschäft erweislich auf Grund eines Vollmachtsauftrags oder einer Geschäftsführung ohne Auftrag, für einen Dritten abgeschlossen hat**					

1	2	3				4
Nr.	Gegenstand der Besteuerung	Steuersatz				Berechnung der Stempelabgabe
		vom Hundert	vom Tausend	M.	Pf.	
11	**und die Übertragung der Rechte dieses ersten Erwerbers an den Dritten erfolgt.** **2. Eigentumsveränderungen, denen sich die Beteiligten aus Gründen des öffentlichen Wohles zu unterwerfen gesetzlich verpflichtet sind[63].**					

1. Der Begriff eines Grundstücks (Teil der Erdoberfläche) wird als feststehend vorausgesetzt. Er umfaßt die wesentlichen Bestandteile (§§ 93, 94 BGB.). — Das Zubehör (§ 97 BGB.) unterliegt dem Immobiliarstempel nur dann, wenn die Einzelpreise nicht angegeben sind (§ 165 Abs. 3 AB. z. RStG., Nr. 4 AB. v. 23. 5. 10, S. 259; Anm. 3 zu § 87; vgl. S. 268 Grds. Nr. 1).

2. D. i. im Deutschen Reiche; anders beim Landesstempel, wo Inland = preuß. Monarchie mit Ausschluß der Hohenzollernschen Lande und der Insel Helgoland (§ 2 Abs. 2 u. Einleitung LStG.).

3. Dazu gehören: Das Erbbaurecht (§ 1017 BGB.), das Erbpachtrecht mit Einschluß des Büdner- und Häuslerrechts (Art. 63 EG. z. BGB.) sowie nach Maßgabe der Landesgesetzgebung: Bergwerkseigentum, Schiffsmühlengerechtigkeiten (ALR. II, 15 §§ 229, 230) Fischereigerechtigkeiten, Fähr- und Apothekergerechtigkeiten u. a. (vgl. Art. 40 AG. z. BGB., Art. 22, 27, 28 PrAG. z. GBO., Begr. 10), auch wenn ein Grundbuchblatt für sie nicht angelegt ist. (RG. 24. 9. 09, 39 B 94).

Besteuert wird auch der Antrag auf Eintragung der Begründung dieser Rechte (s. lit. 11 d).

4. Also alle entgeltlichen (obligatorischen) Veräußerungsgeschäfte ohne Rücksicht auf die Art der Gegenleistung, welche auch in Dienstleistungen bestehen kann (Begr. 11, 13, vgl. RG. 28. 10. 01, Rspr. 5 S. 175). So fallen hierunter z. B. Überlassung eines Grundstücks gegen Abtretung von Nutzungsrechten oder Forderungen, Vergleiche, Erbrezesse; auch der Erbschaftskauf des Alleinerben oder der sämtlichen Erben (nicht des einzelnen Miterben) an einen Dritten (vgl. RG. 17. 9. 00, Rspr. 1 S. 348, s. Teil I unter IV 12 S. 62ff.). Die dingliche Erbanteilsübertragung gemäß § 2033 BGB. hat ein Recht zum Gegenstande und unterliegt deshalb nur dem landesgesetzlichen Zessionsstempel ($^1/_{20}$%), selbst wenn Grundstücke zum Nachlaß gehören. — Wann bei Verträgen mit Gesellschaften lit. a oder b der Tarifnummer 11 anzuwenden, darüber s. Teil I 76ff. (vgl. unten Anm. 32).

Schenkungsverträge unterliegen keinem Urkundenstempel aus Tarifnummer 11 a, sondern einer besonderen Steuer nach § 55 ErbschStG. v. 3. 6. 06.

4a. D. h. der Zuschlagsbeschlüsse; diese unterliegen dem Stempel (s. § 20 LStB. vom 28. 7. 10), und zwar mit der Erteilung des Zuschlags (§ 78 RStG.), also vor ihrer Rechtskraft. — Im Falle der Aufhebung des Zuschlagsbeschlusses — Erstattung gemäß § 169 b AB. z. RStG. — vgl. Anm. 25.

5. S. aber unter Befreiungen lit. a Nr. 3, vgl. Tarifnummer 32 Abs. 9 LStG., § 81 ZwBG.

5a. Diese Veräußerungsgeschäfte müssen zwar obligatorische Verträge sein (z. B. nicht Vermächtnisanordnungen, KG. 21. 12. 05, Bd. 32 B 59), brauchen aber weder lästige noch den Kauf- und Tauschverträgen gleichstehende, freigewollte zu sein; nur die Abtretung muß ein lästiges und freigewolltes Rechtsgeschäft sein (KG. 23. 11. 05, Rspr. 13 S. 290, vgl. Tarifnummer 32 Abs. 6 LStG.). Zur Abtretung genügt privatschriftliche Form (Begr. 14). Annahme ist erforderlich.

6. BGB. §§ 167ff., 662ff.

7. BGB. §§ 677ff. Dies muß — ebenso wie die Vollmacht — nachgewiesen werden („erweislich").

8. Diese Übertragung der Rechte an den Dritten ist dann stempelfrei (Bgr. 11). Sie muß bei der Geschäftsführung ohne Auftrag stets, bei der Vollmacht dann beurkundet werden, wenn der Bevollmächtigte in eigenem Namen kontrahiert hat. — Über den Fall, in welchem schon die Auflassung an den Geschäftsführer erfolgt ist, s. KG. 30. 5. 04, Rspr. Bd. 9 S. 195 zu Tarifnummer 32 Abs. 6 LStG.

9. Die Vorschrift will auch alle Zwischenveräußerungen durch Abtretung der Rechte aus Vertragsanträgen (§ 145ff. BGB.) sowie aus den Verkäufer einseitig bindenden Rechtsgeschäften (Begr. 11), überhaupt alle Erklärungen treffen, durch welche deren Empfänger in die Lage versetzt wird, das Kaufangebot statt des Erwerbers anzunehmen (vgl. § 5 ZuwStG.). Damit ist die Entscheidung KG. 3. 10. 07, Bd. 36 B 56 insoweit obsolet geworden.

10. Nur Verträge (insbesondere Erbvergleiche), auch freiwillige Grundstücksversteigerungen, bei denen ein Miterbe Ersteher wird; — (nicht befreit sind Zwangsversteigerungen; Begr. 11, vgl. indessen Tarifnummer 11 Spalte 4 Anm. d Abs. 2 [Zwangsversteigerung teilungshalber]) —, ferner Teilung durch den Testamentsvollstrecker gemäß dem Testament oder Gesetz (RG. 4. 4. 11, Bd. 76 S. 125, JMBl. 1911 S. 240), ebenso Veräußerung durch den Nachlaßpfleger oder Nachlaßverwalter (KG. 32 B 61) zum Zwecke der Teilung. Auseinandersetzung zwischen Vermächtnisnehmern — auch wenn sie Miterben sind —, z. B. wegen eines Prälegats, ist nicht befreit (KG. 13. 6. 04, Rspr. 11, S. 212), weil sie insoweit nicht zu den Teilnehmern an der Erbschaft gehören, ebensowenig ein Vertrag zwischen dem Vor- und Nacherben.

11. Hiernach fällt auch die Teilung einzelner Nachlaßgegenstände unter die Befreiungsvorschrift.

12. Danach sind stempelfrei nur Überlassungsverträge, nicht Zuschlagsbeschlüsse (vgl. KG. 26. 2. 09, Bd. 38 B 76), nicht Auflassungen ohne Vorlegung des Vertrages — lit. d des Tarifs —, weil die Befreiung (wie die ganze Tarifnummer 11a) sich nur auf obligatorische Verträge, nicht auf den dinglichen Übertragungsakt bezieht (so ausdrücklich die Begr. 12, vgl. Tarifnummer 32 Abs. 10 Ziff. 2 LStG.). — Nach der AB. v. 15. 6. 11, soll — was indessen dem Wortlaut des Gesetzes und der Begründung nicht entspricht — die Befreiungsvorschrift auf alle Grundstücksübertragungen (auch Auflassungen lit. d) von Eltern an Abkömmlinge oder eingekindschaftete Kinder Anwenduug finden (ebenso Heinitz 495 Anm. 1a α). Dagegen KG. 28. 5. 10, Bd. 40 S. 366, wo sogar gewöhnliche Grundstückskaufverträge zwischen Eltern und Kindern für stempelpflichtig erklärt sind. Von der Zuwachssteuer sind auch Auflassungen zwischen den gedachten Personen befreit (§ 7 Ziff. 4 des ZuwStG. v. 14. 2. 11). — Zu den Überlassungsverträgen sind auch Rechtsgeschäfte der in Tarifnummer 11a Abs. 2 gedachten Art zu rechnen; vgl. noch Grds. Nr. 6 S. 269.

13. ALR. §§ 717, 719 II 2 — Art. 209 EG. z. BGB. — s. Teil I 52 Anm. 3.

14. D. h die Übertragung an eine andere Person als an einen Abkömmling des ersten Veräußerers ist stempelpflichtig, auch wenn der erste Erwerber (Deszendent) das Veräußerungsgeschäft auf Grund eines Vollmachtsauftrages oder einer Geschäftsführung ohne Auftrag für den Dritten (Zessionar) abgeschlossen hat.

15. Zweck: Abwendung der Doppelbesteuerung von dem durch einen Dritten bietenden Ersteher und Schutz des Hypothekengläubigers (Begr. 12). Andere Abtretungen aus dem Meistgebot sind stempelpflichtig nach Tarifnummer 11a Abs. 2 (vgl. LStG. Tarifnummer 32 Abs. 10 Ziff. 2 Abs. 2, AB. v. 28. 7. 10 § 20; vgl. AB. des FinMin. v. 14. 9. 11 bei Loeck S. 396).

16. Maßgebend ist in erster Linie der Wert der Gegenleistung (zu Nr. 1 Kaufpreis mit ausbed. Leistungen und vorbeh. Nutzungen s. Teil I 36ff.) und nur, wenn solcher mit hinreichender Sicherheit nicht erkennbar ist, der Wert des veräußerten Wertgegenstandes (Begr. 12), letzteres auch dann, wenn die im Vertrage angegebene Gegenleistung der wirklich verabredeten nicht entspricht. S. Tarifnummer 11 lit. d Nr. 1. Bzgl. des Werts vgl. Anm. 20.

17. „Ausbedungene Leistungen" im Gegensatz zu solchen, welche kraft gesetzlicher Bestimmung auf den Erwerber übergehen. Daher bleibt der Wert eines schon eingetragenen und übernommenen Leibgedinges außer Ansatz. KG. 2. 5. 04, Bd. 28B 26 = Rspr. 11, 209. Dasselbe gilt von einer Rente (KG. 1. 8. 08. Rspr. 17 S. 258, AV. v. 11. 3. 97, JMBl. 62), oder einem Kanon (KG. 20. 6. 04., Rspr. 9 S. 196). Vgl. AV. v. 22. 2. 11. (Rente), betr. die hierbei zu beachtende Art der Berechnung des 1proz. und $^1/_3$proz. Stempels nach Verhältnis der Einzelwerte der unbeweglichen und beweglichen Sachen. — Welche übernommenen Kosten dem Kaufpreise zuzurechnen sind, darüber s. KG. 21. 3. 07, Rspr. 17 S. 292 (Aufgeld, Gebühr des vom Verkäufer angenommenen Mäklers), s. S. 37.

18. D. s. Früchte und Gebrauchsvorteile (§ 100 BGB.), welche sonst dem Käufer zufallen würden, z. B. Ernte, Wohnungsrecht, Wald zum Abholzen, S. Teil I 38.

19. Wesen: die vereinbarte Hingabe der Gegenstände muß inhalts der Urkunde im unmittelbaren Verhältnis von Leistung und Gegenleistung stehen (so Mot. z. LStG. v. 31. 7. 95, S. 43, vgl. § 363I 11 ALR.; § 515 BGB., welcher keine Begriffsbestimmung gibt). Es muß ein Umsatz individueller Werte vorliegen, also die vereinbarte unmittelbare Leistung auf beiden Seiten in der Verschaffung einer Sache bestehen, nicht Geldleistung gegen Sachhingabe gewollt sein. Der Gebrauch des Wortes Tausch durch die Beteiligten ist nicht entscheidend. Ein Tausch liegt insbesondere dann nicht vor, wenn auch nur von der einen Seite ein Grundstück lediglich gegen Übernahme der seinen Wert ganz erschöpfenden Hypotheken, von der anderen Seite ein Grundstück gegen einen Geldpreis gegeben wird. — Ob Tausch oder doppelter Kaufvertrag vorliegt, darüber vgl. RG. 57 S. 264, 73 S. 88, KG. 2. 11. 03, Rspr. 9 S. 190, 12. 1. 05, Rspr. 11 S. 207, 5. 10. 05, Rspr. 13 S. 289, OLG. Cassel 19. 3. 08, Rspr. 17 S. 294; Komm. d. RGRäte z. BGB. n. 1 zu § 515. S. oben Teil I 56ff; vgl. noch Tarifnummer 11a Anm. a Satz 2. — Vgl. Tarifnummer 32 Abs. 2 Ziff. 1 LStG.

20. Das ist der gemeine Wert (§ 87 RStG.), welcher nach landesgesetzlichen Vorschriften zu ermitteln ist (§ 166 AB. z. RStG., Nr. 25 PrAB. z. RStG., §§ 6 und 7 LStG., § 6 AB. v. 14. 3. 12, §§ 6 und 16^5 LStB.), wenn er sich nicht aus dem Vertrage oder der aufgenommenen Verhandlung mit hinreichender Sicherheit ergibt. Hinsichtlich des Werts sind aber (zu Sp. 4 Nr. 1—3) die Angaben der Beteiligten in erster Linie maßgebend, und ist nur bei begründetem Zweifel an deren Richtigkeit die Wertsermittelung zu veranlassen. S. § 6 LStB.; vgl. auch Anm. 16.

21. S. Anm. 4.

22. S. Anm. 20.

23. S. Anm. 18.

24. Es ist somit in diesem Falle nicht der unbestimmte Wert der Gegenleistung, sondern der Wert des veräußerten Gegenstandes zu ermitteln; s. Anm. 20.

25. auch dann, wenn der Subhastat selbst Ersteher ist. S. Teil I 88 Anm. 1; Tarif Nr. 32 Abs. 2 Ziff. 2 LStG. — Über die Berechnung des dem Stempel unterliegenden Betrages vgl. KG. 20. 6. 04, Rspr. 9 S. 197.

26. Über die Ermittelung und Festsetzung des Werts — in der Regel durch den Gerichtsschreiber — vgl. namentlich § 6 Nr. 3, § 9 Nr. 1a LStB. und ebenda § 20 Nr. 1 über die Aufforderung zur Angabe des Einzelwertes des mitversteigerten beweglichen Beilasses, vgl. oben S. 88, 90.

27. Gemeint sind besondere Verträge über Leistung an Erfüllungsstatt im Gegensatz zu Satz 2, vgl. § 16 Nr. 1 Satz 3 LStB.

28. Um Steuerhinterziehungen vorzubeugen (Begr. 12); vgl. LStG. Tarif 32 Abs. 2 Nr. 4, § 6 Nr. 2 LStB.; KG. 11. 8. 11, KG. 11. 8. 11, Rspr. 23 S. 290.

29. Sicherungshypotheken werden zum vollen Betrage berechnet, vgl. KG. 4. 7. 04, Bd. 29 B 49 = Rspr. 11 S. 210; vgl. ZwVGes. §§ 45, 114; vgl. ferner über Stempelberechnung in diesem Fall Rspr. 23 S. 289 Anm. 1 und oben Teil I 88.

30. S. § 180 ZVG. Bei der gewöhnlichen Zwangsversteigerung muß auch der bisherige Miteigentümer bzw. Alleineigentümer als Ersteher den Reichsstempel vom ganzen Meistgebot entrichten; vgl. Hummel u. Specht 789; oben Anm. 25.

31. Eine weitere Ermäßigung oder Befreiung gemäß Tarifnummer 11a Befr. Nr. 2 RStG, Tarifnummer 32 Abs. 10 Z. 2 LStG. findet nicht statt. KG. 26. 2. 09, Bd. 38 S. B 76; vgl. S. 90.

32. Das ist das Einbringen — sei es bei oder nach Errichtung der Gesellschaft — gegen Gewährung von Gesellschaftsrechten, Begr. 13, vgl. Tarifnummer 25c Nr. 1, 3, 4 LStG. — Unter „Einbringen" ist die rechtsgeschäftliche, die Verpflichtung begründende Erklärung zu verstehen, so daß der Stempel auch dann zu entrichten ist, wenn diese Erklärung — wie bei der Umwandlung einer Aktiengesellschaft in eine Gesellschaft mit beschränkter Haftung — den Eigentumsübergang ohne Auflassung zur gesetzlichen Folge hat; OLG. Hamburg 24. 10. 10, Rspr. 23 S. 292. — Dagegen ist es nicht mehr erforderlich, daß das Entgelt lediglich in der Gewährung von Gesellschaftsrechten bestehe, wenn nur ein einheitlicher Einbringungsvertrag vorliegt, was namentlich bei Übernahme der auf der Einlage ruhenden Schulden anzunehmen ist. Verf. d. JustMin. v. 11. 8. 10; vgl. RG. 51 S. 386; abweichend früher für den LSt. KG. 4. 7. 04 Bd. 29 B 48, 14. 12. 05 Bd. 32 B 44; KG. i. JMBl. 1905 S. 321; s. oben S. 80.

33. Das sind Gesellschaften mit selbständiger Rechtspersönlichkeit (ebenso LStG. Tarifnummer 25c) im Gegensatz zu anderen, z. B. offenen Handelsgesellschaften, bei welchen der eintretende Gesellschafter wegen seines Anteils am Gesellschaftsvermögen als Miteigentümer anzusehen und deshalb ein Reichsstempel nicht zu berechnen ist (Begr. 13), während landesgesetzlich hier der Gesellschaftsvertragsstempel zum Ansatz kommt; LStG. Tarifnummer 25b.

34. Vgl. lit. c Abs. 2.

35. S. Begr. 13: „Als Entgelt wird bei Aktiengesellschaften der Wert der Aktien, bei Gesellschaften mit beschränkter Haftung der im Gesellschaftsvertrage festgesetzte Geldwert anzusehen sein, für den die Einlage angenommen wird". (§ 5 Abs. 4 Ges., betr. Ges. m. b. H. v. 20. 2. 92/20. 5. 98).

36. D. h. hier eines Grundstücks oder diesem gleichgestellten Rechts; s. Abs. 2 und oben Anm. 3.

37. Das ist Überlassung zum Zweck der Abfindung des Gesellschafters bei dessen Ausscheiden oder bei der Auflösung der Gesellschaft (Begr. 13). Näheres s. oben Teil I 83; vgl. LStG. Tarif 25d 2.

38. Also Gesellschaften jeder Art (auch Vereine des BGB.) sind betroffen, weil bei der Beschränkung auf einzelne Arten eine Umgehung der Steuerpflicht möglich wäre; Begr. S. 14.

39. S. Anm. 37. Das Entgelt (die Gegenleistung des Erwerbers) muß — wie zu lit. b des Tarifs — auch hier in der Überlassung (bei der Auflösung in der Aufgabe) von Gesellschaftsrechten bestehen, da andernfalls die Vorschrift zu lit. a des Tarifs Anwendung finden müßte (Begr. 14). Näheres s. Teil I 80ff.; vgl. Tarifnummer 25d Ziff. 2 LStG.

40. Dieser Kopfteil bleibt aber nicht dauernd steuerfrei, vielmehr ist davon bei der Auflassung gemäß Tarifnummer d Abs. 4 der Auflassungsstempel zu berechnen; vgl. Tarifnummer 8 Abs. 4 Ziff. 4 LStG.

41. Nur der „eingebrachten" Grundstücke (vgl. Anm. 32), nicht auch anderer, welche der Erwerber der Gesellschaft z. B. verkauft hat.

42. Wenn hier schon die Auflassungen und Anträge für stempelflichtig erklärt sind, so kann damit wohl nicht mehr als der Zeitpunkt der Fälligkeit bestimmt sein, weil die Verpflichtung zur Entrichtung der Stempelsteuer erst mit der Eintragung der Rechtsänderung in das Grundbuch eintritt. § 78 RStG.; vgl. KG. (5. 2. 09) 38 B 14.

43. Vgl. Art. 22 AG. z. BGB. und oben Anm. 3 zu lit. a.

44. „Freiwillige Veräußerung" wird erfordert. Stempelfrei ist daher — abgesehen von Abs. 2 — die Berichtigung des Grundbuchs, auch die zu diesem Zweck etwa gewählte Auflassung; KG. 16. 6. 05, Rspr. 11 S. 203. — Freiwillig = auf freier Entschließung beruhend, unfreiwillig = erzwingbar auf Grund einer schon anderweit — außerhalb des Veräußerungsgeschäfts — bestehenden (gesetzlichen, vertraglichen oder testamentarischen) Verpflichtung, welche nachzuweisen ist; vgl. z. B. §§ 462, 505 (Ausübung des Vorkaufsrechts. KG. 32 B 49) 530, 531, 667, 915, 920, 1477 (dazu KG. [2. 5. 07] 34 B 33), 1502, 2174, 2191 BGB. Näheres namentlich über die Fälle unfreiwilliger Veräußerung s. Teil I 24 ff.

44a. S. Anm. 3 zu § 87, (gemeiner Wert), oben Anm. 20, ferner § 88 Abs. 4, und LStG. § 17 Abs. 3a (Strafe für unrichtige Angaben); deshalb Belehrung gemäß § 16 Nr. 2 LStB. vorgeschrieben.

44b. Neue Fassung gemäß § 71 ZuwStG. v. 14. 2. 11.

44c. S. Bekm. v. 28. 6. 98 und AB. z. WStempG. im ZentrBl. für das Deutsche Reich 1909 S. 103.

45. Vgl. S. 84, 85; Tarifnummer 8 Abs. 2 LStG. — Nach den für das seit 1. 1. 00 geltende Recht getroffenen Entsch. d. RG. v. 23. 2. 07 und 23. 5. 08, RG. 65 S. 227 und 68 S. 410, gehört hierher der Fall der Übernahme aller Aktiva und Passiva einer offenen Handelsgesellschaft durch einen Gesellschafter (Erwerb aller Geschäftsanteile). Vgl. RG. 5. 11. 09, Bd. 72 S. 155 ff., 161 (zu Tarifnummer 25 d Abs. 2 LStG.), ferner §§ 142, 138 HGB., §§ 737, 738 BGB. — Abweichend für das frühere Recht RG. 23. 5. 11, Gruchot 55 S. 1186; vgl. noch RG. 30. 5. 05 Bd. 61 S. 72, KG. (19. 11. 09) 39 B 70 = Rspr. 21 S. 139 und v. 26. 2. 09, JMBl. 1909 S. 225. — Die Begr. 15 erwähnt den gleichen Fall bei einer Gesellschaft. m. b. H. Hier ist aber zur Eintragung des Gesellschafters, welcher alle Anteile erworben hat, Auflassung erforderlich; vgl. zit. Entsch. d. RG. v. 23. 5. 11 und KG. 17. 12. 09; Rspr. 21 S. 146; unten Anm. 50.

46. D. h. die Urkunde muß nicht nur in rechtsgültiger Form aufgenommen sein und den Rechtsvorgang zur Entstehung bringen (ohne daß hierzu noch ein Beitritt oder eine Genehmigung erforderlich ist), somit die Erfüllungsklage begründen, sondern auch die Erhebung des Reichsstempels zulassen, also nach dem 1. 8. 09 errichtet sein; Begr. 14, 15; RG. 24. 6. 10, JMBl. 281; KG. 15. 11. 09 JBBl. 374; KG. 38 S. B 3; vgl. § 14 Nr. 2 LStB.; Anm. 3 zu § 78 RStG.; auch oben S. 46 ff. u. Grds. Nr. 8 S. 269.

47. Ist der Vertrag nicht zwischen den die Auflassung Erklärenden geschlossen, so muß auch die Urkunde über den Zwischenerwerb vorgelegt werden, RG. 30. 9. 10 JMBl. 10, S. 414, 415 (vgl. auch RG. 30. 3. 00, Bd. 46, S. 234); s. S. 191 Nr. 6.

Eine Privaturkunde, welche durch Auflassung rechtswirksam wird (§ 313 BGB.), schließt den Auflassungsstempel aus (Begr. S. 14), § 14 Nr. 2 LStB.

Eine Frist zur Vorlegung der Urkunde ist nicht festgesetzt. Die Stempelsteuer ist aber binnen zwei Wochen nach Eintritt der Stempelflicht zu entrichten (§ 83). Nach der Zahlung dient die Vorlegung lediglich zur Begründung des Antrags auf Erstattung der Steuer, welcher innerhalb zweier Jahre nach Entrichtung des Stempels gestellt sein muß (§§ 169c, 172 AB. z. RStG., § 8 AB. v. 14. 3. 12; Tarifnummer 8 Abs. 3 LStG.).

Wegen der Sicherheitsleistung bei Nichtvorlegung einer gehörig verstempelten Urkunde vgl. § 85 Abs. 3 RStG., § 163 AB. z. RStG., § 3 AB. v. 14. 3. 12, § 16 LStG. v 28. 7. 10, §§ 31 Nr. 1, 58, 107 GKG., oben S. 49, 32 ff.

Bei allgemeiner Gütergemeinschaft genügt zur Ausschließung des Auflassungsstempels der von einem der Ehegatten abgeschlossene Kaufvertrag auch im Fall der Auflassung an beide Ehegatten. KG. (13. 6. 07) 37 B 66.

48. In der Regel ist das Rechtsgeschäft so, wie es beurkundet ist, als verabredet anzusehen. Nur wenn begründete Bedenken gegen die Richtigkeit der gemachten Angaben obwalten, z. B. der angegebene Kaufpreis (Wert der Gegenleistung) erheblich hinter dem mutmaßlichen gemeinen Werte des veräußerten Grundstücks zurückbleibt, ist gemäß § 165² AB. z. RStG., in Preußen (s. § 5 AB. v. 14. 3. 12) gemäß § 14 Nr. 4 (vgl. §§ 6, 13, 16) LStB. zu verfahren (Urkunde oder Abschrift an das Hauptzollamt).

Wird festgestellt, daß die Gegenleistung geringer — als verabredet — angegeben worden ist, so ist die Strafe des §§ 88 RStG. verwirkt und Tarifnummer 11 Abs. 4 Nr. 1 (vgl. Tarifnummer 8 Abs. 4 Nr. 1 LStG.) anzuwenden, d. h. der Auflassungsstempel zu erheben (vgl. KG. 35 B 26). — Das letztere soll nach § 14 LStB. auch dann geschehen, wenn bei offenbarem Mißverhältnisse zwischen dem angegebenen Kaufpreise und dem gemeinen Werte der Verdacht der Stempelsteuerhinterziehung gerechtfertigt erscheint; — vgl. noch Anm. 16 und 20.

Ist die angegebene geringe Gegenleistung wirklich vereinbart, so wird in Betracht kommen, ob und inwieweit wegen vorliegender Schenkungsabsicht (gemischte Schenkung) die Reichsschenkungssteuer zu erheben ist. Über den Fall einer sich nur äußerlich als Schenkung darstellenden Urkunde s. RG. 30. 4. 09, JMBl. 12, S. 163, auch KG. (10. 10. 07) 35 B 26.

49. Betrifft namentlich die sog. Parzellierungsvollmachten, worin der Grundstückseigentümer „dem Parzellanten Vollmacht erteilt, die Parzellen im eigenen Namen zu verkaufen, mit der Maßgabe, daß der Parzellant, falls und soweit ein Verkauf nicht gelingt, als Selbstkontrahent einzutreten hat“ (so Begr. S. 15), die Veräußerung also tatsächlich für Rechnung des Bevollmächtigten erfolgt (vgl. Tarifstelle 8 Abs. 4 Nr. 3 LStG.).

Die Vollmacht wird auch einseitig dahin erteilt, daß das Grundstück — meist innerhalb einer gewissen Frist — für einen Mindestpreis verkauft werden und der erzielte Mehrerlös dem Parzellanten zufallen solle. In solchem Falle kann sogar der Bevollmächtigte (Parzellant), auf dessen Veranlassung die Auflassung erfolgt, für den Auflassungsstempel in erster Linie haftbar gemacht werden gemäß § 83 lit. a RStG., § 12 lit. a LStG., KG. (4. 2. 10) 39 B 75.

Ist ein zweiseitiger Parzellierungsvollmachts**vertrag** geschlossen, aus welchem sich nicht nur die Verpflichtung des Vollmachtgebers zur Übertragung des Eigentums, sondern auch die Verpflichtung des Bevollmächtigten zum eventuellen Erwerb ergibt (vgl. RG. 5. 2. 02, Bd. 50, S. 165 und 25. 4. 11, Bd. 76, S. 220, PosMonSchr. 11 S. 30), so bedarf er der Form des § 313 BGB. und ist mit 1% Landes- und ²/₃% Reichsstempel zu versteuern. Ein solcher Vollmachtsvertrag schließt die Anwendung der Tarifnummer 11d Abs. 4 Z. 2 (Tarifstelle 8 Abs. 4 Z. 3 LStG.) aus; s. Verf. d. JM. v. 8. 1. 12, unten S. 266, vgl. noch § 14 Nr. 6 LStB., S. 180.

50. Die Bestimmung ist mit Rücksicht auf lit. b, c getroffen. Danach ist die **Urkunde**, betr. die fragliche Überlassung der Rechte, frei vom Reichsstempel, denn sie fällt nicht unter lit. b, c (anders beim Landesstempel Tarifnummer 25d Nr. 1 LStG.), auch nicht unter lit. a, da es sich um Übertragung von Rechten der dort in Abs. 2 erwähnten Art nicht handelt. Es soll aber verhütet werden, daß durch Übergang aller Geschäftsanteile im Wege der Abtretung auf eine Person diese ein zum Gesellschaftsvermögen gehörendes Grundstück ohne Entrichtung der Stempelabgabe erwerbe. Deshalb sollen die etwa vorgelegten Zessionsurkunden den Auflassungsstempel nicht ausschließen, vielmehr lit. d Abs. 2 Anwendung finden (vgl. oben Anm. 45).

51. Die Überlassung an einen **Dritten** (Nichtgesellschafter) fällt unter lit. a. Ohne diese Vorschrift könnte der Eigentümer mit dem Kauflustigen eine (von lit. b nicht betroffene) offene Handelsgesellschaft gründen, in diese das Grundstück stempelfrei einbringen, sodann nach Eintragung der Gesellschaft die Auseinandersetzung herbeiführen und hierbei dem Kauflustigen das Grundstück überlassen, wobei der Erwerber nur den halben Stempel zu entrichten hätte (gemäß Sp. 4 Abs. 2 zu lit. c, Begr. S. 15, 16; vgl. S. 81, 83, § 14 Nr. 7 LStB., KG. 17. 12. 09, Rspr. 21, S. 147.

52. Z. B. wird bei der Überlassung eines Grundstücks seitens einer Aktiengesellschaft der volle Stempel der Tarifstelle lit. c zu entrichten sein, weil die Ermäßigung aus der Bestimmung Sp. 4 Abs. 2 zu derselben Tarifnummer c nicht Platz greifen kann; anders im Fall der Anm. 51 (vgl. noch Anm. 40).

53. Eine Frist ist für die Errichtung nicht festgesetzt (vgl. aber Anm. 47, ferner § 169 lit. c AB. z. RStG., § 8 Abs. 3 AB. v. 14. 3. 12; § 18 LStB.).

54. S. § 173 AB. z. RStG. und Anm. 53, § 8 AB. v. 14. 3. 12.

55. Vgl. Art. 186 EG. z. BGB., 87 GBO., Art. 3, 4 BO. v. 13. 11. 99, GS. 519.

56. Neue Fassung der Befreiungsvorschrift gemäß § 70 ZuwStG. v. 14. 2. 11. In beiden Fällen (Nr. 1 und 2) tritt Befreiung nur auf Antrag ein, welcher bis zur Entrichtung der Abgabe gestellt werden kann (§ 162 AB. z. RStG.). Auf die Befreiungsvorschrift Nr. 1 hat die zuständige Stelle die Beteiligten in geeigneten Fällen hinzuweisen. Näheres s. § 7 AB. v. 14. 3. 12, § 162 AB. z. RStG. Nr. 22 PrAB. z. RStG., auch Nr. 2, 3, 4 AB. v. 8. 7. 10 und AB. v. 13. 12. 10, oben Teil I 103 flg. In Ansehung der unter § 4 Abs. 1b fallenden privatschriftlichen Urkunden hat das Gericht über den Befreiungsantrag zu entscheiden (AB. v. 1. 5. 12, JMBl. 152).

57. D. i. Kaufpreis oder Wert (vgl. Anm. 16ff. und 44a) unter Berücksichtigung des Zubehörs, wenn dessen Einzelwert nicht angegeben wird (vgl. § 87 Anm. 3).

58. S. Satz 3 dieses Absatzes und § 1 ZuwStG. Die Rede ist hier nur von „Grundstücken" (also Rechte der in Anm. 3 gedachten Art scheiden hier aus).

Bei einheitlich bewirtschafteten Grundstücken ist eine Trennung von bebauten und unbebauten Bestandteilen für den vorliegenden Zweck nicht angängig, auch wenn sie auf besonderen Grundbuchblättern eingetragen sind. Ein derartiges Bauerngut gilt im ganzen als bebautes Grundstück; s. Grds. Nr. 10d S. 270.

59. Also nur physische (nicht juristische) Personen kommen in Betracht, schon nach dem Zwecke dieser Vorschrift, weniger Bemittelten den Erwerb von kleinen Grundstücken zu erleichtern. FinM. 24. 1. 10 III 2024 ZentrBl. AG. 75 bei Loeck 396 Anm. 251, RG. 3. 10. 11, Bd. 77, S. 93, KG. 40 B 369, s. unten S. 260 Nr. 3.

60. Zum Nachweise genügen Steuerquittungen und ähnliche Urkunden der Steuerbehörden (§ 22 PrAB. z. RStG.). Vgl. aber Amtl. Mitt. z. ZuwStG. 11, 246.

61. Zum Nachweis, daß gewerbsmäßiger Grundstückshandel (auf Gewinn aus Erwerb und Verkauf gerichtete Tätigkeit) nicht vorliegt, dienen polizeiliche (stempelfreie, § 4b LStG.) Bescheinigungen der Gemeindevorstände, Amtsvorsteher, Distriktsämter, Landräte usw.

Erwerben mehrere Personen zum Miteigentum, so müssen beide Voraussetzungen bei jedem Erwerber vorliegen (Nr. 4 AB. v. 8. 7. 10); s. S. 260.

62. Vgl. Anm. 5a bis 8. Der Dritte kann aber auf Antrag befreit werden, wenn die gesetzlichen Voraussetzungen bei ihm gegeben sind.

63. Ähnlich § 4e LStG. v. 26./30. 6. 09. Dieser § 4e spricht zwar von „Urkunden" wegen Besitzveränderungen, obige Vorschrift Nr. 2 von den „Eigentumsveränderungen" selbst. Beide Vorschriften haben aber dieselbe Bedeutung. Es gehören hierher die freiwilligen Veräußerungen im Enteignungsverfahren, wenn das Enteignungsrecht schon verliehen ist (allgemein oder für den besonderen Fall) und wenn die Voraussetzungen der — erzwingbaren — Verpflichtung zur Abtretung des Eigentums gegeben sind. Im Verfahren nach dem Fluchtliniengesetz v. 2. 7. 75 (GS. 561) müssen die betr. Grundstücke wenigstens in dem vorläufigen Plane bestimmt und es muß die Zustimmung der Ortspolizeibehörde erteilt sein. Doch ist auch eine vorher erklärte Auflassung stempelfrei, wenn die Eigentumseintragung nach der gedachten Zustimmung erfolgt, KG. 5. 2. 09 Bd. 38 B S. 21 (in Abweichung v. KG. 33 B 27), RG. 69, S. 68 (20. 3. 08), KG. 36 B 12 (8. 10. 08), ebenso nach dem PrEntGes. v. 11. 6. 74 § 43 Abs. 4 (vgl. §§ 17, 15, 16 daselbst und KG. 12 S. 160, 14 S. 208, Rspr. 7 S. 451, 10 S. 259); vgl. Grunds. Nr. 11 S. 270 und oben S. 104.

Zu beachten ist, daß auch im Fall der Nr. 2 ein Befreiungsantrag erfordert wird, abweichend vom LStG. § 4e.

Über die — nicht stempelfreie — Veräußerung eines der Enteignung unterworfenen Grundstücks zunächst an einen Dritten bei gleichzeitiger Abtretung des Auflassungsanspruchs an den Unternehmer s. KG. (30. 11. 05) 32 B 28.

---

2. Auszug aus den am 25. Januar 1912 vom Bundesrat erlassenen Ausführungsbestimmungen zum Reichsstempelgesetze v. 15. 7. 09 (JMBl. 1912, 103, ZentrBl. 35).

IX. Grundstücksübertragungen.

Zur Tarifnummer 11 und zu den §§ 80 bis 85 des Gesetzes.

§ 152.

1. **Form der Abgabenentrichtung.**

(1) Die Verpflichtung zur Entrichtung der in der Tarifnummer 11 bezeichneten Abgabe wird erfüllt durch Verwendung von Stempelzeichen, deren Entwertung

a) bei den von Behörden oder Beamten aufgenommenen Verhandlungen und Beurkundungen durch diese,

b) in den übrigen Fällen (bei privatschriftlichen und im Ausland errichteten Urkunden) durch eine zuständige Steuerstelle

zu erfolgen hat.

(2) Die Landesregierung kann im Einverständnisse mit dem Reichskanzler (Reichsschatzamt) anordnen, daß die Abgabe nicht durch Verwendung von Stempelzeichen, sondern im Wege der Barzahlung erhoben wird[1]).

(3) Die Landesregierung kann im Einverständnisse mit dem Reichskanzler (Reichsschatzamt) anordnen[2]), daß die Abgabe, welche von gerichtlichen Urkunden sowie von den den Gerichten vorgelegten außergerichtlichen Urkunden zu erheben ist, nach den für Gerichtsgebühren geltenden Vorschriften eingezogen wird.

(4) Zu den Beamten im Sinne des Abschnitts IX gehören auch die Notare[3]).

§ 153.

2. **Stempelzeichen.**

Zur Entrichtung der Abgabe werden Stempelmarken (Grundstücksstempelmarken) und Stempelbogen zum Preise des darauf angegebenen Steuerbetrags durch die Steuerstellen ausgegeben.

§ 154.

a) Stempelmarken.

(1) Die Grundstücksstempelmarken dürfen nur bei Abgabebeträgen bis zu 1000 M. einschließlich verwendet werden.

(2) Sie lauten über Wertbeträge von 10, 20, 40, 50 Pf., 1, 1½, 2, 2½, 3, 4, 5, 10, 15, 20, 25, 50, 100, 200, 300, 400 und 500 M.

(3) Die Grundstücksstempelmarken bestehen aus drei in Bild und Druckausführung voneinander verschiedenen Gruppen.

(4) Die Marken der ersten Gruppe umfassen die Werte von 10 bis 50 Pf., sind in einfarbigem Buchdruck ausgeführt und haben folgende Farbentönungen:

---

[1]) Die lateinisch gedruckten Teile der Ziff. IX dieser Ausführungsbestimmungen kommen nicht zur Anwendung, soweit die Abgabe zu den Gerichtskosten eingezogen wird (§ 5 Abs. 3, § 4 AB. v. 14. 3. 12).

[2]) Ist für Preußen geschehen in § 3 AB. v. 14. 3. 12.

[3]) Damit ist, obwohl nicht ausdrücklich in § 11 AB. v. 14. 3. 12 aufgehoben, obsolet geworden die AB. v. 8. 2. 10 (JMBl. 66).

10 Pf. rot, 20 Pf. blau, 40 Pf. olive, 50 Pf. braun. Sie sind einschließlich der gezähnten weißen Ränder 38,6 mm hoch und 30 mm breit. Das Mittelfeld zeigt auf getöntem Grunde einen nach rechts blickenden weiblichen Idealkopf in Seitenansicht mit einem Eichenkranz im Haar. In dem oberen Rande befindet sich die Inschrift „DEUTSCHES REICH" hell auf dunklem Grunde. Zu beiden Seiten wird das Mittelfeld durch leicht geschweifte Leisten begrenzt, die im oberen Teile dunkle Ornamente auf weißem Grunde, im unteren Teile die Wertziffer auf punktiertem Grunde tragen. Darunter folgt in der ganzen Breite der Marke ein leicht guillochiertes Feld, an das sich als untere Begrenzung das Wort „GRUNDSTÜCKSSTEMPEL", dunkel auf hellem Grunde, anschließt.

(5) Die Marken der zweiten Gruppe umfassen die Werte von 1 bis 5 M., sind in zweifarbigem Buchdruck ausgeführt und unterscheiden sich durch folgende Farbentönungen: 1 M. braun, $1^1/_2$ M. grün, 2 M. violett, $2^1/_2$ M. rot, 3 M. blau, 4 M. graugrün, 5 M. silbergrau. Sie sind ebenfalls 38,6 mm hoch und 30 mm breit. Das Mittelfeld zeigt das Brustbild einer mit Kaiserkrone und Eichenkranz geschmückten Germania in Vollansicht auf dunklem Grunde. Hinter dem Kopfe wird ein fliegender Adler sichtbar. Der obere Rand trägt die Inschrift „DEUTSCHES REICH" hell auf dunklem Grunde. In den unteren beiden Ecken des Mittelfeldes befinden sich zwei quadratische Felder mit der Wertziffer, welche dunkel auf hell punktiertem Grunde steht. Zwischen diesen beiden Feldern ist das Wort „MARK" in heller Schrift auf dunklem Grunde als schmales Band angebracht. Darunter folgt in der ganzen Breite der Marke ein leicht guillochiertes Feld, an das sich als untere Begrenzung das Wort „GRUNDSTÜCKSSTEMPEL", dunkel auf hellem Grunde, anschließt. Die Marken sind auf den beiden Längsseiten mit einer feinen Einfassung versehen.

(6) Die Marken der dritten Gruppe umfassen die Werte von 10 bis 500 M., sind in Kupferdruck ausgeführt und haben folgende Farbentönungen: 10 M rot, 15 M. blau, 20 M. braun, 25 M. gelbbraun, 50 M. grün, 100 M. rotviolett, 200 M. rot, 300 M. blau, 400 M. braun, 500 M. blauviolett. Sie sind einschließlich der gezähnten weißen Ränder etwa 50 mm hoch und 30 mm breit. Das Mittelfeld zeigt in ovalem Rahmen auf dunklem Grunde das Brustbild einer nach links blickenden, mit Kaiserkrone und Eichenkranz geschmückten Germania in Seitenansicht. Der Raum neben dem ovalen Rahmen ist mit Eichenlaub gefüllt. Der obere Rand trägt die Inschrift „DEUTSCHES REICH" hell auf dunklem Grunde. Zu beiden Seiten unterhalb des Rahmens, zum Teil in das Oval hineinragend, befinden sich zwei rechteckige Felder mit der dunklen Wertziffer auf hellem Grunde. Dazwischen ist das Wort „MARK", hell auf dunklem Grunde, angebracht. Darunter folgt in der ganzen Breite der Marke ein leicht guillochiertes Feld, an das sich als untere Begrenzung das Wort „GRUNDSTÜCKSSTEMPEL", dunkel auf hellem Grunde, anschließt.

§ 155.

b) Stempelbogen.

(1) Über Abgabebeträge von mehr als 1000 M. werden Stempelbogen ausgefertigt. Die Ausfertigung ist schriftlich bei einer zuständigen Steuerstelle

zu beantragen. Der Antrag hat den Wertbetrag in Buchstaben zu enthalten.

(2) Die Stempelbogen tragen den Vordruck:

№ ....

Gültig über M. .... Pf. ..... Stempel

buchstäblich:

....

....

(Ort, Tag, Monat, ...
Jahr in Buchstaben) ....

(Ausgabestelle)..

(Unterschriften) ....

(3) Die Bogengröße des Stempelpapiers beträgt 21:33 cm (Reichsformat). Auf der ersten Seite des Bogens befindet sich links oben ein runder Stempel von 32 mm Durchmesser mit einem nach links blickenden, mit Kaiserkrone und Eichenlaub geschmückten Germaniakopf in Seitenansicht auf dunklem Grunde. Darüber stehen die Worte „DEUTSCHES REICH" und darunter das Wort „GRUNDSTÜCKSSTEMPEL". Stempel und Schrift sind im Buchdruck in schwarzer Farbe auf bräunlich guillochiertem Untergrunde gedruckt. Unter diesem ist ein Trockenstempel in runder Form mit 35 mm Durchmesser angebracht, den Reichsadler mit Perlrand auf weißem Grunde darstellend. Rechts von beiden Stempeln befindet sich der Vordruck auf bräunlich guillochiertem Grunde.

(4) Nach Einzahlung des Wertbetrags ist der Vordruck vom ersten Kassenbeamten auszufüllen und gegenzuzeichnen und, nach Eintragung der Nummer des Kontrollbuchs gemäß § 204, vom Amtsvorstand unter Beidrückung des Amtssiegels zu unterzeichnen.

(5) Die Übersendung des Stempelbogens geschieht auf Kosten des Antragstellers. Wird die Ausfertigung bei einer unzuständigen Steuerstelle beantragt, so hat diese den Antrag an die nächste zuständige Steuerstelle zur Erledigung weiterzugeben.

§ 156.

3. Allgemeine Vorschriften für die Verwendung von Stempelzeichen.

(1) Die Stempelzeichen sind zur Urschrift zu verwenden. Auf jeder Ausfertigung oder Abschrift der Urkunde ist von der zur Entwertung der Stempelzeichen verpflichteten Stelle durch eigenhändige Unterschrift zu bescheinigen, welcher Stempelbetrag zur Urschrift verwendet ist.

(2) Läßt sich der erforderliche Stempelbetrag nicht ohne weiteres aus der Urkunde berechnen, so ist mit der Kostenberechnung eine kurze Stempelberechnung zu verbinden.

§ 157.

4. Verwendung und Entwertung von Stempelmarken.

a) Durch Behörden oder Beamte

(1) Die Marken sind tunlichst auf der ersten Seite aufzukleben. Sie müssen mit der ganzen Rückseite auf der Unterlage haften und dürfen die Schrift nicht verdecken. Zwischen mehreren Marken muß ein so großer Zwischenraum gelassen werden, daß der Name des entwertenden Beamten seitwärts auf das Papier übergreifen kann; bei untereinander aufgeklebten Marken muß der Zwischenraum so groß sein, daß der Stempelabdruck auf der unteren Marke die obere Marke nicht berührt.

(2) In jeder einzelnen Marke muß der Tag der Verwendung, und zwar der Tag und das Jahr mit arabischen Ziffern, der Monat mit Buchstaben und ferner die Geschäftsnummer oder die Nummer des Notariatsregisters ohne jede Auskratzung, Durchstreichung oder Überschreibung in dem hierzu bestimmten hellen Felde im unteren Teile der Marke niedergeschrieben werden. Darüber sind der Ort der Verwendung und der Name des entwertenden Beamten dergestalt eigenhändig niederzuschreiben, daß der Vermerk auf das die Marke umgebende Papier nach beiden Seiten übergreift. Allgemein übliche und verständliche Abkürzungen der Monatsbezeichnung sowie die Weglassung der beiden ersten Zahlen der Jahresbezeichnung sind zulässig (z. B. statt 10. Januar 1912: 10. Jan. 12).

(3) Außerdem haben die ein Amtssiegel führenden Behörden und Beamten jede einzelne Marke mit einem mit schwarzer Stempelfarbe herzustellenden Abdruck des Amtsstempels dergestalt zu versehen, daß der Abdruck den oberen mit dem Entwertungsvermerke nicht versehenen Teil der Marke bedeckt und auf das umgebende Papier übergreift. Zur Veranschaulichung dient nebenstehendes Beispiel[1]):

b) Durch die Steuerstellen.

(4) Die Steuerstellen haben die Stempelmarken ohne Zwischenräume neben- oder untereinander aufzukleben. Auf jeder einzelnen Marke ist der amtliche Schwarzstempel mehrmals so abzudrucken, daß die Abdrucke den größeren Teil der einzelnen Marke bedecken und auf das umgebende Papier oben und seitwärts übergreifen. Die Stempelabdrucke müssen deutlich und erkennbar sein und besonders die Bezeichnung und den Ort der Amtsstelle klar ersehen lassen.

(5) Außerdem haben die Steuerstellen auf jeder Urkunde mit Amtsstempel, Datum (der Monat in Buchstaben) und Unterschrift zu vermerken, welcher Stempelbetrag in Marken entwertet worden ist.

c) Ergänzende Bestimmungen der Landesregierungen.

(6) Im Einverständnisse mit dem Reichskanzler (Reichsschatzamt) können die Landesregierungen zur Sicherung der ordnungsmäßigen Verwendung der Stempelzeichen ergänzende Bestimmungen erlassen.

---

[1]) Das Muster ist nicht mit abgedruckt.

§ 158.

5. Verwendung und Entwertung von Stempelbogen.

Die Stempelbogen sind mit den zu versteuernden Urkunden durch Zusammenheften und Einsiegeln der Fadenenden in der Weise zu verbinden, wie dies bei der Besiegelung gerichtlicher Urkunden geschieht. Ferner sind die Stempelbogen mit einem Entwertungsvermerke zu versehen, der die Bezeichnung des beurkundeten Geschäfts, den Tag der Urkunde sowie die Namen der Urkundenaussteller enthält, z. B.:

Entwertet zu dem am 1. Oktober 1912 zwischen dem ....

.... zu ....

und dem .... zu ....

geschlossenen Kaufvertrag über das Grundstück ....

....

Berlin, den 8. Oktober eintausendneunhundertzwölf.

Amtsstelle.

Amtsstempel. Unterschrift:

§ 159.

6. Erhebung der Abgabe ohne Verwendung von Stempelzeichen.

a) Stempelverwendungsvermerk.

(1) Sofern eine Verwendung von Stempelzeichen nicht stattfindet, ist der Betrag der Abgabe und deren Entrichtung von den zur Festsetzung und Entgegennahme der Steuer zuständigen Behörden und Beamten auf der Urschrift und auf einer etwaigen Abschrift oder Ausfertigung der Urkunde zu bescheinigen. Die Bescheinigung ist mit Orts- und Zeitangabe zu versehen und unterschriftlich zu vollziehen.

(2) Im Falle der Einziehung der Abgabe mit den Gerichtskosten kann durch die Landesregierung nachgelassen werden, daß der angesetzte Betrag auf der Urschrift, Abschrift oder Ausfertigung der Urkunde nur vermerkt[1]) wird.

(3) Läßt sich der erforderliche Abgabebetrag nicht ohne weiteres aus der Urkunde berechnen, so ist mit der Bescheinigung oder mit der Kostenberechnung eine kurze Stempelberechnung zu verbinden.

§ 160.

b) Einziehung der Abgabe bei öffentlichen Urkunden.

(1) Im Falle des § 159 Abs. 1 haben die Behörden und Beamten die bei ihnen innerhalb eines Monats eingegangenen Stempelbeträge bis zum 10. des folgenden Monats an eine von der Landesregierung zu bestimmende Steuerstelle abzuführen und durch besondere Nachweisung von denjenigen Verhandlungen

---

[1]) So in Preußen § 5 Abs. 2 AB. v. 14. 3. 12, § 10 LStG.

und Beurkundungen Mitteilung zu machen, auf die sich die abzuführenden Beträge beziehen. Sind in einem Monat keine Abgabeträge abzuführen, so haben die Gerichte und Notare die Steuerstelle hiervon zu benachrichtigen,

(2) Die Nachweisungen sind in doppelter Ausfertigung einzureichen und mit der Bescheinigung der Vollständigkeit und Richtigkeit zu versehen. Für sie dienen die Muster 26, 27 (nicht mit abgedruckt).

(3) Die Steuerstelle prüft die Nachweisung, vereinnahmt den Steuerbetrag, nimmt die eine Ausfertigung oder die Fehlanzeige als Beleg zum Anmeldungsbuch und sendet die andere — mit Empfangsbestätigung und Angabe der Buchungsnummer versehen — zurück.

(4) Die Landesregierung kann im Einverständnisse mit dem Reichskanzler (Reichsschatzamt) für die Nachweisung und Ablieferung des Stempels abweichende Vorschriften treffen, insbesondere anordnen, daß die für die Landesabgabe von Grundstücksübertragungen geltenden Bestimmungen zur Anwendung gelangen.

c) Einziehung mit den Gerichtskosten.

(5) Im Falle der Einziehung der Abgabe mit den Gerichtskosten kann die Abführung der bis zum Monatsschluß eingegangenen Stempelbeträge mittelst einer von der Landesregierung vorzuschreibenden Benachrichtigung[1]) erfolgen; die Steuerstelle vereinnahmt alsdann den Monatsgesamtbetrag (einschließlich des Betrags, für den Belege über Erstattungen statt baren Geldes abgeliefert werden) nach Eintragung in das Anmeldungsbuch und nach Bestätigung des Empfanges und nimmt die Benachrichtigung oder die Fehlanzeige als Beleg zum Anmeldungsbuche.

§ 161.

7. Versteuerung privatschriftlicher und im Ausland errichteter Urkunden.

(1) Auf die Versteuerung privatschriftlicher Urkunden finden die §§ 152 bis 160 entsprechende Anwendung. Sind Stempelzeichen nicht zu verwenden und hat die Entrichtung der Steuer unmittelbar an eine zuständige Steuerstelle zu erfolgen, so ist dieser die steuerpflichtige Urkunde in Urschrift und Abschrift vorzulegen. Die Abschrift kann sich auf den für die Besteuerung wesentlichen Teil der Urkunde beschränken. Nach Festsetzung und Einzahlung des Abgabebetrags wird die Urschrift — mit dem im § 159 Abs. 1 vorgeschriebenen Stempelverwendungsvermerke versehen — zurückgegeben und die Abschrift als Beleg zum Anmeldungsbuche genommen.

(2) Ist der steuerpflichtige Rechtsvorgang im Auslande beurkundet, so ist die Versteuerung binnen zweier Wochen nach dem Zeitpunkte zu bewirken, in welchem die Urkunde in das Inland gelangt ist.

§ 162[2]).

8. Feststellung der Steuerfreiheit.

(1) Ist die Grundstücksübertragung von der Abgabe befreit, so ist dies unter Hinweis auf die gesetzlichen Vorschriften, durch welche die Steuerfreiheit bedingt ist,

[1]) Das war für Preußen geschehen in den § 11 Abs. 2 AB. v. 14. 3. 12, § 8 AB. v. 27. 7. 09 Nr. 5 AB. v. 8. 7. 10, an deren Stelle jetzt getreten ist Nr. 7 AB. v. 5. 8. 12.

[2]) Vgl. § 7 AB v. 14. 3. 12.

auf der Urschrift, Abschrift, Ausfertigung usw. der Urkunde ersichtlich zu machen. Der Vermerk ist mit Orts- und Zeitangabe sowie mit dem Amtsstempel zu versehen und unterschriftlich zu vollziehen.

(2) Außerdem sind die für die Steuerfreiheit maßgebenden Tatumstände, und sofern die Befreiungsvorschriften am Schlusse der Tarifnummer 11 in Frage kommen, der Antrag auf Befreiung von der Abgabe in die Verhandlung aufzunehmen. Von der Erhebung der Abgabe ist nur abzusehen, wenn die Voraussetzungen der Steuerfreiheit überzeugend dargetan sind.

(3) Der Antrag auf Befreiung und die Bescheinigung der ihm zugrunde liegenden Tatsachen können bis zur Entrichtung der Abgabe nachgeholt werden. Diese Schriftstücke sind tunlichst bei den Akten aufzubewahren. Nach diesem Zeitpunkt ist der Steuerpflichtige auf den Erstattungsweg zu verweisen.

§ 163.

9. Sicherstellung und Nachversteuerung.

(1) Wird die Entgegennahme der Auflassung oder die Eintragung des neuen Eigentümers im Grundbuche von einer vorgängigen Sicherheitsleistung für den Abgabebetrag abhängig gemacht (§ 85 Abs. 3 des Gesetzes), so bestimmt das Grundbuchamt die Höhe der Sicherheit und veranlaßt das Weitere wegen der Sicherstellung. Ist eine stempelpflichtige, nicht oder nicht hinreichend versteuerte Urkunde vorgelegt, so ist sie unter Angabe der etwa geforderten und geleisteten Sicherheit der Steuerstelle des Bezirks zu übersenden, die den Abgabebetrag einzieht, die Stempelzeichen entwertet oder die Barentrichtung der Abgabe auf der Urkunde vermerkt und die Urkunde sodann dem Grundbuchamte wieder zugehen läßt, das wegen Rückgabe der zur Deckung des Abgabebetrags nicht erforderlich oder nicht verwendbar gewesenen Sicherheit das Weitere veranlaßt.

(2) Die Bestimmung des § 152 Abs. 3, wonach bei gerichtlichen oder den Gerichten vorgelegten außergerichtlichen Urkunden die Abgabe mit den Gerichtskosten eingezogen werden kann, bleibt unberührt.

§ 164.

10. Zwangsweise Einziehung der Steuer.

(1) Wird die Abgabe nicht innerhalb der gesetzlichen Frist entrichtet, so ist die zwangsweise Einziehung der Steuer gemäß § 85 Abs. 2 des Gesetzes zu veranlassen. Soweit die Abgabe durch Verwendung von Stempelzeichen zu entrichten ist, haben Behörden und Beamte, die zur zwangsweisen Einziehung von Geldern nicht befugt sind, den Antrag auf zwangsweise Einziehung des Stempels für jeden steuerpflichtigen Rechtsvorgang besonders der Steuerstelle ihres Bezirkes einzureichen. In dem Antrage sind, falls nicht eine Abschrift der Urkunde beigefügt wird, außer dem Hauptschuldner sämtliche Personen zu benennen, denen nach dem Gesetze die Zahlung der Abgabe obliegt. Beigetriebene Stempelbeträge hat die Steuerstelle der ersuchenden Amtsstelle oder dem Notar in entwerteten Stempelzeichen zu übersenden, die der zu versteuernden Urkunde anzuheften sind.

(2) Bei Barentrichtung der Abgabe ist der Antrag auf zwangsweise Einziehung für jeden steuerpflichtigen Rechtsvorgang besonders, unter Benutzung der Muster 26, 27 in doppelter Ausfertigung der Steuerstelle einzureichen, die alsdann das Weitere veranlaßt und die eine Ausfertigung als Beleg zum Anmeldungsbuche nimmt, die andere — mit Empfangsbestätigung oder Niederschlagungsbescheinigung versehen — zurückgibt. Die Landesregierung kann im Einverständnisse mit dem Reichskanzler (Reichsschatzamt) für die Überweisung zur zwangsweisen Einziehung abweichende Vorschriften treffen, insbesondere anordnen, daß die für die Landesabgabe von Grundstücksübertragungen geltenden Bestimmungen anzuwenden sind.

(3) Wird die Uneinziehbarkeit der Abgabe durch fruchtlose Zwangsvollstreckung festgestellt und erscheint ein vertretbares Verschulden eines Beamten ausgeschlossen, so sind die Direktivbehörden befugt, die Abgabe niederzuschlagen. Die Niederschlagung ist von der nach § 152 zur Versteuerung zuständigen Stelle unter Vorlegung der erforderlichen Nachweise zu beantragen.

Zum § 87 des Gesetzes.

§ 165.

11. Ermittelung des steuerpflichtigen Betrags (Preis und Wert).

(1) Die Behörden und Beamten sind verpflichtet, in allen Fällen, in denen sich der Preis oder Wert des Gegenstandes nicht aus den mit den Parteien aufgenommenen Verhandlungen von selbst ergibt, die Parteien darüber zu vernehmen und die Erklärungen in die Verhandlung aufzunehmen sowie die sonst zur Beurteilung der Höhe des Stempels erforderlichen Angaben zu beschaffen.

(2) Haben die Behörden oder Beamten Bedenken gegen die Richtigkeit der für die Preis- oder Wertbemessung gemachten Angaben, bleibt insbesondere der als Kaufpreis beurkundete Betrag erheblich hinter dem Werte des Gegenstandes zurück, so haben sie der im § 167 Abs. 1 bezeichneten Stelle unter Übersendung einer Ausfertigung der Verhandlung zur Veranlassung des Weiteren Mitteilung zu machen.

(3) Ist in einer Urkunde die Übertragung von unbeweglichen und anderen Gegenständen ohne Angabe der Einzelpreise oder -werte verabredet, so sind diese auf der Urkunde zu vermerken, sofern dies von einem der Aussteller verlangt wird und die Frist zur Entrichtung der Abgabe (§ 83 des Gesetzes) noch nicht abgelaufen ist. Andernfalls wird der Gesamtpreis oder -wert der Berechnung der Abgabe zugrunde gelegt, unbeschadet des Rechtes des Steuerpflichtigen auf Erstattung des überhobenen Betrags[1]).

§ 166.

Die Landesregierungen können im Einverständnisse mit dem Reichskanzler (Reichsschatzamt) bestimmen[2]), ob und inwieweit in denjenigen Fällen, in denen die Versteuerung nach dem Werte des Gegenstandes zu erfolgen hat, für die Ermittelung des Wertes die landesgesetzlichen Vorschriften auch hinsichtlich der Reichsabgabe Anwendung finden sollen. Ebenso bleibt ihnen vorbehalten, wegen einer

---

1) Vgl. Nr. 24 PrAB. z. RStG., § 8 Abs. 1 u. 2 AB. v. 14. 3. 12.

2) So in Preußen nach § 6 Abs. 1 AB. v. 14. 3. 12.

allgemeinen Nachprüfung des Wertes der veräußerten Gegenstände Bestimmung zu treffen.

§ 167[1]).

12. **Aussetzung der Versteuerung.**

(1) Bestimmt sich der Preis oder Wert des Gegenstandes nach dem Eintritte späterer Ereignisse oder läßt er sich zur Zeit der Beurkundung aus einem anderen Grunde auch nur annähernd nicht bemessen, so haben die Behörden und Beamten, falls sie es nicht vorziehen, die nachträgliche Versteuerung selbständig ohne Mitwirkung der Steuerstellen vorzunehmen, innerhalb der Frist zur Entrichtung der Abgabe (§ 83 des Gesetzes) der Steuerstelle des Bezirkes oder nach Bestimmung der obersten Landesfinanzbehörde einer anderen Amtsstelle unter Mitteilung einer Ausfertigung der Verhandlung von dem Sachverhalte Kenntnis zu geben. Die Überweisung des Überwachungsfalls ist von der überweisenden Stelle auf der Urschrift zu vermerken.

(2) Die überwachende Stelle trägt den Fall nach Prüfung des Sachverhalts in eine Überwachungsliste nach Muster 28 (nicht mit abgedruckt) ein. Sie bescheinigt der überweisenden Stelle den Eingang der Überweisung unter Mitteilung der Nummer in der Überwachungsliste und veranlaßt das Weitere wegen der Überwachung und der späteren Einziehung des Abgabebetrags. Soweit die Entrichtung der Abgabe durch Verwendung von Stempelzeichen geschieht, ist der eingezahlte Betrag in Stempelzeichen zu entwerten und sind die entwerteten Stempelzeichen zu den Akten der Steuerstelle zu nehmen. Die Zahlung ist der überweisenden Stelle mitzuteilen; die Mitteilung ist als Beleg zur Urschrift zu nehmen.

(3) Wird nach Abs. 1 die Aussetzung der Versteuerung pritvatschriftlicher oder im Ausland errichteter Urkunden erforderlich, so haben die Steuerstellen ihre Überwachung einzuleiten.

§ 168.

13. **Der Genehmigung oder des Beitritts eines Dritten bedürfende Rechtsgeschäfte.**

Ist die Rechtswirksamkeit eines Rechtsgeschäfts von der Genehmigung oder von dem Beitritt einer Behörde oder eines Dritten abhängig, so bestimmt die Landesregierung[2]) diejenigen Amtsstellen, die den Stempel zu verwenden oder die Abgaben zu vereinnahmen haben.

Zum § 79 des Gesetzes.

§ 169[3]).

14. **Erstattung.**

a) Aus Rechtsgründen.

Die Abgabe ist auf Antrag zu erstatten:

a) wenn ein beurkundeter Rechtsvorgang nichtig oder infolge einer Anfechtung als von Anfang an nichtig anzusehen ist,

---

[1]) An die Stelle dieses § tritt beim Gerichtskostenstempel § 11 LStB., s. § 5 Abs. 4 AB. v. 14. 3. 12.

[2]) Geschehen in Nr. 27 PrAB. z. RStG.

[3]) S. hierzu Nr. 45 Abs. 2 PrAB. z. RStG., auch AB. v. 24. 5. 12.

b) wenn ein Zuschlagsbeschluß aufgehoben ist,

c) wenn nach Zahlung der Abgabe zu d der Tarifnummer 11 eine Urkunde über das der Veräußerung zugrunde liegende Rechtsgeschäft vorgelegt wird (Tarifnummer 11d Abs. 3)[1]). Ist die Urkunde nicht ordnungsmäßig versteuert, so ist der zu erstattende Betrag auf den zu der Urkunde erforderlichen Stempel zu verrechnen,

d) im Falle des § 173 Abs. 2 Satz 2.

§ 170.

b) Aus Billigkeitsrücksichten.

Erstattung kann ferner auf Antrag angeordnet werden, wenn die Ausführung des Rechtsgeschäfts unterblieben oder ein Geschäft auf Grund der Wandlung rückgängig gemacht ist[2]) und Billigkeitsgründe vorliegen.

§ 171.

Im Falle des § 169 zu a und im Falle des § 170 erfolgt die Erstattnng unter Vorbehalt der Wiedereinziehung des Stempels von demjenigen Vertragsschließenden, der bei der Beurkundung des Geschäfts von den die Nichtigkeit bedingenden Umständen Kenntnis gehabt oder die unterbliebene Ausführung des Geschäfts oder die Wandlung verschuldet hat. Liegen beim Antragsteller diese Voraussetzungen vor, so ist das Erstattungsgesuch abzulehnen.

§ 172.

c) Verfahren.

(1) Über Anträge auf Erstattung nach §§ 169, 170 entscheidet die Direktivbehörde und sofern die Abgabe vom Grundbuchamt erhoben ist, vorbehaltlich anderweiter Bestimmung der Landesregierung, in diesem übergeordnete Behörde[3]). Dem Erstattungsantrag ist nur stattzugeben, wenn er innerhalb zweier Jahre nach der Entrichtung der Abgabe angebracht worden ist[4]). Wird der Antrag auf Tatsachen gestützt, die erst nach der Zahlung oder Beitreibung der Abgabe eingetreten sind, so beginnt die zweijährige Frist mit dem Tage, an dem der Antragsteller von diesen Tatsachen Kenntnis erhalten hat.

(2) Die Erstattung ist auf der Urkunde und den im Erstattungsverfahren vorgelegten Ausfertigungen und Abschriften zu vermerken.

(3) Die näheren Bestimmungen über das Verfahren trifft die oberste Landesfinanzbehörde.

§ 173.

15. Abgabenanrechnung.

(1) Wird die Anrechnung des für eine Auflassung oder Umschreibung entrichteten Stempels auf denjenigen Abgabebetrag verlangt, welcher zu einer später errichteten Urkunde[5]) über das der Auflassung zugrunde liegende Veräußerungs-

---

[1]) Vgl. § 8 Abs. 2 AB. v. 14. 3. 12.

[2]) Darüber hinaus, also in allen anderen Fällen, nur auf Bestimmung des Bundesrats (s. § 79 Abs. 2 RStG.), die kaum zu erlangen sein wird. — Vgl. auch Grunds. Nr. 16.

[3]) S. hierzu Nr. 45 Abs. 2 PrAB. z. RStG. auch unten § 185.

[4]) Vgl. AB. v. 24. 5. 12.

[5]) Ist die Urkunde vor Gericht errichtet, so vgl. § 8 Abs. 3 AB. v. 14. 3. 12, § 18 LStB.

geschäft erforderlich ist, so ist die Erfüllung der Stempelpflicht hinsichtlich der Auflassung oder Umschreiburg der zur Versteuerung der später errichteten Veräußerungsurkunde zuständigen Stelle nachzuweisen.

(2) Ergibt die Prüfung, daß das beurkundete Rechtsgeschäft mit dem der Auflassung oder Umschreibung zugrunde liegenden übereinstimmt, so ist der für die Auflassung oder Umschreibung gezahlte Stempel auf den Stempel der später errichteten Urkunde anzurechnen. Ist der Auflassungs- oder Umschreibungsstempel geringer als der Urkundenstempel, so ist der Mehrbetrag nachzuerheben, ist er höher, so ist der Unterschied auf Antrag zu erstatten (§ 169 zu d).

(3) Der angerechnete Betrag ist auf der Urschrift und jeder Ausfertigung oder Abschrift der später errichteten Veräußerungsurkunde von der nach § 152 zuständigen Stelle zu bescheinigen.

Zum § 89 des Gesetzes.

§ 174.

16. Besteuerung des gebundenen Grundbesitzes.

a) Form der Abgabenentrichtung.

Die im § 89 des Gesetzes bezeichnete Abgabe ist jährlich im voraus an die zuständige Steuerstelle zu entrichten. Zuständig ist diejenige Steuerstelle, in deren Bezirke die im § 175 Abs. 1 bezeichnete Behörde gelegen ist. Für diejenigen Grundstücke, die am 1. Oktober 1909 bereits gebunden waren, ist die Abgabe am 1. Oktober jeden Jahres zu zahlen. Wird ein Grundstück der Bindung nach dem 1. Oktober 1909 unterworfen, so ist zunächst der Teilbetrag der Steuer, der auf die Zeit von der rechtswirksamen Bindung des Grundstücks bis zum nächstfolgenden 1. Oktober entfällt, festzustellen und zu erheben. Die weitere Erhebung geschieht jährlich am 1. Oktober.

§ 175.

b) Festsetzung der Abgabe.

(1) Die zur Festsetzung der Abgabe zuständigen Behörden werden von der Landesregierung bestimmt[1]).

(2) Die Behörden haben den Wert der beim Inkrafttreten des Gesetzes gebundenen steuerpflichtigen Grundstücke gemäß dem Stande vom 1. Oktober 1909, den Wert der übrigen alsbald nach ihrer Bindung — und in beiden Fällen späterhin fortlaufend von 30 zu 30 Jahren — nach den für die Reichserbschaftssteuer geltenden Vorschriften zu ermitteln und danach die jährliche Abgabe zu berechnen.

§ 176.

(1) Nach Berechnung der Abgabe ist ein Steuerbescheid zu erteilen und dem Zahlungspflichtigen zuzustellen.

(2) Der Steuerbescheid hat zu enthalten:
die Bezeichnung aller gebundenen Grundstücke,
die Feststellung des Wertes der steuerpflichtigen Grundstücke,
die Berechnung und den Betrag der jährlich zu zahlenden Abgabe,
die Anweisung zu ihrer Entrichtung an die zu bezeichnende Steuerstelle innerhalb einer zu bestimmenden Frist nach Maßgabe des § 174.

---

[1]) Vgl. Nr. 29 PrAB. z. RStG.

Statt der Aufführung der einzelnen Grundstücke genügt die Verweisung auf die Angabe der Grundstücke in einem Grundbuchhefte, sofern ein solches für die gebundenen Grundstücke eines Inhabers besonders geführt ist.

(3) Auf Erstattungsanträge finden die Vorschriften des § 172 Abs. 1 Anwendung.

§ 177.

c) Erhebung der Abgabe.

Gleichzeitig mit der Zustellung der Steuerbescheids an den Zahlungspflichtigen hat die Behörde, welche die Abgabe festgesetzt hat, Abschrift des Steuerbescheids in doppelter Ausfertigung der für ihren Sitz zuständigen Steuerstelle zu übersenden, die alsdann wegen Einziehung der jährlichen Abgabebeträge das Weitere veranlaßt.

§ 178.

d) Überwachung der Zahlung.

(1) Der rechtzeitige Eingang der jährlichen Abgabe ist von der Steuerstelle durch eine Überwachungsliste nach dem Muster 29 (nicht mit abgedruckt) zu überwachen.

(2) Nach Vereinnahmung der ersten Zahlung wird die eine Ausfertigung des Steuerbescheids Beleg zum Anmeldungsbuche, die andere Beleg für die Überwachungsliste.

(3) Bei der Vereinnahmung der weiteren Jahresbeträge ist eine Eintragung in das Anmeldungsbuch nicht erforderlich. Im Einnahmebuch ist jedoch in der Bemerkungsspalte das Jahr der Fälligkeit der Abgabe z. B. „Abgabe für 1912 (4. Zahlung)" anzugeben.

(4) Von dem Eingange der letzten Jahresabgabe innerhalb eines dreißigjährigen Veranlagungsabschnitts ist derjenigen Behörde, von der der Steuerbescheid erlassen ist, Mitteilung zu machen.

§ 179.

e) Bestandsveränderungen.

(1) Die Besitzer von Grundstücken, von denen die im § 89 des Gesetzes vorgesehene Abgabe zu entrichten ist, haben der zuständigen Behörde (§ 175 Abs. 1) die Übernahme des Besitzes und jede Änderung in dem Bestande der der Bindung unterworfenen Grundstücke binnen 3 Monaten von der Besitzübernahme oder vom Eintritte der Änderung ab gerechnet anzuzeigen. Soweit eine Beaufsichtigung des gebundenen Grundbesitzes erfolgt, liegen auch den Aufsichtsbehörden die gleichen Pflichten zur Mitteilung ob.

(2) Die zur Festsetzung der Abgabe zuständige Behörde hat die Steuerstelle von jeder Änderung in der Person des Besitzers zu benachrichtigen.

Zu § 90 des Gesetzes und Anmerkung zu Tarifnummer 11.

§ 180.

17. Zuschlag von einhundert vom Hundert.

Der Zuschlag von einhundert vom Hundert wird in der Weise erhoben, daß die Abgabe gleich von vornherein mit $^2/_3$ vom Hundert berechnet wird.

X. Allgemeine Bestimmungen.

Zum § 91 des Gesetzes.

§ 181.

1. Umtausch von Stempelzeichen.

Stempelmarken und amtlich gestempelte Vordrucke des Musters 11 können, wenn sie unbeschädigt sind, bei den von den Landesregierungen bestimmten Amtsstellen gegen Marken oder Vordrucke zu anderen Wertbeträgen oder für andere Geschäfte umgetauscht werden. In der Regel werden für Marken nur Marken, für Vordrucke nur Vordrucke im Umtausch abgegeben Statt der Verabfolgung gestempelter Vordrucke können eigene Vordrucke des Antragstellers unentgeltlich abgestempelt werden. Eine bare Herauszahlung findet nur in besonderen Ausnahmefällen mit Genehmigung der Direktivbehörde statt.

§ 182.

2. Ersatz unbrauchbar gewordener Stempelzeichen.

(1) Verdorbene Stempelzeichen sowie Stempelmarken, mit denen demnächst verdorbene Schriftstücke versehen sind, werden von dem Amtsstellen unentgeltlich ersetzt, wenn von den Stempelzeichen oder Schriftstücken noch kein oder doch kein solcher Gebrauch gemacht worden ist, daß demgegenüber durch den Ersatz das Stempelinteresse gefährdet ist. Eine bare Herauszahlung findet nicht statt.

(2) Der Ersatz ist bei der Amtsstelle des Bezirkes schriftlich oder mündlich zu beantragen. Die verdorbenen Stempelzeichen und Schriftstücke sind mit vorzulegen.

(3) Der Ersatz kann abgelehnt werden, wenn verdorbene gestempelte Scheckvordrucke im Werte von zusammen weniger als 1 M., sonstige vorbotbene Stempelzeichen im Werte von zusammen weniger als 3 M. vorgelegt werden, oder wenn seit dem Zeitpunkte, zu welchem der Schaden dem Berichtigten bekannt geworden ist, mehr als drei Monate verflossen sind. Für verdorbene gestempelte Scheckvordrucke, die von den Scheckkunden an den Ausgeber der Vordrucke zurückgeliefert werden, kann der Antrag auf Ersatz auch von diesem gestellt werden.

(4) In der Regel werden für verdorbene Marken nur Marken, für verdorbene Stempelbogen nur Stempelbogen, für verdorbene Vordrucke nur Vordrucke unentgeltlich verabfolgt. Statt der Verabfolgung gestempelter Vordrucke können Vordrucke auch unentgeltlich abgestempelt werden. Die einzelnen Stücke sind möglichst in den vom Antragsteller gewünschten Wertbeträgen zu gewähren. Für gestempelte Schlußnotenvordrucke in größeren Mengen kann nach der Bestimmung der obersten Landesfinanzbehörde Ersatz der Herstellungskosten gefordert werden.

(5) Ein Ersatz des Stempels auf verdorbenen Wertpapieren und verdorbenen Gewinnanteilschein- und Zinsbogen erfolgt im Wege des steuerfreien Umtausches nach § 19.

(6) Etwaige Portokosten trägt der Antragsteller.

(7) Die Stempelzeichen, für die Ersatz gewährt ist, werden bei einer von der Direktivbehörde zu bestimmenden Amtsstelle in Gegenwart zweier Beamten vernichtet.

§ 183. § 184[1]).

[1]) Die §§ 183, 184 betreffen Vordrucke zu Schecks oder Quittungen, sind daher hier fortgelassen.

§ 185.

3. Erstattung überhobener Stempelabgaben.

(1) Über Anträge auf Erstattung zu Unrecht entrichteter Stempelabgaben entscheidet die Direktivbehörde[1][2]).

(2) Die Erstattung ist nicht deshalb zu versagen, weil der Antrag bei einer nicht zuständigen Steuerbehörde oder, soweit für die vorläufige Erstattung etwa eine Eisenbahnbehörde für zuständig erklärt ist, bei dieser oder im Falle der Tarifnummer 11 bei den mit der Aufnahme der Verhandlung oder Beurkundung befaßt gewesenen Behörden oder Beamten gestellt wird.

§ 186[3]).

4. Erstattung aus Billigkeitsrücksichten.

Zum § 92 des Gesetzes.

§ 187.

Die Bestimmung des § 92 des Gesetzes, wonach nicht in der vorgeschriebenen Weise verwendete Stempelmarken als nicht verwendet anzusehen sind, soll nicht eine Doppelversteuerung zur Folge haben, sondern es soll dadurch nur der Tatbestand einer nach dem Gesetze mit Strafe bedrohten Zuwiderhandlung festgestellt werden. Abgesehen von der etwa erforderlich werdenden Einleitung des Strafverfahrens bedarf es daher nur einer nachträglichen Entwertung der Stempelmarke durch Aufdruck des Amtsstempels der Steuerbehörde, falls die Urkunde vorliegt oder ohne weiteres zu erlangen ist. Die Beibringung neuer Stempelmarken ist nur dann zu fordern, wenn eine Entwertung überhaupt unterblieben und die Urkunde nicht ohne weiteres zu erlangen ist, oder wenn aus der unrichtigen Art der Entwertung der Stempelmarken, z. B. aus der unrichtigen Zeitangabe, die Möglichkeit sich ergibt, daß die Marken schon früher zu einer anderen Urkunde gebraucht worden sind. Doch steht es in jedem Falle der unrichtigen Entwertung einer Marke dem späteren Inhaber der Urkunde frei, um sich und seine Nachmänner vor den Folgen dieser Entwertung zu schützen, eine neue Marke vorschriftsmäßig zu verwenden.

Zu den §§ 99, 100 des Gesetzes.

§ 188.

5. Stempelprüfung.

a) Prüfungsbeamte.

(1) Die Beamten zur Prüfung des Reichsstempelwesens werden von den Landesregierungen bestimmt. Ihre Ernennung und die ihnen zugewiesenen Geschäftsbezirke sind öffentlich bekannt zu machen, soweit dies nicht schon früher geschehen ist.

(2) Zu Prüfungsbeamten sind tunlichst höhere Beamte zu bestellen (ordentliche Prüfungsbeamte). Die Prüfung der Abgabenentrichtung bei Rennwettbetrieben (Tarifnummer 5) sowie nach den Tarifnummern 6, 7, 10 kann den Bezirksoberkontrolleuren oder

[1]) Nach Nr. 45 Abs. 2 PrAB. z. RStG. beim Immobiliarstempel das Stempelsteueramt. Beim Gerichtskostenstempel nicht dieses, sondern die Gerichtsbehörde. S. § 8 Abs. 2 AB. v. 14. 8. 12.

[2]) Vgl. AB. v. 24. 5. 12 (ohne Rücksicht auf die Höhe).

[3]) § 186 betrifft die Erstattung des Stempels zu nicht ausgegebenen Wertpapieren usw.

Beamten gleichen oder höheren Ranges der Zoll- und Steuerverwaltung übertragen werden (besondere Prüfungsbeamte). Den Prüfungsbeamten können nach näherer Anordnung der obersten Landesfinanzbehörde andere geeignete Beamte zur Unterstützung beigegeben werden.

§ 191.

c) Ermittelung der zu prüfenden Stellen.

(1) Die prüfungspflichtigen Stellen hat die Direktivbehörde ermitteln zu lassen und dem Prüfungsbeamten mitzuteilen. Sie kann die Ermittelung diesem selbst auftragen.

(2) Über die im Geschäftsbezirke vorhandenen Stellen, die einer regelmäßigen Prüfung unterliegen, hat der Prüfungsbeamte ein Verzeichnis zu führen. Bei jeder Stelle ist darin vorzutragen, binnen welcher Frist die Stempelprüfungen stattzufinden haben, und in einer für jedes Jahr anzulegenden besonderen Längsspalte fortlaufend zu vermerken, ob und wann eine Stempelprüfung stattgefunden hat. Von Zu- und Abgängen im Stande der zu prüfenden Stellen ist in der Bemerkungsspalte der Zeitpunkt ihres Eintritts, bei weggefallenen Stellen außerdem kurz der Grund des Wegfalls anzugeben. In einem Anhange sind diejenigen Aktiengesellschaften des Bezirkes aufzuführen, welche Befreiung vom Aktienstempel genießen.

§ 193.

e) Grundsätze für die Stempelprüfung.

(1) Die Prüfungsbeamten haben die prüfungspflichtigen Stellen innerhalb des dafür festgesetzten Zeitraums der Prüfung zu unterziehen. Etwaige Überschreitungen der Fristen sind im Jahresberichte (§ 196 Abs. 1) kurz zu begründen.

(2) Dem Ermessen des Prüfnngsbeamten bleibt überlassen, ob er die Prüfung vorher anmelden will. Dies hat insbesondere zu geschehen, wenn zu befürchten ist, daß ohne vorgängige Anmeldung die beabsichtigte Prüfung nicht vorgenommen werden kann.

(3) Der Prüfungsbeamte hat sich der zu prüfenden Stelle gegenüber auf Verlangen als Stempelprüfungsbeamter durch eine mit Amtsstempel- oder Siegelabdruck versehene Ausfertigung des ihm erteilten allgemeinen oder besonderen Prüfungsauftrags auszuweisen. Beamte des äußeren Dienstes in Dienstkleidung bedürfen des Ausweises nicht.

(4) Dem Prüfungsbeamten ist ein angemessener Raum oder Arbeitsplatz zur Erledigung seiner Obliegenheiten zur Verfügung zu stellen.

(5) Die prüfungspflichtige Stelle hat dem Prüfungsbeamten die von ihm zum Zwecke der Prüfung gewünschten Urkunden, Belege und sonstigen Schriftstücke sowie die Geschäftsbücher zur Einsicht vorzulegen und ihm die erforderliche Auskunft zu erteilen. . . . .

§ 194.

(1) Zweck der Prüfung ist, den Eingang der gesetzlich geschuldeten Abgabe durch planmäßige Nachprüfung der Stempelentrichtung und in geeigneten Fällen durch Aufklärung der Beteiligten über vorgekommene Irrtümer bei Anwendung des Gesetzes zu sichern.

(2) Die Prüfungsbeamten haben sich bei den Prüfungen selbständig davon zu überzeugen, ob die geschuldeten Stempelbeträge entrichtet, die vorgefundenen

Stempelzeichen echt, vorschriftsmäßig entwertet und nicht mißbräuchlich wiederholt verwendet sind, sowie ob auch im übrigen den Vorschriften des Gesetzes und der Ausführungsbestimmungen gemäß verfahren wird. Zu diesem Zwecke haben sie sich über die für die Abgabenentrichtung in Betracht kommenden Verhältnisse der ihrer Aufsicht unterstellten Betriebe tunlichst zuverlässig und eingehend zu unterrichten, ...

(6) Gelegentlich der in Landesstempelsachen vorzunehmenden Prüfungen ist u. a. im Falle der Neuerrichtung von Aktiengesellschaften oder im Falle der Erhöhung des Grundkapitals bestehender Aktiengesellschaften zu prüfen, ob für die Ausgabe der Aktien der Schlußnotenstempel entrichtet und ob der Aktienstempel vorschriftsmäßig unter Mitberücksichtigung des Betrags berechnet ist, um den die Aktien höher, als der Nennwert lautet, ausgegeben sind. Bei der Prüfung von Gewerkschaften ist festzustellen, ob ausgeschriebene Zubußen ordnungsmäßig zur Versteuerung angemeldet sind. Auch ist bei Aktiengesellschaften, Kommanditgesellschaften auf Aktien und Gesellschaften mit beschränkter Haftung die Richtigkeit der Aufstellungen über die Höhe der den Aufsichtsratsmitgliedern gewährten Vergütungen zu prüfen. Bei den Gerichten, Notaren und sonstigen zur Verwendung des Grundstücksstempels (Tarifnummer 11) verpflichteten Behörden oder Beamten ist insbesondere bei Prüfung der Landesabgabe auch die Entrichtung der Reichsabgabe mit zu prüfen; die Prüfung hat nach den für die Landesabgabe erlassenen Vorschriften zu erfolgen[1]).

(7) Wie eingehend zur Erreichung ihres Zweckes eine Prüfung zu gestalten ist, bleibt dem pflichtmäßigen Ermessen des Prüfungsbeamten überlassen. Neue Stellen sind wiederholt einer eingehenderen Prüfung zu unterziehen. Wo nach den Erfahrungen des Prüfungsbeamten der gute Wille, den bestehenden Vorschriften gemäß zu verfahren, und zugleich die hierzu erforderliche Sorgfalt und Sachkenntnis vorausgesetzt werden können, sind Stichproben zulässig.

§ 195.

f) Aufzeichnung über die Stempelprüfung.

(1) Über den Verlauf der Prüfung ist eine von dem Prüfungspflichtigen nicht mit zu unterschreibende Aufzeichnung zu machen. Die Aufzeichnung muß den Tag der Prüfung und den Zeitraum angeben, auf welchen sich die Prüfung erstreckt hat. Die Erinnerungen sind unter Bezeichnung der zu beanstandenden Schriftstücke mit Angabe der Gründe der Beanstandung und zutreffendenfalls der Vorschriften, gegen welche verstoßen ist, und unter Berechnung des nachzubringenden Stempelbetrags niederzuschreiben.

g) Erledigung der Erinnerungen.

(2) Wird eine Erinnerung von der geprüften Stelle anerkannt, so können fehlende oder unzureichend verwendete Stempelmarken in Gegenwart des Prüfungsbeamten sofort nachverwendet und nicht oder unzureichend entwertete Marken, ohne daß es der Beibringung neuer Marken bedarf, vom Prüfungsbeamten entwertet werden, sofern die Erinnerung ohne grundsätzliche Bedeutung und kein Anlaß zu strafrechtlichem Einschreiten gegeben ist. In der Aufzeichnung sind die so erledigten Erinnerungen ohne nähere Angabe der Gründe der Beanstandung lediglich summarisch mit dem nachgebrachten Gesamtstempelbetrag aufzuführen.

[1]) Vgl. § 9 AB. v. 14. 3. 12 und die dort angezogenen Vorschriften.

(3) Das Verfahren zur weiteren Verfolgung der nicht kurzer Hand erledigten Erinnerungen, insbesondere wegen Nacherhebung der Fehlbeträge und wegen etwaiger Einleitung eines Strafverfahrens, wird, soweit nachstehend nichts anderes bestimmt ist, durch die oberste Landesfinanzbehörde geordnet. Sind Erinnerungen von einem besonderen Prüfungsbeamten (§ 188 Abs. 2) aufgestellt, so ist sowohl diesem wie zur Berücksichtigung bei Aufstellung des Jahresberichts dem ordentlichen Prüfungsbeamten von der Art der Erledigung Kenntnis zu geben.

(4) Von den einer Beantwortung bedürfenden Erinnerungen ist der geprüften Stelle eine Abschrift mit dem Ersuchen zuzufertigen, zu den anerkannten Erinnerungen die geschuldeten Fehlbeträge nachzubringen.

(5) Fehlbeträge der in Tarifnummer 4, 6, 10 und, soweit die Abgabenentrichtung in Stempelzeichen zu erfolgen hat, auch der in Tarifnummer 7, 11 bezeichneten Art, sind in den diesen Tarifnummern entsprechenden Stempelzeichen einzufordern und zu den Akten zu entwerten. Der geprüften Stelle ist von dem Eingang der beigebrachten Stempelzeichen und von der Erledigung der Erinnerung Kenntnis zu geben.

(6) Ist bei der Prüfung ein unversteuertes Wertpapier vorgefunden worden, so ist dessen Abstempelung herbeizuführen.

(7) Bei jeder einzelnen Erinnerung ist in der Aufzeichnung nach ihrer Erledigung zu vermerken, wann und in welcher Weise sich die Erinnerung erledigt hat. Nachdem sämtliche Erinnerungen sich erledigt haben, ist auf der ersten Seite der Aufzeichnung deren vollständige Erledigung vom Prüfungsbeamten zu bescheinigen.

h) Strafanträge.

(8) Die Prüfungsbeamten haben Stempelhinterziehungen und, in geeignet erscheinenden Fällen, vorgekommene Ordnungswidrigkeiten nach Anordnung der obersten Landesfinanzbehörde bei der Direktivbehörde oder bei der zur Führung des Strafverfahrens zuständigen Behörde zur Anzeige zu bringen. Dem Prüfungsbeamten ist von der ergangenen Entscheidung nach Eintritt der Rechtskraft Kenntnis zu geben.

Zu den §§ 63, 101 des Gesetzes.

§ 197.

6. Mitwirkung bei Beaufsichtigung der Stempelentrichtung durch Zoll- und Steuerbeamte.

(1) Die im § 101 des Gesetzes vorgeschriebene Verpflichtung, bei Überwachung der vorschriftsmäßigen Entrichtung der Reichsstempelabgaben mitzuwirken, trifft vor allem auch die Beamten der Zoll- und Steuerverwaltung, und zwar auch insoweit, als sie nicht mit der Stempelprüfung besonders beauftragt sind.

. . . .

Zum § 102 des Gesetzes.

§ 198[1]).

[1]) § 198 betrifft Handels- und Börsensachen, ist daher hier fortgelassen.

XII. Schlußbestimmungen.

§ 214.

Änderungsbefugnis des Reichskanzlers.

(1) Der Reichskanzler (Reichsschatzamt) wird ermächtigt, die vorstehenden Bestimmungen, soweit sie die Form der Erhebung der Stempelabgaben, insbesondere auch die Anfertigung der Stempel und Stempelzeichen sowie die Herstellung und den Vertrieb gestempelter Vordrucke, die Anmeldung und die Abstempelung von Wertpapieren, Urkunden und Vordrucken und die Buchführung betreffen, nach Bedürfnis abzuändern oder zu ergänzen.

(2) Im Einverständnisse mit dem Reichskanzler (Reichsschatzamt) können die obersten Landesfinanzbehörden die in § 44 Abs. 4, § 54, § 106 Abs. 1, §§ 169, 184 den Direktivbehörden zugewiesenen Geschäfte und Entschließungen sowie in den Fällen der Tarifnummern 4, 6, 10, 11 die Befugnis zur Entscheidung über Anträge auf Erstattung zu Unrecht entrichteter Stempelabgaben (§ 185) auf Behörden übertragen, die den Direktivbehörden untergeordnet sind.

---

3. Auszug aus den Preußischen Ausführungsvorschriften[1][2] des Finanzministers zum Reichsstempelgesetz und seinen Ausführungsbestimmungen (JMBl. 117).

Vom 14. März 1912.

(PrAB. z. RStG.)

Form der Abgabenentrichtung.

Zu § 152.

18. (1) Abgesehen von den Fällen des § 152 Abs. 3 wird die Steuerpflicht durch Verwendung von Stempelmarken (§ 154) und bei Abgabebeträgen von mehr als 1000 M. durch Verwendung von Stempelbogen (§ 155) erfüllt.

(2) Soweit nicht Behörden oder Beamte (Notare) zur Verwendung von Stempelzeichen verpflichtet sind (§ 152 Abs. 1 a, Abs. 4), sind diese durch die mit dem Vertriebe der Landesstempelzeichen beauftragten Hauptzollämter und Zollämter zu entwerten.

---

[1]) Die Paragraphen (§§) beziehen sich, und zwar auch im Texte, soweit nichts anderes bemerkt ist, auf die AB. z. RStG.

LStBO. = Buchführungsordnung für den Landesstempel v. 17. 8. 10, Zentralblatt der Abgabengesetzgebung und Verwaltung für 1910 Beilage zu Nr. 20.

RAStO. = Reichsabgaben-Stundungsordnung für Preußen v. 6. 3. 08, Zentralblatt der Abgabengesetzgebung und Verwaltung für 1908 Beilage 2 zu Nr. 9.

[2]) Die lateinisch gedruckten Teile dieser Vorschriften kommen beim Gerichtskostenstempel nicht zur Anwendung, s. § 5 Abs. 3, § 4 AB. v. 14. 3. 12.

Zu § 153.

Vertrieb der Stempelzeichen. Stempelmarken. Stempelbogen. Stempelverteiler.

19. (1) Die Stempelmarken werden durch die Hauptzollämter und Zollämter und durch die Stempelverteiler (vgl. Nr. 3), die Stempelbogen durch die Hauptzollämter und durch diejenigen Zollämter verkauft, die von den Oberzolldirektionen zur Ausfertigung preußischer Stempelbogen über Wertbeträge von mehr als 1000 M. ermächtigt sind (§ 7 Abs. 2 der LStBO. und Nr. 9 Abs. 3 der AB. z. LStG).

(2) Die Stempelverteiler sind zum Verkaufe von Stempelmarken nur in Höhe der für den Landesstempel zugelassenen Beträge befugt. Zur Entwertung der Stempelmarken sind sie nicht zuständig[1]). Die Stempelverteiler erhalten für die mit diesen Geschäften verbundenen Leistungen eine Entschädigung bis zu $^1/_2$ v. H. des für die entnommenen Stempelmarken gezahlten Betrags (vgl. Nr. 1 Abs. 4); die AB. z. LStG. finden im übrigen entsprechende Anwendung.

Zu § 155.

Ausfertigung der Stempelbogen.

20. (1) Auf den Anträgen, die mit dem Vermerk über die Vereinnahmung des Abgabebetrags zu versehen sind, ist die Ausfertigung des Stempelbogens kurz zu verfügen. Wegen der weiteren Behandlung vgl. § 204 Abs. 2.

(2) Die Vorschriften in § 11 Abs. 4 Satz 3ff., Abs. 5 der LStBO. sind entsprechend anzuwenden.

Zu § 157.

Stempelverwendung durch Notare.

21. Zur Sicherung der ordnungsmäßigen Verwendung der Stempelzeichen zu den von Notaren aufgenommenen Urkunden ist, wie im Einverständnisse mit dem Herrn Reichskanzler (Reichsschatzamt) bestimmt wird, die im Einvernehmen mit dem Herrn Justizminister erlassene Allgemeine Verfügung des Finanzministers v. 2. 3. 12 III. 3637 (JMBl. 83), betr. die Abänderung der Nr. 17 der AB. z. LStG. anzuwenden.

Zu § 162.

Hinweis auf die Befreiungsvorschrift am Schlusse der Tarifnummer 11.

22. Auf die Befreiungsvorschrift Nr. 1 am Schlusse der Tarifnummer 11 hat die zur Versteuerung der Urkunde zuständige Stelle (Behörde oder Beamter — Notar —) die Beteiligten in geeigneten Fällen hinzuweisen. Wird auf Grund dieser Vorschrift ein Antrag auf Befreiung von der Abgabe gestellt, so hat die Stelle zu prüfen, ob die Voraussetzungen der Befreiungsvorschrift gegeben sind. Zur Führung des Nachweises, daß der Erwerber ein Jahreseinkommen von nicht mehr als 2000 M. hat, genügt im allgemeinen die Vorlegung von Steuerquittungen oder ähnlichen, von der Steuerbehörde ausgestellten Urkunden. Wird der Antrag auf Befreiung gestellt, ohne daß gleichzeitig die Voraussetzungen der Steuerfreiheit

---

[1]) Anders beim Landesstempel, wo sie nicht bloß verkaufen, sondern auch entwerten dürfen. Nr. 15 AB. z. LStG.

überzeugend dargetan sind, so ist den Beteiligten die Nachbringung der erforderlichen Bescheinigungen aufzugeben. Der Hinweis auf die Befreiungsvorschrift und die Aufforderung zur Nachbringung der Bescheinigungen sind in oder auf der Urkunde zu vermerken.

Zu § 164.

Zwangsweise Einziehung der Steuer.

23. (1) Die zwangsweise Einziehung der Reichsstempelabgabe erfolgt nach den Vorschriften der Verordnung, betr. das Verwaltungszwangsverfahren wegen Beitreibung von Geldbeträgen, v. 15. 11. 99/18. 3. 04 (GS. 545, 36) und der dazu erlassenen Ausführungsanweisung v. 28. 11. 99/4. 7. 04 (Zentralblatt der Abgabengesetzgebung und Verwaltung 00 S. 44, 04 S. 246. Vgl. auch § 103 RStG.

(2) Der an das Hauptzollamt oder Zollamt zu richtende Antrag auf zwangsweise Einziehung des Reichsstempels kann mit dem Antrag auf Einziehung des etwa daneben erforderlichen Landesstempels verbunden werden (vgl. Nr. 22 Abs. 1 der AB. z. LStG.).

Zu § 165.

Angabe von Einzelwerten.

24. Für die im letzten Satze des § 165 Abs. 3 vorgesehene Erstattung[1]) des überhobenen Betrags ist es nicht erforderlich, daß die Einzelpreise oder -werte innerhalb der Frist des § 83 RStG. angegeben sind.

Zu § 166.

Wertermittelung.

25. Für die Ermittelung des Wertes sind, wie im Einverständnisse mit dem Herrn Reichskanzler (Reichsschatzamt) bestimmt wird, bis auf weiteres die Vorschriften in § 6 LStG. maßgebend.

Zu § 167.

Aussetzung der Versteuerung.

26. (1) Die im § 167 Abs. 1 vorgeschriebene Benachrichtigung der Steuerstelle ist an das Hauptzollamt des Bezirkes zu richten. Sie kann mit der hinsichtlich des Landesstempels etwa erforderlichen Mitteilung verbunden werden.

. . . .

Zu § 168.

Der Genehmigung oder des Beitritts einer Behörde oder eines Dritten bedürfende Rechtsgeschäfte.

27.[2]) (1) Ist die Rechtswirksamkeit eines Rechtsgeschäfts von der Genehmigung oder dem Beitritt einer Behörde abhängig, so hat diejenige Behörde den Stempel zu verwenden, durch deren Genehmigung oder Beitritt die Urkunde rechtswirksam

---

[1]) Nur für die „Erstattung". Ist der Wert der Mobilien erst nach Ablauf der zweiwöchigen Frist angegeben, der Stempel aber „zu den Gerichtskosten" einzuziehen und noch rückständig, so ist der zu viel berechnete Stempel niederzuschlagen, nach § 8 Nr. 2 Satz 2 AB. v. 14. 3. 12 § 9 Nr. 1b LStB. durch den Richter, in dessen Geschäftsbereiche der Stempel angesetzt ist. Vgl. wegen Erstattung des nicht zu den Gerichtskosten eingezogenen Stempels Teil I S. 94, 99).

[2]) Für den Landesstempel gilt im wesentlichen dasselbe (s. § 16 Abs. 3 LStG. Nr. 23 Abs. 5 AB.-z. LStG.).

geworden ist. Zentral- und Provinzialbehörden können, wenn sie die Stempelverwendung nicht selbst vornehmen wollen, eine nachgeordnete Amtsstelle damit beauftragen.

(2) Ist die Rechtswirksamkeit eines Rechtsgeschäfts von der Genehmigung oder dem Beitritt eines Dritten abhängig, so liegt die Stempelverwendung denjenigen Behörden oder Beamten (Notaren) ob, welche die Genehmigung oder den Beitritt beurkunden. Beurkundet eine ausländische Behörde oder ein ausländischer Beamter die Genehmigung oder den Beitritt, so ist die Versteuerung durch ein Hauptzollamt oder Zollamt zu bewirken.

Zu § 172.

Erstattung.

28. (1) Wegen der nach § 214 Abs. 2 zulässigen Übertragung der Erstattungsbefugnis aus § 169 zu a auf die Stempelsteuerämter und wegen des Verfahrens bei der Erstattung vgl. Nr. 45.

. . . .

Zu § 175.

Besteuerung des gebundenen Grundbesitzes. Festsetzung der Abgabe.

29. (1) Die Festsetzung der in § 89 RStG. bezeichneten Abgabe erfolgt durch die Stempel- und Erbschaftssteuerämter.

(2) Für die Feststellung des steuerpflichtigen Ertragswerts der land- und forstwirtschaftlich genutzten Grundstücke ist der Erlaß v. 12. 5. 11 III. 2550/II 5804 bis auf weiteres maßgebend.

Zu § 177.

30. Gleichzeitig mit der Zustellung des Steuerbescheids an den Zahlungspflichtigen hat das Stempel- und Erbschaftssteueramt der Oberzolldirektion durch Vorlegung der Akten oder Zustellung eines Auszugs aus dem Steuerbescheide von den zur Überwachung der Abgabenentrichtung erforderlichen Angaben (Aktenzeichen, Datum des Steuerbescheids, Bezeichnung des gebundenen Grundbesitzes, Name, Stand und Wohnort des Zahlungspflichtigen, Betrag der jährlichen Abgabe und Tag und Monat ihrer Fälligkeit) Mitteilung zu machen.

Zu §§ 181, 182 Abs. 1, 2.

Umtausch und Ersatz von Stempelzeichen.

32. Der Umtausch von Stempelmarken und amtlich gestempelten Vordrucken sowie der Ersatz unbrauchbar gewordener Stempelzeichen erfolgt bei den mit deren Vertriebe beauftragten Steuerstellen. Stempelverteiler sind weder zum Umtausche noch zum Ersatze von Stempelzeichen befugt.

Zu § 182 Abs. 4.

Erhebung der Herstellungskosten für verdorbene gestempelte Schlußnotenvordrucke.

33. Wird im Einzelfalle der Ersatz für zwanzig oder mehr verdorbene gestempelte Schlußnotenvordrucke verlangt, so ist der Betrag der Herstellungskosten nach dem Satze von 2,75 M. für 100 Stück zu erheben und im Drucksachenbezug-

und -verkaufsbuch in Einnahme nachzuweisen. Die Menge der abgegebenen Vordrucke ist in der Bemerkungsspalte des Buches nachrichtlich anzugeben.

Zu § 185 Abs. 1.

Erstattung überhobener Stempelabgaben.

34. (1) Wegen der nach § 214 Abs. 2 zulässigen Übertragung der Erstattungsbefugnis auf die Stempelsteuerämter (vgl. Nr. 45).

. . . .

Zu § 188.

Stempelprüfung.

35. (1) Als Beamte zur Prüfung des Reichsstempelwesens werden je für ihren Geschäftsbezirk (vgl. die Beilage 2 der AB. z. LStG.) die Vorstände der Stempelsteuerämter bestimmt, die sich bei den Stempelprüfungen der Hilfe ihrer Beamten bedienen können. Die Geschäftsanweisung für die Vorstände der Stempelsteuerämter (Beilage 3 der AB. z. LStG.) ist entsprechend anzuwenden.

. . . .

Zu § 195 Abs. 3.

Erledigung der Prüfungserinnerungen.

36. (1) Fehlbeträge, die nicht in Stempelzeichen einzufordern (§ 195 Abs. 5) oder bei den Gerichtskosten zu vereinnahmen sind (§ 152 Abs. 3), sind als Buchfehlbeträge nachzuweisen.

(2) Die besonderen Prüfungsbeamten haben ihre Aufzeichnungen (§ 188 Abs. 2, § 195 Abs. 1) alsbald dem Vorstande des Stempelsteueramts zuzustellen, der, falls er die Erinnerungen für begründet erachtet, das zu deren Erledigung Erforderliche veranlaßt.

(3) Bei Zuwiderhandlungen gegen das Reichsstempelgesetz oder seine Ausführungsbestimmungen ist nach dem Verwaltungsstrafgesetze v. 26. 7. 97 (GS. 237) und dem Allerhöchsten Erlasse v. 26. 9. 97, betr. die Übertragung von Strafniederschlagungs- und Strafmilderungsbefugnissen in Zoll- und Steuersachen (GS. 402), zu verfahren.

Zu § 195 Abs. 8.

Strafanträge.

37. Die Vorstände der Stempelsteuerämter haben das Ersuchen um Einleitung des Strafverfahrens an das zuständige Hauptzollamt zu richten. Die besonderen Prüfungsbeamten haben die Stellung von Strafanträgen aus Anlaß der von ihnen bei den Stempelprüfungen entdeckten Zuwiderhandlungen den Vorständen der Stempelsteuerämter zu überlassen.

Zu § 214 Abs. 2.

Übertragung der Erstattungsbefugnis.

45. (1) Im Einverständnisse mit dem Herrn Reichskanzler (Reichsschatzamt) werden die in § 44 Abs. 4, § 54 und § 169 zu a (vgl. § 172) den Direktivbehörden zugewiesenen Geschäfte und Entschließungen sowie in den Fällen der Tarifnummern 4, 6, 10, 11 die Befugnis zur Entscheidung über Anträge auf Erstattung zu Unrecht entrichteter Stempelabgaben (§ 185) den Stempelsteuerämtern, die in § 106 Abs. 1 den Direktivbehörden zugewiesenen Geschäfte und Entschließungen den Hauptzollämtern übertragen.

(2) Auf das Verfahren sind die Vorschriften in § 24 der LStVO. und Nr. 28 der AB. z. LStG. sinngemäß anzuwenden.

---

4. Allgemeine Verfügung des Justizministers und des Finanzministers v. 14. 3. 12 über die Einziehung der Reichsstempelabgabe für Grundstücksübertragungen zu den Gerichtskosten[1]) (JMBl. 99).

§ 1.

Die im JMBl. für 1909 S. 273ff. abgedruckten Ausführungsbestimmungen des Bundesrats zum RStG. v. 15. 7. 09 treten mit dem 1. 4. 12 außer Kraft. Sie werden ersetzt durch die im ZentrBl. für 1912 S. 35ff. veröffentlichten Ausführungsbestimmungen des Bundesrats, von denen nachstehend[2]) ein auszugsweiser Abdruck nebst den zugehörigen Ausführungsvorschriften des Finanzministers v. 14. 3. 12 zur Kenntnis der Gerichte und Notare gebracht wird.

§ 2.

Verfahren bei Einziehung der im § 89 RStG. bestimmten Abgabe.

Die Gerichtsschreibereien der Oberlandesgerichte haben den für die Festsetzung der im § 89 RStG. bestimmten Abgabe zuständigen Stempel- und Erbschaftssteuerämtern unverzüglich Anzeige zu erstatten, wenn ein neues mit Grundbesitz ausgestattetes Fideikommiß errichtet wird oder einem bestehenden Fideikommisse weitere Grundstücke zugeschlagen werden. In der Anzeige sind die Grundstücke, soweit sie in Preußen liegen, möglichst genau, wenn tunlich, mit ihrer Grundbuchbezeichnung anzugeben. Ergibt sich aus der Stiftungsurkunde oder aus Familienschlüssen, daß für bestimmte Grundstücke oder Teile von Grundstücken zu einer Veräußerung weder eine landesherrliche oder sonstige Genehmigung noch eine Zustimmung Dritter erforderlich ist, so ist dies in der Anzeige zu vermerken, in geeigneten Fällen unter Beifügung einer Abschrift der betreffenden Bestimmungen.

Soweit für die Bearbeitung von Fideikommiß-, Lehns- oder Stammgutssachen andere Gerichte[3]) als die Oberlandesgerichte zuständig sind, liegt die Erstattung der Anzeigen den Gerichtsschreibereien dieser Gerichte ob.

§ 3.

Einziehung der Reichsabgabe nach den für die Einziehung des Landesstempels maßgebenden Vorschriften.

Auf Grund des § 80 Abs. 2 RStG. und des § 152 Abs. 3 bestimmen wir im Einvernehmen mit dem Herrn Reichskanzler (Reichsschatzamt), daß die Einziehung der in der Tarifnummer 11 für Grundstücksübertragungen vorgesehenen Reichsabgabe bei den von den Gerichten aufgenommenen Urkunden einschließlich der Auflassungen und bei den den Gerichten vorgelegten außergerichtlichen Urkunden nach denselben Vorschriften erfolgt wie die Einziehung des Landesstempels.

---

[1]) Die in dieser Verfügung angezogenen Paragraphen beziehen sich, soweit nichts anderes bemerkt ist, auf die Ausführungsbestimmungen des Bundesrats zum RStG.

[2]) Hier abgedruckt nicht „nachstehend", sondern oben S. 228ff.

[3]) Vgl. Art. 17 AG. z. GBO.

§ 4.

Fälle, in denen die Abgabe zu den Gerichtskosten einzuziehen ist.

Eine Einziehung der Reichsabgabe zu den Gerichtskosten findet in demselben Umfange wie bei dem Landesstempel statt. Danach wird die Abgabe mit den Gerichtsgebühren eingezogen:

a) bei allen vom Gericht aufgenommenen Urkunden einschließlich der Auflassungen,

b) bei den dem Gerichte vorgelegten außergerichtlichen Urkunden in den in § 2 Abs. 1 unter b, e und f LStV. aufgeführten Fällen,

c) bei den in Angelegenheiten der Justizverwaltung errichteten Urkunden über eine Veräußerung von Grundstücken.

Alle Behörden und Beamten sind im übrigen gemäß § 101 Abs. 1 RStG. verpflichtet, die Besteuerung der ihnen vorkommenden Urkunden zu prüfen und zu ihrer Kenntnis gelangende Zuwiderhandlungen gegen das Reichsstempelgesetz dem Hauptzollamte zur Anzeige zu bringen.

§ 5.

Verfahren bei der Einziehung der Abgabe zu den Gerichtskosten im allgemeinen.

Auf das Verfahren bei der Einziehung der Reichsabgabe zu den Gerichtskosten sind, soweit sich nicht aus den nachstehenden Bestimmungen etwas anderes ergibt, die Vorschriften der LStV. entsprechend anzuwenden.

Die im § 159 Abs. 2 vorgeschriebenen Vermerke des angesetzten Betrags hat der Gerichtsschreiber gemäß § 10 LStV. zu machen. Erweist sich nach § 159 Abs. 3 eine kurze Stempelberechnung als erforderlich, so ist sie in die gerichtliche Kostenrechnung aufzunehmen.

Soweit die Abgabe zu den Gerichtskosten eingezogen wird, kommen von den Vorschriften unter Ziff. IX der Ausführungsbestimmungen des Bundesrats nicht zur Anwendung der § 152 Abs. 1 und 2, die §§ 153 bis 158, 159 Abs. 1, § 160 Abs. 1 bis 4, § 161 Abs. 1 Satz 2ff., § 163 Abs. 1, § 164, § 165 Abs. 1 und 2, § 167 und § 172 Abs. 1 Satz 1.

Anstelle des nicht für anwendbar erklärten § 167 treten die Vorschriften des § 11 LStV.

§ 6.

Vorschriften über die Ermittelung des Wertes.

In den Fällen, in welchen die Versteuerung nach dem Werte des Gegenstandes zu erfolgen hat, sind im Einverständnisse mit dem Herrn Reichskanzler (Reichsschatzamt) für die Ermittelung des Wertes die landesgesetzlichen Vorschriften auch für die Reichsabgabe maßgebend (§ 87 Abs. 4 RStG., § 166).

Soweit nach den bestehenden Vorschriften, insbesondere der LStV., die Hauptzollämter den Gerichten bei Ermittelungen tatsächlicher Art Hilfe zu leisten haben, gilt dies auch für die Erhebung der Reichsabgabe.

§ 7.

Befreiungen.

a) Gerichtliche Urkunden.

Die Entscheidung darüber, ob eine Grundstücksübertragung von der Reichsabgabe befreit ist, steht in Ansehung der gerichtlichen Urkunden den Gerichten zu, welche sie aufgenommen haben.

Die formellen Vorschriften über die Feststellung der Steuerfreiheit enthält der § 162. Der Vermerk über die Befreiung von der Abgabe ist vom Gerichtsschreiber zu machen, mit dem Amtsstempel zu versehen und unterschriftlich zu vollziehen.

Auf die Befreiungsvorschrift Nr. 1 am Schlusse der Tarifnummer 11 hat der Richter die Beteiligten in geeigneten Fällen hinzuweisen. Wird auf Grund dieser Vorschrift ein Antrag auf Befreiung von der Abgabe gestellt, so ist von dem Richter, welcher die Verhandlung aufgenommen hat, zu prüfen, ob die Voraussetzungen der Befreiungsvorschrift gegeben sind. Zur Führung des Nachweises, daß der Erwerber ein Jahreseinkommen von nicht mehr als 2000 M. hat, genügt im allgemeinen die Vorlegung von Steuerquittungen oder ähnlichen von der Steuerbehörde ausgestellten Urkunden. Im übrigen kann das Gericht, sofern besondere Ermittelungen erforderlich sind, die Hilfe des Hauptzollamts in Anspruch nehmen. Erachtet das Gericht die tatsächlichen Voraussetzungen der Befreiungsvorschrift für nachgewiesen, so hat es hierüber[1]) einen vom Richter zu vollziehenden Vermerk auf die Urkunde zu setzen. Sind vor einer Entscheidung weitere Ermittelungen erforderlich, so kann die Entgegennahme der Auflassung oder die Eintragung des Eigentümers von einer vorgängigen Sicherheitsleistung für den Abgabenbetrag abhängig gemacht werden.

b) Außergerichtliche Urkunden.

Bei den von Behörden und Beamten, einschließlich der Notare[2]), aufgenommenen Verhandlungen und Beurkundungen liegt gemäß § 162 die Feststellung der Steuerfreiheit und die unterschriftliche Vollziehung des entsprechenden Vermerkes dem Beamten ob, welcher die Urkunde aufgenommen hat. Der Vermerk des Beamten entbindet jedoch bei Urkunden, für welche die Abgabe zu den Gerichtskosten erhoben werden kann, die Gerichte nicht von der Verpflichtung, die Stempelpflicht nachzuprüfen und einen fehlenden Stempel nachzuerheben. Enthält eine von einer zuständigen Behörde, einem Beamten oder einem Notar aufgenommene Urkunde gemäß § 162 Abs. 2 Angaben tatsächlicher Art über die Voraussetzungen der Steuerfreiheit, so ist die Richtigkeit dieser Angaben nur dann nachzuprüfen, wenn besondere Umstände dies angezeigt erscheinen lassen. Verzögert sich hierdurch die Einziehung der Abgabe, so kann die Entgegennahme der Auflassung oder die Eintragung des Eigentümers von einer Sicherheitsleistung abhängig gemacht werden.

---

[1]) Aber nicht bloß darüber, daß er die tatsächlichen Voraussetzungen für nachgewiesen erachtet, während etwa den eigentlichen Befreiungsvermerk nach Absatz 2 der Gerichtsschreiber zu machen hätte. Sondern der vom Richter zu vollziehende Vermerk wird etwa zu lauten haben:

„Reichsstempelabgabenfrei, weil die Voraussetzungen der Befreiungsvorschrift Nr. 1 — oder Nr. 2 — am Schlusse der Tarifnummer 11 RStG. nachgewiesen sind."

Eine sich an den Wortlaut anklammernde andere Auslegung würde die Vermerke ohne Not verdoppeln, eine verschlimmbessernde Abweichung von der früheren Praxis (vor 1. April 1912), die anzunehmen nichts Anlaß gibt.

[2]) Auffallenderweise ist hier nicht gesagt, wer über die Befreiung entscheidet, wenn bei der Auflassung ein privatschriftlicher Vertrag vorgelegt wird. Früher entschied das Hauptzollamt, jetzt (seit 1. April 1912) wird der Grundbuchrichter auf den Antrag zu entscheiden haben, wegen § 4b, so jetzt auch die AB. v. 1. 5. 12.

§ 8.

Erstattungen[1]).

Die materiellen Voraussetzungen für eine Erstattung der Reichsabgabe enthalten der § 162 Abs. 3 letzter Satz, § 165 Abs. 3 letzter Satz, § 169 bis 172, § 173 Abs. 2 Satz 2, § 185. Für die im § 165 Abs. 3 vorgesehene Erstattung ist es nicht erforderlich, daß die Einzelpreise oder -werte innerhalb der Frist des § 83 RStG. angegeben sind.

Für die Zuständigkeit zur Erstattung von Abgaben findet der § 9 Ziff. 2 LStV. entsprechende Anwendung. Demnach sind Anträge auf Erstattung von Abgabebeträgen in den Fällen des § 162 Abs. 3, § 165 Abs. 3, § 169c und des § 185 Abs. 1 wie Einwendungen gegen den Ansatz der Abgabe zu behandeln. Im übrigen steht die Entscheidung über Erstattungsanträge dem Landgerichtspräsidenten — für den Bezirk des Amtsgerichts Berlin-Mitte dem Amtsgerichtspräsidenten — zu.

Wird die Anrechnung des für eine Auflassung gezahlten Stempels auf denjenigen Abgabebetrag verlangt, welcher zu einer später vor Gericht errichteten Urkunde über das der Auflassung zugrunde liegende Veräußerungsgeschäft erforderlich ist (§§ 173, 169d), so richtet sich das Verfahren nach § 18 LStV.

§ 9.

Die Nachprüfung des Ansatzes der Reichsstempelabgabe hat unter entsprechender Anwendung der AV. v. 28. 2. 85 — JMBl. 90 — zu erfolgen (§ 194 Abs. 6). Eine Beteiligung der Staatsanwaltschaft im Sinne des § 15 der genannten Verfügung erübrigt sich, da der Landgerichtspräsident kraft der Dienstaufsicht den Stempelansatz im Verwaltungswege berichtigen kann.

In der Auflassungsliste (Nr.[2]) 17 LStV.) ist in Spalte 18 unter Bezeichnung als Reichsstempelabgabe (RStA) der Betrag der angesetzten Reichsabgabe anzugeben oder zu vermerken, daß eine Reichsabgabe nicht anzusetzen war.

§ 10

Einziehung der Abgabe bei den Amtsgerichten der Fürstentümer Waldeck und Pyrmont.

Im Einverständnis mit dem Herrn Reichskanzler (Reichsschatzamt) sind die Vorschriften dieser Verfügung auf die von den Amtsgerichten der Fürstentümer Waldeck und Pyrmont einzuziehenden Reichsabgaben mit der Maßgabe sinngemäß anzuwenden, daß die Einziehung und die Ermittelung des Wertes nach denselben landesgesetzlichen Vorschriften erfolgt wie bei der Nebenabgabe.

§ 11.

Diese Verfügung tritt am 1. April 1912 in Kraft. Von diesem Zeitpunkt ab verlieren die AV. v. 27. 7. 09 — JMBl. 272 und 290 — sowie Ziff. 5, 6, 8 und 11 der AV. v. 23. 5. 10 — JMBl. 165 — und Ziff. 6 und 7 der AV. v. 8. 7. 10 — JMBl. 278 – ihre Geltung[3]).

Der Erlaß von Vorschriften über die kassenmäßige Behandlung und Abführung der Reichsstempelabgabe bleibt vorbehalten. Bis zu dem Inkrafttreten dieser Bestimmung ist nach den §§ 7, 8, 9 S. 2 und 10 der AV. v. 27. 7. 09 — JMBl. 290 — zu verfahren.

---

1) Vgl. hierzu AV. d. JustMin. v. 24. 5. 12.

2) Muß heißen „§“.

3) Wohl auch die AV. v. 8. 2. 10, JMBl. 66.

5. Allgemeine Verfügung v. 5. 8. 12 über die kassenmäßige Behandlung der zu den Gerichtskosten einzuziehenden Reichsstempelabgaben für Grundstücksübertragungen.

Im Einverständnisse mit dem Herrn Finanzminister bestimme ich Folgendes:

Buchung.

1. Die gemäß der AB. v. 14. 3. 12 zu den Gerichtskosten einzuziehenden Reichsstempelabgaben für Grundstücksübertragungen einschließlich der für diese Abgaben bestimmten Sicherheiten werden buch- und kassenmäßig als durchlaufende Gelder behandelt. Bei ihrer Insollstellung in das Kostenregister ist zur Bezeichnung des Empfangsberechtigten in Spalte 10 „Z. K." zu vermerken. Im Verrechnungsregister sind die Reichsstempelabgaben in einer besonderen Hauptabteilung „Reichsstempelabgaben" zu buchen.

Verrechnung von Teilbeträgen.

2. Umfaßt eine Kostenforderung neben Kosten (Stempeln), die der preußischen Staatskasse verbleiben, auch Reichsstempelabgaben und reichen die vereinnahmten Beträge zur Deckung der ganzen Forderung nicht aus, so ist der eingegangene Betrag auf die Kosten- und Stempelforderungen der Staatskasse einerseits und auf die Reichsstempelabgaben anderseits nach Verhältnis zu verteilen.

Abführung der Reichsstempelabgaben.

3. Die Gerichtskassen führen die auf Reichsstempelabgaben vereinnahmten Beträge an die Zollkasse des mit der Erhebung der Reichsstempelabgaben für den Ort der Gerichtskasse betrauten Hauptzollamts oder Zollamts ab.

Erstattungen.

4. Reichsstempelabgaben, die zu den Gerichtskosten erhoben und vereinnahmt, aber ganz oder zum Teil zurückzuerstatten sind, sind ausnahmlos durch die Gerichtskasse zurückzuzahlen, und zwar auch dann, wenn die vereinnahmten Beträge bereits an die Zollkasse abgeführt sind oder die für den Rückzahlungsmonat vereinnahmten Reichsstempelabgaben für die zu leistenden Erstattungen nicht ausreichen.

Der Gerichtsschreiber hat gemäß der zugrunde liegenden Entscheidung der zuständigen Dienststelle eine anderweitige Kostenrechnung aufzustellen, aus der der irrig oder zuviel erhobene Betrag ersichtlich ist und sodann nach Feststellung der Einnahmebuchnummer eine Berechnung nach dem Muster I unter Beachtung des Vordrucks und der zugehörigen Bemerkungen für die Kasse aufzustellen. Der Kassenkurator hat die Zurückerstattung auf der Kostenrechnung oder der veranlassenden Schrift kurz anzuordnen und zugleich die auf der Erstattungsberechnung vorgedruckte, von der Kasse zuvor entworfene Erstattungsanweisung zu vollziehen. Die Kasse hat den zu erstattenden Betrag im Kostenregister (Spalte Bemerkungen) bei der früheren Sollnummer unter Angabe des Tages zu vermerken und die Erstattung gemäß der Anweisung und den allgemeinen Kassenvorschriften auszuführen. Die aus dem Kassenbestande geleistete Zahlung ist weder im Verzeichnis über die Zurückzahlung von Kosten noch im Kassenausgabebuche zu buchen, vielmehr ist der Beleg mit dem Zahlungsnachweise bis zur Abrechnung mit der Zollkasse als Kassenbestand zu behandeln.

Erstattungsnachweise.

5. Sind außer Reichsstempelabgaben auch Gerichtskosten oder Landesstempel zu erstatten, so ist wegen der Kosten- und Landesstempelbeträge eine getrennte Rückzahlungsanordnung zu erlassen, auch sind von der Gerichtskasse tunlichst getrennte Zahlungsnachweise zu beschaffen. Die gemeinsame Abführung der insgesamt zu erstattenden Beträge mittelst einer Postanweisung soll indes — zur Vermeidung höherer Unkosten — dadurch nicht beeinträchtigt werden; solchenfalls ist der Posteinlieferungsschein über den Gesamtbetrag mit einem entsprechenden, vom Rendanten (Einnehmer, Kassierer) und vom Kontrolleur (oder dem Kurator der kleinen Gerichtskasse — KassO. § 95 —) zu vollziehenden Erläuterungsvermerke zu der Erstattungsanweisung über die Reichsstempelabgaben zu nehmen, die tatsächliche Verausgabung der übrigen Beträge aber vom Kassenkurator unter Hinweis auf den eingesehenen Postschein in der Spalte 10 des Zurückzahlungsverzeichnisses, bei häufiger vorkommenden Fällen unter einer besonderen Sammelübersicht zu bescheinigen.

Verrechnung auf andere Forderungen.

6. Wird ein zurückzuerstattender Reichsstempelabgabenbetrag auf andere Kostenforderungen usw., die der Empfangsberechtigte der Gerichtskasse schuldet, vereinnahmt, so genügt als Nachweis der Verausgabung die unter der Erstattungsanweisung abzugebende Bescheinigung des Rendanten (Einnehmers, Kassierers) über die anderweitige Vereinnahmung des Betrages, die vom Kontrollenr — bei Kassen ohne Kontrolleur (KassO. § 95) vom Kurator — als richtig zu bestätigen ist. Den Unterschriften ist die Amtseigenschaft beizufügen.

Abführung der Reichsstempelabgaben und Abrechnung mit der Zollkasse.

7. Die im Laufe des Monats vereinnahmten Reichsstempelgaben sind zum Monatsabschlusse zur Abführung an die Zollkasse im Kassenausgabebuch als durchlaufende Gelder zu buchen, und zwar ohne Berücksichtigung der Rückerstattungen von Reichsstempelabgaben. Die Abrechnung mit der Zollkasse geschieht auf Grund einer von der Gerichtskasse doppelt zu fertigenden Benachrichtigung nach dem Muster II unter Beifügung einer Zusammenstellung der Erstattungen und Belege. Der nach der Berechnung sich ergebende Überschuß an Reichsstempelabgaben ist ohne weitere kassenmäßige Buchung unverzüglich an die Zollkasse abzuführen. Ergibt sich kein Überschuß, ist vielmehr infolge mehr geleisteter Erstattungen von Reichsstempelabgaben dieser Mehrbetrag von der Zollkasse an die Gerichtskasse zurückzuvergüten, so hat die letztere den Mehrbetrag für den folgenden Monat als Vorschuß im Kassenausgabebuch (Spalte 15) zu buchen und bei der Rückvergütung durch die Zollkasse als Rückeinnahme (KassO. § 10 Abs. 6ff.) im Ausgabebuche rot abzusetzen. Über die Abrechnung mit der Zollkasse wird diese der Gerichtskasse das eine Stück der Benachrichtigung mit der Abrechnungsbestätigung unverzüglich zurücksenden, zugleich auch die etwa erforderliche Rückvergütung leisten. Sind in einem Monat Reichsstempelabgaben weder vereinnahmt noch erstattet, so hat die Gerichtskasse der Zollkasse zum Monatsabschlusse Fehlanzeige zu machen. Über die nach dem Abschlusse für den Monat März noch eingegangenen oder erstatteten, dem alten Etatsjahre zugehörigen Reichsstempelabgaben hat die Gerichtskasse mit der Zollkasse bis zum 15. April abzurechnen; gegebenenfalls Fehlanzeige zu machen.

Beschaffung der Muster I und II.

8. Die Vordrucke zu den Erstattungsberechnungen nnd zu den Benachrichtigungen (Muster I und II) werden von der Zollverwaltung geliefert und sind von der Gerichtsschreiberei des Amtsgerichts in regelmäßigen Zeitabschnitten — zum 1. Januar und 1. Juli — unmittelbar vom Hauptzollamt zu beschaffen.

9. Die vorstehenden Bestimmungen gelten auch für die Justizbehörden in den Fürstentümern Waldeck und Pyrmont. Sie treten nunmehr an die Stelle der im § 11 Abs. 2 Satz 2 der AV. v. 14. 3. 12 einstweilen beibehaltenen bisherigen Vorschriften.

Muster I.

Rechnungsbeleg Nr. ....

Erstattungsberechnung

über Reichsstempelabgaben in ....

....

An Reichsstempelabgaben für Grundstücksübertragung sind nach Auskunft der Gerichtskasse zu Nr. .... des Kostenregisters für 19........ mit den Gerichtskosten erhoben und unter Nr. .... des Einnahmebuchs für 19........ gebucht worden[1] . . . . ℳ .... Pf.

Auf Grund der Entscheidung des[2] ....

.... ist die Abgabe festgestellt worden auf . . . . ℳ .... Pf.

Es sind daher zu erstatten an den Einzahler (Name)

.... ℳ .... Pf.

Kurze Angabe des Grundes der Erstattung[3]).

Die Erstattung ist auf der in den Akten befindlichen Urkunde vermerkt worden. Ein auf diese Erstattung sich beziehender früherer Vermerk war auf der Urkunde nicht vorhanden. Die Richtigkeit wird bescheinigt. Festgestellt.

.................................., den ....ten .... 19........

.... (Gerichtsschreiber.)

Erstattungsanweisung.

Der Kassenkurator der Gerichtskasse.

.................................., den ....ten .... 19........

Die Gerichtskasse hat den oben festgestellten Betrag von .... ℳ .... Pf., in Buchstaben ...., an den obengenannten Empfangsberechtigten zurückzuzahlen und hiermit statt baren Geldes der Zollkasse — hier — zu .... — abzuliefern. Der Betrag ist bei der Gerichtskasse wie oben angegeben vereinnahmt und am .... in dem Monatsgesamtbetrage von .... ℳ .... Pf. der vorgenannten Zollkasse zugeführt worden.

....

Quittung.

Betrag erhalten.

.................................., den ....ten .... 19........

Einnahmebescheinigung[4]).

Der Betrag von .... M .... Pf. ist bei der Zollkasse .... am ....ten .... 19.......... unter Nr. .... des Einnahmebuchs für das Vierteljahr 19.......... als Teil des Monatsgesamtbetrags von .... M .... Pf. vereinnahmt worden. Die Erstattung ist bei der Vereinnahmungsstelle in roter Schrift vermerkt worden.

.................................., den ....ten .... 19..........

Der Kassenpfleger der Zollkasse.

....

---

¹) Bei Herauszahlung aus Anlaß doppelter Vereinnahmung ist die doppelte Buchung ersichtlich zu machen.

²) Hier ist die entscheidende Stelle (Gericht, Landgerichtspräsident, Oberlandesgerichtspräsident, Justizminister) anzugeben.

³) Hier muß insbesondere zu erkennen sein, daß die für die Erstattung zulässige Frist noch nicht abgelaufen war, daß der Antrag auf Herauszahlung — soweit dieser vorgeschrieben — vorgelegen hat und aus welchem bestimmt zu bezeichnenden Grunde die Erstattung stattgefunden hat. Allgemeine Angaben, wie „aus Rechtsgründen", „auf Grund des Befreiungsbeschlusses" usw., sind nicht ausreichend.

⁴) Die Bescheinigung haben abzugeben der Kassenpfleger der Zollkasse oder der Oberzollinspektor oder der Rechnungsdirektor oder deren Stellvertreter.

Muster II.

Gerichtskasse ....

.................................., den ....ten .... 19..........

Benachrichtigung.

An Reichsstempelabgaben für Grundstücksübertragungen sind im Monat .... bei der hiesigen Gerichtskasse im ganzen aufgekommen . . . . M .... Pf.

in Buchstaben ....

Nach der beigefügten Zusammenstellung der Erstattungsberechnungen sind an Abgaben dieser Art im ganzen zurückgezahlt worden . . .. M .... Pf.

Es sind daher an die / von der Zollkasse in ....

abzuführen / zu zahlen . . . . M .... Pf.

Die Abführung erfolgt — in bar mit Postanweisung — durch Überweisung im Reichsbankgiroverkehr / Postscheckverkehr[1]).

— Die Königliche Zollkasse wird um Zahlung des von der Gerichtskasse verauslagten Betrags ersucht. —

....

(Unterschrift.)

An
die Königliche Zollkasse
in
....

---

¹) Nichtzutreffendes ist zu durchstreichen.

Abrechnungsbestätigung.

Vorstehende .... ℳ .... Pf. Reichsstempelabgaben (wie Zeile 4 oben) in Buchstaben ....
hat die unterzeichnete Zollkasse unter gleichzeitiger Anrechnung von .... ℳ .... Pf. Zurückzahlungen von der Königlichen Gerichtskasse in .... erhalten.

Nur auszufüllen, wenn die Zollkasse zu zahlen hat. { Der Betrag von .... ℳ .... Pf. wird anbei — heute mit Postanweisung — im Reichsbankgiroverkehr / Postscheckverkehr — übersandt[1]).

...., den.........ten .... 19.........

Königliche Zollkasse.

(Stempel.)

....

(Unterschrift.)

An
die Königliche Gerichtskasse
in
....

[1]) Nichtzutreffendes ist zu durchstreichen.

6. Sonstige allgemeine Reichsstempelverfügungen.

a) Allgemeine Verfügung v. 11. 8. 09, betr. die Ausführung des Reichsstempelgesetzes v. 15. 7. 09 (RGBl. 852), JMBl. 308.

Es sind Zweifel entstanden, ob die Abgabe der Tarifnummer 11 des Reichsstempelgesetzes (Grundstücksübertragungen) auch dann zu erheben ist, wenn das der Auflassung zugrunde liegende Rechtsgeschäft vor dem 1. August d. J. beurkundet worden ist, die Auflassung aber nach diesem Zeitpunkte geschieht. In der Begründung des Reichsstempelgesetzes — Drucks. d. Reichstags, 12. Legislaturperiode, 1. Session 1907/09, Nr. 1456 — ist ausdrücklich ausgeführt, daß der Auflassungsstempel während der Übergangszeit auch da zur Hebung zu gelangen habe, wo eine Stempelpflicht des Veräußerungsgeschäfts um deswillen nicht gegeben sei, weil der die Steuerpflicht begründende Rechtsakt vor dem Inkrafttreten des Gesetzes liege. Die mit der Erhebung des Stempels betrauten Gerichtsbehörden haben diese Auffassung der Begründung des Gesetzes bis auf weiteres bei dem Stempelansatze zugrunde zu legen. Über abweichende gerichtliche Entscheidungen ist zu berichten.

b) Allgemeine Verfügung v. 13. 5. 10, betr. Stempelfreiheit der Bescheinigungen der Polizei- und Gemeindebehörden zum Zwecke des Nachweises der Voraussetzungen der Befreiungsvorschrift am Schlusse des Tarifnummer 11 des Reichsstempelgesetzes v. 15. 7. 09. (JMBl. 162).

Die nachstehende Verfügung des Herrn Finanzministers v. 21. April d. J. wird den Justizbehörden und Notaren zur Kenntnisnahme und Beachtung mitgeteilt.

Der Finanzminister. Berlin C 2, den 21. April 1910.

Die Königliche Oberzolldirektion hat in der allgemeinen Verfügung an die Hauptzollämter vom 22. Dezember 1909 — Nr. 22042 — sich dahin ausgesprochen, daß die Bescheinigungen der Polizei- und Gemeindebehörden über das Vorliegen der Voraussetzungen der Befreiungsvorschrift am Schlusse der Tarifnummer 11 RStG. den Zeugnisstempel der Tarifstelle 77 LStG. von 3 M. erfordern. Dieser Auffassung ist nicht beizupflichten; die Zeugnisse sind vielmehr nach der Bestimmung im § 4 Abs. 1 Buchstabe b LStG. stempelfrei, da diese Vorschrift, wie schon wiederholt, z. B. in dem AErl. v. 15. 11. 00 — III 13527 — von mir entschieden worden ist, auch Anwendung findet, wenn die Urkunden dem Zwecke dienen, festzustellen, daß eine Abgabe nicht zu entrichten ist.

c) Allgemeine Verfügung v. 23. 5. 10, betr. die Ausführung der Tarifnummer 11 (Grundstücksübertragungen) und der §§ 78 bis 90 des Reichsstempelgesetzes v. 15. 7. 09 (RGBl. 852), JMBl. 165.

Zur Beseitigung hervorgetretener Zweifel bestimme ich im Einvernehmen mit dem Herrn Reichskanzler (Reichsschatzamt) und dem Herrn Finanzminister:

1. Die Abgabe nach Tarifnummer 11 ist nicht zu erheben, wenn die Auflassung vor dem 1. August 1909[1]) erfolgt und nur die Eintragung der Eigentumsänderung in das Grundbuch nach diesem Zeitpunkte vorgenommen ist.

2. Bei Beurkundung von Rechtsgeschäften, die nach dem Inhalte der Urkunde erst durch die Genehmigung oder den Beitritt einer Behörde oder eines Dritten Rechtswirksamkeit erlangen, ist für den Eintritt der Steuerpflicht der Zeitpunkt der Genehmigung oder des Beitritts maßgebend; in der Übergangszeit ist daher die Abgabe auch dann zu erheben, wenn nur der Zeitpunkt der Genehmigung oder des Beitritts nach dem Inkrafttreten des Gesetzes liegt.

3. Die nach Tarifnummer 11 und § 90 Abs. 4 RStG. zu entrichtende Abgabe ist sogleich nach dem Satze von $^2/_3$ v. H. zu berechnen[2]) und erst dann gemäß der Anmerkung am Schlusse der Spalte 4 in Tarifnummer 11 auf den nächsten, durch 10 teilbaren Betrag abzurunden.

4. Der Wert des mit einem Grundstücke veräußerten Zubehörs (§ 97 BGB.) ist bei Berechnung der Reichsabgabe nicht zu berücksichtigen, sofern nicht im Einzelfall auf Grund des *§ 127k Abs. 4 Satz 2 der Ausführungsbestimmungen des Bundesrats*[3]) der Gesamtpreis oder -wert der Berechnung der Abgabe zugrunde zu legen ist.

5. 6. } Aufgehoben durch § 11 AB. v. 14. 3. 12.

7. Über Anträge auf Erstattung von Reichsstempeln, die von den Notaren erhoben worden sind, hat die Zollbehörde[4]) zu befinden.

8. Aufgehoben durch § 11 AB. v. 14. 3. 12.

9. Auf die Rückgewährung der als Sicherheit eingezahlten Beträge finden die Vorschriften des *§ 10 der AV. v. 27. 7. 09*[5]) entsprechende Anwendung. Zuständig zur Entscheidung über Anträge auf Rückgabe der Sicherheit wegen Entrichtung der Abgabe oder wegen Genehmigung von Anträgen auf Befreiung von der Abgabe ist

---

[1]) Vgl. Berichtigung JMBl. 168.

[2]) Jetzt ebenso nach § 180 AB. z. RStG.

[3]) An Stelle der Ausführungsbestimmungen von 1909 — JMBl. 273 — sind die AB. z. RStG v. 25. 1. 12 getreten, an Stelle des obigen § 127 k Abs. 4 Satz 2 der § 165 Abs. 3 AB. z. RStG.

[4]) Vgl. § 172 AB. z. RStG.

[5]) Diese ist aufgehoben durch § 11 AB. v. 14. 3. 12. Es wird hier an die Stelle zu setzen sein Nr. 4 der AB. v. 5. 8. 12.

der Kassenkurator, soweit nicht dem Hauptzollamte[1]) gemäß *§ 9 aaO.* die Entscheidung zusteht.

Die Rückzahlung der Sicherheit erfolgt aus dem vorhandenen Barbestand ohne Eintragung in das Verzeichnis der Zurückzahlungen. Bei der Abführung des eingegangenen Monatsgesamtbetrags wird in Höhe der Rückerstattung statt baren Geldes der Beleg abgeliefert.

Ist der als Sicherheit eingezahlte Betrag an die Zollbehörde abgeführt und steht dieser gemäß *§ 9 aaO.* die Entscheidung darüber zu, ob der Betrag endgültig als Reichsstempelabgabe zu vereinnahmen oder zurückzugewähren ist, so erfolgt eine etwaige Herauszahlung durch die Zollbehörde.

10. Aufgehoben durch Nr. 2 AB. v. 18. 3. 11.

11. Aufgehoben durch § 11 AB. v. 14. 3. 12.

d) Allgemeine Verfügung v. 8. 7. 10, betr. die Ausführung der Tarifnummer 11 (Grundstücksübertragungen) des Reichsstempelgesetzes v. 15. 7. 09 (RGBl. 852), JMBl. 278.

Zur Beseitigung hervorgetretener Zweifel bestimme ich im Einvernehmen mit dem Herrn Reichskanzler (Reichsschatzamt) und dem Herrn Finanzminister:

1. Aufgehoben s. Nr. 4 AB. v. 18. 3. 11.

2. Auf Tauschverträge[2]) findet die Befreiungsvorschrift am Schlusse der Tarifnummer 11 nur in der Weise Anwendung, daß jeder der beiden Erwerber von der ihn treffenden Hälfte des Tauschstempels frei bleibt, wenn das von ihm erworbene Grundstück keinen höheren als den in der Befreiungsvorschrift angegebenen Wert hat und in seiner Person die Voraussetzungen der Befreiung zutreffen.

3. Die Befreiungsvorschrift am Schlusse der Tarifnummer 11 bezieht sich ihrem Zwecke gemäß nur auf einen Erwerb durch physische Personen[3]).

4. Erwerben mehrere Personen[4]) als Miteigentümer ein Grundstück, so ist die Befreiungsvorschrift am Schlusse der Tarifnummer 11, sofern im übrigen ihre Voraussetzungen gegeben sind, nur anwendbar, wenn keiner von sämtlichen Erwerbern den Grundstückshandel gewerbsmäßig betreibt oder ein Jahreseinkommen von mehr als 2000 M. hat.

5[5]). Die bei der Abführung des eingegangenen Monatsgesamtbetrags statt baren Geldes abzuliefernden Belege über rückerstattete Beträge müssen den für Rechnungsbelege gegebenen Vorschriften entsprechen und den Erstattungsgrund ausreichend erkennen, insbesondere auch ersehen lassen, ob die Erstattung auf Grund des *§ 127 m Abs. 1, 2*[6]*) oder des § 130 der AB. d. BR.* erfolgt ist. Dem Hauptzollamt oder dem Zollamt, an welches die Abgabe abzuführen ist, ist mit der im § 11 Abs. 1 der AB. v. 27. 7. 09 (JMBl. 290) vorgesehenen Mitteilung über die Gesamtzahl der Einzelposten des abgeführten Betrags und mit dem im Abs. 2 daselbst erwähnten Verzeichnis über bewilligte Befreiungen schriftlich Nachricht über die Höhe des abzuführenden Monatsgesamtbetrags (mit Einschluß des Betrags, für welchen Belege über Rückerstattungen statt baren Geldes abgeliefert werden) zu geben[7]).

Wird die Reichsabgabe entsprechend der AB. v. 11. 11. 09 (JMBl. 361) an ein Zollamt abgeführt, so ist auch die gemäß § 9 der AB. v. 27. 7. 09 (JMBl. 290)

---

[1]) Diesem steht seit 1. 4. 12 die Entscheidung in keinem Falle mehr zu (s. S. 34).

[2]) Vgl. Schreiben des Reichsschatzamts v. 27. 7. 10 unter Ziff. 2, unten S. 261 u. Grunds. Nr. 10 b.

[3]) Vgl. dasselbe Schreiben unter Ziff. 1, unten S. 261 u. Grunds. Nr. 10 a.

[4]) Vgl. aaO. Ziff. 3, unten S. 262 u. Grunds. Nr. 10 c.

[5]) Vgl. hierzu § 160 Abs. 5 AB. z. RStG., § 11 Abs. 2 AB. v. 14. 3. 12.

[6]) Jetzt §§ 169, 170 AB. z. RStG.

[7]) Insoweit war also auch der § 11 AB. v. 27. 7. 09 S. 292, trotzdem er in § 11 Abs. 2 AB. v. 14. 3. 12 nicht mit aufgeführt ist, wohl aufrechterhalten, weil Nr. 5 AB. v. 8. 7. 10 in § 11 Abs. 1 AB. v. 14. 3. 12 nicht mit aufgehoben ist. Jetzt ist Nr. 5 ersetzt durch die AB. v. 5. 8. 12 S. 254.

erfolgende Mitteilung diesem Zollamte zu machen[1]). Dasselbe gilt von den gemäß § 11 Abs. 1 und 2 aaO. zu gebenden Nachrichten.

Sind in einem Monat Beträge an Reichsstempelabgaben nicht abzuführen, so hat die Gerichtskasse dem zuständigen Hauptzollamt oder Zollamte hiervon schriftlich Nachricht zu geben.

6.
7. } Aufgehoben, s. § 11 der AB. v. 14. 3. 12.

e) Schreiben des Reichskanzlers (Reichsschatzamts) v. 21. 7. 10[2]).

(Abgedruckt in der Zeitschrift für Zölle und Reichssteuern 10 S. 214.)

Die Befreiungsvorschrift am Schlusse der Tarifnummer 11 des Reichsstempelgesetzes hat sowohl, was die Voraussetzungen in der Person des Erwerbers anlangt, als auch hinsichtlich des Verfahrens bei Feststellung der Grundstückswerte zu einer Reihe von Zweifeln Anlaß gegeben, die zum Teil für die finanzielle Wirkung der Abgabe aus Tarifnummer 11 von nicht unerheblicher Bedeutung sind. pp. . . .

Ich beehre mich daher, . . . die aus Anlaß der einzelnen . . . Zweifelspunkte hier . . . vertretenen Auslegungsgrundsätze mitzuteilen . . . .:

1. Die Befreiungsvorschrift soll vornehmlich den Bestrebungen Minderbemittelter, sich ein eigenes Heim zu gründen, förderlich sein. Hiernach wird es einem begründeten Zweifel nicht unterliegen dürfen, daß die Steuerfreiheit nur dann zu gewähren ist, wenn der Erwerber eine physische Person ist, zumal auch bei einer solchen allein von einem Einkommen im eigentlichen Sinne gesprochen werden kann.

2. Tauschverträge werden für die Bemessung der Grundwechselabgabe als einheitliche Veräußerungen angesehen, indem an die Stelle des Kaufpreises der Wert des wertvolleren Grundstücks tritt. Diese Regelung auf die Anwendung der Befreiungsvorschrift in dem Sinne zu übertragen, daß als Erwerber etwa nur der zu gelten habe, der in der Hingabe des wertvolleren Grundstücks den Betrag leistet, der an Stelle des Preises für die Abgabenfestsetzung maßgebend sein soll, würde nicht selten zu unbilliger Versagung der Steuerfreiheit führen und dem Zweckgedanken der Vorschrift zuwiderlaufen. Diesem dürfte vielmehr allein entsprechen, jede von beiden Vertragsparteien als Erwerber gelten zu lassen, und es kann nur fraglich sein, ob etwa, falls die Voraussetzungen der Steuerfreiheit nur für den Erwerb des einen Tauschgegenstands gegeben sind, der ganze Tauschvertrag steuerfrei zu belassen ist, oder ob die Abgabe ganz oder zum Teil von dem Erwerber des anderen Tauschgegenstandes zu erheben bleibt. Die völlige Abstandnahme von der Steuererhebung würde eine steuerliche Vergünstigung der Teilnehmer an einem Tauschvertrage bedeuten, wie sie im Sinne des Gesetzes nicht gelegen sein kann. Die Erhebung der vollen Abgabe von dem Vertragsteile, für dessen Erwerb die Befreiungsvoraussetzungen nicht vorliegen, anderseits würde, da die Vorschriften und Vereinbarungen über die Verteilung der Steuerlast im Verhältnisse der Parteien zueinander durch das Reichsstempelgesetz nicht berührt werden, zur Folge haben, daß der steuerfreie Vertragsteil die Abgabe in letzter Linie stets dann zu entrichten haben würde, wenn er dem anderen Teile gegenüber zur Tragung der Abgabe verpflichtet ist. Eine solche Ausschaltung der Befreiung kann . . . . zum mindesten insoweit nicht gewollt sein, als die Übernahme der Stempelkosten nicht auf dem Willen des steuerfreien Vertragsteils, sondern auf gesetzlicher Vorschrift beruht. Dieser zufolge hat in sinngemäßer Anwendung des § 449 BGB. jeder Vertragsteil die Kosten der Übertragung zur Hälfte zu tragen. Daher wird bei Tauschverträgen jeder

---

[1]) Wohl obsolet, weil jetzt die Abgabe mit den Gerichtskosten eingezogen wird (§ 4b AB. v. 14. 3. 12) und § 9 Satz 1 AB. v. 27. 7. 09 aufgehoben ist. § 11 AB. v. 14. 3. 12.

[2]) Auf dieses Schreiben, welches sich inhaltlich in vielen Teilen deckt mit der unter e wiedergegebenen AB. v. 8. 7. 10, nimmt die unter g wiedergegebene AB. v. 13. 12. 10 Bezug.

der beiden Erwerber von der ihn treffenden Hälfte des Reichsstempels freizulassen sein, wenn das von ihm erworbene Grundstück sich innerhalb der gesetzlichen Wertgrenze hält und in seiner Person die Voraussetzungen der Befreiung vorliegen.

3. Mehrere Personen, die ein Grundstück als Miteigentümer erwerben, haften nach außen hin für die Abgabe als Gesamtschuldner neben dem Veräußerer und haben diesem gegenüber nach den gesetzlichen Vorschriften die ganze Steuer zu tragen. Daß für sie eine entsprechende Minderung der Steuerpflicht eintreten soll, wenn der steuerpflichtige Betrag 20000 M. oder 5000 M. nicht übersteigt und bei einem oder mehreren von ihnen die persönlichen Befreiungsvoraussetzungen gegeben sind, ist vom Gesetze nicht ausdrücklich vorgesehen. Es kann das auch nicht wohl beabsichtigt gewesen sein, da dadurch der Befreiung eine mit dem Zweckgedanken nicht zu vereinbarende Ausdehnung gegeben werden würde, indem die geringfügigste Beteiligung einer Person am Erwerbe, für welche die Befreiungsvoraussetzungen vorliegen, ausreichen würde, allen am Erwerbe Beteiligten die Befreiung zukommen zu lassen. Unter diesen Umständen wird die Befreiungsvorschrift beim Erwerb innerhalb der Wertgrenze befindlicher Grundstücke durch mehrere nur dann Anwendung finden dürfen, wenn die persönlichen Befreiungsmerkmale bei jedem einzelnen Erwerber vorhanden sind.

4., 5., 6. } (sind wörtlich wiedergegeben in der AV. v. 13. 12. 10 unter 2, hier S. 263, 264).

f) Allgemeine Verfügung v. 13. 12. 10, betr. den § 84 und die Befreiungsvorschrift am Schlusse der Tarifnummer 11 des Reichsstempelgesetzes v. 15. 7. 09 Reichsgesetzblatt 852 (JMBl. 423).

Über die Auslegung des § 84 und der Befreiungsvorschrift am Schlusse der Tarifnummer 11 des Reichsstempelgesetzes hat der Herr Reichskanzler (Reichsschatzamt) im Einvernehmen mit dem Herrn Finanzminister und mir in zwei an die Bundesregierungen gerichteten Schreiben v. 4. und 21. 7. 10 folgende Grundsätze aufgestellt:

1. Bei der Auslegung der Vorschrift des § 84 des RStG., wonach der Landesfürst und die Landesfürstin von der Entrichtung der Abgabe der Tarifnummer 11 befreit sind, haben sich Zweifel darüber ergeben, ob auf Grund dieser Vorschrift in allen Fällen, in denen der Landesfürst oder die Landesfürstin als Erwerber oder Veräußerer beteiligt sind, von der Erhebung der Abgabe gänzlich abzusehen, ob die Abgabe nicht vielmehr auch in diesen Fällen von den außerdem am Rechtsvorgange beteiligten Personen zu entrichten sei oder ob etwa wenigstens dann völlige Steuerfreiheit Platz zu greifen habe, wenn der Landesfürst oder die Landesfürstin als Erwerber eines Grundstücks in Frage kommen.

Der Steuerfreiheit des ganzen Veräußerungsgeschäfts bei jedweder Beteiligung des Landesfürsten oder der Landesfürstin dürfte der Umstand entgegenstehen, daß die Steuerbefreiung des § 84 offensichtlich als eine persönliche gedacht ist und nur den daselbst genannten Personen zugute kommen soll. Bei folgerichtiger Durchführung dieses Grundsatzes würde die Vorschrift des § 84 an sich zu einer völligen Freilassung des beurkundeten Rechtsvorganges nur bei Rechtsgeschäften zwischen dem Landesfürsten und der Landesfürstin führen können, während bei Rechtsgeschäften mit anderen Personen die Abgabe von den letzteren gemäß § 83 — und zwar in Ermangelung einer anderweiten besonderen Vorschrift im vollen Betrage — zu entrichten wäre, ohne Rücksicht darauf, ob der Landesfürst oder die Landesfürstin als Erwerber oder Veräußerer beteiligt sind. Dadurch würde indessen die Erreichung des mit der Befreiungsvorschrift gewollten Zweckes in Frage gestellt werden. Die Befreiungsvorschrift des § 84 erstreckt sich nur auf den Steueranspruch des Fiskus und berührt weder die Vorschriften und Vereinbarungen über die Verteilung der

Steuerlast im Verhältnisse der Parteien zueinander noch auch die Erstattungsansprüche, die sich daraus für denjenigen ergeben, der — ohne im innern Verhältnisse dazu verpflichtet zu sein — die Abgabe gezahlt hat. Ungeachtet der Vorschrift des § 84 würde daher der Landesfürst oder die Landesfürstin die Abgabe in letzter Linie dann zu entrichten haben, wenn sie dem anderen Vertragsteile gegenüber zur Tragung verpflichtet sind. Eine solche Ausschaltung der Befreiung kann zum mindesten insoweit vom Gesetzgeber nicht gewollt sein, als die Übernahme der Stempelkosten nicht auf dem freien Willen des Landesfürsten oder der Landesfürstin beruht, sondern den gesetzlichen Vorschriften entspricht. Diesen zufolge fallen bei Veräußerungen — in Übereinstimmung mit der tatsächlichen Übung — die Kosten der Übertragung dem Erwerber zur Last (§ 449 des BGB.).

Daher möchte der Befreiung des § 84 des RStG. die Bedeutung beizulegen sein, daß für die Beurkundung einer Grundstücksübertragung eine Abgabe nicht zu entrichten ist, wenn der Landesfürst oder die Landesfürstin als Erwerber beteiligt sind, daß hingegen die Abgabe im vollen Betrage von den sonstigen Beteiligten zu erheben ist, wenn der Landesfürst oder die Landesfürstin als Veräußerer am Rechtsgeschäft teilnimmt.

2. Die Befreiung von der Grundwechselabgabe ist von Ehefrauen vielfach auch dann in Anspruch genommen worden, wenn die Voraussetzungen der Steuerfreiheit lediglich in ihrer Person und nicht zugleich auch in der ihres Ehemanns gegeben waren. Das dürfte dem Sinne des Gesetzes nicht entsprechen[1]). Wenn die Steuerfreiheit dem Bestreben Minderbemittelter nach Schaffung eines eigenen Heims förderlich sein soll, dann hat offensichtlich unter Einkommen die Gesamtheit der für den Lebensunterhalt einer Familie vorhandenen Einkünfte verstanden und auch bei Beantwortung der Frage des nichtgewerbsmäßigen Grundstückshandels nicht etwa die Möglichkeit geboten werden sollen, die Abgabe dadurch zu ersparen, daß das Grundstück auf den Namen des Ehegatten oder eines Kindes eingetragen wird.

Demnach wird beim Erwerb durch Kinder oder Ehegatten die Steuerfreiheit zu versagen sein, wenn im ersteren Falle die Eltern, im letzteren Falle der andere Ehegatte den Grundstückshandel gewerbsmäßig betreibt oder wenn die Gesamteinnahmen der zu einer Haushaltungsgemeinschaft gehörigen Personen mehr als 2000 M. ausmachen, wobei für die Höhe des Einkommens im Regelfalle die Feststellungen eine geeignete Grundlage bieten werden, die etwa aus Anlaß der einzelstaatlichen Einkommensteuerveranlagung getroffen worden sind.

Aus dem Zwecke der Befreiungsvorschrift, den Erwerb eines Grundbesitzes von mäßigem Werte durch gering bemittelte Personen zu begünstigen, ergibt sich weiter, daß der Wert aller gleichzeitig erworbenen Grundstücke zusammenzurechnen[2]) und bei der Übertragung eines Grundstücks seitens mehrerer oder an mehrere der Wert des ganzen Grundstücks zugrunde zu legen ist. Übersteigt der hiernach ermittelte Gesamtwert 20000 M., so handelt es sich im Sinne der Befreiungsvorschrift nicht mehr um einen Grundbesitz von mäßigem Werte. Deshalb kann in solchem Falle nicht von Bedeutung sein, ob sich bei der Veräußerung mehrerer Grundstücke der gesamte Grundbesitz zum Teil aus bebauten, zum Teil aus unbebauten Grundstücken zusammensetzt. Nur wenn der Gesamtwert 20000 M. nicht überschreitet, ist eine Prüfung geboten, ob der veräußerte Grundbesitz ganz oder zum Teile zu dem unbebauten oder bebauten zu rechnen ist. Es wird dann Steuerfreiheit einzutreten haben, soweit der Grundbesitz bebaut ist, während der unbebaute steuerpflichtig ist, sofern sein Wert 5000 M. überschreitet.

Dabei dürfte, weil die wirtschaftliche Bedeutung des Erwerbes für die Befreiung ausschlaggebend ist und die Anwendung der Befreiungsvorschrift von dem

---

[1]) In der neuen Fassung v. 14. 2. 11 ist diese Frage im hier vertretenen Sinne im Gesetze selbst entschieden, s. Befr. Nr. 1 Abs. 2. Die zweite Frage (Eltern und Kinder) ist dort nicht entschieden.

[2]) Dies ist jetzt im Gesetze ausdrücklich ausgesprochen (s. Befr. Nr. 1 Abs. 1 d. Tarifs i. d. Fass. v. 14. 2. 11).

Inhalte der Urkunde auch im übrigen nicht abhängt, die Art der Beurkundung nicht den Ausschlag geben. Daher wird eine Zusammenrechnung der Einzelwerte für zulässig zu erachten sein, nicht nur, wenn der Erwerb einzelner Parzellen eines Grundstücks gesondert beurkundet ist, sondern auch in Fällen, in denen über mehrere Grundstücke mehrere Kaufverträge aufgenommen oder mehrere Grundstücke zu verschiedenen Zeiten aufgelassen werden, sofern nur nach den Umständen des Einzelfalls ein einheitlicher Erwerb vorliegt. Für einen solchen würde ungeachtet gesonderter Beurkundung der Kaufverträge insbesondere sprechen, wenn die Auflassung der in verschiedenen Verträgen erwähnten Grundstücke gleichzeitig erfolgt.

Für die Begriffsumgrenzung des Grundstücks selbst werden wirtschaftliche Gesichtspunkte maßgebend sein müssen. Insbesondere wird es für die Bestimmung des Umfanges eines Grundstücks allein auf die Verkehrsauffassung und nicht etwa darauf ankommen dürfen, ob es im Kataster oder im Grundbuch als ein Grundstück eingetragen ist. In gleicher Weise wird bei der Unterscheidung bebauter und unbebauter Grundstücke unter den ersteren nicht nur der Grund und Boden zu verstehen sein, der mit einem Gebäude bedeckt ist oder unmittelbar zu einem Gebäude gehört, sondern es werden als bebaut auch solche Grundstücke oder Grundstücksteile zu gelten haben, die mit einem Gebäudegrundstück eine wirtschaftliche Einheit bilden, wobei als Gebäude jede für dauernde Zwecke bestimmte Baulichkeit zu zählen sein möchte, ohne Rücksicht darauf, ob das Gebäude Wohn- oder Wirtschaftszwecken dient und ob es in der Stadt oder auf dem Lande gelegen ist[1]).

g) Allgemeine Verfügung v. 18. 3. 11 über die durch das Zuwachssteuergesetz v. 14. 2. 11 (RGBl. 33) bewirkten Änderungen der Tarifnummer 11 des Reichsstempelgesetzes v. 15. 7. 09 (RGBl. 833). JMBl. 135.

Im Anschluß an den Abdruck der vom 1. April d. J. ab geltenden Fassung der Tarifnummer 11 des RStG. in Nr. 10 des JMBl. (S. 120ff.) wird auf folgende Bestimmungen noch besonders hingewiesen:

1. Der bisherige Zuschlag zu der in der Tarifnummer 11 vorgesehenen Abgabe von einhundert vom Hundert wird bei Veräußerungen, die in die Zeit bis zum 30. 6. 14 fallen, weiterhin erhoben (§ 90 Abs. 1 des RStG. n. F.).

2. Eine vorgängige Sicherheitsleistung für den Abgabenbetrag findet nur noch unter den Voraussetzungen statt, unter denen nach § 58 Nr. 7 des GKG. v. 25. 7. 10 vom Gericht eine Sicherstellung der Staatskasse wegen der Kosten der Eintragung und des Landesstempels verlangt werden kann. Es kann also insbesondere die Eintragung des Erstehers im Zwangsversteigerungsverfahren von einer vorgängigen Sicherheitsleistung überhaupt nicht mehr abhängig gemacht werden. Die Vorschrift in Nr. 10 der AV. v. 23. 5. 10 (JMBl. 165), nach welcher auch im Zwangsversteigerungsverfahren Sicherheit zu leisten war, wird aufgehoben.

Über Beschwerden gegen eine Anordnung des Gerichts, durch welche Sicherheit verlangt ist, wird nicht mehr wie nach § 3 Abs. 3 der AV. v. 27. 7. 09 (JMBl. 290) durch die Gerichte, sondern im Aufsichtsweg entschieden (§ 85 Abs. 3 des RStG. n. F.).

3. Stempelabgaben unter 50 Pf. werden nicht erhoben. Höhere Beträge, welche nicht ohne Bruch durch zehn teilbar sind, werden auf den nächst höheren, durch zehn teilbaren Betrag abgerundet; Stempelbeträge über 5 M., welche nicht ohne Bruch durch fünfzig teilbar sind, werden auf den nächst höheren, durch fünfzig teilbaren Betrag abgerundet (Abs. 1 der Anmerkung zur Tarifnummer 11 des RStG. n. F.).

4. Auf die veränderte Fassung der Befreiungsvorschrift am Schlusse der Tarifnummer 11 wird hingewiesen. Insbesondere wird hervorgehoben, daß in Zukunft Eigentumsveränderungen von der Reichsstempelabgabe befreit sind, denen sich die

---

[1]) Vgl. hierzu Tarifnummer 11 Befr. Nr. 1 Abs. 1 Satz 3 z. RStG. und § 1 ZuwStG.

Beteiligten aus Gründen des öffentlichen Wohles zu unterwerfen gesetzlich verpflichtet sind. Die Vorschrift in Nr. 1 der AV. v. 8. 7. 10 (JMBl. 278) wird demgemäß aufgehoben.

h) Allgemeine Verfügung v. 15. 6. 11 über die Auslegung der Befreiungsvorschrift 2 der Tarifnummer 11a des Reichsstempelgesetzes (RGBl. 852). JMBl. 245.

Der Herr Reichskanzler (Reichsschatzamt) hat unter dem 2. 5. 11 nachstehendes Schreiben an die Bundesregierungen erlassen:

„In der Frage der Auslegung der Befreiungsvorschrift 2 der Tarifnummer 11 a des Reichsstempelgesetzes sind in einzelnen Bundesstaaten Zweifel darüber hervorgetreten, in welchem Umfange der Begriff der Überlassungsverträge aufzufassen ist. Während von der einen Seite angenommen wird, daß die Befreiungsvorschrift sich nur auf solche Überlassungsverträge beziehen soll, die sich als ein vorweggenommener Erbgang darstellen, zum Teil mit der weiteren Beschränkung auf land- oder forstwirtschaftlich genutzte Grundstücke, wird von anderer Seite die Auffassung vertreten, daß die angeführte Befreiungsvorschrift auf alle Verträge zu erstrecken sei, welche die Übertragung von Grundstücken von Eltern an Kinder, auch eingekindschaftete, oder deren Abkömmlinge betreffen.

Ich trage kein Bedenken, der letzteren Auffassung beizutreten. Wenn in der Begründung (Drucksachen des Reichstags, 12. Legislaturperiode, I. Session 07/09 Bd. 256 Nr. 1456 Begründung 3) gesagt wird, daß die Rücksicht auf die Bedeutung der Überlassungsverträge als Fälle vorweggenommener Erbfolge zur Befreiung von der Grundstücksübertragungsabgabe den Anlaß gegeben habe, so ist hierin lediglich ein gesetzgeberischer Leitgedanke zum Ausdrucke gebracht, der für den Umfang der Befreiung nicht ohne weiteres bindend sein kann, wenn der Gesetzgeber mit der Fassung des Gesetzes einen weiteren Kreis von Rechtsvorgängen in die Befreiung einbezogen hat. Dafür, daß diese weitere Fassung auch der Absicht der gesetzgebenden Faktoren entspricht, lassen m. E. mittelbar die Beratungen über das Zuwachssteuergesetz einen gewissen Anhalt gewinnen. Bei der Behandlung der Frage, ob die Vorschrift des damaligen § 4 Ziff. 4 des Entwurfes eines Zuwachssteuergesetzes durch eine ähnliche Fassung ersetzt werden solle, wie sie in der vorgenannten Befreiungsvorschrift vorgesehen ist, wurde aus der Kommission heraus die Auffassung vertreten, daß eine Unterscheidung von Überlassungsverträgen und sonstigen Kaufverträgen nicht erwünscht sei, und daß die Praxis beim Reichsumsatzstempel sich nach anfänglichem Schwanken ungeachtet des Ausdrucks „Überlassungsverträge" zugunsten der Freilassung aller Kaufverträge zwischen Eltern und Abkömmlingen entschieden habe. Dabei wurde seitens des Regierungsvertreters geltend gemacht, daß nach seiner Ansicht eine Änderung der in der Praxis vertretenen weiten Auslegung des „Überlassungsvertrags" die Folge der Annahme des damals vorliegenden Antrags — es handelte sich um den Antrag Müller-Fulda (Drucksachen der 15. Kommission, 12. Legislaturperiode, II. Session 09/10 Nr. 10 Ziff. 4) auf Ersetzung des „Erwerbes" schlechthin durch „Überlassungsverträge" in Ziff. 4 des damaligen § 4 des Entwurfs — nicht sein werde (Drucksachen des Reichstags, 12. Legislaturperiode, II. Session 09/10 Nr. 515 S. 16). Damit konnte wohl als ohne Widerspruch festgestellt gelten, daß nach der Ausdrucksweise der in Rede stehenden Steuervorschriften der Begriff der Überlassungsverträge nicht auf die Fälle des vorweggenommenen Erbganges zu beschränken, sondern darüber hinaus in dem von den Abgeordneten vorgebrachten weiteren Sinne zu verstehen sei.

In Übereinstimmung hiermit wird anerkannt werden müssen, daß dem Ausdruck „Überlassungsverträge" bei rein wörtlicher Auslegung das Moment der antizipierten Erbfolge nicht zu entnehmen ist. Ein Sprachgebrauch, aus dem eine derartige besondere Bedeutung des Ausdrucks „Überlassungsverträge" zu folgern wäre, besteht jedenfalls nicht. Außerhalb der Wortverbindung „Überlassungsverträge" sind die Ausdrücke „Überlassung" und „Überlassen" sowohl an anderen Stellen des

Reichsstempelgesetzes wie in sonstigen reichsgesetzlichen Vorschriften, so im § 1644 des BGB., in ganz allgemeiner, das Moment vorweggenommenen Erbganges nicht in sich schließender Bedeutung gebraucht. Insbesondere gewinnt auch in dem Artikel 96 Einführungsgesetzes zum Bürgerlichen Gesetzbuch die Wendung „Überlassung eines Grundstücks“ die hier in Frage stehende besondere Bedeutung erst im Zusammenhange mit der Erwähnung der Leibgedingsverträge.

Hiernach dürfte die Befreiungsvorschrift 2 der Tarifnummer 11a des Reichsstempelgesetzes nur dahin ausgelegt werden können, daß Grundstücksübertragungen von Eltern an Abkömmlinge oder eingekindschaftete Kinder schlechthin von der Abgabe befreit sind, wie dies auch für die Zuwachssteuer in § 7 Ziff. 4 des Gesetzes vorgesehen ist.“

Die mit der Erhebung der Reichsstempelabgabe beauftragten Gerichtsbehörden weise ich hiermit an, bis auf weiteres nach diesem Schreiben des Herrn Reichskanzlers zu verfahren. Etwaige abweichende Entscheidungen eines Oberlandesgerichts oder des Reichsgerichts sind mir mitzuteilen.

i) Verfügung des Justizministers v. 1. 5. 12 über die Zuständigkeit der Gerichte zur Entscheidung über die Befreiung von der Reichsabgabe für Grundstücksübertragungen in Ansehung privatschriftlicher Urkunden (JMBl. 181).

Die Entscheidung darüber, ob eine Grundstücksübertragung von der Reichsabgabe befreit ist, steht auch in Ansehung der unter § 4 Abs. 1b der AV. v. 12. 3. 12 (JMBl. 99) fallenden privatschriftlichen Urkunden den Gerichten zu.

Eure Hochwohlgeboren ersuche ich, den Landgerichtspräsidenten entsprechend zu verständigen.

k) 1. Auszug aus der im Einvernehmen mit dem Finanzminister ergangenen Verfügung des Justizministers v. 8. 1. 12 (Ia 2182, 11) über die Auslegung der Tarifstelle 8 Abs. 4 Ziff. 3 Landesstempelgesetz und der Tarifnummer 11d Abs. 4 Ziff. 2 Reichsstempelgesetz (JMBl. 161).

In der Urkunde v. 24. 1. 11 — Bl. 41 Grundakten D. Blatt Nr. 26 — ist ein sogenannter Vollmachtskaufvertrag, der wie ein bedingter Kaufvertrag zu versteuern ist, zu erblicken. Nach dem Inhalte der Urkunde waren die Vollmachtgeber verpflichtet, die Grundstücke an die von den Bevollmächtigten genannten Personen oder an diese selbst aufzulassen, und die Vollmachtnehmer waren verpflichtet, falls sich sonstige Käufer nicht fanden, die Auflassung der Grundstücke für ihre Person entgegenzunehmen. Es ist daher unter Zugrundelegung des verabredeten Kaufpreises von 84000 M. gemäß Tarifstelle 32 LStG. ein Kaufstempel von 840 M. und gemäß Tarifnummer 11a RStG. eine Reichsstempelabgabe von 560 M. zu erheben. Auf den Landesstempel ist der zu der Urkunde bereits verwendete Vollmachtstempel von 20 M. anzurechnen, da es in die freie Wahl der Vollmachtnehmer gestellt war, ob sie die Grundstücke in Vollmacht der F.schen Eheleute verkaufen oder als Selbstkäufer eintreten wollten. Es ist daher neben dem Kaufstempel der Vollmachtstempel nicht zu erheben (vgl. Hummel-Specht Tarifstelle 32 Anm. 8 I Abs. 2).

Ist hiernach die Urkunde v. 24. 1. 11 als Kaufvertrag zu versteuern, so sind die Voraussetzungen zur Anwendung der Tarifstelle 8 Abs. 4 Ziff. 3 LStG. und der Tarifnummer 11d Abs. 4 Ziff. 2 RStG. nicht gegeben. Die Tarifstelle 8 Abs. 4 Ziff. 3 LStG. verdankt ihre Entstehung dem Umstande, daß die Vollmachtverträge, auf Grund deren die Bevollmächtigten für eigene Rechnung verkaufen, wirtschaftlich als Kaufverträge zu erachten sind. Der Gedanke, sie auch steuerlich den Kaufverträgen gleichzustellen, hätte dadurch zur Geltung gebracht werden können, daß man die

Vollmachtverträge selbst schlechthin dem Kaufstempel unterworfen hätte. Derartige Bestrebungen sind auch bei den Kommissionsverhandlungen des Abgeordnetenhauses wiederholt hervorgetreten (vgl. Kommissionsbericht Drucks. Nr. 560 A 21. Legislaturperiode II. Session 08/09 S. 8/10). Sie sind aber daran gescheitert, daß man dann auch eine Reihe von Bevollmächtigungen getroffen hätte, bei denen auch wirtschaftlich ein Vorgang, der als Veräußerungsvertrag zwischen Vollmachtgeber und Vollmachtnehmer angesprochen werden konnte, nicht in Frage kommt (vgl. die Erklärung des Vertreters des Justizministeriums aaO.). Aus diesem Grunde ist die gegenwärtige Fassung der genannten Tarifstelle gewählt worden, welche zwar die Steuerpflicht nach dem der Auflassung zugrunde liegenden Rechtsverhältnisse bestimmt, aber aus äußeren Gründen den Stempel nicht von der Urkunde über dieses Rechtsverhältnis, sondern von der Auflassung erhebt. Aus der Entstehungsgeschichte der Vorschrift ergibt sich sonach, daß die Bestimmung nur dann zur Anwendung kommen kann, wenn der Vollmachtvertrag selbst nicht dem Kaufstempel unterliegt; denn nur die Umgehung des Veräußerungsstempels durch einen Vollmachtvertrag sollte getroffen werden. Es ist daher als Bevollmächtigter im Sinne der Tarifstelle 8 Abs. 4 Ziff. 3 LStG. nur der zu verstehen, der lediglich Vollmachtnehmer, nicht aber auch zugleich — wenn auch nur bedingter — Käufer ist. Was aber für das Landesstempelgesetz gilt, trifft auch auf die entsprechende Vorschrift des Reichsstempelgesetzes zu.

2. Auszug aus der Verfügung des Justizministers v. 11. 8. 10 (Ia 1448, 10) über die Versteuerung von Einbringungsverträgen (Tarifstellen 32, 25c LStG., Tarifnummer 11 RStG.). JMBl. 12 S. 162.

Den in dem Beschlusse des Kammergerichts v. 4. 2. 10 — 1a X 48, 10 — ausgesprochenen Grundsätzen über die Versteuerung von Einbringungsverträgen vermag ich im Einvernehmen mit dem Herrn Reichskanzler (Reichsschatzamt) und dem Herrn Finanzminister nicht zuzustimmen.

Für das preußische Stempelrecht geht der Beschluß mit Recht davon aus, daß bis zu dem Inkrafttreten der Novelle zum Landesstempelgesetze Rechtsprechung und Verwaltungsübung dahin gegangen seien, daß zwar das Einbringen in die unter Tarifstelle 25a LStG. aufgeführten Gesellschaften durch Tarifstelle 25c LStG. abschließend geregelt sei, daß aber bei der Errichtung von offenen Handelsgesellschaften zwischen Verträgen, welche ein Einbringen gegen Gewährung von Gesellschaftsrechten enthielten, und solchen, bei denen das Einbringen gegen Gewährung eines anderen Entgelts, insbesondere gegen Übernahme auf der Einlage lastender Schulden geschehe, unterschieden werden müsse. Dieser bisherigen Verwaltungsübung kann in Zukunft insoweit nicht mehr gefolgt werden, als bei dem Einbringen in eine offene Handelsgesellschaft in der Übernahme auf der Einlage ruhender Schulden ein besonderes Veräußerungsgeschäft im Sinne der Tarifstelle 32 LStG. angenommen wurde. Wenn schon bisher die Zerlegung des einheitlichen Einbringungsvertrags in zwei stempelrechtlich verschieden zu behandelnde Verträge nicht unbedenklich erschien, so verbietet sie sich jetzt angesichts der Fassung, welche die Tarifstelle 25b Ziffer 1 in Spalte 4 (Berechnung der Stempelabgabe) durch die Novelle gefunden hat. Da der bei der Errichtung der offenen Handelsgesellschaft zu erhebende Wertstempel „von dem Werte der das Gesellschaftsvermögen bildenden Einlagen abzüglich der auf ihnen ruhenden Schulden" berechnet werden soll, so bringt die neue Fassung des Gesetzes unzweideutig zum Ausdrucke, daß auch insoweit, als die Gesellschaft auf der Einlage ruhende Schulden übernimmt, ein einheitlicher Einbringungsvertrag anzunehmen ist. Die Gründe, welche dazu geführt haben, daß das Reichsgericht in dem Urteile v. 30. 5. 02 — RG. i. Zivils. Bd. 51 S. 386 — seine frühere Auffassung, daß auch bei den in Tarifstelle 25a LStG. genannten Gesellschaften stempelrechtlich zwischen dem Einbringen und der Schuldenübernahme zu scheiden sei, aufgegeben hat, führen nach dem nunmehrigen Wortlaute des Gesetzes zu demselben Ergebnisse bei den unter Tarifstelle 25 b LStG. genannten offenen Handelsgesellschaften (vgl. auch Heinitz 3. Aufl. S. 984, 985 Anm. 12).

Dafür, daß auch für die Reichsabgabe aus Tarifnummer 11 RStG. dieselben Grundsätze gelten, spricht schon im allgemeinen die Erwägung, daß die Tarifnummer 11 — wie auch das Kammergericht ausdrücklich hervorhebt — sich dem preußischen Stempelrecht eng angeschlossen hat. Auch aus der Berechnungsvorschrift zu der Tarifnummer 11 b darf entnommen werden, daß das Reichsstempelgesetz auch dann grundsätzlich einen einheitlichen Einbringungsvertrag annimmt, wenn die Gesellschaft auf der Einlage ruhende Schulden übernimmt (vgl. Heinitz 3. Aufl. S. 1110, 1111). Für die gegenteilige Annahme ist aus der vom Kammergericht angeführten Stelle der Begründung zum Reichsstempelgesetze kein Anhalt zu entnehmen. Zwar ist hier auf den begrifflichen Unterschied von Einbringungsverträgen und Veräußerungsverträgen hingewiesen. Dieser Unterschied ist jedoch nur in dem Sinne erörtert worden, daß ein einen einheitlichen Vertrag enthaltendes Rechtsgeschäft entweder ein Veräußerungsgeschäft im Sinne der Tarifnummer 11 a oder ein Einbringungsvertrag sei; für die Annahme, daß oder unter welchen Voraussetzungen in einem einheitlichen Vertrage zum Teile ein Veräußerungsgeschäft und zum Teile ein Einbringungsvertrag zu erblicken sei, bietet die Begründung keinen Anhalt.

l) Allgemeine Verfügung v. 24. 5. 12 über Erstattung von Reichsstempelabgaben (JMBl. 177).

Der Bundesrat hat in dem im Zentralblatte für das Deutsche Reich 291 abgedruckten Beschlusse v. 21. 3. 12 für die Erstattung von Reichssteuern (ausschließlich der Erbschaftssteuer und der Zuwachssteuer) folgende Bestimmung getroffen:

> Auf Antrag sind zuviel erhobene Beträge ohne Rücksicht auf ihre Höhe zurückzuzahlen, wenn der Antrag innerhalb der in dem Abgabegesetze vorgesehenen Verjährungsfrist oder, sofern eine solche Frist nicht besteht, innerhalb eines Jahres vom Tage der Erhebung an schriftlich oder mündlich gestellt wird. Bei der Grundwechselabgabe beträgt die Frist zwei Jahre.

Dies bringe ich hiermit zur Kenntnis der Justizbehörden.

m) Allgemeine Verfügung v. 5. 8. 12 über die Auslegung von Bestimmungen des Reichsstempelgesetzes über den Umsatzstempel.

Ein den Abschnitt IX, Grundstückübertragungen, betreffender Auszug aus den vom Bundesrat aufgestellten Grundsätzen zur Auslegung des Reichsstempelgesetzes wird nachstehend zur Kenntnis der Justizbehörden und Notare gebracht. Bei dem Ansatze des Stempels ist nach diesen Grundsätzen zu verfahren.

Grundsätze zur Auslegung des Reichsstempelgesetzes.

Abschnitt IX.

Grundstücksübertragungen.

Zu den §§ 78 bis 90 des Gesetzes und zur Tarifnummer 11.

1. Bei Bemessung der Grundwechselabgabe sind Zubehörstücke eines Grundstücks — im Gegensatze zu dessen Bestandteilen — außer Betracht zu lassen, sofern nicht gemäß § 165 Abs. 3 der Ausführungsbestimmungen der Gesamtpreis oder -wert zugrunde zu legen ist.

2. Eine Abgabe nach Tarifnummer 11 ist nicht zu erheben, wenn ein Ehegatte ein von ihm in die allgemeine Gütergemeinschaft eingebrachtes Grundstück bei der Auseinandersetzung über das Gesamtgut gemäß § 1477 Abs. 2 des BGB. zurückerwirbt.

3. Das Einbringen in eine offene Handelsgesellschaft wird von der Tarifnummer 11 b nicht betroffen. Verträge, durch welche ein Gesellschafter ein mit einer Hypothek belastetes Grundstück als Einlage in eine Gesellschaft einbringt, gelten auch

insoweit, als die Gesellschaft die auf dem Grundstücke ruhenden Schulden übernimmt, als steuerfreies Einbringen und nicht als ein besonderes nach Tarifnummer 11a zu versteuerndes Veräußerungsgeschäft.

4. Der Ehegatte eines Erben gehört als solcher nicht zu den Teilnehmern an einer dem anderen Ehegatten zugefallenen Erbschaft. Nur bei allgemeiner Gütergemeinschaft der Eheleute wird infolge der kraft Gesetzes (§ 1438 des BGB.) sich vollziehenden unmittelbaren Beteiligung des anderen Ehegatten auch dieser den Teilnehmern an der Erbschaft zuzuzählen sein.

5. Auf den Ehegatten oder Verlobten eines Abkömmlings, der am Rechtsgeschäft als Erwerber beteiligt ist, findet die Befreiungsvorschrift Ziff. 2 der Tarifnummer 11a keine Anwendung, es sei denn, daß zwischen den Ehegatten allgemeine Gütergemeinschaft besteht und das Grundstück Gesamtgut wird.

6. (1) Durch die Befreiungsvorschrift 2 der Tarifnummer 11a werden nicht nur die sogenannten Überlassungsverträge, sondern alle Verträge betroffen, welche die Übertragung von Grundstücken von Eltern an Kinder, auch eingekindschaftete oder deren Abkömmlinge zum Gegenstande haben.

(2) An Kindes Statt angenommene Kinder gelten nicht als Kinder im Sinne dieser Befreiungsvorschrift.

7. (1) Bei Zwangsversteigerungen ist die Grundwechselabgabe nach der Berechnungsvorschrift 4 zu Tarifnummer 11a entweder von dem Meistgebot oder von dem Werte des Grundstücks zu berechnen, je nachdem der eine oder andere Betrag der höhere ist. Es muß also immer mindestens der Wert des Grundstücks versteuert werden.

(2) Ist aber der Ersteher zur Zeit der Einleitung der Zwangsversteigerung Hypotheken- oder Grundschuldgläubiger, und bleibt sein Meistgebot hinter dem Gesamtbetrage seiner eigenen und der ihm vorgehenden Hypotheken- und Grundschuldforderungen zurück, so hat er nach Anm. c den Gesamtbetrag dieser Forderungen, insoweit er den Wert des Grundstücks nicht übersteigt, zu versteuern; erreicht der Gesamtbetrag jener Forderungen den Wert des Grundstücks nicht, so ist nur der Gesamtbetrag der Forderungen, nicht aber der (höhere) Grundstückswert zu versteuern.

8. Gemäß Tarifnummer 11d Abs. 3 ist der Auflassungsstempel nicht zu erheben, wenn eine in an sich stempelpflichtiger Form ausgestellte Urkunde vorgelegt wird, die das der Auflassung zugrunde liegende Veräußerungsgeschäft enthält. Hiernach genügt es, daß die zum Zwecke der Ausschließung des Auflassungsstempels vorgelegte Urkunde nach Form und Fassung den allgemeinen stempelrechtlichen Vorschriften entspricht. Es ist unerheblich, daß sie wegen ihres materiellen Inhalts entweder überhaupt nicht abgabepflichtig oder auf Grund besonderer stempelrechtlicher Vorschriften im Einzelfalle von der Stempelpflicht befreit ist. Die Erhebung des Auflassungsstempels ist daher auch dann ausgeschlossen, wenn die vorgelegte Veräußerungsurkunde nicht nach Tarifnummer 11 steuerpflichtig ist — wie im Falle der Schenkung — oder unter eine der Befreiungsvorschriften der Tarifnummer 11 fällt.

9. Erhöht sich der Wert eines Grundstücks in der Zeit zwischen dem Abschlusse des Vertrags und der Auflassung dadurch, daß der Erwerber auf ihm Gebäude errichtet oder bauliche Veränderungen vornimmt, so kommt diese Werterhöhung für die Berechnung des Auflassungsstempels sowie für die Entscheidung der Frage, ob das Grundstück als ein bebautes oder unbebautes anzusehen ist (Ziff. 1 Abs. 1 der Befreiungsvorschriften am Schlusse der Tarifnummer 11), nicht in Betracht.

10. Für die Anwendung der Befreiungsvorschrift 1 am Schlusse der Tarifnummer 11 ist unter anderem zu beachten:

a) Die Steuerfreiheit gilt nur für physische Personen.
b) Bei Tauschverträgen ist jeder der beiden Erwerber von der ihn treffenden Hälfte des Reichsstempels freizulassen, wenn das von ihm erworbene Grundstück sich innerhalb der gesetzlichen Wertgrenze hält und in seiner Person die Voraussetzungen der Befreiung vorliegen.
c) Bei der Übertragung eines Grundstücks durch mehrere Veräußerer oder an mehrere Erwerber ist stets der Wert des ganzen Grundstücks zugrunde zu legen.

d) Für den Begriff des Grundstücks ist nicht die rechtliche Einheit, auch nicht die Eintragung im Grundsteuerkataster, Lagerbuch oder auf einem oder mehreren Grundbuchblättern, sondern die wirtschaftliche Einheit des Besitzes das maßgebende Merkmal.

e) Die Vorschrift, daß für die Anwendung der Befreiungsvorschrift das Einkommen der Ehegatten zusammenzurechnen ist, gilt bei Überlassungsverträgen auch für Verlobte.

11. Eine gesetzliche Verpflichtung im Sinne der Ziff. 2 der Befreiungsvorschriften am Schlusse der Tarifnummer 11 liegt nur dann vor, wenn nach der Landesgesetzgebung die Verpflichtung zur Abtretung des Grundstücks aus Gründen des öffentlichen Wohles bereits zur Zeit des Vertragsabschlusses bestand, nicht aber schon dann, wenn die Verpflichtung erst nach diesem Zeitpunkte begründet wird.

12. Vereinbarungen zwischen Erwerber und Veräußerer über die Tragung der Kosten der Veräußerung sowie die Bestimmung des § 449 BGB. sind für die Verpflichtung zur Entrichtung der Stempelabgabe bedeutungslos.

13. Für die Beurkundung einer Grundstücksübertragung ist eine Abgabe nicht zu entrichten, wenn der Landesfürst oder die Landesfürstin als Erwerber beteiligt sind. Dagegen ist die Abgabe im vollen Betrage von den sonstigen Beteiligten zu erheben, wenn der Landesfürst oder die Landesfürstin als Veräußerer am Rechtsgeschäfte teilnehmen.

14. Der Begriff des Zubehörs der zu Familienfideikommissen gehörenden Landgüter sowie der Lehn- und Stammgüter und seine Abgrenzung ist den Vorschriften des Bürgerlichen Gesetzbuches zu entnehmen. Die Bindung und damit auch die Steuerpflicht eines Grundstücks gemäß § 89 des Reichsstempelgesetzes ist jedoch nach dem Landesrechte, das zur Zeit der Errichtung des Fideikommisses in Geltung war, zu beurteilen; die Bindung eines Grundstücks kann daher auch für die Steuerpflicht nicht etwa um deswillen als aufgehoben gelten, weil das Grundstück infolge Änderung des bürgerlichen Rechtes die Zubehöreigenschaft verloren hat.

15. (1) Die zu den Fideikommissen, Lehn- oder Stammgütern gehörigen Schlösser und Stadthäuser, gleichviel, ob sie bewohnt oder nicht bewohnt werden, sind mit dem gemeinen Werte zur Steuer heranzuziehen. Nach dem aus ihrem jährlichen Mietwerte zu berechnenden Ertragswerte sind sie nur dann zu veranschlagen, wenn sie mit land- oder forstwirtschaftlich genutzten Grundstücken in derartig enger Verbindung stehen, daß sie mit diesen eine wirtschaftliche Einheit bilden.

(2) Bei Ermittelung des Ertragswerts nach § 16 Abs. 2 des ErbschStG. findet ein Abzug der auf dem Grundstücke ruhenden Schulden (Hypotheken, Lasten, Appanagen usw.) nicht statt.

16. Die Voraussetzungen für einen Erlaß aus Billigkeitsgründen nach § 170 der Ausführungsbestimmungen sind im allgemeinen gegeben, wenn die Geschäftsausführung infolge eines entschuldbaren Versehens des Antragstellers oder infolge eines Umstandes unterblieben ist, der außerhalb seiner Willensbestimmung gelegen ist. Dagegen wird die Erstattung in der Regel zu versagen sein, wenn die Beteiligten freiwillig und ohne äußere zwingende Veranlassung, etwa geschäftlicher Vorteile wegen, von einem geschlossenen Vertrage wieder zurücktreten, oder wenn sie beim Geschäftsabschluß arglistig oder mit grober Fahrlässigkeit oder ohne Überlegung zu Werke gegangen sind und die Wiederaufhebung des Geschäfts sich selbst zuzuschreiben haben. In geeigneten Fällen kann der Erlaß des Stempels auf einen Teil der Abgabe beschränkt bleiben.

Anhang zu I und II.

1. Erbschaftssteuergesetz v. 3. 6. 06 (RGBl. 654ff.) im Auszuge.

§ 7.

Von inländischen Grundstücken ist die Erbschaftssteuer zu erheben, ohne Unterschied, ob der Erblasser Deutscher oder Ausländer war und ob er im Inlande seinen Wohnsitz oder gewöhnlichen Aufenthalt hatte oder nicht.

Grundstücke, die sich im Auslande befinden, gehören nicht zur steuerpflichtigen Masse.

Den Grundstücken stehen Berechtigungen gleich, für welche die sich auf Grundstücke beziehenden Vorschriften gelten.

Betrag der Erbschaftssteuer.

§ 10.

Die Erbschaftssteuer beträgt:

I. vier vom Hundert:
  1. für leibliche Eltern;
  2. für voll- und halbbürtige Geschwister sowie für Abkömmlinge ersten Grades von Geschwistern;

II. sechs vom Hundert:
  1. für Großeltern und entferntere Voreltern;
  2. für Schwieger- und Stiefeltern;
  3. für Schwieger- und Stiefkinder;
  4. für Abkömmlinge zweiten Grades von Geschwistern;
  5. für uneheliche, von dem Vater anerkannte Kinder und deren Abkömmlinge;
  6. für an Kindesstatt angenommene Personen und deren Abkömmlinge, soweit sich auf diese die Wirkungen der Annahme an Kindes Statt erstrecken;

III. acht vom Hundert:
  1. für Geschwister der Eltern;
  2. für Verschwägerte im zweiten Grade der Seitenlinie;

IV. zehn vom Hundert in den übrigen Fällen, soweit es sich nicht um einen Erwerb der im § 12 bezeichneten Art handelt.

Übersteigt der Wert des Erwerbes den Betrag von

20000 M., so wird das $1^1/_{10}$ fache,

übersteigt er den Betrag von

30000	M.,	so	wird	das	$1\frac{2}{10}$	fache,
50000	"	"	"	"	$1\frac{3}{10}$	"
75000	"	"	"	"	$1\frac{4}{10}$	"
100000	"	"	"	"	$1\frac{5}{10}$	"
150000	"	"	"	"	$1\frac{6}{10}$	"
200000	"	"	"	"	$1\frac{7}{10}$	"
300000	"	"	"	"	$1\frac{8}{10}$	"
400000	"	"	"	"	$1\frac{9}{10}$	"
500000	"	"	"	"	2	"
600000	"	"	"	"	$2\frac{1}{10}$	"
700000	"	"	"	"	$2\frac{2}{10}$	"
800000	"	"	"	"	$2\frac{3}{10}$	"
900000	"	"	"	"	$2\frac{4}{10}$	"
1000000	"	"	"	"	$2\frac{5}{10}$	"

der im Abs. 1 bestimmten Sätze erhoben.

Die im Abs. 2 geregelte Steigerung beginnt bei den Steuerpflichtigen der I. Klasse erst, wenn der Wert des Erwerbes den Betrag von 50000 M. übersteigt, mit dem im Abs. 2 für diesen Wert bestimmten Satze.

Übersteigt der Wert des Erwerbes eine der im Abs. 2 bezeichneten Wertgrenzen, so wird der Unterschiedsbetrag zwischen dem nach Abs. 2 anzuwendenden höheren Satze und demjenigen der vorangehenden Wertklasse nur insoweit erhoben, als er aus der Hälfte des die Wertgrenze übersteigenden Betrags des Erwerbes gedeckt werden kann.

Befreiungen.

§ 11.

Von der Erbschaftssteuer befreit bleiben:

1. ein Erwerb von nicht mehr als 500 M.;

2.[1])

3.[1])

4. ein Erwerb, der anfällt:

a) ehelichen Kindern und solchen Kindern, welchen die rechtliche Stellung ehelicher Kinder zukommt — jedoch mit Ausschluß der an Kindes Statt angenommenen Kinder —, sowie eingekindschafteten Kindern;

b) unehelichen Kindern aus dem Vermögen der Mutter oder der mütterlichen Voreltern;

c) Abkömmlingen der zu a, b bezeichneten Kinder;

d) Ehegatten;

e) den im § 10 I. 1, II. 1, 5, 6 aufgeführten Personen, sofern der Wert des Erwerbes den Betrag von 10000 M. nicht übersteigt;

f) den im § 10 I. 2, II. 2, 3 bezeichneten Personen, sofern er in Kleidungsstücken, Betten, Wäsche, Haus- und Küchengerät besteht, diese Gegenstände nicht zum Gewerbebetrieb oder zum Verkaufe bestimmt waren und der Wert des Erwerbes dieser Art den Betrag von 5000 M. nicht

[1]) Die Nr. 2 und Nr. 3 betreffen Erwerb aus § 1969 BGB. und Befreiung von einer Schuld.

übersteigt; auf den Abzug der Schulden und Lasten von dem Werte der bezeichneten Gegenstände finden die Vorschriften des § 9 entsprechende Anwendung;

g) leiblichen Eltern, Großeltern und entfernteren Voreltern, soweit der Erwerb in Sachen besteht, die sie ihren Abkömmlingen durch Schenkung oder Übergabevertrag zugewandt hatten;

h) Personen, die in einem Dienst= oder Arbeitsverhältnisse zum Erblasser gestanden haben, sofern der Wert des Erwerbes den Betrag von 3000 M. nicht übersteigt;

5. ein Erwerb, der anfällt Familienstiftungen auf Grund eines in einer Verfügung von Todeswegen bestehenden Stiftungsgeschäfts.

§ 12.

Die Erbschaftssteuer beträgt fünf vom Hundert:

1. für einen Erwerb, der anfällt inländischen Kirchen;
2. für einen Erwerb, der anfällt solchen inländischen Stiftungen, Gesellschaften, Vereinen oder Anstalten, die ausschließlich kirchliche, mildtätige oder gemeinnützige Zwecke verfolgen, sofern ihnen die Rechte juristischer Personen zustehen;
3. für Zuwendungen, die ausschließlich kirchlichen, mildtätigen oder gemeinnützigen Zwecken innerhalb des Deutschen Reichs oder der deutschen Schutzgebiete gewidmet sind, sofern die Verwendung zu dem bestimmten Zwecke gesichert und die Zuwendung nicht auf einzelne Familien oder bestimmte Personen beschränkt ist;
4. für einen Erwerb, der anfällt Kassen oder Anstalten, welche die Unterstützung der zu dem Erblasser in einem Dienst- oder Arbeitsverhältnisse stehenden Personen sowie der Familienangehörigen solcher Personen bezwecken. Das Gleiche gilt, wenn der Erwerb anfällt Kassen oder Anstalten, welche die Unterstützung von Personen sowie deren Familienangehörigen bezwecken, die zu einem wirtschaftlichen Unternehmen, bei dem der Erblasser beteiligt war, in einem Dienst- oder Arbeitsverhältnisse stehen.

Unter Kirchen (Abs. 1, Nr. 1) und kirchlichen Zwecken (Abs. 1, Nr. 2 und 3) sind alle inländischen öffentlich zugelassenen Religionsgesellschaften, denen die Rechte juristischer Personen zustehen, sowie die Zwecke solcher Religionsgesellschaften zu verstehen.

Vermögensvorteile von nicht mehr als 5000 M. sind in den Fällen des Abs. 1 von der Erbschaftssteuer befreit.

Die in den Abs. 1, 3 bezeichneten Vergünstigungen können zugunsten ausländischer Stiftungen, Gesellschaften, Vereine und Anstalten der im Abs. 1 Nr. 2 bezeichneten Art, zugunsten solcher Zuwendungen, die den dort unter Nr. 3 bezeichneten Zwecken im Auslande zu dienen bestimmt sind, und zugunsten ausländischer Kassen und Angestellten der dort unter Nr. 4 bezeichneten Art zugestanden werden, sofern der ausländische Staat dem Deutschen Reiche gegenüber die gleiche Rücksicht übt.

Die Entscheidung darüber, ob Zwecke der in den Abs. 1 Nr. 2, 3 und im Abs. 4 bezeichneten Art vorliegen, erfolgt durch die Landesregierung.

§ 13.

Von der Entrichtung der Erbschaftssteuer befreit sind der Landesfürst und die Landesfürstin.

§ 14.

Im Sinne des § 10 Abs. 2, des § 11 Nr. 1, 4e, f, h und des § 12 Abs. 3 sind mehrere einem Erwerber seitens desselben Erblassers innerhalb fünf Jahren zugefallene Vermögensvorteile der in den §§ 1 bis 3 gedachten Art als ein Erwerb anzusehen, wenn anzunehmen ist, daß die Art und Weise der Zuwendung nur zur Vermeidung des höheren Steuersatzes oder zur Erlangung der Steuerfreiheit gewählt worden ist.

Übersteigt der Wert des Erwerbes die im § 11 Nr. 1, 4e, f, h und im § 12 Abs. 3 bezeichneten Beträge, so wird die Steuer nur insoweit erhoben, als sie aus der Hälfte des die Wertgrenze übersteigenden Betrags gedeckt werden kann.

§ 15.

Soweit Grundstücke, die dauernd land- oder forstwirtschaftlichen Zwecken zu dienen bestimmt sind, einschließlich der dazu gehörenden, denselben Zwecken dienenden Gebäude und des Zubehörs, den Gegenstand des Erwerbes bilden, wird ein Viertel des auf diesen Teil des Erwerbes entfallenden, nach den Vorschriften dieses Gesetzes berechneten Steuerbetrags nicht erhoben.

Für Steuerpflichtige der Klasse 1 (§ 10 Abs. 1 I.) tritt Befreiung von der Steuer ein, soweit im Laufe der dem Anfalle vorhergehenden fünf Jahre die Grundstücke Gegenstand eines nach diesem Gesetze steuerpflichtigen Erwerbes geworden sind. Ermäßigung der Steuer auf die Hälfte tritt ein, soweit der frühere Steuerfall zwar mehr als fünf Jahre, aber nicht über 10 Jahre zurückliegt. Die Befreiung oder Ermäßigung tritt nicht ein, wenn die Grundstücke innerhalb des bezeichneten Zeitraums gegen Entgelt an Personen veräußert worden sind, die nicht dem Veräußerer gegenüber in einem die Befreiung von der Erbschaftssteuer begründenden Verhältnisse stehen.

Auf den Abzug der Schulden und Lasten von dem Werte der Grundstücke finden die Vorschriften des § 9 entsprechende Anwendung.

Ermittelung des Wertes der Masse.

§ 16.

Der Ermittelung des Betrags der Masse wird der Wert zur Zeit des Anfalls zugrunde gelegt.

Bei Grundstücken der im § 15 Abs. 1 bezeichneten Art wird der Ertragswert zugrunde gelegt. Als Ertragswert gilt das Fünfundzwanzigfache des Reinertrags, den die Grundstücke nach ihrer bisherigen wirtschaftlichen Bestimmung bei ordnungsmäßiger Bewirtschaftung nachhaltig gewähren können.

§ 17.

Bei Nutzungen oder Leistungen, die entweder ausdrücklich oder durch anderweitige die Dauer begrenzende Umstände auf bestimmte Zeit beschränkt sind, ist der Gesamtwert unter Abrechnung der Zwischenzinsen durch Zusammenzählung der einzelnen Jahreswerte zu berechnen. Der Gesamtwert darf den zum gesetzlichen Zinssatze kapitalisierten Jahreswert nicht übersteigen. Bei immerwährenden Nutzungen wird das Fünfundzwanzigfache des einjährigen Betrags, bei Nutzungen von unbestimmter Dauer, sofern nicht die Vorschriften der §§ 18, 19 Anwendung finden, das Zwölfundeinhalbfache des einjährigen Betrags als Wert angenommen.

§ 18.

Der Wert von Leibrenten oder anderen auf die Lebenszeit einer Person beschränkten Nutzungen, einschließlich des im § 3 Nr. 1 bezeichneten Erwerbes, wird nach dem Lebensalter der Person, mit deren Tode das Bezugsrecht erlischt, berechnet, und zwar wird als Wert bei einem Alter

1.			bis zu	25	Jahren	das	20 fache,
2.	von mehr als	25	bis zu	35	Jahren	das	18 fache,
3.	" " "	35	" "	45	"	"	16 "
4.	" " "	45	" "	55	"	"	14 "
5.	" " "	55	" "	65	"	"	12 "
6.	" " "	65	" "	70	"	"	10 "
7.	" " "	70	" "	75	"	"	8 "
8.	" " "	75	" "	80	"	"	6 "

9. " " " 80 Jahren das 4 fache des Wertes der einjährigen Nutzung angenommen.

Ist jedoch die Nutzung oder Leistung

im Falle des Abs.	1	Nr. 1	schon innerhalb eines Zeitraums von	10	Jahren,
" " " "	1	" 2	" " " " "	9	"
" " " "	1	" 3	" " " " "	8	"
" " " "	1	" 4	" " " " "	7	"
" " " "	1	" 5	" " " " "	6	"
" " " "	1	" 6	" " " " "	5	"

in den Fällen des Abs. 1 Nr. 7 bis 9 schon innerhalb eines Zeitraums von 4 Jahren

nach dem Anfall erloschen, so wird ihr Wert nach Maßgabe der wirklichen Dauer bestimmt und die gezahlte Steuer bis auf den diesem Werte entsprechenden Betrag erstattet. In gleicher Weise wird, wenn die steuerpflichtige Masse um den nach Abs. 1 berechneten Wert einer Nutzung oder Leistung geringer veranlagt war, im Falle des früheren Erlöschens der Nutzung oder Leistung ein entsprechender Steuerbetrag nacherhoben.

§ 19.

Hängt die Dauer der Nutzungen von der Lebenszeit mehrerer Personen ab, so ist, wenn das Bezugsrecht mit dem Tode der zuerst versterbenden Person erlischt, das Lebensalter der ältesten Person, wenn das Bezugsrecht mit dem Tode der letztversterbenden Person erlischt, das Lebensalter der jüngsten Person maßgebend.

§ 20.

Der einjährige Betrag der Nutzung eines Geldbetrags ist, wenn er nicht anderweit feststeht, zu vier vom Hundert anzunehmen.

Anmeldung des Erwerbes.

§ 36.

Jeder, dem ein steuerpflichtiger Erwerb von Todeswegen (§§ 1 bis 4) anfällt, ist verpflichtet, ihn binnen einer Frist von drei Monaten oder, wenn er sich bei dem Beginne der Frist im Ausland aufhält, binnen einer Frist von sechs Monaten nach erlangter Kenntnis von dem Anfalle dem zuständigen Erbschaftssteueramte schriftlich anzumelden.

Einer Anmeldung bedarf es nicht, wenn der Erwerb auf einer von einem deutschen Gericht oder einem deutschen Notar eröffneten Verfügung von Todeswegen beruht.

Schenkungen unter Lebenden.

§ 55.

Schenkungen unter Lebenden unterliegen der gleichen Steuer wie der Erwerb von Todeswegen mit der Maßgabe, daß an Stelle der Verhältnisse des Erblassers und des Erwerbers die Verhältnisse des Schenkers und des Beschenkten berücksichtigt werden.

Als ein Erwerb durch Schenkung gilt auch ein Erwerb, der infolge der Vollziehung der einer Schenkung beigefügten Auflage oder infolge der Bewirkung einer Leistung, von welcher der Schenker eine Schenkung abhängig gemacht hat, oder, sofern die Schenkung der Genehmigung einer Behörde unterliegt, infolge der Vollziehung einer Anordnung dieser Behörde erlangt wird.

Einer Schenkung unter Lebenden steht gleich das in einem Stiftungsgeschäft unter Lebenden von dem Stifter zugesicherte und auf die Stiftung übergegangene Vermögen.

§ 56.

Auf die Erhebung und Verwaltung der Steuer finden, soweit nicht nachstehend ein anderes bestimmt ist, die Vorschriften über die Erbschaftssteuer Anwendung.

Eine Befreiung von der Steuer tritt außer in den Fällen des § 11, des § 12 Abs. 3 und des § 13 bei Schenkungen an Bedürftige zum Zwecke ihres Unterhalts oder ihrer Ausbildung oder bei dem schenkungsweise erfolgten Erlasse von Forderungen, die durch Gewährung von Mitteln für solche Zwecke begründet sind, sowie dann ein, wenn durch die Schenkung einer sittlichen Pflicht oder einer auf den Anstand zu nehmenden Rücksicht entsprochen wird. Eine Befreiung tritt ferner ein bei Schenkungen beweglicher Sachen im Werte von nicht mehr als 3000 M. an Personen der im § 10 I bis III bezeichneten Art, sofern die Sachen dem persönlichen Gebrauche des Beschenkten oder seiner Familienangehörigen zu dienen bestimmt sind. Im übrigen wird die Steuerpflicht nicht dadurch ausgeschlossen, daß die Schenkung zur Belohnung oder unter einer Auflage gemacht oder in die Form eines lästigen Vertrags gekleidet wird.

Der Anmeldung der Schenkung (§ 36) bedarf es nicht, wenn die Schenkung gerichtlich oder notariell beurkundet ist.

Die entrichtete Steuer ist zu erstatten, soweit das Geschenk wegen eines auf Gesetz beruhenden Rückforderungsrechts hat herausgegeben werden müssen, ferner wenn die Herausgabe nach Maßgabe des § 528 Abs. 1 Satz 2 des BGB. abgewendet worden ist oder wenn der Schenker die Erfüllung des schenkweise erteilten Versprechens auf Grund des § 519 des BGB. verweigert hat.

Besondere Steuer von Abkömmlingen und Ehegatten.

§ 59.

Den Bundesstaaten bleibt ferner überlassen, in Ansehung der nach § 11 Nr. 4a bis e von der Erbschaftssteuer befreiten Personen für den Erwerb von Todeswegen sowie für Schenkungen unter Lebenden Abgaben zu erheben, von Kindern, denen die rechtliche Stellung ehelicher Kinder zukommt, und eingekindschafteten Kindern sowie von Abkömmlingen solcher Kinder jedoch nur insoweit, als die gleichen Abgaben auch von ehelichen Kindern erhoben werden.

Übergangsvorschriften.

§ 60.

Die Vorschriften der Landesgesetze, welche die Erhebung einer Abgabe von dem den Gegenstand der Erbschaftssteuer bildenden Erwerbe von Todeswegen (§§ 1 bis 4) sowie von Schenkungen unter Lebenden (§ 55) oder den über solche Schenkungen ausgestellten Urkunden betreffen, treten insoweit außer Kraft, als den Bundesstaaten nicht die Erhebung besonderer Abgaben (§ 59) überlassen ist.

---

2. a) Allgemeine Verfügung des Finanzministers und des Justizministers v. 26. 6. 06, betr. die Erbschaftssteuer und die von Schenkungen zu entrichtenden Abgaben (JMBl. 174).

1. Durch das ErbschStG. v. 3. 6. 06 (RGBl. 654) ist das preußische Erbschaftssteuergesetz, insoweit es sich nicht um einen Erwerb der unter Nr. 2 bezeichneten Art handelt, außer Kraft getreten; außerdem sind die Vorschriften über die Erhebung von Abgaben von Schenkungen unter Lebenden oder der über solche Schenkungen ausgestellten Urkunden außer Kraft getreten. Der im § 60 des Gesetzes für die Fälle des § 59 gemachte Vorbehalt ist für Preußen ohne Bedeutung, da von den dort bezeichneten Personen in Preußen Erbschaftssteuer oder eine Abgabe von Schenkungen nicht erhoben wird. Es wird demnach der in Tarifstelle 56 des Stempelsteuergesetzes vorgeschriebene Stempel für Schenkungen nicht mehr erhoben, soweit sich nicht aus Nr. 2 ein anderes ergibt. Als eine in Wegfall kommende Abgabe von Schenkungen ist auch die nach Art. 2 § 2 des Gesetzes v. 22. 6. 75, betr. das Sportel-, Stempel- und Taxwesen in den Hohenzollernschen Landen (GS. 235), im Falle der Auflassung auf Grund einer Schenkung unter Lebenden zu erhebende Abgabe anzusehen. Dagegen ist der Stempel für Familienstiftungen (Tarifstellen 23, 24 des Stempelsteuergesetzes) unberührt geblieben, da das Stiftungsgeschäft nur insoweit dem Erbschaftssteuergesetz unterliegt, als es sich um die Zuwendung des Stiftungsvermögens an die Stiftung handelt (vgl. § 55 Abs. 3 des ErbschStG.).

2. Die Steuerpflicht für einen vor dem 1. Juli 1906 begründeten Erwerb bestimmt sich nach dem bisherigen Gesetze (§ 61 des ErbschStG.). Als begründet ist auch ein Erwerb anzusehen, der noch von einer aufschiebenden Bedingung abhängt. Soweit es sich um einen Erwerb von Todeswegen handelt, sind die alten Vorschriften maßgebend, sofern der Erbfall vor dem 1. Juli 1906 eingetreten ist; nach den bisherigen Vorschriften ist die Nacherbfolge auch dann zu behandeln, wenn der Erbfall vor dem 1. Juli 1906, dagegen der Fall der Nacherbfolge später eingetreten ist. Bei Schenkungen unter Lebenden kommt es darauf an, ob die Vollziehung oder,

wenn der Vollziehung ein rechtswirksames Schenkungsversprechen vorhergegangen ist, die Beurkundung des Versprechens vor dem 1. Juli 1906 erfolgt ist. Ist ein Schenkungsversprechen vor dem 1. Juli 1906 nur privatschriftlich beurkundet, ohne daß der Mangel der Form vor diesem Zeitpunkte durch Bewirkung der versprochenen Leistung geheilt wäre (BGB. § 518), so sind die landesgesetzlichen Abgaben nicht zu erheben und, wenn sie bereits erhoben sein sollten, zu erstatten.

3. Für die von den Gerichten und den Notaren den Erbschaftssteuerämtern zu machenden Mitteilungen sind die in der Anlage 1 abgedruckten Vorschriften der §§ 3, 4, 31 der AB. d. BR. z. ErbschStG. maßgebend[1]).

4. Wird eine Schenkung notariell beurkundet, so ist der in der Tarifstelle 45 bestimmte Stempel von *1,50 M.*[2]) zu erheben; dagegen sind gerichtliche Beurkundungen einer Schenkung nach Tarifstelle 53 Abs. 2 stempelfrei, da die Schenkung nicht mehr zu den im Tarife zum Stempelsteuergesetze besteuerten Verhandlungen gehört.

5. Auflassungen auf Grund einer Schenkung unterliegen dem Auflassungsstempel, der Auflassungsstempel bleibt aber nach Maßgabe der Tarifstelle 8 Abs. 3, 4 unerhoben, wenn in der vorgeschriebenen Frist eine in an sich stempelpflichtiger Form ausgestellte Urkunde über die Schenkung vorgelegt wird. Als eine an sich stempelpflichtige Form ist bei Urkunden über Schenkungen entsprechend der bisher in Tarifstelle 56 getroffenen Bestimmung auch eine die Erklärung des Schenkers enthaltende Privatschrift anzusehen.

Eine Anrechnung des Auflassungsstempels auf die Schenkungssteuer findet nicht statt, da eine der Tarifstelle 8 Abs. 5 entsprechende Bestimmung im Reichsgesetze nicht getroffen ist. Den Parteien ist daher in allen Fällen, in denen der Auflassung eine Schenkung zugrunde liegt, zu empfehlen, eine Urkunde über die Schenkung einzureichen, da die Schenkungssteuer, soweit sie zu erheben ist, auch dann fällig wird, wenn die Beurkundung unterbleibt und die Nichteinreichung einer Urkunde zur Folge hat, daß neben der etwaigen Schenkungssteuer der Auflassungsstempel zu erheben ist. Die Beteiligten sind hierüber bei der Auflassung zu belehren. *In dem Formular I zur AV. v. 29. 2. 96 über das gerichtliche Stempelwesen (JMBl. 63) werden im vorletzten Satze die Worte „sowie bei Schenkungen zwischen Eltern und Kindern oder zwischen Ehegatten" gestrichen. Dies Formular erhält folgenden Zusatz:*

> *„Bei Schenkungen ist die Erhebung der Schenkungssteuer nach Maßgabe des ErbschStG. v. 3. 6. 00 (RGBl. 654) unabhängig von der Beurkundung der Schenkung, während die Vorlegung einer Urkunde über die Schenkung den Wegfall des Auflassungsstempels zur Folge hat. Es empfiehlt sich daher in allen Fällen, in denen der Auflassung eine Schenkung zugrunde liegt, eine Urkunde über die Schenkung vorzulegen. Es genügt eine privatschriftliche Erklärung des Schenkers[3]).“*

6. Wird behufs Ausschließung des Auflassungsstempels eine privatschriftliche Schenkungsurkunde vorgelegt, so hat das Grundbuchamt eine beglaubigte Abschrift dieser Urkunde dem Erbschaftssteueramte zu übersenden[4]).

7. Die Vorschriften der Nr. 5, 6 finden entsprechende Anwendung auf Anträge auf Eintragung einer Hypothek oder Grundschuld oder einer wiederkehrenden Geldleistung sowie auf Eintragung der Verpfändung oder Abtretung einer Hypothek oder Grundschuld (Tarifstellen 58III und 2 Abs. 4 bis 8 des Stempelsteuergesetzes).

8. Für diejenigen Fälle, in denen der auf Schenkung beruhende Erwerb vor dem 1. Juli 1906 begründet ist, kommen statt der Nr. 5 bis 7 die bisherigen Bestimmungen zur Anwendung.

---

[1]) Abs. 2 bis 5 der Nr. 3 betreffen die Ermittelung des Werts eines Nachlasses und die deswegen zwischen Erbschaftssteueramt und Nachlaßgericht auszutauschenden Nachrichten usw., sind deshalb hier fortgelassen.

[2]) Jetzt 3 M., s. Tarif z. LStG.

[3]) Die LStV. v. 29. 2. 96 ist aufgehoben durch die LStV. v. 6. 7. 09 (JMBl. 239), und diese wiederum ist ersetzt durch die LStV. v. 28. 7. 10 (vgl. diese unter § 16 Abs. 1, Satz 4).

[4]) Ausnahme siehe in der AV. v. 10. 2. 10.

Anlage 1.

Auszug aus den Erbschaftssteuerausführungsbestimmungen des Bundesrats.

§ 1.

Erbschaftssteuerämter und Oberbehörden.

Die zur Verwaltung des Erbschaftssteuerwesens, insbesondere zur Feststellung und Erhebung der Erbschaftssteuer befugten Steuerstellen (Erbschaftssteuerämter) und die Oberbehörden, denen sie unterstehen, werden von den Landesregierungen bestimmt und öffentlich bekannt gemacht. Soweit eine solche Bestimmung nach Maßgabe der bestehenden Erbschaftssteuergesetze bereits erfolgt ist, bedarf es einer erneuten Bekanntmachung nicht. Ein Verzeichnis der Erbschaftssteuerämter und Oberbehörden ist unter Angabe ihrer Geschäftsbezirke dem Reichskanzler zur Veröffentlichung im Zentralblatt für das Deutsche Reich mitzuteilen. Das Gleiche hat mit etwaigen späteren Veränderungen zu geschehen.

Die Veröffentlichung im Zentralblatte für das Deutsche Reich kann auf das Verzeichnis der Oberbehörden beschränkt werden.

§ 3.

Todeserklärungen.

Rücksichtlich des Nachlasses verschollener, durch richterliches Erkenntnis für tot erklärter Personen vertreten die Urteile die Stelle der Totenliste. Die Amtsgerichte haben alsbald nach Erlassung des die Todeserklärung aussprechenden Urteils eine beglaubigte Abschrift des Urteils dem zuständigen Erbschaftssteueramte mitzuteilen. Der Ablauf der im § 976 der ZPO. bestimmten Frist ist nicht abzuwarten.

In diesen wie in sonstigen Fällen, in welchen dem Erbschaftssteueramte von anderen Behörden Mitteilungen zu machen sind (§§ 4, 5, 7 Abs. 3, 12 Abs. 4, 13 Abs. 6, 30, 31), sind diese letzteren, soweit die Bestimmung im § 1 Abs. 2 zur Anwendung kommt, an die Oberbehörde zu richten.

§ 4[1]).

§ 31.

Die Gerichte und die Notare haben dem zuständigen Erbschaftssteueramte beglaubigte Abschriften der von ihnen beurkundeten Schenkungen unter Lebenden alsbald nach der Beurkundung zu übersenden[2]). Auf den Urschriften ist zu vermerken, wann und an welches Erbschaftssteueramt die Übersendung geschehen ist.

Ergibt der Urkundeninhalt nicht das Verwandtschaftsverhältnis zwischen dem Schenker und dem Beschenkten und den Wert der Schenkung, so ist der Schenker hierüber zu befragen. Dessen Angaben sind dem Erbschaftssteueramt ebenfalls mitzuteilen.

b) Allgemeine Verfügung v. 10. 2. 10, betr. die von den Gerichten und Notaren den Erbschaftssteuerämtern zu machenden Mitteilungen (JMBl. 66).

Der Herr Reichskanzler (Reichsschatzamt) und der Herr Finanzminister haben sich damit einverstanden erklärt, daß den Erbschaftssteuerämtern beglaubigte Abschriften solcher Schenkungsurkunden, die lediglich Schenkungen von Eltern an leibliche Abkömmlinge und von Eheleuten untereinander enthalten, nicht mehr mitzuteilen sind.

Gerichte und Notare haben daher in Zukunft die Mitteilung dieser Abschriften zu unterlassen.

---

[1]) § 4 betrifft nur Nachlaßsachen, ist daher fortgelassen.

[2]) Ausnahme siehe in der AV. v. 10. 2. 10.

III. Reichszuwachssteuer.

1. Zuwachssteuergesetz[1]) v. 14. 2. 11 (RGBl. 33 ff.).

Wir Wilhelm, von Gottes Gnaden Deutscher Kaiser, König von Preußen ꝛc., verordnen im Namen des Reichs, nach erfolgter Zustimmung des Bundesrats und des Reichstags, was folgt:

§ 1.

Beim Übergange des Eigentums an inländischen Grundstücken wird von dem Wertzuwachse, der ohne Zutun des Eigentümers entstanden ist, gemäß den Vorschriften dieses Gesetzes eine Abgabe (Zuwachssteuer) erhoben.

Beträgt der Veräußerungspreis, und im Falle einer Teilveräußerung der Wert des Gesamtgrundstücks, bei bebauten Grundstücken nicht mehr als 20000 M., bei unbebauten Grundstücken nicht mehr als 5000 M., so bleibt der Eigentumsübergang von der Steuer frei. Als unbebaut gelten auch solche Grundstücke, auf denen sich Gartenhäuser, Schuppen, Lagerstätten und ähnliche zu vorübergehenden Zwecken dienende Baulichkeiten befinden. Die Steuerfreiheit tritt nur ein, wenn weder der Veräußerer und sein Ehegatte im letzten Jahre ein Einkommen von mehr als 2000 M. gehabt haben, noch einer von ihnen den Grundstückshandel gewerbsmäßig betreibt. Wird festgestellt, daß die Veräußerung für Rechnung eines Dritten erfolgt, so ist die Steuerfreiheit nur zu gewähren, wenn die Voraussetzungen für die Befreiung auch in der Person des Dritten vorliegen.

§ 2.

Die Vorschriften dieses Gesetzes über Grundstücke finden Anwendung auf Berechtigungen, für welche die sich auf Grundstücke beziehenden Vorschriften des bürgerlichen Rechtes gelten; ausgenommen sind unbewegliche Bergwerksanteile.

§ 3.

Dem Übergange des Eigentums an Grundstücken steht gleich der Übergang von Rechten an dem Vermögen einer Gesellschaft mit beschränkter Haftung, einer Kommanditgesellschaft, Gewerkschaft, eingetragenen Genossenschaft, eines eingetragenen Vereins oder einer offenen Handelsgesellschaft, soweit das Vermögen der Vereinigung aus Grundstücken besteht, wenn entweder zum Gegenstande des Unternehmens die Verwertung von Grundstücken gehört, oder wenn die Vereinigung geschaffen ist, um die Zuwachssteuer zu ersparen.

§ 4.

Die Steuerpflicht wird begründet durch die Eintragung der Rechtsänderung in das Grundbuch oder, wenn es einer solchen zum Übergange des Eigentums nicht bedarf, durch den Vorgang, der die Rechtsänderung bewirkt.

Sofern das Grundbuch noch nicht als angelegt anzusehen ist, tritt an die Stelle der Eintragung die Umschreibung in öffentlichen Büchern.

---

[1]) Kommentare: RZuwStG. v 14. 2. 11. Mit den Ausführungsbestimmungen des Reichs und Preußens, von Dr. Max Lion, 1912, Berlin, Vahlen. Desgl. mit den Ausführungsbestimmungen des Bundesrats und der Bundesstaaten von Becher und von Henneberg, 1912, Berlin, H. W. Müller. Desgl. von Dr. jur. Wilhelm Cuno, 1911, Berlin, J. Guttentag.

§ 5.

Erfolgt der Übergang des Eigentums nicht innerhalb eines Jahres nach Abschluß des zur Übertragung des Eigentums verpflichtenden Veräußerungsgeschäfts, so gelangt die Zuwachssteuer aus Anlaß dieses Rechtsgeschäfts und, falls innerhalb des einjährigen Zeitraums mehrere Rechtsgeschäfte dieser Art abgeschlossen worden sind, aus Anlaß des letzten Rechtsgeschäfts zur Hebung.

Die Steuerpflicht tritt im Falle des Abs. 1 mit Ablauf eines Jahres nach Abschluß des Veräußerungsgeschäfts ein; für die Veranlagung ist der Zeitpunkt maßgebend, in welchem das Rechtsgeschäft oder bei mehreren Rechtsgeschäften das letzte Rechtsgeschäft abgeschlossen ist.

Als Rechtsgeschäfte im Sinne des Abs. 1 sind auch anzusehen:

1. die Übertragung der Rechte der Erwerber aus Veräußerungsgeschäften;
2. die Übertragung von Rechten aus Anträgen zur Schließung eines Veräußerungsgeschäfts, die den Veräußerer binden, sowie aus Verträgen, durch die nur der Veräußerer zur Schließung eines Veräußerungsgeschäfts verpflichtet wird;
3. nachträgliche Erklärungen des aus einem Veräußerungsgeschäfte berechtigten Erwerbers, die Rechte für einen Dritten erworben oder die Pflichten für einen Dritten übernommen zu haben;
4. die Abtretung der Rechte aus dem Meistgebot und die Erklärung des Meistbietenden, daß er für einen anderen geboten habe;
5. Rechtsgeschäfte, durch die jemand ermächtigt wird, ein Grundstück ganz oder teilweise auf eigene Rechnung zu veräußern.

§ 6.

Die Besteuerung wird nicht dadurch ausgeschlossen, daß ein nach diesem Gesetze steuerpflichtiges Rechtsgeschäft durch ein anderes Rechtsgeschäft verdeckt wird, insbesondere an die Stelle des Überganges des Eigentums ein Rechtsvorgang tritt, der es ohne Übertragung des Eigentums einem anderen ermöglicht, über das Grundstück wie ein Eigentümer zu verfügen.

§ 7.

Die Zuwachssteuer wird nicht erhoben:

1. beim Erwerbe von Todeswegen im Sinne der §§ 1 bis 4 des Erbschaftssteuergesetzes sowie beim Erwerb auf Grund einer Schenkung unter Lebenden im Sinne des § 55 des Erbschaftssteuergesetzes, sofern nicht die Form der Schenkung lediglich gewählt ist, um die Zuwachssteuer zu ersparen;
2. bei der Begründung, Änderung, Fortsetzung und Aufhebung der ehelichen Gütergemeinschaft;
3. beim Erwerb auf Grund von Verträgen, die zwischen Miterben oder Teilnehmern an einer ehelichen oder fortgesetzten Gütergemeinschaft zum Zwecke der Teilung der zum Nachlaß oder zum Gesamtgut gehörenden Gegenstände abgeschlossen werden, sowie beim Erwerb auf Grund eines Zuschlags, der in den vorgenannten Fällen bei Teilung im Wege der Versteigerung einem Miterben oder Teilnehmer erteilt wird;
4. beim Erwerbe der Abkömmlinge von den Eltern, Großeltern und entfernteren Voreltern;

5. beim Einbringen in eine ausschließlich aus dem Veräußerer und dessen Abkömmlingen oder aus diesen allein bestehende Gesellschaft des Bürgerlichen Gesetzbuchs oder Vereinigung der im § 3 bezeichneten Art. Die Steuerpflicht tritt ein, soweit nachträglich ein Gesellschafter aufgenommen wird, der nicht zu den Abkömmlingen des Veräußerers gehört;
6. beim Einbringen von Nachlaßgegenständen in eine ausschließlich von Miterben gebildete Gesellschaft des Bürgerlichen Gesetzbuchs oder Vereinigung der im § 3 bezeichneten Art. Die Vorschrift der Ziff. 5 Satz 2 findet entsprechende Anwendung;
7. beim Austausch im Inlande gelegener Grundstücke zum Zwecke der Zusammenlegung (Flurbereinigung), der Grenzregelung oder der besseren Gestaltung von Bauflächen (Umlegung) sowie bei Ablösung von Rechten an Forsten, wenn diese Maßnahmen auf der Anordnung einer Behörde beruhen oder von einer solchen als zweckdienlich anerkannt werden;
8. beim Austausch von Feldesteilen zwischen angrenzenden Bergwerken und bei der Vereinigung zweier oder mehrerer Bergwerke zum Zwecke der besseren bergbaulichen Ausnutzung, sofern sie nicht zum Zwecke der Steuerersparung erfolgen.

Zu den Miterben im Sinne der Ziff. 3, 6 wird der überlebende Ehegatte gerechnet, der mit den Erben des verstorbenen Ehegatten gütergemeinschaftliches Vermögen zu teilen hat.

§ 8.

Als steuerpflichtiger Wertzuwachs gilt der Unterschied zwischen dem Erwerbspreis und dem Veräußerungspreise.

Der Preis bestimmt sich nach dem Gesamtbetrage der Gegenleistung einschließlich der vom Erwerber übernommenen oder ihm sonst infolge der Veräußerung obliegenden Leistungen und der vorbehaltenen oder auf dem Grundstück lastenden Nutzungen und bei Verträgen über Leistung an Erfüllungsstatt nach dem Werte, zu dem die Gegenstände an Erfüllungsstatt angenommen werden.

Ist einem der Vertragschließenden ein Wahlrecht oder die Befugnis eingeräumt, innerhalb gewisser Grenzen den Umfang der Gegenleistung zu bestimmen, so ist für die Bemessung der Abgabe der höchste mögliche Betrag der Gegenleistung maßgebend.

§ 9.

Beim Übergang im Wege der Zwangsversteigerung gilt als Preis der Betrag des Meistgebots, zu dem der Zuschlag erteilt wird, unter Hinzurechnung der vom Ersteher übernommenen Leistungen. Im Falle der Abtretung der Rechte aus dem Meistgebot und der Erklärung des Meistbietenden, daß er für einen anderen geboten habe, tritt an die Stelle des Meistgebots der Wert der Gegenleistung, wenn sie höher ist als das Meistgebot.

§ 10.

Von dem Preise kommt in Abzug der Wert der vom Veräußerer übernommenen Lasten, der Maschinen, auch soweit sie zu den wesentlichen Bestandteilen des Grundstücks gehören, und der Erzeugnisse des Grundstücks, solange sie mit dem Boden zusammenhängen.

§ 11.

Ist ein Preis nicht vereinbart oder nicht zu ermitteln, so tritt an dessen Stelle der Wert des Grundstücks.

Das Gleiche gilt, wenn auf dem Grundstück eine der im § 2 bezeichneten Berechtigungen oder ein Nießbrauchsrecht lastet, zu deren Beseitigung der Veräußerer nicht verpflichtet ist, und der Wert des Grundstücks den Betrag der Gegenleistung übersteigt. Wenn die Beteiligten zum Zwecke der Steuerersparung einen Teil des Entgelts in der Form einer Vermittelungsgebühr, einer den üblichen Zinssatz erheblich übersteigenden Verzinsung des gestundeten Preises oder einer sonstigen Nebenleistung kleiden, so ist der als Teil des Entgelts anzusetzende Betrag durch Schätzung zu ermitteln.

§ 12.

Die Wertermittelung ist in den Fällen, in denen für die Berechnung der Abgabe ein Wert in Betracht zu kommen hat, auf den gemeinen Wert des Grundstücks zu richten. Die Vorschrift des § 8 Abs. 3 findet entsprechende Anwendung.

Der Wert wiederkehrender Leistungen oder Nutzungen bestimmt sich nach den Vorschriften des Erbschaftssteuergesetzes[1]).

§ 13.

Betrifft der steuerpflichtige Rechtsvorgang steuerpflichtige und steuerfreie Gegenstände, ohne daß Einzelpreise oder -werte angegeben werden, so bestimmt die Steuerbehörde den auf die steuerpflichtigen Gegenstände entfallenden Teil der Gesamtsumme, wenn nicht der Steuerpflichtige auf Erfordern innerhalb der ihm bestimmten Frist die Trennung der Preise oder Werte nachholt. Sind zum Zwecke der Steuerersparung unrichtige Angaben gemacht worden, so ist der Betrag durch Schätzung zu ermitteln.

Das Gleiche gilt für die Verteilung des Gesamtbetrags auf mehrere steuerpflichtige Gegenstände.

§ 14.

Dem Erwerbspreis sind hinzuzurechnen:

1. als Kosten des Erwerbes, sofern nicht an Stelle des Erwerbspreises der Wert maßgebend ist, vier vom Hundert des Erwerbspreises und, falls der Veräußerer nachweislich einschließlich der ortsüblichen Vermittelungsgebühr einen höheren Betrag aufgewendet hat, dieser;
2. falls der Erwerb im Wege der Zwangsversteigerung erfolgt ist und der Veräußerer zur Zeit der Einleitung der Zwangsversteigerung Hypotheken- oder Grundschuldgläubiger war, der nachweisliche Betrag seiner ausgefallenen Forderungen, bis zu dem Werte, den das Grundstück zur Zeit der Zwangsversteigerung oder, wenn der Wert zur Zeit der Eintragung der Forderung höher war, zu diesem Zeitpunkt hatte. Die Forderungen kommen, wenn sie durch entgeltliches Rechtsgeschäft erworben sind, nur in Höhe des geleisteten Entgelts in Anrechnung. Beruht ihr Erwerb auf einer Schenkung, oder ist ihre Eintragung innerhalb kürzerer Zeit als sechs Monate vor der Einleitung der Zwangsversteigerung erfolgt, so werden die Forderungen nur berücksichtigt, wenn nach den Umständen Schenkung oder Eintragung keine Steuerersparung bezwecken;
3. die Aufwendungen für Bauten, Umbauten und für sonstige dauernde besondere Verbesserungen, auch solche land- oder forstwirtschaftlicher Art, sowie für

---

[1]) S. oben S. 274 ff.

bergmännische Versuchs- und Ausrichtungsarbeiten, die innerhalb des für die Steuerberechnung maßgebenden Zeitraums gemacht sind und weder die nach § 10 abzugsfähigen Gegenstände betreffen, noch der laufenden Unterhaltung von Baulichkeiten oder der laufenden Bewirtschaftung von Grundstücken dienen, soweit die Bauten und Verbesserungen noch vorhanden sind. Außerdem sind fünf vom Hundert, oder wenn der Veräußerer Baugewerbetreibender oder Bauhandwerker, und selbst der Bauunternehmer ist, fünfzehn vom Hundert des anrechnungsfähigen Wertes den Aufwendungen hinzuzurechnen. Diese Bestimmung findet jedoch keine Anwendung, wenn der Unternehmer eine Gesellschaft im Sinne des Handelsgesetzbuchs oder eine Genossenschaft ist, die nicht ausschließlich aus Baugewerbetreibenden oder Bauhandwerkern bestehen. Als Aufwendungen im Sinne dieser Vorschrift gelten Beträge, die aus Versicherungen gedeckt sind, nicht, wenn sie zur Wiederherstellung von Baulichkeiten verwendet sind, die vor dem für die Steuerberechnung maßgebenden Zeitraum errichtet waren;

4. die Aufwendungen, Leistungen und Beiträge für Straßenbauten, andere Verkehrsanlagen einschließlich der Kanalisieruug, sowie ohne entsprechende Gegenleistung und Verzinsung geleistete Beiträge für sonstige öffentliche Einrichtungen, soweit die Aufwendungen, Leistungen und Beiträge innerhalb des für die Steuerberechnung maßgebenden Zeitraums gemacht sind. Für jedes volle Jahr dieses Zeitraums nach Schluß des Kalenderjahrs, in welchem die Aufwendungen gemacht oder die Leistungen oder Beiträge verausgabt sind, längstens jedoch für fünfzehn Jahre, sind ihnen vier vom Hundert ihres Betrags hinzuzurechnen. Auf Antrag des Veräußerers tritt an die Stelle dieser Zinsanrechnung die Hinzurechnung gemäß § 16, und zwar gemäß Abs. 1 Ziff. 1 von demjenigen Betrage, welcher den dort bezeichneten Höchstbetrag bei Berücksichtigung auch der Aufwendungen nach Ziff. 4 nicht übersteigt, gemäß Abs. 1 Ziff. 2 von dem Mehrbetrage.

§ 15.

Soweit es sich um die Verbesserung von Flächen handelt, die aus Moorland, Sumpfland, Öd- oder Heideland bestehen, ist auf Antrag des Veräußerers an Stelle der im § 14 Ziff. 3 bezeichneten Aufwendungen dem Erwerbspreis die Erhöhung des Ertragswerts hinzuzurechnen.

§ 16.

Dem Erwerbspreis werden für jedes Jahr des für die Steuerberechnung maßgebenden Zeitraums hinzugerechnet:

1. von dem Betrage des Erwerbspreises und der Anrechnungen nach § 14 Ziff. 1 bis 3, § 15, der zusammen 100 M., bei Weinbergen 300 M. für das Ar nicht übersteigt, $2^1/_2$ vom Hundert;
2. von dem Mehrbetrage bei unbebauten Grundstücken zwei, bei bebauten Grundstücken $1^1/_2$ vom Hundert.

Beträgt der für die Steuerberechnung maßgebende Zeitraum nicht mehr als fünf Jahre, so ermäßigen sich die Hinzurechnungen bei unbebaut gebliebenen Grundstücken auf die Hälfte.

Die Hinzurechnung erfolgt für jedes volle Kalenderjahr nach Schluß des Jahres, in dem der für die Steuerberechnung maßgebende Zeitraum beginnt, oder die Aufwendung gemacht, oder in dem bei Bauten und Umbauten die behördliche Gebrauchsabnahme und soweit eine solche nicht besteht, die gebrauchsfertige Herstellung erfolgt ist.

§ 17.

Beruht der Erwerb des Grundstücks auf einem steuerfreien Rechtsvorgange (§ 7), so ist für die Bemessung des Wertzuwachses von dem Preise zur Zeit des letzten steuerpflichtigen Rechtsvorganges auszugehen.

Ob im Sinne dieser Vorschrift Rechtsvorgänge steuerfrei oder steuerpflichtig sind, ist auch für die Zeit vor dem Inkrafttreten dieses Gesetzes nach ihm zu bestimmen. Rechtsgeschäfte der im § 5 bezeichneten Art stehen einem steuerfreien Erwerbsvorgange gleich, sofern sie vor dem 1. Januar 1911 abgeschlossen worden sind.

Wenn der letzte steuerpflichtige Rechtsvorgang mehr als 40 Jahre vor dem Eintritt der Steuerpflicht liegt, so ist als Erwerbspreis der Wert anzusehen, den das Grundstück 40 Jahre vor dem Eintritt der Steuerpflicht hatte, sofern der Steuerpflichtige nicht nachweist, daß er oder sein Rechtsvorgänger vor jener Zeit bei einem steuerfreien oder steuerpflichtigen Erwerb einen höheren Erwerbspreis gezahlt hat.

Liegt der für die Bemessung des Wertzuwachses maßgebende Erwerbsvorgang vor dem 1. Januar 1885, so tritt an die Stelle des Preises der Wert, den das Grundstück an diesem Tage gehabt hat, wenn der Steuerpflichtige nicht nachweist, daß er oder sein Rechtsvorgänger vor jener Zeit bei einem steuerfreien oder steuerpflichtigen Erwerb einen höheren Erwerbspreis gezahlt hat.

Als für die Steuerberechnung maßgebender Zeitraum gilt im Falle des Abs. 3 der vierzigjährige Zeitraum, im Falle des Abs. 4 die Zeit seit dem 1. Januar 1885.

§ 18.

Bei Grundstücken in Festungsrayons, die vor dem Erlasse des Rayongesetzes v. 21. 12. 71 erworben sind und für die eine Rayonentschädigung nicht gewährt worden ist, ist dem für den 1. Januar 1885 ermittelten Werte der Betrag hinzuzurechnen, um den das Grundstück durch Einführung der Rayonbeschränkung an Wert gemindert worden ist.

§ 19.

Bei einem aus Anlaß einer Flurbereinigung, Grenzregelung oder Umlegung (§ 7 Ziff. 7) empfangenen Grundstück ist als Erwerbspreis das Entgelt anzusehen, das der Eigentümer oder sein Rechtsvorgänger für das in die Flurbereinigung, Grenzregelung oder Umlegung gegebene Grundstück gezahlt hat. Ausgleichszahlungen, die bei der Flurbereinigung, Grenzregelung oder Umlegung stattgefunden haben, sind entsprechend anzurechnen.

Hat der Eigentümer oder sein Rechtsvorgänger bei der Flurbereinigung, Grenzregelung oder Umlegung mehrere Grundstücke empfangen, so werden deren Erwerbspreise aus dem im Abs. 1 bezeichneten Entgelt nach dem Verhältnis berechnet, in welchem die Werte der empfangenen Grundstücke im Zeitpunkt der Flurbereinigung, Grenzregelung oder Umlegung zueinander gestanden haben.

§ 20.

Beschränkt sich der steuerpflichtige Rechtsvorgang auf einen Teil eines Grundstücks, so wird der Erwerbspreis dieses Teiles nach dem Verhältnis seines Wertes zum Werte des Gesamtgrundstücks berechnet.

Unentgeltliche dauernde Überlassung von Grundstücken für Verkehrszwecke, für öffentliche oder gemeinnützige Zwecke wird in der Weise berücksichtigt, daß der Gesamterwerbspreis nicht auf die ursprüngliche, sondern auf die nach der Abtretung verbleibende Fläche verteilt wird. Hierzu ist nicht erforderlich, daß eine Eigentumsübertragung erfolgt ist.

Werden Teile eines örtlich und wirtschaftlich zusammenhängenden Grundbesitzes durch verschiedene Rechtsvorgänge von demselben Veräußerer oder von dessen Erben innerhalb dreier Jahre übertragen, so ist der Steuerpflichtige berechtigt, von dem Wertzuwachse des einen Teiles des Grundstücks einen bei der Veräußerung anderer Teile eingetretenen Verlust abzuziehen. Die Zuwachssteuer wird bei den einzelnen Rechtsvorgängen fällig; etwa zuviel gezahlte Steuer wird nach dem letzten Rechtsvorgang erstattet.

§ 21.

Bei Teilveräußerungen sind nur diejenigen Aufwendungen (§ 14 Ziff. 3, 4), anzurechnen, welche diesen Teil ausschließlich oder gemeinschaftlich mit anderen Teilen betreffen. Im letzteren Falle erfolgt die Anrechnung nach dem Verhältnis des Wertes, den die Grundstücksteile zur Zeit der Veräußerung haben.

§ 22.

Von dem Veräußerungspreise sind in Abzug zu bringen:

1. die dem bisherigen Eigentümer nachweislich zur Last fallenden Kosten der Veräußerung und Übertragung einschließlich der für die Vermittelung gezahlten ortsüblichen Gebühr, sofern nicht an Stelle des Veräußerungspreises der Wert maßgebend ist;
2. auf Antrag des Veräußerers der Betrag, um den nachweislich während des für die Steuerberechnung maßgebenden Zeitraums, jedoch nicht länger als für 15 zusammenhängende Jahre, der aus dem Grundstück erzielte Jahresertrag, hinter drei vom Hundert des Erwerbspreises zuzüglich der nach § 14 Ziff. 1 bis 3 zulässigen Anrechnungen zurückbleibt. Ist statt des Erwerbspreises der Wert zu einer späteren Zeit als der des Erwerbes maßgebend (§ 17 Abs. 3 und 4), so sind die drei vom Hundert nicht von diesem Werte, sondern von dem Erwerbspreis zu berechnen, den der Steuerpflichtige oder sein Rechtsvorgänger vor jener Zeit bei einem steuerfreien oder steuerpflichtigen Erwerbe gezahlt hat.

§ 23.

Dem Veräußerungspreise sind hinzuzurechnen Entschädigungen für eine Wertminderung des Grundstücks, soweit der Anspruch während des für die Steuerberechnung maßgebenden Zeitraums nach dem 1. 1. 11 entstanden und der Betrag nicht nachweislich zur Beseitigung des Schadens verwendet worden ist.

§ 24.

Wird die Zahlung der Zuwachssteuer nach dem Vertrage von dem Erwerber übernommen, so ist ein nach den sonstigen Vorschriften dieses Gesetzes berechneter Steuerbetrag dem Veräußerungspreise hinzuzuzählen und hiernach die Steuer festzusetzen.

§ 25.

Im Falle der steuerpflichtigen Überlassung eines gemeinschaftlichen Grundstücks an einen Mitberechtigten oder Gesellschafter bleibt für die Bemessung des Wertzuwachses der Anteil des Erwerbers außer Betracht. Beim Eintritt des nächsten Steuerfalls ist der Wertzuwachs, der für den Anteil des Erwerbers seit dem letzten vor der Auseinandersetzung gelegenen steuerpflichtigen Rechtsvorgang entstanden ist, und der für die Anteile der früheren Mitberechtigten oder Gesellschafter seit der Auseinandersetzung eingetretene Wertzuwachs gesondert zu versteuern.

§ 26.

Bei der Vertauschung ist die Zuwachssteuer für jeden Tauschgegenstand gesondert zu berechnen und zu erheben.

§ 27.

Erfolgt der Erwerb auf Grund mehrerer aufeinanderfolgender Rechtsgeschäfte von dem bisherigen Berechtigten an den letzten Erwerber, so gilt der von dem ersteren gezahlte Preis als Erwerbspreis und die Gesamtheit der Beträge, um die sich der Preis des Grundstücks zwischen je zwei Rechtsgeschäften erhöht hat, als Wertzuwachs. Das Gleiche gilt, falls vor dem Übergang an den letzten Erwerber die Steuerpflicht gemäß § 5 eingetreten ist, mit der Maßgabe, daß für den Übergang an den letzten Erwerber als Erwerbspreis das Entgelt bestimmend ist, das bei der früheren Versteuerung als Veräußerungspreis zugrunde gelegt worden ist.

Als Rechtsgeschäfte im Sinne des Abs. 1 sind auch Vorgänge der im § 5 Abs. 3 bezeichneten Art anzusehen.

§ 28.

Die Steuer beträgt

10 vom Hundert bei einer Wertsteigerung von nicht mehr als 10 vom Hundert des Betrags[1]), der sich aus dem Erwerbspreis und den Zu- und Abrechnungen (§§ 14 bis 16, 21) zusammensetzt,

11 vom Hundert bei einer Wertsteigerung von mehr als 10 vom Hundert bis einschließlich 30 vom Hundert dieses Betrags,

12 vom Hundert bei einer Wertsteigerung von mehr als 30 vom Hundert bis einschließlich 50 vom Hundert dieses Betrags,

13 vom Hundert bei einer Wertsteigeruug von mehr als 50 vom Hundert bis einschließlich 70 vom Hundert dieses Betrags,

14 vom Hundert bei einer Wertsteigerung von mehr als 70 vom Hundert bis einschließlich 90 vom Hundert dieses Betrags,

---

[1]) Über dessen Berechnung vgl. Dr. Paul Hammer und Konrad Sterner. Das ZuwStG. v. 14. 2. 11 an praktischen Fällen erläutert. München 1911. C. H. Becksche Buchhandlung.

15 vom Hundert bei einer Wertsteigerung von mehr als 90 vom Hundert bis einschließlich 110 vom Hundert dieses Betrags,
16 vom Hundert bei einer Wertsteigerung von mehr als 110 vom Hundert bis einschließlich 130 vom Hundert dieses Betrags,
17 vom Hundert bei einer Wertsteigerung von mehr als 130 vom Hundert bis einschließlich 150 vom Hundert dieses Betrags,
18 vom Hundert bei einer Wertsteigerung von mehr als 150 vom Hundert bis einschließlich 170 vom Hundert dieses Betrags,
19 vom Hundert bei einer Wertsteigerung von mehr als 170 vom Hundert bis einschließlich 190 vom Hundert dieses Betrags,
20 vom Hundert bei einer Wertsteigerung von mehr als 190 vom Hundert bis einschließlich 200 vom Hundert dieses Betrags,
21 vom Hundert bei einer Wertsteigerung von mehr als 200 vom Hundert bis einschließlich 210 vom Hundert dieses Betrags,
22 vom Hundert bei einer Wertsteigerung von mehr als 210 vom Hundert bis einschließlich 220 vom Hundert dieses Betrags,
23 vom Hundert bei einer Wertsteigerung von mehr als 220 vom Hundert bis einschließlich 230 vom Hundert dieses Betrags,
24 vom Hundert bei einer Wertsteigerung von mehr als 230 vom Hundert bis einschließlich 240 vom Hundert dieses Betrags,
25 vom Hundert bei einer Wertsteigerung von mehr als 240 vom Hundert bis einschließlich 250 vom Hundert dieses Betrags,
26 vom Hundert bei einer Wertsteigerung von mehr als 250 vom Hundert bis einschließlich 260 vom Hundert dieses Betrags,
27 vom Hundert bei einer Wertsteigerung von mehr als 260 vom Hundert bis einschließlich 270 vom Hundert dieses Betrags,
28 vom Hundert bei einer Wertsteigerung von mehr als 270 vom Hundert bis einschließlich 280 vom Hundert dieses Betrags,
29 vom Hundert bei einer Wertsteigerung von mehr als 280 vom Hundert bis einschließlich 290 vom Hundert dieses Betrags,
30 vom Hundert bei einer Wertsteigerung von mehr als 290 vom Hundert dieses Betrags.

Die Steuer ermäßigt sich für jedes vollendete Jahr des für die Steuerberechnung maßgebenden Zeitraums um eins vom Hundert ihres Betrags. Ist das Grundstück vor dem 1. 1. 00 erworben, so beträgt die Ermäßigung für die Zeit bis zum 1. 1. 11 eineinhalb vom Hundert jährlich.

Steuerbeträge, die im ganzen unter 20 M. bleiben, werden nicht erhoben.

§ 29.

Die Entrichtung der Zuwachssteuer liegt demjenigen ob, dem das Eigentum an dem Grundstück vor dem die Steuerpflicht begründenden Rechtsvorgange zustand[1]). Mehrere Steuerpflichtige haften als Gesamtschuldner.

---

[1]) Mit der Klausel: „Sämtliche Kosten und Stempel dieses Vertrages übernimmt der Käufer" übernimmt er nicht auch die Zuwachssteuer. Will der Verkäufer diese auf den Erwerber abwälzen, so muß er dies in klarer Weise ersichtlich machen. RG. 26. 6. 11 in Gruchot 56 S. 108.

Kann die Steuer von dem Veräußerer nicht beigetrieben werden, so haftet der Erwerber für die Steuer bis zum Betrage von zwei vom Hundert des Veräußerungspreises. Diese Bestimmung findet keine Anwendung beim Erwerb im Wege der Zwangsversteigerung.

Die Haftung fällt fort, sobald der Veräußerer einen entsprechenden Betrag gezahlt oder sichergestellt hat.

§ 30.

Von der Steuerpflicht (§ 29 Abs. 1) befreit sind:

1. der Landesfürst und die Landesfürstin;
2. das Reich;
3. die Bundesstaaten und Gemeinden (Gemeindeverbände), in deren Bereich das Grundstück sich befindet;
4. Vereinigungen aller Art, welche, ohne Erwerbszwecken zu dienen, satzungsgemäß sich mit innerer Kolonisation, Arbeiteransiedelung, Grundentschuldung oder Errichtung von Wohnungen für die minderbemittelten Klassen befassen, falls sie den zur Verteilung gelangenden Reingewinn auf eine höchstens vierprozentige Verzinsung der Kapitaleinlagen beschränken, den Mitgliedern, Geschäftsführern oder sonstigen Beteiligten auch nicht in anderer Form besondere Vorteile gewähren, bei Auslosung, Austritt eines Mitglieds oder für den Fall der Auflösung nicht mehr als den Nennwert ihrer Anteile zusichern und bei der Auflösung den etwaigen Rest ihres Vermögens für die vorbezeichneten Zwecke bestimmen. Ob diese Voraussetzungen zutreffen, entscheidet der Bundesrat. Er ist auch ermächtigt, solchen Vereinigungen der vorbezeichneten Art Steuerfreiheit zuzubilligen, die eine höchstens fünfprozentige Verzinsung der Kapitaleinlagen gewähren.

§ 31.

Durch die Landesgesetzgebung können Ausnahmen von der Bestimmung der Ziff. 1 des § 30 zugunsten der Gemeinden (Gemeindeverbände) gemacht werden. Wo solche landesgesetzlichen Bestimmungen bereits bestehen, behält es dabei sein Bewenden.

§ 32.

Gehen dem Eintritt der Steuerpflicht mehrere aufeinanderfolgende Rechtsgeschäfte der im § 5 bezeichneten Art voraus (§ 27), so haften die an einem dieser Rechtsvorgänge als Veräußerer Beteiligten für die Steuer neben dem Steuerpflichtigen als Gesamtschuldner. Im Verhältnis der Beteiligten zueinander haftet jeder Veräußerer für die Steuer nur in der Höhe, in der er haften würde, wenn der Übergang auf Grund des von ihm geschlossenen Veräußerungsgeschäfts erfolgt wäre.

Ist die Vornahme des steuerpflichtigen Rechtsvorganges unter Mitwirkung eines Bevollmächtigten oder durch die Tätigkeit eines Vermittlers mit der Maßgabe erfolgt, daß diesen der einen gewissen Betrag übersteigende Teil des Preises verbleibt, so haftet für den auf den Mehrerlös entfallenden Teil der Steuer neben dem Veräußerer als Gesamtschuldner derjenige, dem der Mehrerlös zukommt.

Liegt der die Haftung begründende Rechtsvorgang vor dem Inkrafttreten dieses Gesetzes, so finden die Vorschriften der Abs. 1, 2 keine Anwendung.

§ 33.

Jeder, der nach den Vorschriften des § 32 Abs. 1 für die Entrichtung der Abgabe haftet, ist berechtigt, innerhalb eines Monats nach Vornahme des die Haftpflicht begründenden Rechtsvorganges[1]) die Festsetzung und Erhebung der Abgabe von dem Wertzuwachse zu beantragen, der bis zu dem die Haftpflicht begründenden Rechtsvorgang entstanden ist.

Bei der nächsten Versteuerung bemißt sich die Abgabe nach dem Steuersatze, der bei Einrechnung dieses Wertzuwachses anzuwenden wäre.

§ 34.

Ist im Falle des § 5 das steuerpflichtige Rechtsgeschäft nichtig oder aufgehoben, so ist nach näherer Bestimmung des Bundesrats die Abgabe auf Antrag zu erlassen. Dasselbe gilt, wenn wegen Nichterfüllung der Vertragsbedingungen das Rechtsgeschäft rückgängig gemacht oder das Eigentum zurückübertragen wird. Ferner ist in den Fällen der Preisminderung nach §§ 459, 460 des BGB. der Veräußerungspreis entsprechend zu ermäßigen und die Steuer entsprechend zurückzuzahlen.

Wird das Grundstück auf den bisherigen Eigentümer wieder übertragen, so kann nach näherer Bestimmung des Bundesrats die Abgabe erlassen werden. Die Abgabe muß erlassen werden, wenn die Rückübertragung innerhalb zweier Jahre seit der Veräußerung erfolgt.

Wird die Steuer erlassen, so gilt die Veräußerung im Sinne dieses Gesetzes als nicht erfolgt.

§ 35.

Für die Verwaltung und Erhebung der Zuwachssteuer ist der Bundesstaat zuständig, in welchem sich das Grundstück befindet.

Die Verwaltung der Zuwachssteuer erfolgt durch die von der Landesregierung hierzu bestimmten Stellen.

§ 36.

Die Reichsbevollmächtigten für Zölle und Steuern üben in Ansehung der Ausführung dieses Gesetzes dieselben Rechte und Pflichten aus, die ihnen bezüglich der Zölle und Verbrauchssteuern beigelegt sind.

In Staaten, in denen die Geschäfte der Oberbehörde für die Zuwachssteuer anderen Behörden als den Zolldirektivbehörden übertragen sind, werden der Umfang und die Art der Tätigkeit der Reichsbevollmächtigten vom Reichskanzler im Einvernehmen mit der beteiligten Bundesregierung geregelt.

Unter Zustimmung des Bundesrats kann der Reichskanzler die Wahrnehmung der Geschäfte der Reichsbevollmächtigten, soweit die Ausführung dieses Gesetzes in Betracht kommt, anderen Beamten übertragen.

§ 37.

Jeder steuerpflichtige Rechtsvorgang[1]) und, sofern eine Preiserhöhung eintritt, jedes Rechtsgeschäft der im § 5 bezeichneten Art ist binnen einer Frist von einem Monat der zuständigen Steuerbehörde (§ 35 Abs. 2) anzumelden[2]). Die Ver-

[1]) § 4.

[2]) Sonst Geldstrafe (§ 50) oder Ordnungsstrafe (§ 51).

pflichtung hierzu trifft den Veräußerer und den Erwerber. Sind mehrere Veräußerer oder Erwerber vorhanden, so trifft die Verpflichtung jeden von ihnen. Sie gilt in gleicher Weise für die gesetzlichen Vertreter.

Die Frist beginnt mit dem Zeitpunkt, in welchem der Verpflichtete von dem steuerpflichtigen Rechtsvorgang oder von dem Rechtsgeschäfte Kenntnis erhält.

Einer Anmeldung bedarf es nicht, wenn vor Ablauf der Frist die Auflassung oder Eintragung stattgefunden hat.

Sind mehrere Personen zur Erstattung der Anmeldung verpflichtet, so wird durch die von einem Verpflichteten bewirkte Anmeldung der Anzeigepflicht der übrigen genügt.

§ 38.

Den Steuerbehörden haben nach näherer Bestimmung des Bundesrats Mitteilung zu machen

1. die Grundbuchämter
   von den Eintragungen des Eigentumsüberganges von Grundstücken in das Grundbuch;
2. die Registergerichte und -behörden
   von Eintragungen in das Handels- und Genossenschaftsregister und von Einreichungen zum Handelsregister, soweit sie in Verfolg eines steuerpflichtigen Rechtsvorganges vorgenommen werden;
3. allgemein die Behörden und Beamten des Reichs, Staates und der Gemeinden sowie die Notare
   a) von allen von ihnen beurkundeten Rechtsvorgängen, die den Übergang des Eigentums an inländischen Grundstücken zum Gegenstande haben oder zu den im § 5 bezeichneten Rechtsgeschäften gehören;
   b) von allen Fällen der Erhebung der Abgabe auf Grund der Tarifnummer 11 des RStG.

Die Landesregierungen sind ermächtigt, im Einverständnisse mit dem Reichskanzler die Mitteilungspflicht anderen als den in Ziff. 1 und 2 genannten Stellen zu übertragen.

§ 39.

Auf Verlangen der Steuerbehörde und innerhalb einer von ihr zu bestimmenden angemessenen Frist hat der gemäß § 37 zur Anmeldung verpflichtete Veräußerer dem Amte eine Zuwachssteuererklärung einzureichen, welche die für die Steuerpflicht und die Steuerbemessung in Betracht kommenden Umstände ersehen läßt.

Die Steuererklärung ist unter der Versicherung zu erstatten, daß die Angaben nach bestem Wissen und Gewissen gemacht sind.

§ 40.

Trägt die Steuerbehörde Bedenken, die Angaben in der Steuererklärung als richtig anzunehmen, so teilt sie dem Steuerpflichtigen die beanstandeten Punkte unter Bestimmung einer angemessenen Frist zur Gegenerklärung mit. Erfolgt innerhalb der gesetzten Frist keine Gegenerklärung oder führen die Verhandlungen nicht zu einer Einigung, so ist die Steuerbehörde befugt, nach näherer Bestimmung der

Landesregierung die erforderlichen Ermittelungen selbständig vorzunehmen und danach die Steuer zu erheben.

Die Kosten der Ermittelungen fallen dem Steuerpflichtigen zur Last, wenn sie zu einer endgültigen Steuerfestsetzung führen, die den nach den Angaben des Steuerpflichtigen veranlagten Abgabebetrag um mehr als ein Drittel übersteigt.

§ 41.

Die Behörden, Beamten und Notare haben den Steuerbehörden jede zur Ermittelung der Abgabe dienliche Hilfe zu leisten und insbesondere auf Verlangen die Einsicht in die Verhandlungen zu gestatten, die sich auf die für die Steuerbemessung maßgebenden Vorgänge beziehen.

§ 42.

Personen, die als Veräußerer oder Erwerber oder als Vertreter eines von diesen an dem steuerpflichtigen Rechtsvorgange teilhaben, sind verpflichtet, auf Verlangen der Steuerbehörde über die Tatsachen, die für die Veranlagung der Abgabe von Bedeutung sind, Auskunft zu geben und die hierüber in ihrem Besitze befindlichen Urkunden vorzulegen.

Das Gleiche gilt von den an früheren steuerpflichtigen Vorgängen beteiligten Personen.

§ 43.

Ist die Zuwachssteuer berechnet, so erteilt die Steuerbehörde einen Steuerbescheid, der die Person des Steuerpflichtigen, den Betrag der Zuwachssteuer, deren Berechnungsgrundlagen und die von der Steuererklärung abweichenden Punkte, ferner die zulässigen Rechtsmittel, die für diese festgesetzten Fristen sowie die Behörden, bei denen sie anzubringen sind, angibt und zugleich die Anweisung zur Entrichtung der Steuer innerhalb einer zu bestimmenden Frist enthält. Die Frist muß mindestens einen Monat betragen.

§ 44.

Gegen den Steuerbescheid sind als Rechtsmittel zulässig:

1. die Beschwerde, soweit sie nicht landesrechtlich ausgeschlossen wird;
2. das Verwaltungsstreitverfahren oder ein durch die Landesgesetzgebung geordnetes anderweites Verfahren vor den Verwaltungsgerichten, und wenn ein verwaltungsgerichtliches Verfahren nicht besteht oder landesrechtlich ausgeschlossen wird, der Rechtsweg.

Ob durch die Erhebung der Beschwerde seitens des Steuerpflichtigen das Verwaltungsstreitverfahren oder der Rechtsweg für ihn ausgeschlossen wird, oder ob das Verwaltungsstreitverfahren oder das anderweite Verfahren vor den Verwaltungsgerichten oder der Rechtsweg erst nach Erledigung der Beschwerde und der weiteren Beschwerde zulässig ist, richtet sich nach den landesrechtlichen Vorschriften.

§ 45.

Die Beschwerde ist binnen einer Frist von einem Monat seit der Zustellung des Bescheids bei der Steuerbehörde anzubringen.

Verspätete Beschwerden sind zuzulassen, wenn die Steuerbehörde zu der Annahme gelangt, daß der Beschwerdeführer ohne sein Verschulden verhindert war, die Frist einzuhalten.

Der Beschwerdebescheid hat anzugeben, bei welcher Behörde und innerhalb welcher Frist die weitere Beschwerde einzulegen ist.

Die Beschwerde und die weitere Beschwerde haben keine aufschiebende Wirkung.

Das Beschwerdeverfahren regelt der Bundesrat.

§ 46.

Für die Fristen des verwaltungsgerichtlichen Verfahrens sowie für die Frist, in der die gerichtliche Klage zu erheben ist, sind die landesrechtlichen Vorschriften maßgebend. Sind für die Frist zur Erhebung der gerichtlichen Klage landesrechtliche Vorschriften nicht getroffen, so muß die Klage binnen einer Frist von einem Monat erhoben werden; die Frist beginnt mit der Zahlung oder Stundung der Steuer.

Über die Frage, ob Stundung gemäß § 48 eintreten soll, entscheidet endgültig die Steuerbehörde.

Auf den Lauf der im Abs. 1 bezeichneten Fristen finden die für die Verjährung geltenden Vorschriften der §§ 203, 206, 207 des BGB. entsprechende Anwendung.

Für die gerichtliche Klage sind ohne Rücksicht auf den Wert des Streitgegenstandes ausschließlich die Landgerichte zuständig. Für die Verhandlung und Entscheidung letzter Instanz ist das Reichsgericht zuständig.

§ 47.

Dem Grundstückseigentümer ist auf Antrag für sein Grundstück oder für Grundstücksteile von der Steuerbehörde ein Bescheid über die bis dahin feststellbaren Berechnungsgrundlagen zu erteilen. Der Bescheid unterliegt den gegen den Steuerbescheid gegebenen Rechtsmitteln. Die in dem Bescheide getroffenen Festsetzungen sind für die spätere Veranlagung maßgebend.

Für die Erteilung des Bescheids ist eine Gebühr von $1/2$ vom Tausend des Erwerbspreises, mindestens aber von 20 M. zu entrichten; außerdem fallen dem Antragsteller die Kosten des Rechtsmittelverfahrens zur Last.

§ 48.

In Fällen, in denen die sofortige Einziehung der Steuer mit erheblichen Härten verbunden sein würde, ist die Steuer nach näherer Bestimmung des Bundesrats, nötigenfalls gegen Sicherheitsleistung, zu stunden, auch die Entrichtung in Teilbeträgen zu gestatten. Die Bewilligung kann zurückgenommen werden, insoweit deren Voraussetzungen wegfallen.

§ 49.

Ist der Steuerpflichtige ein Deutscher, so ist zum Zwecke der Einziehung der Zuwachssteuer die Zwangsversteigerung eines Grundstücks ohne seine Zustimmung nicht zulässig.

§ 50.

Die Nichterfüllung der gesetzlichen Pflicht zur Einreichung der Zuwachssteueranmeldung oder -erklärung (§§ 37, 39) unterliegt einer Geldstrafe bis zum vierfachen Betrage der Zuwachssteuer.

Die gleiche Strafe trifft denjenigen, der wissentlich unrichtige Angaben macht, die geeignet sind, zu einer Verkürzung der Steuer zu führen.

Eine Bestrafung findet jedoch nicht statt, wenn der Verpflichtete vor erfolgter Strafanzeige oder bevor eine Untersuchung gegen ihn eingeleitet worden ist, aus freien Stücken die Erfüllung der im Abs. 1 erwähnten Verpflichtungen nachholt oder seine Angaben berichtigt.

§ 51.

Ist nach den obwaltenden Umständen anzunehmen, daß die rechtzeitige Erfüllung der Verpflichtung nicht in der Absicht unterlassen worden ist, die Zuwachssteuer zu hinterziehen, oder daß die unrichtigen Angaben nicht in dieser Absicht gemacht worden sind, so tritt an die Stelle der im § 50 vorgesehenen Strafe eine Ordnungsstrafe **bis zu** 600 M.

Für andere als die im § 50 und im Abs. 1 bezeichneten Zuwiderhandlungen gegen die Vorschriften dieses Gesetzes oder die zu seiner Ausführung erlassenen Bestimmungen tritt eine Ordnungsstrafe **bis zu** 150 M. **ein.**

§ 52.

Die Einziehung der Zuwachssteuer erfolgt unabhängig von der Bestrafung.

§ 53.

Die Strafe trifft jeden, der eine der in den §§ 50, 51 vorgesehenen Zuwiderhandlungen begeht.

Die Strafe ist bei offenen Handelsgesellschaften, Kommanditgesellschaften und Kommanditgesellschaften auf Aktien gegen die zur Vertretung berechtigten Gesellschafter, bei Gesellschaften mit beschränkter Haftung gegen die Geschäftsführer, bei Genossenschaften, Aktiengesellschaften und sonstigen rechtsfähigen Vereinen gegen die Vorstandsmitglieder nur im **einmaligen** Betrage, jedoch unter Haftung jedes einzelnen als Gesamtschuldner festzusetzen. Ebenso ist in anderen Fällen zu verfahren, in denen mehrere Personen gemeinschaftlich oder als Vertreter eines Beteiligten sich strafbar gemacht haben.

Die Vorschrift des Abs. 2 Satz 1 findet entsprechende Anwendung im Verhältnis des Vollmachtgebers zum Bevollmächtigten, der innerhalb der ihm zustehenden Vertretungsmacht im Namen des Vollmachtgebers eine Handlung vornimmt, die eine strafbare Zuwiderhandlung enthält.

§ 54.

Hinsichtlich des Verwaltungsstrafverfahrens, der Strafmilderung und des Erlasses der Strafe im Gnadenwege sowie hinsichtlich der Strafvollstreckung und der Verjährung der Strafverfolgung kommen, auch für die Gebietsteile außerhalb der Zollgrenze, die sich auf die Zollstrafen beziehenden Vorschriften zur Anwendung. Die Landesregierung ist ermächtigt, zu bestimmen, daß an die Stelle der Hauptzollämter und Zolldirektivbehörden andere Staatsbehörden treten. Die Steuerbehörden haben in den Fällen der §§ 50, 51 den für die Strafverfolgung zuständigen Behörden Mitteilung zu machen.

Die festgesetzten Geldstrafen fallen der Staatskasse des Bundesstaats zu, von dessen Behörden die Strafentscheidung getroffen ist.

§ 55.

Die Umwandlung einer nicht beizutreibenden Geldstrafe in eine Freiheitsstrafe findet nicht statt. Auch ist, wenn der Verurteilte ein Deutscher ist, die Zwangsversteigerung eines Grundstücks ohne seine Zustimmung nicht zulässig.

§ 56.

Das Verwaltungsverfahren in Zuwachssteuerangelegenheiten ist — abgesehen von dem Rechtsmittel- und Strafverfahren — kosten-, gebühren- und stempelfrei, soweit nicht in den §§ 40 Abs. 2, 47 Abs. 2 etwas Abweichendes bestimmt ist.

§ 57.

Der Anspruch auf die Zuwachssteuer verjährt in zehn Jahren. Die Frist beginnt mit dem Schlusse des Jahres, in welchem der Anspruch auf die Steuer entstanden ist; im Falle der Sicherheitsleistung (§ 48) nicht vor Ablauf des Jahres, in welchem die Sicherheit erlischt.

§ 58.

Von dem Ertrage der Zuwachssteuer erhält das Reich fünfzig vom Hundert. Weitere zehn vom Hundert erhalten, sofern nicht die Landesgesetzgebung eine andere Bestimmung trifft, die Bundesstaaten als Entschädigung für die Verwaltung und Erhebung der Steuer. Vierzig vom Hundert fließen den Gemeinden oder Gemeindeverbänden zu, in deren Bereiche das Grundstück sich befindet. Die Regelung zwischen Gemeinden und Gemeindeverbänden, soweit diesen nach den Bestimmungen der Landesgesetzgebung ein Besteuerungsrecht zusteht, sowie in Ansehung von Grundstücken, die keiner Gemeinde angehören, erfolgt durch die Landesgesetzgebung. Bis zum Erlasse des Landesgesetzes fließen die vierzig vom Hundert den Gemeinden zu, in deren Bereich das Grundstück sich befindet; in Ansehung von Grundstücken, die keiner Gemeinde angehören und in den Fällen, in denen bisher ein Gemeindeverband Zuwachssteuer erhoben hat, erfolgt bis dahin die Regelung durch die Landesregierung.

§ 59.

Die Gemeinden (Gemeindeverbände) sind berechtigt, mit Genehmigung der Landesregierung durch Satzung zu bestimmen, daß zu dem Anteil, der ihnen nach § 58 von dem Ertrage der Steuer zufließt, für ihre Rechnung Zuschläge erhoben werden.

Die Zuschläge sind nach Hundertteilen zu berechnen; sie dürfen im einzelnen Falle 100 vom Hundert des der Gemeinde (Gemeindeverbande) zufließenden Betrags nicht übersteigen. Die Zuschläge dürfen für die verschiedenen Grundstücksarten und nach der Dauer des für die Steuererhebung maßgebenden Zeitraums verschieden festgesetzt werden.

Reichssteuer und Zuschlag dürfen zusammen 30 vom Hundert der Wertsteigerung nicht übersteigen.

§ 60.

Erreicht in Gemeinden (Gemeindeverbänden), in denen eine Zuwachssteuer vor dem 1. April 1909 beschlossen und vor dem 1. Januar 1911 in Kraft getreten war, deren Anteil am Ertrage der Zuwachssteuer gemäß § 58 nicht den auf Grund der vor dem 1. April 1909 beschlossenen Satzung erzielten jährlichen Durchschnittsertrag, so ist ihnen bis zum 1. April 1915 der Unterschied aus dem auf das Reich entfallenden Anteil an dem in der Gemeinde (dem Gemeindeverband) aufkommenden Ertrage zuzuweisen; von dem überschießenden Betrage fallen dem Reiche fünf Sechstel, dem Bundesstaat ein Sechstel zu. Das Gleiche gilt für Gemeinden (Gemeindeverbände), in denen die Satzung vor dem 1. Januar 1911 mit Wirkung über den 1. April 1909 zurück in Kraft getreten ist.

Statt der Zuweisung des Unterschieds kann den Gemeinden (Gemeindeverbänden) auf Antrag nach Bestimmung des Reichskanzlers für die Dauer des bezeichneten Zeitraums an Stelle der Vorschriften dieses Gesetzes die bisherige Satzung weiterhin mit der Maßgabe belassen werden, daß der Ertrag den Gemeinden (Gemeindeverbänden) in Höhe des vor dem 1. April 1911 erzielten Durchschnittsertrags zufließt und der überschießende Betrag an das Reich abzuführen ist.

Die Festsetzung des Durchschnittsertrags erfolgt durch den Bundesrat.

§ 61.

Für diejenigen Gebietsteile eines Bundesstaats, in denen eine besondere Gemeindeverfassung nicht vorhanden ist, finden die in den §§ 58 bis 60 für Gemeinden getroffenen Vorschriften auf den Bundesstaat Anwendung.

Die Vorschriften des § 60 erstrecken sich auch auf die Bundesstaaten mit der Maßgabe, daß überall an die Stelle der Satzung das Landesgesetz tritt.

§ 62.

Die Steuerpflicht nach Maßgabe dieses Gesetzes erstreckt sich auch auf Rechtsvorgänge, die nach dem 31. Dezember 1910 bis zum Inkrafttreten dieses Gesetzes stattgefunden haben. Die Vorschriften des § 29 Abs. 2, 3 finden keine Anwendung.

Als Zeitpunkt des Eintritts der Steuerpflicht und als Beginn der Anmeldepflicht (§ 37) gilt der Tag des Inkrafttretens dieses Gesetzes.

Ist auf Grund der im § 72 Abs. 2 mit Wirkung vom 1. Januar 1911 aufgehobenen Vorschriften eine Zuwachssteuer bereits entrichtet, so wird sie dem Steuerpflichtigen erstattet oder, soweit für denselben Rechtsvorgang Zuwachssteuer nach diesem Gesetze zu erheben ist, auf deren Betrag angerechnet.

§ 63.

Die Besteuerung unterbleibt, wenn die Urkunde über das Veräußerungsgeschäft, das zu dem Eigentumsübergange führte, vor dem 1. Januar 1911 in öffentlich beglaubigter Form errichtet oder bei einer Behörde eingereicht war.

§ 64.

Betrifft ein steuerpflichtiger Rechtsvorgang Grundstücke, die von Aktiengesellschaften, Kommanditgesellschaften auf Aktien oder Gesellschaften und Vereinigungen der im § 3 bezeichneten Art nach dem 31. März 1905 erworben sind, so tritt bei Erwerbsvorgängen, die vor dem 1. Januar 1911 erfolgt sind, an die Stelle des Erwerbspreises der Wert, sofern dieser um mehr als 25 vom Hundert hinter dem angegebenen Erwerbspreis zurückbleibt und sich nicht aus den Umständen ergibt, daß die höhere Bemessung des Erwerbspreises keine Steuerersparung bezweckt.

§ 65.

Hat vor dem 1. Januar 1911 eine Auseinandersetzung gemäß § 7 Ziff. 3 stattgefunden, so bleibt die Steuerpflicht für die Zeit vor der Auseinandersetzung auf den Anteil des Erwerbers beschränkt. Diese Vorschrift findet entsprechende Anwendung, wenn die Zuwendung an einen Erben unter Anrechnung auf den Erbteil auf letztwilliger Verfügung von Todeswegen beruht und der Erbfall vor dem 1. Januar 1911 eingetreten ist.

Hat einer von mehreren Abkömmlingen gemäß § 7 Ziff. 4 von seinen Eltern, Großeltern oder Voreltern vor dem 1. Januar 1911 gegen Entgelt ein Grundstück erworben, so bleibt für die Zeit vor dem Erwerbe die Steuerpflicht auf den Anteil beschränkt, der dem Erwerber als gesetzliches Erbteil ohnehin angefallen sein würde.

Ist von dem Anteil des Erwerbers für die Zeit vor dem 1. Januar 1911 eine Zuwachssteuer bereits entrichtet, so wird diese Steuer auf die nach diesem Gesetze zu entrichtende Abgabe angerechnet.

§ 66.

Der Bundesrat erläßt die zur Ausführnng dieses Gesetzes erforderlichen Bestimmungen und ist berechtigt, die nach diesem Gesetze fällige Abgabe auch über den Anteil des Reichs hinaus aus Billigkeitsgründen zu erlassen.

Er ist auch ermächtigt:

1. Rechtsvorgänge für steuerpflichtig zu erklären, die es — ohne unter §§ 1, 5 zu fallen — einem anderen ermöglichen, über das Grundstück wie der Eigentümer zu verfügen;
2. für solche Fälle über die Berechnung des Wertzuwachses Bestimmungen zu treffen, die von den §§ 8 bis 27 abweichen.

Die vom Bundesrate gemäß Abs. 2 getroffenen Anordnungen sind dem Reichstag, wenn er versammelt ist, sofort, andernfalls bei seinem nächsten Zusammentreten vorzulegen. Sie sind mit Wirkung von ihrem Inkrafttreten ab außer Kraft zu setzen, soweit der Reichstag dies verlangt.

§ 67.

Abs. 3 des § 85 des RStG. erhält folgende Fassung:

(s. diese oben S. 204).

§ 68[1].

Der § 89 des RStG. v. 15. 7. 09 (RGBl. 833) erhält mit Wirkung vom 1. Oktober 1909 ab folgende Fassung:

(s. diese oben S. 207).

§ 69.

An die Stelle des § 90 des RStG. treten folgende Vorschriften:

(s. diese oben S. 207, 208).

§ 70.

Die Befreiungsvorschrift am Schlusse der Tarifnummer 11 des Reichsstempelgesetzes wird dahin abgeändert:

(s. oben S. 219ff., wo bereits die abgeänderte Fassung wiedergegeben ist).

---

[1]) S. § 2 AB. v. 14. 3. 12, § 174—179 AB. z. RStG., Nr. 28, 29 PrAB. z. RStG.

§ 71.

Die Anmerkung zu Tarifnummer 11 des Reichsstempelgesetzes erhält in Abs. 1 folgende Fassung:

(s. diese oben S. 218).

§ 72.

Dieses Gesetz tritt mit dem 1. April 1911 in Kraft.

Die Vorschriften der Landesgesetze und die Satzungen der Gemeinden und Gemeindeverbände, welche die Besteuerung des Zuwachses bei der Veräußerung von Grundstücken betreffen, treten mit Wirkung vom 1. Januar 1911 außer Kraft, soweit sie nicht gemäß § 60 aufrechterhalten werden. Die vor dem 1. Januar 1911 eingetretenen Rechtsvorgänge und die im § 63 bezeichneten Fälle des Eigentumsüberganges unterliegen auch dann nach diesen Gesetzen und Satzungen der Zuwachssteuer, wenn das Verfahren zur Feststellung der Steuer erst nach dem Inkrafttreten dieses Gesetzes zum Abschluß kommt.

---

2. Ausführungsgesetz zum Reichszuwachssteuergesetze v. 14. 2. 11. Vom 14. 7. 11 (GS. 95ff.).

Wir Wilhelm, von Gottes Gnaden König von Preußen 2c., verordnen mit Zustimmung der beiden Häuser des Landtags der Monarchie, was folgt:

§ 1.

Die Zuwachssteuer wird

1. in den Stadtgemeinden durch den Gemeindevorstand,
2. in den Landgemeinden und in den Gutsbezirken durch den Kreisausschuß

veranlagt.

Für Stadtgemeinden mit weniger als 2000 Einwohnern hat die Veranlagung auf ihren Antrag durch den Kreisausschuß zu erfolgen.

Auf Antrag von Landgemeinden mit mehr als 5000 Einwohnern oder von solchen Landgemeinden, in denen eine Wertzuwachssteuer schon vor dem 1. Januar 1911 in Kraft war, ist die Veranlagung durch den Kreisausschuß dem Gemeindevorstande zu überweisen,

§ 2.

Auf die Rechtsmittel gegen die Veranlagung zur Zuwachssteuer und den Zuschlägen dazu finden in den Fällen, in denen die Steuer durch den Gemeindevorstand veranlagt worden ist, die Vorschriften der §§ 69, 70, 75 des KommAbgG. v. 14. 7. 93 (GS. 152), in den Fällen, in denen die Steuer durch den Kreisausschuß veranlagt worden ist, die Vorschriften der §§ 14 Abs. 2, 11 Abs. 4 und 5 des Kreis-u.ProvAbgG. v. 23. 4. 06 (GS. 159) mit der Maßgabe Anwendung, daß in erster Instanz stets der Bezirksausschuß zuständig ist.

§ 3.

Die Zuwachssteuer ist, falls sie von dem Kreisausschusse veranlagt ist, an die Kreiskommunalkasse, in allen anderen Fällen an die Gemeindekasse zu zahlen. Die Kassen haben den nach den Vorschriften des Reichsgesetzes (§ 58) dem Reiche zustehenden Steueranteil nach den Bestimmungen des Bundesrats abzuführen.

Von dem nach § 58 des Reichsgesetzes dem Staate zustehenden Anteile von 10 vom Hundert des Ertrags der Zuwachssteuer erhält für die Verwaltung und Erhebung der Steuer, falls der Kreisausschuß diese veranlagt, der Kreis, in allen anderen Fällen die Gemeinde die Hälfte. Der dem Staate verbleibende Betrag ist nach Bestimmung des Finanzministers abzuführen.

§ 4.

Von dem Anteil an der Zuwachssteuer, der nach den Vorschriften des Reichsgesetzes (§ 58) den Gemeinden und Gemeindeverbänden verbleibt, erhält die kreisangehörige Gemeinde, in der sich der Steuerfall ereignet hat, sofern sie nicht mehr als 15000 Einwohner hat, zwei Drittel, sofern sie mehr als 15000 Einwohner hat, drei Viertel. Den Rest des Anteils erhält der Kreis.

Aus den Gutsbezirken erhält der Kreis den vollen Steueranteil.

Die Kreise haben den auf sie entfallenden Steueranteil für ihre eigenen Aufgaben und zum Teil, jedoch höchstens bis zur Hälfte, auch für diejenigen einzelner Gemeinden und Gutsbezirke zn verwenden.

Ist die Zuwachssteuer vom Kreisausschusse veranlagt, so hat die Kreiskommunalkasse den nach Abs. 1 sich ergebenden Betrag an die Gemeindekasse abzuführen. Ist sie vom Gemeindevorstande veranlagt, so hat die Gemeindekasse den auf den Kreis entfallenden Anteil an die Kreiskommunalkasse abzuführen.

§ 5.

Für die Zeit bis zum 1. April 1915 unterliegt die Anwendung der §§ 1 bis 4 dieses Gesetzes gemäß § 60 des Reichsgesetzes folgenden Maßgaben:

1. Wenn in der Gemeinde, in der sich der Steuerfall ereignet, aber nicht in dem Kreise, zu dem sie gehört, eine Zuwachssteuer vor dem 1. April 1909 beschlossen und vor dem 1. Januar 1911 in Kraft getreten war, so wird die Zuwachssteuer in allen Fällen des § 1 durch den Gemeindevorstand veranlagt und an die Gemeindekasse gezahlt, die ihrerseits die dem Reiche und dem Staate gebührenden Anteile gemäß § 3 dieses Gesetzes abführt. Ergibt sich nach Ablauf des Rechnungsjahrs, daß der auf die Gemeinde entfallende Anteil an Zuwachssteuer den auf Grund der maßgebenden Steuerordnung erzielten jährlichen Durchschnittsertrag übersteigt, so hat die Gemeinde, sofern sie nicht mehr als 15000 Einwohner hat, ein Drittel, sofern sie mehr als 15000 Einwohner hat, ein Viertel des Überschusses an den Kreis abzuführen.
2. Wenn in dem Kreise, aber nicht in der kreisgehörigen Gemeinde, in der sich der Steuerfall ereignet, eine Zuwachssteuer vor dem 1. April 1909 beschlossen und vor dem 1. Januar 1911 in Kraft getreten war, so wird die Zuwachssteuer in allen Fällen des § 1 durch den Kreisausschuß veranlagt und an die Kreiskommunalkasse gezahlt, die ihrerseits die dem Reiche und dem Staate gebührenden Anteile gemäß § 3 dieses Gesetzes abführt. Ergibt sich nach Ablauf des Rechnungsjahres, daß der dem Kreise verbliebene Anteil an Zuwachssteuer den auf Grund der maßgebenden Steuerordnung erzielten jährlichen Durchschnittsertrag übersteigt, so hat der Kreis, wenn die beteiligte Gemeinde nicht mehr als 15000 Einwohner hat, zwei Drittel, sofern sie mehr als 15000 Einwohner hat, drei Viertel des Überschusses an die Gemeinde — bei mehreren Gemeinden dieser Art nach dem Verhältnis ihres

Steueraufkommens — zu überweisen. Ist in dem Rechnungsjahre jedoch Zuwachssteuer auch aus Gutsbezirken oder aus unter Ziff. 3 fallenden Gemeinden aufgekommen, so ermäßigt sich die obige Überweisungssumme derartig, daß sie zu zwei Dritteln (drei Vierteln) des gesamten Überschusses in gleichem Verhältnisse steht wie das Steueraufkommen der für die Verteilung in Betracht kommenden Gemeinden zu dem aus allen Gutsbezirken und Gemeinden im Kreise stammenden Gesamtsteueraufkommen.

3. Wenn in der Gemeinde, in der sich der Steuerfall ereignet, und auch in dem Kreise, zu dem sie gehört, eine Zuwachssteuer vor dem 1. April 1909 beschlossen und vor dem 1. Januar 1911 in Kraft getreten war, so bestimmt sich die Veranlagungsbehörde nach § 1, die Steuerempfangsstelle nach § 3 dieses Gesetzes. Ist jedoch die Veranlagung auf Grund der maßgebenden Steuerordnungen von der Gemeinde oder von dem Kreise einheitlich für beide vorgenommen worden, so wird die Zuwachssteuer von der bisher zuständigen Behörde veranlagt und an deren Kasse gezahlt. Der Anteil an dem Ertrage des einzelnen Steuerfalls, der nach Abführung der dem Reiche und dem Staate gebührenden Anteile verbleibt, ist zwischen Gemeinde und Kreis nach dem Verhältnis ihrer bisherigen Beteilignng an dem Ertrage der Zuwachssteuer oder, wenn ein bestimmtes Beteiligungsverhältnis nicht festgesetzt war, nach dem Verhältnisse der auf Grund der maßgebenden Steuerordnungen erzielten jährlichen Durchschnittserträge zu verteilen.

4. Wenn einer Gemeinde oder einem Kreise gemäß § 60 Abs. 2 des Reichsgesetzes die bisherige Steuerordnung mit der aaO. bezeichneten Maßgabe belassen wird, so findet eine Verteilung des Steuerertrags zwischen Gemeinde und Kreis nur insoweit statt, als sie in der Steuerordnung etwa vorgesehen ist.

§ 6.

In den Hohenzollernschen Landen tritt an die Stelle des Kreises der Amtsverband, an die Stelle des Kreisausschusses der Amtsausschuß.

§ 7.

Für die Bevölkerungszahl im Sinne dieses Gesetzes ist maßgebend das Ergebnis der jeweilig letzten Volkszählung.

§ 8.

Dieses Gesetz tritt mit dem Tage seiner Verkündung in Kraft.

---

3. Allgemeine Verfügungen.

a) Allgemeine Verfügung v. 19. 5. 11 über Mitteilungen an die Zuwachssteuerämter (JMBl. 201 ff.).

Im Einverständnisse mit dem Herrn Reichskanzler, dem Herrn Minister des Innern und dem Herrn Finanzminister ordne ich an, daß die Mitteilungen, die nach dem Zuwachssteuergesetz und den dazu ergangenen Ausführungsbestimmungen des Bundesrats von den Amtsgerichten und den Ortsgerichten den Zuwachssteuerämtern zu machen sind, ausschließlich[1] in folgender Weise zu bewirken sind.

[1] Damit sind die AV. v. 29. 3. 11, JMBl. 144, ungefähr gleichen Inhalts, und v. 13. 4. 11, JMBl. 166 beseitigt.

I.

1. Von jeder Eintragung eines Eigentümers im Grundbuche gemäß § 31 Abs. 1 der AV. zur Ausführung der Grundbuchordnung v. 20. 11. 99 (JMBl. 349) erhält das Zuwachssteueramt Nachricht durch Übersendung einer Abschrift der dem Katasteramte zu übermittelnden Eigentumsveränderungsliste.

In Spalte 18 der Abschrift ist der der Stempelberechnung zugrunde gelegte Wert und, wenn der in einer bestimmten Summe bezifferte Kauf- und Erwerbspreis von dem Werte abweicht, auch der Kauf- oder Erwerbspreis anzugeben; hat eine Stempelberechnung nicht stattgefunden, so ist der Kauf- oder Erwerbspreis anzugeben. Darunter ist das Jahr zu vermerken, in dem der zuletzt vorangegangene Eigentumsübergang stattfand, sowie der damalige Wert (Preis). Liegt dieser Eigentumsübergang vor dem 1. 1. 85, so ist nur das Jahr des Überganges zu vermerken. Wert oder Preis brauchen nur dann angegeben zu werden, wenn sie aus den Grundakten ersichtlich sind, der frühere Wert oder Preis auch nur dann, wenn er für den jetzt betroffenen Grundbesitz gesondert festgestellt war.

Im Falle von Rückübereignungen bei der Einrichtung von Rentengütern ist die Tatsache der Rückübereignung zur Rentenguteinrichtung in Spalte 19 ersichtlich zu machen.

Bis zu der alsbald von den Oberlandesgerichtspräsidenten zu veranlassenden Herstellung eigener Formulare für die Abschriften sind die vom Katasteramte gelieferten Formulare zu benutzen. In den Formularen für die Abschriften fällt der Vordruck auf der ersten und vierten Seite weg. Auf der dritten Seite werden die ersten Worte in der Überschrift der Spalte 18 geändert in: „Wert (Kauf- oder Erwerbspreis)". Die Spalten 18a, 20 bis 22 scheiden aus; der gewonnene Raum dient zur Verbreiterung der Spalte 19. Unten am Schlusse wird vorgedruckt:

„. . . . . den . . . .
Gerichtsschreiber des Königlichen Amtsgerichts."

Die erste Seite kann nach Anordnung des Oberlandesgerichtspräsidenten zum Vordrucke der Adresse benutzt werden. Aus der Abschrift soll hervorgehen, daß sie eine Mitteilung für die Zuwachssteuer enthält.

2. In entsprechender Weise und unter Beachtung der hierüber von dem Oberlandesgerichtspräsidenten erlassenen näheren Anweisung sind die Nachrichten durch Übersendung von Eigentumsveränderungslisten, soweit deren Ausfüllung jeweilig möglich ist, zu erteilen:

a) von der Übereignung von Berechtigungen (§ 2 des Gesetzes), für die ein Grundbuchblatt angelegt ist;
b) von der Übereignung von Grundstücken und Berechtigungen, die sich, weil das Grundbuch nicht als angelegt gilt, nach früherem Rechte vollzieht.

3. Durch Übersendung einer Liste nach dem beigefügten Muster[1]) erhält das Zuwachssteueramt Nachricht:

a) von allen Fällen, in denen beim Amtsgericht eine Abgabe nach Tarifnummer 11 des RStG. zur Erhebung gelangt, mit Ausnahme der Auflassungen;
b) von allen sonst vom Amtsgerichte beurkundeten Rechtsgeschäften, die zu den im § 5 des Gesetzes bezeichneten gehören;
c) von allen sonstigen vom Amtsgerichte beurkundeten Rechtsvorgängen, die nach dem Inhalte der Urkunde der Auflassung nicht bedürfende Fälle des Eigentumsüberganges an Grundstücken (§§ 1, 4 des Gesetzes) oder den Übergang einer Berechtigung (§ 2 des Gesetzes) zum Gegenstande haben;
d) von allen vom Amtsgerichte beurkundeten Übertragungen eines Geschäftsanteils einer Gesellschaft mit beschränkter Haftung.

Der Eintragung in die Liste bedarf es nicht:

zu a, b, wenn die Veräußerung durch Übereignung bereits ausgeführt ist oder bis zur Absendung der Liste ausgeführt wird und die Tatsache der Übereignung in einer der Listen zu Nr. 1 oder 2 zu vermerken ist;

---

[1]) Das Muster ist hier nicht beigefügt, es ist aus JMBl. 203 ersichtlich.

zu c, wenn die Tatsache des Überganges in einer der Listen zu Nr. 1 oder 2 zu vermerken ist;

zu d, wenn sich aus den dem Amtsgericht offenkundigen Tatsachen ergibt, daß die Gesellschaft, deren Anteil übertragen wird, keinen Grundbesitz hat oder nicht unter § 3 des Gesetzes fällt.

Im übrigen ist es auf die Notwendigkeit der Eintragung ohne Einfluß, ob eine Zuwachssteuer zu erheben ist oder nicht.

Die einzelnen Spalten sind nur so weit auszufüllen, als sich die Tatsachen ohne weiteres aus den Urkunden ergeben. Für die Ausfüllung der Spalte 5 ist die Katasterbezeichnung maßgebend.

Jede Liste umfaßt einen Kalendermonat und ist spätestens bis zum 10. Tage des folgenden Monats abzusenden.

4. Von jedem Falle, in welchem dem Amtsgericht als Registergericht zur Kenntnis gebracht wird, daß sich die Anteile einer unter § 3 des Gesetzes fallenden Vereinigung in einer Hand vereinigen, ist das Zuwachssteueramt alsbald gesondert zu benachrichtigen.

5. Den Amtsgerichten werden von den Zuwachssteuerämtern diejenigen in den Registern des Gerichts eingetragenen Vereinigungen bezeichnet werden, welche nach § 30 Ziff. 4 des Gesetzes von der Steuerpflicht befreit sind. Von jeder Satzungsänderung, durch welche der Satzungszweck einer solchen Vereinigung geändert wird und die dem Amtsgericht als Registergericht zur Kenntnis gebracht wird, ist das Zuwachssteueramt in gleicher Weise alsbald zu benachrichtigen.

6. Die Benachrichtigungen liegen dem Gerichtsschreiber ob.

II.

Soweit Ortsgerichte zuständig sind, Rechtsgeschäfte zu beurkunden, die zu den in § 5 des Gesetzes bezeichneten gehören, haben sie über diese Rechtsgeschäfte die unter Nr. 13 angeordnete Liste nach Maßgabe der dort getroffenen Bestimmungen zu führen. Der Oberlandesgerichtspräsident erläßt die erforderlichen näheren Anweisungen.

III.

Verzeichnisse der Grundbuchämter, Registergerichte usw. sowie der Notare oder sonstigen Urkundsbeamten (§ 10 Abs. 2 der AB.) sind bis auf weiteres nicht mitzuteilen.

IV.

Die Bestimmungen dieser Verfügung gelten auch für die Amtsgerichte der Fürstentümer Waldeck und Pyrmont.

V.

Diese Verfügung tritt am 1. 6. 11 in Kraft.

Dieser Verfügung ist beigegeben (JMBl. 204 ff.) folgender

Anhang:

a) Auszug aus dem Zuwachssteuergesetze v. 14. 2. 11 (RGBl. 33).

Hier nicht abgedruckt, weil oben S. 280 das ganze Zuwachssteuergesetz wiedergegeben ist.

b) Auszug aus den vom Bundesrat am 27. 3. 11 erlassenen Ausführungsbestimmungen zum Zuwachssteuergesetze (ZentrBl. 79).

Zuwachssteuerämter und Oberbehörden.

§ 1.

1. Die mit der Verwaltung des Zuwachssteuerwesens befaßten, in den nachstehenden Bestimmungen als Zuwachssteuerämter bezeichneten Stellen und die Oberbehörden, denen sie unterstehen, werden von der Landesregierung bestimmt und öffentlich bekannt gemacht. Ein Verzeichnis der Zuwachssteuerämter und Ober-

behörden ist unter Angabe ihrer Geschäftsbezirke dem Reichskanzler zur Veröffentlichung im Zentralblatte für das Deutsche Reich mitzuteilen. Das Gleiche hat mit etwaigen späteren Veränderungen zu geschehen. Die Veröffentlichung im Zentralblatte für das Deutsche Reich kann auf das Verzeichnis der Oberbehörden beschränkt werden.

2. Die Erhebung der Zuwachssteuer kann anderen Stellen als den Zuwachssteuerämtern übertragen werden. Auch können zur Vorbereitung der Veranlagung andere Stellen als Hilfsstellen der Zuwachssteuerämter herangezogen werden. In diesem Falle sind die zur Regelung des Geschäftsverkehrs erforderlichen besonderen Bestimmungen zu treffen.

§ 2.

Zuständigkeit.

1. Zuständig ist das Zuwachssteueramt, in dessen Bezirke das veräußerte Grundstück liegt. Liegt das Grundstück in mehreren Bezirken, so ist das Zuwachssteueramt zuständig, in dessen Bezirke das zuständige Grundbuchamt seinen Sitz hat. Falls das Grundstück aus mehreren in verschiedenen Grundbuchbezirken gelegenen Teilstücken besteht, bestimmt unbeschadet anderweiter landesrechtlicher Bestimmungen die gemeinsame Oberbehörde, falls das Grundstück in den Bezirken verschiedener Oberbehörden gelegen ist, die Landeszentralbehörde und, falls das Grundstück im Bereiche verschiedener Bundesstaaten liegt, der Reichskanzler die Zuständigkeit.

2. Die Vorschriften des Abs. 1 finden auf Berechtigungen (§ 2 des Gesetzes) entsprechende Anwendung.

3. Im Falle der Steuerpflicht nach § 3 des Gesetzes ist, sofern der gesamte Grundbesitz einer Vereinigung im Bezirk eines Zuwachssteueramts liegt, dieses zuständig; andernfalls finden die Bestimmungen des Abs. 1 Satz 2, 3 entsprechende Anwendung.

4. Wird eine Anmeldung, eine Steuererklärung, ein Antrag oder eine sonstige Mitteilung bei einer unzuständigen Stelle eingereicht, so ist der Tag des Einganges auf dem Schriftstücke zu vermerken und dieses an die zuständige Stelle abzugeben. Von der Abgabe ist dem Absender Mitteilung zu machen. Für die Wahrung einer Frist genügt der Eingang bei der unzuständigen Stelle.

§ 3.

Mitteilungs- und Anmeldungspflicht.

Das Zuwachssteueramt erhält nach Maßgabe der Bestimmungen der §§ 4 bis 9 Kenntnis durch

A. die Miteilungen der Grundbuchämter oder, soweit das Grundbuch noch nicht angelegt ist, der von der Landeszentralbehörde zu bestimmenden Behörden
von den Eintragungen in das Grundbuch, die eine Eigentumsänderung oder den Übergang einer Berechtigung (§ 2 des Gesetzes) betreffen, oder
von der Umschreibung in öffentlichen Büchern;

B. die Mitteilungen der Registergerichte und -behörden
von allen Eintragungen in das Handels- und Genossenschaftsregister und
von Einreichungen zum Handelsregister, soweit sie in Verfolg eines steuerpflichtigen Rechtsvorganges vorgenommen werden;

C. die Mitteilungen der Behörden und Beamten des Reichs, Staates und der Gemeinde sowie der Notare
1. von allen Fällen der Erhebung der Abgabe auf Grund der Tarifnummer 11 des RStG. mit Ausnahme der Auflassungen,[1])
2. von allen sonstigen von ihnen beurkundeten Rechtsvorgängen, die der Auflassung und Eintragung nicht bedürfende Fälle des Eigentumsüberganges an inländischen Grundstücken (§§ 1, 4 des Gesetzes), den Übergang einer Berechtigung (§ 2 des Gesetzes) zum Gegenstande haben oder zu den im § 5 des Gesetzes bezeichneten Rechtsgeschäften gehören,
3. von der Beurkundung der Übertragung eines Anteils einer Gesellschaft mit beschränkter Haftung.

---

[1]) Mitteilungspflicht der Notare fällt weg im Falle der Nr. 6 Abs. 2 Ausf.anw. S. 305.

§ 5.

Mitteilungen der Registergerichte und -behörden.

1. Die Registergerichte und -behörden (§ 3 zu B) haben dem Zuwachssteueramte die zu ihrer Kenntnis gelangenden Fälle mitzuteilen, in denen die Anteile einer unter § 3 des Gesetzes fallenden Vereinigung in einer Hand sich vereinigen. Im übrigen beschränkt sich die Mitteilungspflicht der Registergerichte und -behörden, soweit nicht die Landeszentralbehörde abweichende Bestimmungen trifft, auf diejenigen einzelnen Rechtsvorgänge, hinsichtlich deren das Zuwachssteueramt um Mitteilungen ersucht.

2. Zur Feststellung, ob die in das Register neu eingetragenen Vereinigungen unter § 3 des Gesetzes fallen, sind von einem Beamten des Zuwachssteueramts oder nach Bestimmung der Landeszentralbehörde von einem anderen Beamten die Register regelmäßig in Zeiträumen von etwa drei Monaten einzusehen; die zu den Akten gehörigen Vorgänge sind hierbei auf Wunsch zugänglich zu machen.

§ 6.

Mitteilungen der beurkundenden Behörden, Beamten und Notare.

1. Die Mitteilungen der Behörden, Beamten und Notare (§ 3 zu C) sind innerhalb einer Frist von zehn Tagen nach der Beurkundung — für jeden Rechtsvorgang besonders — dem für die steuerliche Behandlung zuständigen Zuwachssteueramt einzureichen (Veräußerungsanzeige).

2. Die Veräußerungsanzeigen sind nach Anleitung des Musters 2 einzurichten. Soweit die darin enthaltenen Mitteilungen aus der Veräußerungsurkunde sich ergeben, genügt die Übersendung einer Abschrift der Urkunde.

3. Die Bestimmungen des § 4 Abs. 3 finden entsprechende Anwendung.

§ 7.

1. Die Mitteilungen der Behörden, Beamten und Notare über die Abtretung eines Geschäftsanteils sind auch bei den nicht unter § 3 des Gesetzes fallenden Gesellschaften mit beschränkter Haftung zu machen. Die Mitteilung kann unterbleiben, wenn bei den Behörden, Beamten oder Notaren Tatsachen offenkundig sind, aus denen sich ergibt, daß die Gesellschaft, deren Anteil übertragen wird, keinen Grundbesitz hat oder nicht unter § 3 des Gesetzes fällt.

2. Das Zuwachssteueramt kann den Behörden, Beamten und Notaren seines Bezirkes diejenigen Gesellschaften namhaft machen, für die eine weitere Mitteilung der Übertragung von Geschäftsanteilen nicht für erforderlich erachtet wird.

3. Die Landeszentralbehörde kann die Mitteilung auf die Übersendung von Monatslisten beschränken.

c) Ausführungsanweisung des Ministers des Innern und des Finanzministers v. 19. 5. 11 (Min. d. J. Ia, 786, FinMin. II, 6289).

Im folgenden ist zu verstehen:

1. unter Reichsgesetz: das Zuwachssteuergesetz v. 14. 2. 11 (RGBl. 33),
2. unter Ausführungsgesetz: das preußische Ausführungsgesetz zum Reichszuwachssteuergesetze,
3. unter Ausführungsbestimmungen: die Zuwachssteuer-Ausführungsbestimmungen des Bundesrats v. 27. 3. 11 (ZentrBl. 79 ff.).

A. Behörden für Veranlagung und Erhebung, Abrechnung und Ablieferung der Steuer.

1. Oberbehörden im Sinne des § 36 des RG. und der Ausführungsbestimmungen sind die geordneten Kommunalaufsichtsbehörden, also

für die Kreis- (Amts-) Zuwachssteuerämter und für die städtischen Zuwachssteuerämter in erster Instanz die Regierungspräsidenten, in zweiter Instanz die Oberpräsidenten — in den Hohenzollernschen Landen der Minister des Innern —, für die Stadt Berlin der Oberpräsident zu Potsdam bzw. der Minister des Innern,

für die Zuwachssteuerämter in den zur selbständigen Veranlagung befugten Landgemeinden sowie für die Ämter in Westfalen und für die Landbürgermeistereien in der Rheinprovinz die Landräte (Oberamtmänner) als Vorsitzende der Kreis- (Amts-) Ausschüsse, in höherer Instanz die Regierungspräsidenten.

Landeszentralbehörde im Sinne der Ausführungsbestimmungen sind der Minister des Innern und der Finanzminister.

Der Umfang und die Art der Tätigkeit des Reichsbevollmächtigten gegenüber diesen Behörden und den ihnen unterstehenden Zuwachssteuerämtern wird vom Reichskanzler im Einvernehmen mit der Landesregierung geregelt (§ 36 Abs. 2 des RG.). S. auch unter Ziff. 20.

2. An die Stelle der Hauptzollämter im Sinne der für das Verwaltungsstrafverfahren, die Strafmilderung und den Erlaß der Strafe im Gnadenwege sowie hinsichtlich der Strafvollstreckung und der Verjährung der Strafverfolgung geltenden Zollstrafvorschriften (§ 54 Abs. 1 des RGes., Verwaltungsstrafgesetz v. 26. 7. 97, GS. 237) treten für den Umfang der Stadtkreise die Regierungspräsidenten, für den Umfang der Landkreise (Ämter) die Landräte (Oberamtmänner). An Stelle der Zolldirektivbehörden treten im ersten Falle die Oberpräsidenten, im zweiten Falle die Regierungspräsidenten; für die Stadt Berlin tritt an Stelle der Hauptzollämter und an Stelle der Zolldirektivbehörde, soweit diese in erster Instanz zuständig sind, der Oberpräsident von Brandenburg; in zweiter Instanz entscheidet der Minister des Innern.

3. Die Steuerveranlagung erfolgt durch die Zuwachssteuerämter (§ 1 des AG.) nach Maßgabe der Bestimmungen des Kreis- und des Kommunalabgabengesetzes.

Die Steuererhebung erfolgt nach Maßgabe des § 3 des AG. durch die dort bezeichneten Kassen.

4. Über den Ertrag der Zuwachssteuer ist von den in Nr. 3 bestimmten Kassen monatlich mit der Regierungshauptkasse und durch diese mit der Reichshauptkasse (§ 45 der AB.) abzurechnen. Dabei können die mit der Erhebung befaßten Gemeinde-, Kreis- (Amts-) Kassen ihren Anteil am Ertrage bei der Ablieferung zurückbehalten. Für Berlin kommt als Regierungshauptkasse diejenige in Potsdam in Betracht.

Wegen des bei der Verrechnung zu beobachtenden Verfahrens ergeht besondere Bestimmung.

B. Anmeldungsvorschriften.

5. Die Worte „bebaut oder unbebaut" im Sinne der Spalte 7 des Musters 1 der AB. sind bei der Anmeldung nach Maßgabe der im Katasterwesen üblichen Bezeichnungsweise, nicht im Sinne der Vorschriften des § 1 des RGes. auszufüllen.

6. Die Mitteilungen der Behörden, Beamten und Notare über die Abtretung eines Geschäftsanteils einer Gesellschaft mit beschränkter Haftung im Sinne des § 7 der AB. erfolgen durch Übersendung von Monatslisten an die Zuwachssteuerämter.

Die den Notaren gemäß § 3 C 1 der AB. obliegende Mitteilungspflicht fällt weg, wenn die von dem Notar aufgenommene Veräußerungsurkunde binnen zehn Tagen nach der Beurkundung dem Grundbuchamte zum Zwecke der Eintragung des neuen Eigentümers eingereicht wird und die Eintragung daraufhin stattfindet.

7. Die Grundstücksblätter sind nach Maßgabe des § 11 der AB. von den Zuwachssteuerämtern, sobald sich eine Veranlassung dazu ergibt, zunächst überall anzulegen.

Sofern in Gegenden mit stark zersplittertem Grundbesitz oder aus anderen Gründen die Anlegung von Grundstücksblättern Unzuträglichkeiten zur Folge haben sollte, bleibt der Oberbehörde überlassen, Anträge auf Abstandnahme von der Führung solcher Blätter bei der Landeszentralbehörde zu stellen.

C. Vorverfahren.

8. Die Zuwachssteuerämter haben dem zuständigen Registergerichte mitzuteilen, welche Vereinigungen von der Zuwachssteuer nach § 30 Ziff. 4 des RGes. befreit sind. (Siehe dazu § 17 der AB.).

D. Hauptverfahren.

9. Die Vordrucke für die Zuwachssteuererklärung (Muster 6 der AB.) können nach Maßgabe des örtlichen Bedürfnisses durch Fragen — namentlich nach dem Vorliegen von Zwischengeschäften (§§ 27, 32 des RGes.), von Vermittelungen (§ 11 Abs. 2, § 32 Abs. 2 daselbst), von Fällen des § 7 Ziff. 7, § 19 daselbst — ergänzt werden. Auch kann in die Vordrucke für die Zuwachssteuererklärung der Hinweis aufgenommen werden, daß die Belege in Heftform, nach den Ziffern der Zuwachssteuererklärung geordnet, einzureichen sind.

Soweit Zwangsversteigerungen, Gemeinheitsteilungen, sowie Teilungen eines gemeinschaftlichen Grundstücks in Frage kommen, ist bis auf weiteres das für Zuwachssteuererklärungen vorgeschriebene Muster Nr. 6 der AB. durch entsprechende Sonderfragen unter Berücksichtigung der Vorschriften in § 5 Abs. 3 Ziff. 4, § 14 Ziff. 2 und § 25 des RGes. zu ergänzen.

Der Erlaß besonderer Muster zu Sondererklärungen im Sinne des § 20 der AB. bleibt vorbehalten.

10. Wo das Zuwachssteueramt nur aus einer Person besteht, sind bei Vergleichen im Sinne des § 23 der AB. zwei Mitglieder der Vertretung des kommunalen Verbandes, welchem jener Beamte angehört, zur Genehmigung heranzuziehen.

Sofern bei einem Vergleiche der Unterschied zwischen Erwerbs- und Veräußerungspreis ohne Berücksichtigung der anzurechnenden Aufwendungen einen Steuerertrag von mehr als 20000 M. erwarten läßt, ist der Vergleich nur vorbehaltlich der Zustimmung des Reichsbevollmächtigten abzuschließen. Diese ist unter Vorlegung der Vergleichsverhandlungen unverzüglich einzuholen. Erhebt der Reichsbevollmächtigte gegen den Vergleich Bedenken und schließt sich das Zuwachssteueramt diesen Bedenken nicht an, so hat es die Vergleichsverhandlungen durch Vermittelung der Oberbehörde unter Darstellung des Sachverhalts der Landeszentralbehörde vorzulegen, welche das Weitere veranlassen und gegebenenfalls die Entscheidung des Bundesrats herbeiführen wird.

11. Die im § 12 Abs. 2 des RGes. in Bezug genommenen Vorschriften des Reichserbschaftssteuergesetzes lauten wie folgt:

(s. oben S. 274 ff.).

12. Als Sicherheiten für gestundete Zuwachssteuer kommen in Betracht (§ 27 Abs. 2 der AB.):

a) die Verpfändung von Schuldverschreibungen des Reichs und des Preußischen Staates,
b) die Verpfändung von Forderungen, die in das Reichsschuldbuch oder in das Staatsschuldbuch des Königreichs Preußen eingetragen sind,
c) die Verpfändung von anderen, bei der Reichsbank beleihbaren (lombardfähigen) Wertpapieren,
d) die pfandweise Hinterlegung der über Wertpapiere der vorgenannten Art erteilten Hinterlegungsbescheinigungen (Depotscheine) der Reichsbank, der Seehandlung (Pr. Staatsbank) und anderer von der Landeszentralbehörde hierfür zugelassenen Bankanstalten und Kassen,
e) schriftliche Erklärungen der Reichsbank, für gestundete Steuer Zahlung zu leisten,
f) Wechsel,
g) andere Sicherheiten, z. B. Hypotheken an inländischen Grundstücken, mündelsichere Forderungen, für die eine Hypothek an einem inländischen Grundstücke besteht, Bürgschaften, falls die Oberbehörde die Genehmigung hierzu erteilt.

Bei einer etwa erforderlich werdenden Verwertung des bestellten Pfandes zur Deckung der Steuerforderung sind die Vorschriften in den §§ 1147, 1204 bis 1258, 1280 bis 1290 BGB. zu beachten.

13. Die Niederschlagung der Steuer (§ 28 der AB.) bedarf der Genehmigung der Oberbehörde, sofern ein Betrag von mehr als 300 M. Gesamtsteuer in Frage kommt, bei Gemeinden von mehr als 10000 Einwohnern jedoch nur dann, wenn der Betrag 1000 M. überschreitet.

14. Die dem Zuwachssteueramte zustehende Entscheidung über Anträge auf Erlaß oder Erstattung zu Unrecht gezahlter Steuer (§§ 29 und 30 Abs. 1 der AB.) bedarf der Zustimmung der Oberbehörde und im Falle des § 30 Abs. 2 daselbst des Bundesrats, dessen Zustimmung durch Vermittelung der Landeszentralbehörde nachzusuchen ist.

15. Bei Erstattung von Zuwachssteuer (§§ 29 und 30 der AB.) ist auch der Betrag für Kreis, Staat und Reich vorläufig von der Gemeindekasse auszulegen und bei der demnächstigen Monatsabrechnung (siehe oben Ziff. 4) gegenüber diesen Körperschaften zu verrechnen.

Auf Kreiskommunalkassen ist diese Bestimmung sinngemäß anzuwenden.

16. Zufolge § 38 Abs. 2 der AB. wird bestimmt:

Die Zuwachssteuerämter haben vierteljährlich die von ihnen abgeschlossenen Vergleiche (§ 23 Ziff. 1 der AB.) in einer Liste, aus der sich Gegenstand und Höhe des Vergleichs ergeben, zusammenzustellen und diese der Oberbehörde zur Prüfung einzureichen. Die Oberbehörde kann auf Grund dieser Zusammenstellungen die Vorlegung einzelner Fälle und Akten anordnen und dieselben nachprüfen.

Die Einstellung des Verfahrens gemäß § 13 Abs. 3 der AB. ist in der Spalte „Bemerkungen" der Zuwachssteuerliste einzutragen.

17. Die Mitteilungen über Eigentumsänderungen, die in der Zeit v. 1. 1. bis zum 1. 4. 11 stattgefunden haben, sind, soweit sie die Katasterbehörden von den Grundbuchämtern erhalten haben, von den ersteren bis zum 1. 7. 11 an die Zuwachssteuerämter in Abschrift weiterzusenden.

Die Notare und sonstigen Beamten und Behörden, die in der Zeit v. 1. 1. 11 bis zu dem Inkrafttreten dieser Ausführungsanweisung ein unter Tarifnummer 11 des RStG. v. 15. 7. 09 (RGBl. 833 ff.) oder unter § 5 Abs. 3 Ziff. 5 des RGes. fallendes Veräußerungsgeschäft beurkundet haben, müssen, sofern es noch nicht geschehen ist, dem Zuwachssteueramte hiervon bis zum 1. 7. 11 Mitteilung machen. Dieser Mitteilung bedarf es nicht, wenn die Veräußerungsurkunde zum Zwecke der Eintragung des neuen Eigentümers inzwischen dem Grundbuchamt eingereicht worden ist oder bis zum 1. 7. 11 eingereicht wird und die Eintragung daraufhin stattgefunden hat oder stattfindet.

Die Notare können in diesen Fällen der Anmeldepflicht bezüglich der unter Tarifnummer 11 des RStG. fallenden Geschäfte genügen durch nachträgliche Übersendung von Abschriften der den Zollämtern gemachten Mitteilungen. Weitergehende Mitteilungen werden für die oben angegebene Übergangszeit nicht gemacht.

Wer in der Zeit v. 1. 1. bis zum Inkrafttreten dieser Ausführungsanweisung als Veräußerer oder Erwerber oder als gesetzlicher Vertreter eines von beiden an einem Veräußerungsgeschäft oder an einer Eigentumsübertragung oder am Übergang einer Berechtigung (§ 2 des RGes.) oder eines Anteilsrechts (§ 3 aaO.) beteiligt gewesen ist, hat ebenfalls, soweit dies bisher nicht geschehen ist, bis zum 1. 7. 11 den Zuwachssteuerämtern davon Mitteilung zu machen, und zwar:

1. von dem Veräußerungsgeschäfte, soweit der Veräußerungspreis (einschließlich der Nebenleistungen, insbesondere der für Zwischenbeteiligte, Bevollmächtigte usw. vorgesehenen Gebühr, Gewinnbeteiligung usw.) oder der Wert höher ist als der Erwerbspreis, und soweit nicht eine öffentliche Beurkundung des Geschäfts erfolgt ist (§ 63 des RGes.),
2. von dem Übergange des Eigentums einer Berechtigung oder eines Anteilsrechts,

soweit nicht die Auflassung oder Eintragung in das Grundbuch erfolgt ist.

18. Die Gemeinden (Gemeindeverbände), denen auf Grund der §§ 60 Abs. 2, 61 Abs. 2 des RGes. an Stelle der Vorschriften dieses Gesetzes die bisherige Satzung belassen ist, haben (gemäß § 45 Abs. 4 der AB.) den Überschuß an Zuwachssteuer über den vom Bundesrate festgesetzten bisherigen Durchschnittsertrag an die Regierungshauptkasse — Berlin an die Regierungshauptkasse zu Potsdam — abzuführen und dem Regierungspräsidenten die aufzustellenden Einnahmeübersichten einzureichen.

19. Die Mitteilungen gemäß § 46 der AB. sind, soweit Entscheidungen des Oberverwaltungsgerichts ergangen sind, unmittelbar, im übrigen durch Vermittelung der Oberbehörden der Landeszentralbehörde zu erstatten.

Bei Revisionseinlegungen, die Fragen von grundsätzlicher Bedeutung betreffen oder wegen der Höhe des Streitgegenstandes von besonderer Bedeutung sind, wird das Oberverwaltungsgericht der Landeszentralbehörde Mitteilung machen.

20. Die Landeszentralbehörde wird den Beamten des Reichsschatzamts Gelegenheit geben, Einsicht in den Geschäftsgang der Zuwachssteuerämter und Oberbehörden zu nehmen, soweit Zuwachssteuerangelegenheiten in Frage kommen.

Die Oberbehörden und Zuwachssteuerämter werden daher allgemein angewiesen, den vorgedachten Reichsbeamten auf Wunsch diese Einsicht in ihren Geschäftsgang zu gestatten.

21. Für die Mitteilungen der Gerichte und Ortsgerichte bewendet es bei den von dem Herrn Justizminister getroffenen Bestimmungen.

Als Anlage sind beigefügt:

Anhang I. Allgemeine Verfügung des Herrn Justizministers v. 19. 5. 11 über Mitteilungen an die Zuwachssteuerämter[1]).

Anhang II. Zusammenstellung der den Reichsbevollmächtigten in bezug auf die Zuwachssteuer zugeteilten Bezirke, soweit Preußen in Betracht kommt.

Anlage.

Zusammenstellung der den Reichsbevollmächtigten in bezug auf die Zuwachssteuer zugeteilten Bezirke.

Die Aufsicht über die Ausführung des Zuwachssteuergesetzes wird ausgeübt in dem Bezirke	durch den Reichsbevollmächtigten
Preußen:	
Provinz Ostpreußen	für Zölle und Steuern in Königsberg i. Pr.
" Westpreußen	
" Brandenburg	für die Erbschaftssteuer in Berlin.
" Pommern	für Zölle und Steuern in Stettin.
" Posen	
" Schlesien	für die Erbschaftssteuer in Berlin.
" Sachsen	für Zölle und Steuern in Magdeburg.
" Schleswig-Holstein	für Zölle und Steuern in Altona.
" Hannover	für Zölle und Steuern in Hannover.
" Westfalen	für Zölle und Steuern in Münster.
" Hessen-Nassau	für Zölle und Steuern in Darmstadt.
" Rheinprovinz	für Zölle und Steuern in Cöln a. Rh.
Hohenzollernsche Lande	für Zölle und Steuern in Darmstadt.

[1]) Hier oben S. 300.

b) Allgemeine Verfügung v. 23. 6. 11 über Mitteilungen an die Zuwachssteuerämter (JMBl. 255).

In Ergänzung der Bestimmungen unter I und IV der AV. v. 19. 5. 11 (JMBl. 201) über Mitteilungen an die Zuwachssteuerämter wird folgendes bestimmt:

1. Ist dem Gerichte bekannt geworden, daß der Befreiungsgrund des § 63 des ZuwStG. zutrifft, so ist diese Tatsache in Spalte 19 der dem Zuwachssteueramte zu übersendenden Eigentumsveränderungsliste unter näherer Bezeichnnng der Art und des Datums der Urkunde ersichtlich zu machen.

2. Ist nur ein Teil eines Grundstücks übereignet, während das Restgrundstück im Eigentume des bisherigen Eigentümers verblieben ist, so ist in Spalte 19 „T. V." und die Bezeichnung des Restgrundstücks durch: „Rest Kbl. . . . . . Parz. . . . . ." zu vermerken.

Sachregister.

St. = Stempel, Lst. = Landesstempel, Rst. = Reichsstempel, Zst. = Zuwachssteuer. Die übrigen Abkürzungen dürften ohne Erläuterung allgemein verstanden werden. Die Zahlen bedeuten die Seiten. In Klammer dazu gesetzte Zahlen bedeuten auf der Seite den Paragraph oder die Nummer. Kleine Ziffern geben die Anmerkung an.

A.

B.

C.

D.

E.

F.

G.

H.

O.

P.

T.

U.

V.

W.

Z.

Druck von A. W. Hayn's Erben (Curt Gerber), Potsdam.

Kolibri 360 GmbH
Ferdinand-Jühlke-Straße 7
99095 Erfurt, Deutschland
produktsicherheit@kolibri360.de